Kohlhammer

Der Autor

Prof. Dr. jur. Wolfgang Deichsel, Studium an der Universität München von 1971–1978 mit Abschluss des 1. Jur. Staatsexamens und als Diplomsoziologe. Stipendiat des DAAD während rechtswissenschaftlicher Promotion an der University of California. Rechtsreferendariat 1979–1982 beim OLG München mit 2. Jur. Staatsexamen. Strafverteidiger in München. Wissenschaftlicher Mitarbeiter in der Aufbauphase des Aufbau- und Kontaktstudiums Kriminologie der Universität Hamburg von 1984–1993. Rechtsprofessor und Gründungsprorektor der Evang. Hochschule Dresden ab 1993. Nach Emeritierung 2015 eigene Rechtsanwaltskanzlei in Dresden und ehrenamtliche Tätigkeit als Sozialanwalt.

Wolfgang Deichsel

Diversitätsorientierte Soziale Arbeit

Handlungspotenziale in vulnerablen Lebenslagen

Verlag W. Kohlhammer

Für Marion und Sascha

1. Auflage 2023

Gesamtherstellung: W. Kohlhammer GmbH, Stuttgart

Print:
ISBN 978-3-17-040800-5

E-Book-Formate:
pdf: ISBN 978-3-17-040801-2
epub: ISBN 978-3-17-040802-9

Inhaltsverzeichnis

1 Bedarf es einer Neuausrichtung hin zu diversitätsorientierter Sozialer Arbeit? Hypothetische Suchbewegungen

In Natur und Kultur, in der Gesellschaft, in Wirtschaft und Politik, in den persönlichen und individuellen Lebensumständen ist ein fortschreitender Prozess der Diversifizierung hin zu sehr unterschiedlichen Diversitätsformen festzustellen. Dieser erfasst auch Soziale Arbeit, ihre vielseitige Rahmung, Tätigkeitsfelder und Handlungsmethoden.

Andererseits bestehen Zweifel, ob das Verständnis von Sozialer Arbeit, ihre Analyse und ihre hieraus folgenden Handlungskonzepte diesem unabweisbaren und auch brüchigen Wandlungsprozess gerecht werden.

Wegen immer schon bestehender und jetzt sich weiter diversifizierender Vielfalt sozialarbeiterischer Tätigkeitsfelder kann die Neuausrichtung hin zu diversitätsorientierter Sozialer Arbeit nur beispielhaft an Sozialen Problemen, Kriminologie und Strafrecht, allerdings einem ihrer zentralen Querschnittsthemen mit hohem Diversitätspotenzial, auch mit Geltungsanspruch für ihre anderen Bereiche exemplifiziert werden.

Offene Suchbewegungen, zunächst auf Handlungshypothesen zielend, immer mehr aber auch auf die Herausbildung kategoriengeleiteter wissenschaftlicher Hypothesen, sind zunächst semantischer, begriffskonzeptioneller Art. Der Begriff der »Diversität« ist alles andere als klar definiert. Er wird als Mode- bzw. Trendbegriff inflationär gebraucht und ist von anderen Begrifflichkeiten abzugrenzen. Als polysemes Wort enthält Diversität mehrere Bedeutungen, die nach ihrem jeweiligen Verwendungskontext variieren. Sie kann nicht außerhalb von »frames« (= Rahmen) gedacht, ausgesprochen und behandelt werden. Die Bedeutung des »Framing« von Begrifflichkeiten gilt sicherlich sowohl für das herkömmliche Verständnis der Straffälligenhilfe wie für das hier vorgeschlagene Gegenkonzept diversitätsorientierter sozialproblembezogener-kriminologischer Sozialer Arbeit. Straffälligenhilfe ist normativ gerahmt durch einen im Mittelpunkt von Strafrecht und Kriminalstrafe stehenden Menschen, durch Verantwortungszuschreibung und ein in guter christlicher Tradition stehendes, aber wissenschaftlich überholtes Hilfeverständnis. Diversitätsorientierte Soziale Arbeit demgegenüber ist empirisch-normativ, anerkennend-wertschätzend, systemisch-anschlussfähig, aber auch (heraus)fordernd kontextualisiert.

Wenn Diversität zunächst auf Pluralität, Vielfalt oder Heterogenität gerichtet ist, so sind auch die hieraus zu ziehenden Ableitungen auf diese selbst plural, vielfältig, heterogen. Diese Heterogenität zeigt sich insbesondere auch darin, dass Vielfalt, Vielfältigkeit zunächst als positiv betrachtet werden, dann aber andererseits Diverses, Diversitäten nicht nur auf *das Gute* verweisen, sondern eben auch auf eine Ambiguität, eine Fragilität, eine »fragility of goodness«, um dieses personenzentrierte

Verständnis von Martha Nussbaum (2001) in gesellschaftstheoretische Bezüge zu übernehmen.

Indem sich im Bereich von Strafrecht und Kriminologie die reduktionistische Begrifflichkeit der Straffälligenhilfe hin zu emergentistischer diversitätsorientierter Sozialer Arbeit ausweitet bzw. sich öffnet, können sich durch diese begrifflichen Dehnungen oder gar Blähungen leicht die Konturen des Sachverhalts auflösen.

Dies kann einmal durch fehlende Kriterien zur Abgrenzung von konkurrierenden Begrifflichkeiten wie Unterschiedlichkeit und Verschiedenheit, Differenz und Divergenz, im Bedeutungskorridor der Vielfalt, Vielfältigkeit, Pluralität, von der Homogenität über Andersartigkeit hin zur Heterogenität und gar zum »totaliter aliter« (= vollkommen anders) mit Paradigmawechsel geschehen. Oder aber auch über den in der Logik bekannten Fehlschluss der Verallgemeinerung, wonach ein zunächst aussagefähiger Begriff zum *Catch-all-Begriff* wird, eine anfangs sinnvolle Erklärungsstrategie dann ihren Sinn verliert, wenn sie auf alles und jedes zur Anwendung kommt. Diese Gefahr besteht in der Diversitätsdiskussion dann, wenn die Differenz von Differenz und Diversität nicht gesehen wird bzw. verschwimmt, indem das jedem, ganz besonders aber gerade diversitätssorientiertem Denken unterliegende Differenzieren schon als Diversität verstanden wird.

Auch könnte Diversität einem *popularity bias* unterliegen, indem ihre Popularität den vernunftbezogenen Blick auf Inhalte trügt. Anders als ein der Aufklärung eher zugängliches Vorurteil entzieht sich ein *bias* dieser leichter durch seinen noch stärker unbewussten Charakter. Auch hieraus ergibt sich das Anliegen rationaler Aufklärung, denn wenn Differenz Diversität zugrunde liegt, dann kann ihr Begriff selbst nicht ohne erkennbare Differenzen auskommen.

Es bedarf daher über eine Vorausverständigung hinaus einer ständigen, die Ausführungen begleitenden Reflexion der Begrifflichkeit der Diversität mitsamt ihrer impliziten Vorverständnisse und Zuschreibungen, ihrer thematischen Eng- wie Weitführungen, ihren blinden Flecken und interessenbezogenen Instrumentalisierungen. Eine lexikalische Spurensuche ergibt, dass etymologische Wörterbücher und Glossare erst in jüngerer Zeit, den Aufstieg bzw. die Ausweitung der Diversitätsdiskussion hiermit dokumentierend, etymologische Zugänge zu einem Begriffsverständnis von Diversität und damit zu einer möglichen Sachverhaltserschließung enthalten. So im Duden (2020, 207):

> »Das Substantiv **Diversität** (›Vielfalt, Vielfältigkeit, Verschiedenheit‹) ist seit der 1. Hälfte des 17. Jhs belegt u. geht wie engl. diversity und franz. Diversite auf lt. diversitas zurück. Dieses ist über das Adjektiv diversus ›verschieden‹ auf das Verb *divertere* ›auseinandergehen, voneinander abweichen‹ zurückführbar«.

Diese etymologische Definition kann nur ein erster Anker für ein Diversitätsverständnis sein, das durch zwei begriffliche Komponenten geprägt ist, einmal adjektivisch vielfältig, verschieden, zum anderen verbal formuliert unterscheidend, auseinandergehend, voneinander abweichend. Über die erste eher deskriptive und positiv konnotierte Komponente hinausgehend, wird die zweite analytische Komponente des Andersseins im Vordergrund stehen, wobei dann jeweils gegenstandsbezogen zu bestimmen sein wird, nach welchen Kriterien und wie diese essenziell und substanziell, d. h. wesentlich und inhaltsreich, differenziert werden kann bzw. wird.

Die Doppelbedeutung von Diversität findet sich auch im englischen Wortgebrauch, aus dem sie sich als sehr alte Begriffsquelle ableitet.

> »Das englische Wort, um das es hier geht, findet sich gemäß Oxford English Dictionary zum ersten Mal im Jahre 1340 und meint von dort an mehrheitlich die Bedingung und die Beschaffenheit des Andersseins. Nicht also das abstrakt andere oder einfach die Vielfalt sind hier gemeint ...« (Ehret 2011, 44)

Ausgehend von Biodiversität im Sinne des US-amerikanischen Evolutionsbiologen Edward O. Wilson, »Die biologische Vielfalt ist unsere wertvollste, aber am wenigsten geschätzte Ressource«, gilt es, *Soziodiversität* in ihren Verästelungen im Sozialen mit Blick auf die Bedeutung für diversitätsorientierte Soziale Arbeit nachzugehen.

Der sich graduell vollziehende Übergang bei Diversität von bloßer Vielfältigkeit hin zum Anderssein hat im Hinblick auf diversitätsorientierte Soziale Arbeit als Bezugssubjekte die Menschen, Mandanten/Mandantinnen wie die professionell Handelnden im triangulären Spannungsfeld von Sozialen Problemen, Kriminologie und Strafrecht. Um diesem Anliegen gerecht werden zu können, bedarf es als weiterer Bezugsobjekte empirische wie normative Phänomene, wissenschaftliche Analysen, Organisationen und Mitarbeiterteams, Handlungsstrategien, um mit deren eigener Diversität ein vertieftes Verständnis wie eine wirksame Förderung subjekthafter Diversität zu ermöglichen. »Als Referenzfolie dienen die Vielfaltsdimensionen bzw. gesellschaftlich exponierten Differenzkategorien: ethnische Herkunft, Geschlecht, Behinderung, Alter und sexuelle Orientierung« (Bretländer/Köttig/Kunz 2015, 7), erweitert um solche der prekären Lebenslage und der Vulnerabilität (▶ Kap. 5.1). Inwieweit der Adressatenkreis von Diversität über ein auf Individuen und Kollektive gerichtetes subjektbezogenes Verständnis hinaus zu ziehen ist, wird in der Diversitätsdiskussion allerdings uneindeutig und vage gehandhabt.

Die mit diesem vorläufigen Begriffsverständnis als Kompass ausgerichteten Suchbewegungen beginnen daher in Kap. 2 mit Konzepten, Gestaltungsmöglichkeiten, Potenzialen und Entwicklungsverläufen von Diversität im Rahmen ihrer Vielfalt und Vielfältigkeit wie Andersartigkeit, bezogen auf sehr unterschiedliche Anwendungsfelder und Gesellschafts-, Ökonomie- wie Politikbereiche mit ihren Potenzialen, aber auch Konfliktzonen.

Dies wird zielorientiert das Feld für diversitätsorientierte Soziale Arbeit (▶ Kap. 3) bereiten bzw. hierauf vorbereiten. Neben ihren Potenzialen und Perspektiven für ein verändertes Verständnis sozialer Arbeit mit vielfältigen Bevölkerungsgruppen und sehr diversen Menschen, sind aber auch schon ihre Ambiguitäten und Fragilitäten, etwa ihre möglichen An- und Überforderungen, sowohl durch Vielfältigkeit aber auch Andersartigkeit, wie die hierdurch erzeugten Leistungsgrenzen in den Blick zu nehmen.

Die nunmehr einsetzende Hinwendung zur exemplarischen diversitätsorientierten Sozialen Arbeit im Bereich der Normabweichung und Sozialen Kontrolle überprüft insbesondere auch die hypothetische Annahme ihrer Vorzugswürdigkeit gegenüber einem unterkomplexen und überholten Leitkonzept der Straffälligenhilfe. Diese Auseinandersetzung geschieht zunächst im Kontext des triangulären Spannungsfeldes von Sozialen Problemen, Kriminologie und Strafrecht (▶ Kap. 4) in ihren empirischen, normativen und interdisziplinären Ausformungen, ihren Gemeinsamkeiten und Gegensätzen wie ihren diversitätsorientierten Handlungsanforderungen.

Diese werden zunächst in zentrale soziale Handlungsparadigmen eingebettet und sodann mit besonderen Handlungsansätzen im Praxisfeld von Sozialen Problemen, Kriminologie und Strafrecht konfrontiert (▶ Kap. 5).

Lehrdidaktische Zugänge sind dabei phänomenologisches Wahrnehmen und empirisches Erfassen, analytische Strukturierung des Empirischen und des Normativen, dialogisch-diskursive Erschließung, der *transformative Dreischritt* und die Vermittlung von Rechtsanwendungskompetenz (▶ Kap. 6).

Der nun folgende Theorie-Praxis-Transfer in Praxisbereiche Sozialer Probleme und Kriminalität hinein ist zunächst theoretisch-deduktiv (▶ Kap. 7) und dann anschießend als Praxis-Theorietransfer aus besonders gefährdender und gefährdeter Praxis praktisch-induktiv angelegt (▶ Kap. 8).

Über die abschließende mehrebenenanalytische Kategorienbildung und Strukturierung von Gegenstandsbereichen zu diversitätsorientierter Sozialer Arbeit (▶ Kap. 9) werden Folgerungen und Herausforderungen (▶ Kap. 10) auch für andere Bereiche sozialer Praxis richtungsweisend bilanziert.

Suchbewegungen um das Ausgangsanliegen herum können seine Wichtigkeit und Bedeutung zunächst nur unterstreichen. In den gliederungsmäßig angedeuteten Fragerichtungen sind die für soziale Praxis herausfordernden Antwortversuche zu finden.

2 Konzepte, Potenziale, Gestaltung von Diversität – Prozesse der (Ent)Diversifizierung

2.1 Diversität ist nicht einfach Vielfalt

Die häufig schlicht vorgenommene Gleichsetzung von Diversität – und über das griechische Präfix *Di* als *zweifach* – hinausgehende Vielfalt verstellt den Weg in das vielfältige Verständnis von Diversität. Dieses bedarf zunächst linear einer begriffsanalytischen Graduierung und vertikal einer Vertiefung in Bedeutungsebenen hinein. Beide zusammen bilden den durch diese beiden Koordinaten gebildeten Bedeutungsraum von Diversität. In diesem lassen sich Diversitätsphänomene lokalisieren.

2.1.1 Begriffsdifferenzierungen im Bedeutungsfeld von Diversität: Vielfalt/Vielfältigkeit, Pluralität, Differenz/Divergenz, Heterogenität

Das Bedeutungsfeld von Diversität wird durch sprachverwandte Begrifflichkeiten gebildet, die durch Differenzierungshandlungen voneinander unterschieden werden können und zu unterscheiden sind. Wie jede derartiger Konstruktionsleistungen sind diese kontingent (▶ Kap. 2.2.5), d. h., sie könnten prinzipiell auch anders ausfallen. Es lassen sich zunächst begriffsanalytisch zwei Begriffsverständnisse von Diversität unterscheiden, denen jeweils Unterbegriffe zugeordnet werden können.

Ähnlichkeit, Nähe kennzeichnen graduelle Ausformungen, Varianten eines Phänomens in seiner Pluralität, Vielfalt und Vielfältigkeit.

Andersartigkeit, Distanz wiederum drücken sich in Begrifflichkeiten wie die beschreibende Differenz und die wertende Divergenz aus, die gerade dazu auffordern, das substanziell Abweichende, Auseinanderlaufende analytisch zu bestimmen und sich stärker noch als beim Nebeneinander von Vielfalt auch hiermit auseinanderzusetzen.

Während Pluralität, Vielfalt und Vielfältigkeit gleichbedeutend zu verstehen sind, differieren die Konzepte des hiervon abzugrenzenden Andersseins selbst noch einmal: Differenz als Unterschied/Unstimmigkeit und Divergenz als Auseinandersetzung, Meinungsverschiedenheit. Diese semantisch geringfügig erscheinende, aber im Aussagegehalt nicht unbedeutende Abweichung wird in der folgenden Begriffsdefinition nicht mitvollzogen, mit der ansonsten aber volle Übereinstimmung besteht.

> »›Vielfalt und Differenz‹ sprechen etwas Ähnliches an – nämlich Unterschiede. Allerdings werden sie eingesetzt, um Gegensätzliches auszudrücken: Vielfalt wird tendenziell verwendet, wenn in positiv konnotierter Form über Verschiedenheit gesprochen werden soll. Gemeint ist eine Verschiedenheit, die Unterschiedlichkeit als Teil des gesellschaftlichen Gesamten begreift. Differenz dagegen wird eher eingesetzt, um eine Abgrenzung zu markieren und wenn die Eigenständigkeit im Gegensatz zum Gesamten betont werden soll.« (Bretländer/Köttig/Kunz 2015, 7)

Es geht um schwierige Prozesse der Grenzziehung zwischen Vielfalt und Differenz wie zwischen zu differenzierenden Phänomenen und zur Divergenz. Die gleichzeitige Ähnlichkeit wie Verschiedenheit von Vielfalt/Vielfältigkeit und Differenz/Divergenz erschweren die Diskussion um dieses janusköpfige differente Phänomen der Diversität. Begriffliche Klarheit und analytische Differenzierungsfähigkeit verlangen hier nach Eindeutigkeit gerade auch in einem insgesamt eher uneindeutigen Diskursfeld.

Während bei Differenz und Divergenz der Abweichungsgrad eine zentrale analytische Größe ist, kann bei Vielfalt, Vielfältigkeit, Pluralität nur grob das Ausmaß des *Mehr oder Weniger des variierenden Gleichen* bestimmt werden. Andersartigkeit selbst kann auch wiederum sehr anders ausfallen, etwa als synchrone, nebeneinander existierende, oder sich im Zeitablauf verändernde asynchrone Gegensätzlichkeit bzw. Heterogenität (Prengel 2007, 57) oder schließlich als »totaliter aliter«. Diese lateinische Redewendung geht auf zwei Mönche zurück, die sich gegenseitig versichern, nach ihrem jeweiligen Ableben dem Überlebenden im Traum mitzuteilen, ob das Paradies entweder »taliter« (es ist so, wie wir es uns vorgestellt haben) oder »aliter« (es ist anders) sei. Der zuerst Versterbende kommt diesem Gelöbnis nach und teilt seinem Brudermönch im Traum in zwei Worten die Botschaft mit: »totaliter aliter! – es ist vollkommen anders als in unserer Vorstellung«. Ein in der Wissenschaftstheorie hierfür gebräuchlicher Fachterminus ist der des *Paradigmenwechsels* (► Kap. 4.5).

2.1.2 Begriffsanalytisches Bedeutungskontinuum von Diversität

Auf einem Diversitätskontinuum (► Abb. 1) lassen sich diese verschiedenen Begriffsverständnisse von Diversität abbilden. Ihr Ausgangspunkt ist Homogenität, ihr Endpunkt »totaliter aliter«, was infolge seiner grundverschiedenen Prämissen über Heterogenität hinausgeht. Zwischen Vielfalt, Vielfältigkeit, nicht mit Beliebigkeit zu verwechselnder Pluralität und Anderssein gibt es eine schwer bestimmbare analytische Zone des Übergangs. Für diversitätsorientierte Soziale Arbeit mit der hier im Fokus stehenden veränderten Sozialen Praxis, so die Hypothese, dürfte ab dieser Übergangszone bis zur vollkommenen Andersartigkeit das Schwerpunktinteresse liegen.

Während auf diesem Bedeutungskontinuum Differenz als funktionale Abgrenzungskategorie zwischen Gleichheit und Andersheit fungiert, ist sie nach einem anderen Verständnis ein »grundlegender Modus sozialer Denk- und Handlungsprozesse« (Fuchs 2007, 18). »Differenz verweist darauf, dass wir beständig unterscheiden, immer und erneut Entscheidungen vornehmen – wir machen Dinge

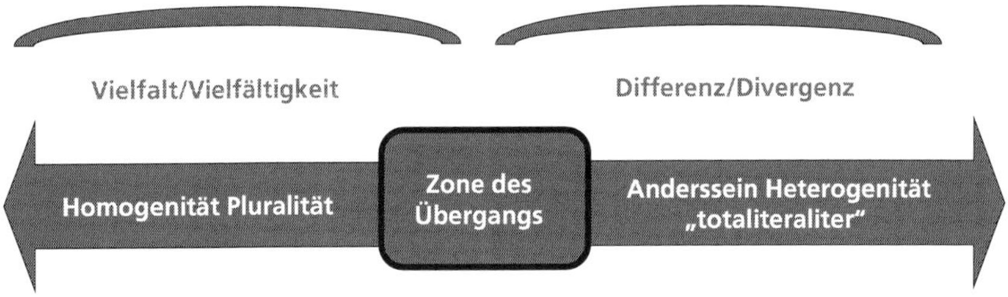

Abb. 1: Bedeutungskontinuum von Diversität, eigene Darstellung

immer wieder anders und anders als andere; wir denken Dinge neu und denken sie anders als andere.« (ebd., 19)

Nach dem ersten Verständnis ist Diversität das umfassendere, Differenz integrierende, im zweiten Verständnis ist Differenz das grundlegendere, Diversität durch Differenzierungen und Differenzhandlungen herausbildende Konzept. Differenzdiskussionen in diesem und in einem anderen doppelten Sinne, nach dem Diversität zur Anerkennung von Verschiedenheit wie zur Festschreibung von Ungleichheiten und Stigmata führen kann (Lamp 2007, 225), werden für die Soziale Arbeit bezogen auf das soziale Feld, ihre Adressaten/Adressatinnen, im Hinblick auf Selbstreflexion, für die pädagogische Beziehung, die Institutionen und die Disziplin (ebd., 203–226) wie für die Rechtsanwendung (▶ Kap. 6.7.2) exemplifiziert.

2.1.3 Die interdisziplinär-transdisziplinäre Verwobenheit von Diversität

Diversität ist auf den jeweiligen disziplinären Eigenheiten beruhend sowohl multidisziplinär, interdisziplinär wie transdisziplinär Grundlage von Diversitätsforschung.

> »Diversity Studies zielen also darauf, sowohl die Erkenntnisse und Perspektiven verschiedener Disziplinen als auch die Erkenntnisse und Perspektiven der Frauen- und Geschlechterforschung, der Ethnologie, der interkulturellen Forschung, oder auch Migrationsforschung sowie der Alter(n)sforschung – und auch weiterer Richtungen oder Gebiete – miteinander zu verknüpfen«. (Krell/Riedmüller/Sieben/Vinz 2007, 14)

Dabei ist diese Verknüpfung, die Verwobenheit theoretischer Konzepte, eher interdisziplinär als Zusammenarbeit wissenschaftlicher Disziplinen. Die Entwicklung der Diversitätsforschung fördert aber geradezu auch die transdisziplinäre Überschreitung interdisziplinärer Grenzen hin zu disziplinübergreifenden integrativen Diversitätskonzepten im Zusammenspiel von gesellschaftlich-politischen und wissenschaftlich-analytischen Entscheidungs- und Problemlösungsprozessen (Mittelstraß, 2003).

Diversitätsstudien im bisher nicht wissenschaftlich behandelten triangulären Spannungsfeld von Sozialen Problemen, Kriminologie und Strafrecht verweisen schon mit dieser Triade auf ihren interdisziplinären Forschungscharakter. Durch die spätere Ausrichtung auf praxeologische Zugänge und exemplarische Praxisbeispiele

(▶ Kap. 8) werden auch transdisziplinäre Entscheidungs- und Problemkonstellationen bedeutsam.

2.1.4 Empirische und normative Diversität

> »ANSCOMBES VORBILD. Elizabeth Anscombe entwickelt in ihrem Buch *Absicht* eine berühmte Unterscheidung: Ein Mann geht mit einem Einkaufszettel in ein Geschäft und wird dabei von einer Detektivin beobachtet. Sie notiert, was er kauft. Eine Diskrepanz zwischen den von ihm getätigten Einkäufen und seiner Liste begründet einen Fehler des Mannes. Eine Diskrepanz zwischen den Einkäufen und dem Bericht der Detektivin begründet einen Fehler der Detektivin. Der Mann passt sein Verhalten der Liste, die Detektivin ihren Bericht dem Verhalten des Mannes an. Die Liste des Mannes ist normativ. Der Bericht der Detektivin ist deskriptiv. Was sie unterscheidet, ist ihre *direction of fit*, die Anpassungsrichtung.« (Möllers, 2015, 125)

Diese zunächst anschauliche dichotome Unterscheidung geht ein in die Wortkombinationen: *normativ empirisch* für das Erforschen des Normativen und *empirisch normativ* für die Normierung von Faktizität.

Die Ziele der interdisziplinären und transdisziplinären Diversitätsstudien sind divers, wissenschaftstheoretisch ganz anders in den empirischen und in den normativen Wissenschaften. Während empirische Wissenschaften wie die Biologie und Physik, die Psychologie und die Soziologie als Erfahrungswissenschaften beschreibend, erklärend, verstehend sich um die Wahrheit der Wirklichkeit bemühen, stehen im Zentrum der normativen Wissenschaften wie Ethik, Politik, Ökonomie, Recht und Pädagogik die Beantwortung normativer Fragen nach dem, was sein soll, nach anzustrebenden Werten und Zielen, nach dem, wie diese handelnd erreicht werden sollen.

Die beiden grundlegenden methodischen Zugangsweisen zu empirischen Phänomenbereichen der Diversität im Sozialen sind eine verstehende und eine erklärende.

> »Die galileische Tradition in der Wissenschaft verläuft parallel zu der Ausbreitung des kausal-mechanistischen Standpunktes in den Bemühungen des Menschen, Phänomene zu erklären und vorauszusagen; die aristotelische Tradition verläuft parallel zu seinen Bemühungen, Tatsachen teleologisch und finalistisch verstehbar zu machen.« (von Wright 1984, 17)

Erklärung als logische Ableitung einer Tatsachenbehauptung aus wissenschaftlichen Prämissen und Verstehen als Einsicht in die Sinnzusammenhänge menschlichen Handels fließen schon in der Verstehenden Soziologie Max Webers ineinander und können nicht, insbesondere auch mit ihrer Unterscheidung in Ursachen und Gründe (ebd., 14), in einer apodiktischen Einseitigkeit (Lamnek 1999) auseinandergerissen werden.

2.1.5 Empirische und normative Bedeutungsdimensionen von Diversität

Die folgenden Bedeutungsdimensionen (in Anlehnung an Aschenbrenner/Wellmann 2021, 38–59) sind entweder schwerpunktmäßig eher der empirischen oder der normativen Diversität oder beiden mit unterschiedlicher Bedeutungsgewichtung zuzuordnen.

Bei der *evaluativen Bedeutungsdimension* geht es um die Gegenüberstellung von Chancen und Risiken von Diversität, die, etwa im Hinblick auf von dieser ausgehenden Belastung, empirisch zu evaluieren sind. Bei der *didaktischen und entwicklungsbeeinflussenden Bedeutungsdimension* geht es demgegenüber um normative Vorgaben der Entwicklung von, und/oder der Anpassung an, Diversität mit erzieherischen, verhaltenssteuernden regulatorischen Folgerungen.

Die *Bedeutungsdimension sozialer Ungleichheit* ist zunächst klassifikatorisch, etwa in Armuts- und Reichtumsberichten (▶ Kap. 7.1.2), zu erfassen, um die Kritik hieran in normative Forderungen nach Veränderungen und Regulationen auf den verschiedensten Politikfeldern zu überführen. Ebenfalls im *Sein – Sollen Spektrum* positioniert ist die *integrative Bedeutungsdimension*, die Formen und das Ausmaß von sozialer Integration und von gesellschaftlichem Zusammenhalt mit Postulaten nach Anerkennung und Gerechtigkeit verbindet.

Es gibt empirisch wie normativ weitere Bedeutungsdimensionen von Diversität, etwa die optionale Bedeutungsdimension, die auf die Vielfalt und Divergenz von Freiheits- bzw. Entscheidungsmöglichkeiten verweist. Die normative Bedeutungsdimension von Diversität zielt als normativ-regulierende mit gegensätzlicher Zielrichtung einmal auf die Ermöglichung, Herstellung und Anerkennung von Diversität, und zum anderen auf ausgleichende Gerechtigkeit, etwa durch Antidiskriminierungspolitik, dort, wo sie Ausdruck sozialer Ungleichheit ist. Sie ist zu unterscheiden von der Diversität der Normen selbst (▶ Kap. 4.3.3) im Rahmen des triangulären Spannungsverhältnisses von Sozialen Problemen, Kriminologie und Strafrecht.

2.1.6 Bedeutungsraum von Diversität

Der Bedeutungsraum von Diversität wird auf der Horizontalen durch das Bedeutungskontinuum von Diversität gebildet (▶ Abb. 1) und auf der Vertikalen zusätzlich durch die empirische wie die normative Koordinate. In diesem Bedeutungsraum von Diversität mit seinen vier Planquadraten (▶ Abb. 2) lassen sich Diversitätsphänomene sowohl in ihrem erklärend verstehenden wie auch normativ-regulativen Bedeutungsgehalt mit ihren jeweiligen Bedeutungsdimensionen wie auch in ihrem Diversitätsgrad bestimmen.

Die empirische Bedeutungsdimension sozialer Ungleichheit zeichnet sich nicht nur durch Vielfältigkeit der Lebensbedingungen in den verschiedenen Lebensbereichen aus, sondern auch durch vollkommen andere Lebenslagen, die entsprechend nach einschneidenden, normativ vorzugebenden, sozialpolitischen Regulationen verlangen. Multioptionsgesellschaften (▶ Kap. 2.3.1) eröffnen im Rahmen der optionalen Bedeutungsdimension vielfältige Auswahlmöglichkeiten in der Produkt- bzw. Konsumwelt. Die kriminologische Anomietheorie erklärt die möglichen Kriminalitätsfolgen aus der Divergenz zwischen gesellschaftlichen Konsumzielen und fehlenden finanziellen Mitteln bei den Gesellschaftsmitgliedern, diese zu erreichen, was wiederum nach Antworten bei der normativ-regulatorischen Diversität verlangt. Diese verweist auf die Gegenpole von »abzuschaffender Ungleichheit« und »anerkennenswerter Differenz« (Heite 2010, 188).

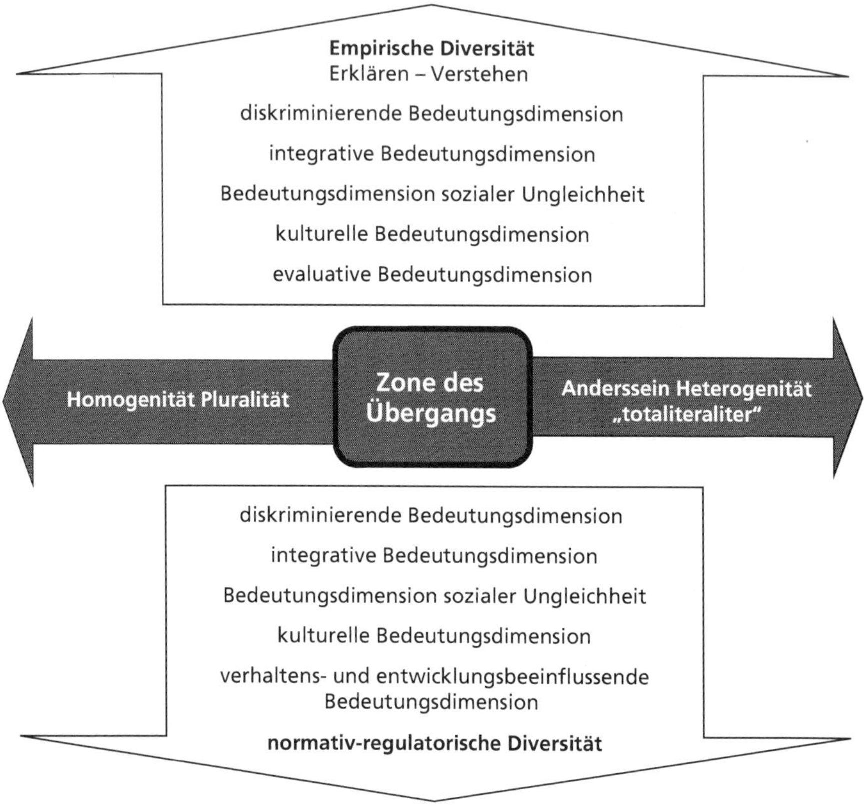

Abb. 2: Bedeutungsraum von Diversität, eigene Darstellung

2.2 Triebkräfte der Diversifizierung

Die (be)ständig zunehmende öffentliche und wissenschaftliche Bedeutung von Diversität bedarf hinsichtlich ihrer Ursachen der Erklärung wie bzgl. der Gründe des

Verstehens (▶ Kap. 2.1.4), nach der von Wilhelm Dilthey stammenden plakativen Aussage von 1894: »Die Natur erklären wir, das Seelenleben verstehen wir«.

Die Veränderung von Subjektkulturen in der Moderne sind gesellschaftlich erklärbare Ursachen von Diversität, die in der Spätmoderne sich postmodern herausbildenden Singularitäten verstehbare Gründe für ihre (Selbst)Inszenierung (▶ Kap. 2.3.1). Diversifizierung ist das Ergebnis der folgenden wichtigsten Triebkräfte, die in vielfältiger Weise zusammenwirken bzw. sich gegenseitig als ihre Generierungskontexte potenzieren. Diese Diversifizierungskräfte werden in einem gedanklichen Dreischritt skizziert, der ausgehend von ihrem immanenten Diversitätspotenzial dieses auf das *Soziale Probleme – Strafrecht – Kriminologie Dreieck* bezieht, um hierin andeutungsweise die Herausforderung für diversitätsorientierte Soziale Arbeit zu markieren. Auch hier interessiert Diversität mehr in ihrer Differenz und Divergenz als in ihrer Vielfalt/Vielfältigkeit und Pluralität (▶ Kap. 2.1.1).

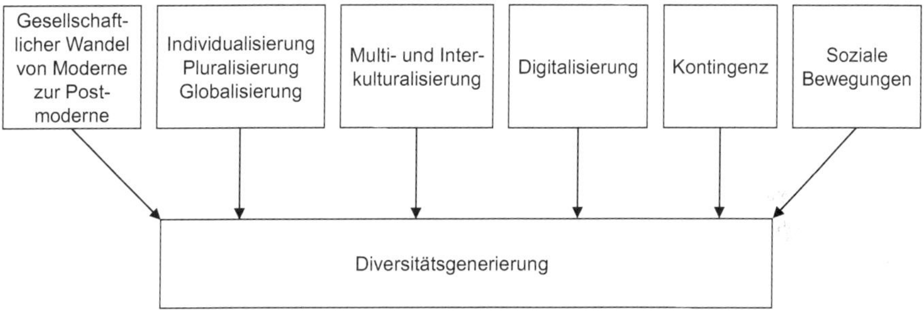

Abb. 3: Triebkräfte der Diversifizierung, eigene Darstellung

2.2.1 Narrativ an Narrativ – Gesellschaftlicher Wandel von der Bürgerlichen Moderne zur Postmoderne

Einer der Gründungstexte des Poststrukturalismus war Jean Francois Lyotards Aufsatz »das postmoderne Wissen«, in dem er Abschied von den großen Erzählungen Hegel'scher und Marx'scher Provenienz nahm. Die »Metaerzählungen«, das »metanarrative Dispositiv«, werden dekonstruiert, indem vielfältige Sinnwelten und Sprachspiele, viele Narrative als kleine Geschichten, die »Pragmatik der Sprachpartikel«, ihren Platz einnehmen (Lyotard 1994, 14–15) und Pluralität intensiv und extensiv einen ethischen und politischen Wert zuweisen (Welsch 2002, 320–323). Die Eindeutigkeit der Moderne (Bauman 2005) weicht der Vieldeutigkeit der fluiden-disruptiven Postmoderne oder auch Spätmoderne, als »postmoderne Moderne« (Welsch 2002), als »Modernisierung der Moderne« (Beck/Bonß) bzw. als späte Versionen der »klassischen«, d. h. der bürgerlichen und industriellen Moderne (Reckwitz 2020, 14). Die Moderne kann aber nicht durch die Postmoderne als überwunden angesehen werden. Nach den Frankfurter Erben der Dialektik der Aufklärung wird die Moderne in ihrer Vielfalt weiterhin als »unvollendetes Projekt« (Habermas 1994) bezeichnet. Das Verhältnis von Moderne und Postmoderne wird nach einem dialogischen Verständnis aus ihrer Dialektik sich ergebend (Wellmer

1985, 49) angesehen und Wege zu einer vollendeteren Moderne über das Konzept der »Reflexiven Modernisierung« (Lash 1996) werden aufgezeigt.

Das normativ-vernunftorientierte Denken, das gerade im triangulären Verhältnis von Sozialen Problemen, Kriminologie und Strafrecht Spannung erzeugt (▶ Kap. 4.8), ist in höchstem Maße vom Fortgang der Kontroverse zwischen Moderne und Postmoderne betroffen, da Normen nach modernem Verständnis Ordnungsvorstellungen zugrunde liegen, die postmodern als willkürliche Konstrukte auch in konstruktivistischer Sozialer Arbeit (▶ Kap. 5.4.2) dekonstruierbar sind.

Diversitätsorientierte Soziale Arbeit bewegt sich in diesem Feld als Kommunikationsvirtuose zwischen Fachspezialisten/Fachspezialistinnen. Sie kann in dieser gemeinhin als Schwäche der Professionen angesehenen Uneindeutigkeit durch eine postmoderne Sozialarbeit die Stärke des Umgangs mit Mehrdeutigkeit, die Kompetenz, sich in der komplexen Vielschichtigkeit der Welt zu bewegen (Kleve 2003, 124–125), zur Wirkung bringen.

2.2.2 Individualisierung – Pluralisierung – Globalisierung

Individualisierung, Pluralisierung, Globalisierung sind aufs Engste miteinander verzahnt, gerade auch in ihrer Diversitätsgenerierung. Individualisierung zielt in ihrem Realisierungswillen auf Weltveränderung auf der Grundlage der Annahme, dass es andere Realitäten als die eigene Ordnung gibt (Gross 1994, 55–56).

> »In äußerst verkürzter Form könnte man Pluralisierung als jene Bewegung oder Dynamik verstehen, die aus einer singulären Wirklichkeit eine Pluralität, ein in den Worten von Clifford Geertz (1996) ›allgegenwärtiges Flickwerk‹ von Weltauffassungen macht, die homogene Wirklichkeit samt ihren Wertehimmel zerstückelt und klein hackt. Und in ebensolcher Verkürzung könnte man die Individualisierung als jenen Vorgang bezeichnen, in dem sich der Mensch zum Weltveränderer und Welteroberer aufschwingt, der die gegebene Wirklichkeit nicht nur aneignet, sondern zu verändern sucht und dementsprechend egologisches Handlungszentrum mit der Fähigkeit und Notwendigkeit zum Entscheiden wird«. (ebd., 28–29)

Der Radius des auf Weltveränderung zielenden Realisierungswillens erweitert sich ins Unermessliche durch *Globalisierung*, die von *Globalismus* (der Weltmarkt verdrängt oder ersetzt politisches Handeln) und *Globalität* (wir leben bereits in einer Weltgesellschaft) zu unterscheiden ist (Beck 2022, 26–27). »Globalisierung meint demgegenüber die Prozesse, in deren Folge die Nationalstaaten und ihre Souveränität durch transnationale Akteure, ihre Machtchancen, Orientierungen, Identitäten und Netzwerke unterlaufen und querverbunden werden.« (ebd., 28–29)

Individualisierung entfaltet ihr Diversitätspotenzial in unterschiedlichen Formen von Subjektkulturen (▶ Kap. 2.2.3), Identitätsbildungen (▶ Kap. 2.5) und Optionsmöglichkeiten (▶ Kap. 2.3.1).

Pluralisierung in ihrer Vielfalt und Divergenz verwirklicht sich in besonderer Weise im Multikulturalismus (▶ Kap. 2.2.3). Unter der Heterogenität von ökonomischen, ökologischen, kulturellen, zivilgesellschaftlichen und arbeitsorganisatorischen Globalisierungskonzepten im Sinne der Vereinheitlichung der Welt, verdeutlicht *Glokalisierung* diverses Nebeneinander von globalen und lokalen Strukturen, die Transformation von Globalisierung in lokale Lebenskulturen und

Lebenswelten hinein wie die Spannungen zwischen globalen und lokalen Bedingungen (Robertson 1995).

Individualisierung »... hat ... ein Doppelgesicht: ›Riskante Freiheiten‹« (Beck/Beck-Gernsheim 2020, 32), deren Verwirklichung zu Sozialen Problemen wie Desintegrationsprozesse und Gewalt (▶ Kap. 7.4), zu Strafbarkeit und kriminologischen Phänomenen hinführen kann. Plurale Wirklichkeiten manifestieren sich als Soziales Problem in der weltweiten Spaltung und Entfremdung zwischen Stadt und Land, zwischen wohlhabend und geringverdienend, zwischen Öko-Avantgarde und Veränderungsverängstigten.

Dies sind Herausforderungen für eine räumlich lokal ausgerichtete, aber immer mehr auch *glokalisierte* diversitätsorientierte Soziale Arbeit nach dem Motto der UN-Umweltkonferenz von 1992 in Rio de Janeiro: »Think global, act local«, deren Klientele die hierdurch betroffenen verletzlichen Menschen in vulnerablen Lebenssituationen (▶ Kap. 5.1) sind.

2.2.3 Vielfalt des Kulturbegriffs – Kulturenvielfalt – Vielfalt in der Kultur

Kulturelle Diversität manifestiert sich in dreifacher Weise. Zunächst gibt es eine Pluralität von Kulturbegriffen bzw. Kulturtheorien, dann eine Multi- und Interkulturalität verschiedenster Kulturen und Kulturformen und schließlich vielfältige, bedeutungserweiternde bis sinnentleerende Verwendungsweisen der Kulturbegriffe.

Die enorme Vielfalt von Kulturbegriffen und Kulturtheorien unterscheidet Experten- und Laienkultur der Alltagspraxis, einen wertend und vorschreibenden normativen, einen die Gesamtkultur umfassenden totalitären, einen auf Kunst, Bildung, Wissenschaft und sonstige intellektuelle Tätigkeiten begrenzten differenztheoretischen wie einen semiotisch wie konstruktivistisch geprägten bedeutungs- und wissensorientierten Kulturbegriff (Reckwitz 2000, 64). Ein die Gesamtkultur betreffender Kulturbegriff ist die auf die Gesellschaftsmitglieder bezogene Subjektordnung bzw. -kultur, d. h. ihre jeweilige kulturelle Matrix der Subjektivierungsprozesse im ökonomischen Feld der Arbeitspraktiken, in den persönlichen Beziehungen (Ehe, Familie usw.), im Umgang mit Medientechnologien, im Hinblick auf Kulturen des Konsums sowie schließlich bezogen auf die künstlerisch-ästhetischen Praktiken (Reckwitz 2020, 7, 12). Die Subjektkulturen unterliegen der historischen Transformation von der bürgerlichen Moderne zur Organisierten Moderne und schließlich Postmoderne (ebd., 89) und sind bei der Frage nach dem Subjekt in der Moderne, nach subjektorientierter, auf vulnerable Menschen bezogener Sozialarbeitspraxis (▶ Kap. 5.1) richtungsweisend.

Während unter *Multikulturalität,* als ein durchaus umstrittenes Konzept (Salzbrunn 2014, 58), eine globale oder lokale Tatsache, ein Faktum verstanden wird, stellt sich *Interkulturalität* als relationaler Begriff durch das Aufeinandertreffen von verschiedenen Kulturen mit den Begegnungen der Eigenkultur und der Fremdkultur dar (Aschenbrenner-Wellmann/Geldner 2021, 110–111). Nach der integrativen Bedeutungsdimension von Diversität (▶ Kap. 2.1.6) stellt sich sowohl im multikulturellen wie im interkulturellen Bereich das Postulat nach Anerkennung vielfältiger, aber eben auch ganz anders geprägter Kulturen. Der Kulturrelativismus des *Boas-Kreises* erkennt die Koexistenz unterschiedlicher Kulturen ohne Wertevergleich anhand eines universellen Wertesystems an (King 2020, 16–17).

Aber auch Subkulturen einer Gesellschaft sind nicht auf einer Machtvertikalen unterhalb dominanter Kulturen angesiedelt, wie das Präfix »sub« suggerieren könnte (von Trotha 1993, 343–344).

Auf Vielfalt in der Kultur verweisen ihre in Komposita ausgedrückten Kulturformen wie politische Kultur, Populärkultur, Alltagskultur, Lesekultur, Diskussionskultur, Esskultur usw., wie aber auch die Kulturschaffenden bzw. die in Kultur Repräsentierten. Wird hier die Diversität der Gesellschaft in der Filmkultur, in Kunstausstellungen, in der Unterhaltungskultur, als Schönheit der Differenz, als androgyne Ästhetik genügend abgebildet? In der im Sommer 2021 am alten Flughafen Berlin-Tempelhof veranstalteten Wanderkunstausstellung zeigten 90 Künstlerinnen und Künstler aus 35 Ländern das künstlerische Gesicht Europas. Andererseits gefährden Streamingdienste u. a. mit globalem Einheitsbrei die Vielfalt, wie es für die kapitalistische Kulturindustrie diagnostiziert wurde. »Kultur heute schlägt alles mit Ähnlichkeit. Film, Radio, Magazine machen ein System aus. Jede Sparte ist einstimmig in sich und alle zusammen.« (Horkheimer/Adorno 2003, 128) Das *Übereinkommen über den Schutz und die Förderung der Vielfalt kultureller Ausdrucksformen* der *UNESCO* vom Oktober 2005 bekräftigt die Entfaltung kultureller Ausdrucksformen in der Gesellschaft.

Mit dem Anderssein von kultureller Diversität können Kulturkonflikte mit ganz anders (»aliter«) ausgerichteten radikalisierenden »Kontrakulturen« (J. Milton Yinger) als Gegenkulturen entstehen, die sich nicht mehr wie die Subkulturen an der Gesamtkultur ausrichten. Dies kann zu spezifischen Gefährdungslagen wie »verfassungsschutzrelevante Delegitimierung des Staates«, politische Kriminalität und Terrorismus führen. Bei Subkulturen wie bei Kontrakulturen sind Kulturkonflikte abhängig von der Öffnung und Schließung von Kontingenz (Reckwitz 2020, 90–94; ▶ Kap. 2.2.5). Für diversitätsorientierte Soziale Arbeit im Bereich der Normabweichung und Sozialen Kontrolle sind die »cultural studies«, als Ober- bzw. Sammelbegriff für multi- und interdisziplinäre Analysen kultureller Fragestellungen, insbesondere in der Tradition des »Centre for Contemporary Cultural Studies (CCCS)« an der Universität Birmingham, besonders relevant. Diese stehen vor ganz neuen Herausforderungen, etwa im Umgang mit Digitalkulturen in der Jugend(sozial)arbeit, für die das bekannte Diktum »Sich am Jugendlichen orientieren« (Kurt Hekele) zu ergänzen ist, um »Sich an den digitalen Lebenswelten von Jugendlichen orientieren«.

Interkulturelle Kompetenz ist in den multi- und interkulturellen Praxisfeldern diversitätsorientierter Sozialer Arbeit unerlässlich, insbesondere im Bereich der Flüchtlingssozialarbeit und der Migrationsberatung (▶ Kap. 8.4).

> »Interkulturelle Kompetenz ist eine Qualifikation, eine kommunikative und interaktive Kompetenz ..., die selbstverständlich keiner Ethnie und Kultur, d. h. auch nicht der dominanten Mehrheitsgesellschaft oder den Minderheiten vorbehalten ist und vorbehalten sein darf. Vielmehr verstehen wir darunter eine sich in beide Richtungen der Interaktion bewegende Qualifikation, die sonst keinen Erfolg hätte, würde sie nur von einem/einer Interaktionspartner/in gegenüber dem anderen praktiziert.« (Gültekin 2003, 94)

2.2.4 Digitalisierung – Beziehungen und Kommunikation im digitalen Raum

Digitalisierung – Diversität der Digitalität

Besonderer Diversitätstreiber ist die Transformation aller Lebensbereiche durch Digitalisierung. »Zunächst gilt: die Einfachheit der Daten ist der Schlüssel für ihre Wirksamkeit. Ihre Einfalt ist der Boden ihrer Vielfalt« (Nassehi, 2019, 153), einer Vielfalt der *Big Data.* Die Faktenlage ist der Grad und die Geschwindigkeit, mit der dieser Prozess – auch noch zusätzlich coronabedingt erheblich verstärkt – geschieht. Die Erzähllage ist, dass dieser im Hinblick auf gesellschaftliche und wirtschaftliche Herausforderungen wie Soziale Probleme aller Art nicht schnell genug vonstattengehe. Dies ist die permanente Rede vom Digitalisierungsdefizit. Das Eindringen des Digitalen in die Lebenswelten von Menschen hat aber bereits derartige Ausmaße angenommen, dass sich als vergleichsweise junge wissenschaftliche Disziplin in der geisteswissenschaftlichen Forschung die »Digital Humanities« herausgebildet haben. Diese gehen der digitalen Durchdringung von Lebenslagen und Lebenswelten der Menschen mit zentralen Fragen nach, wie: »Ist Humanität der Maßstab von Digitalität?«, »erleben wir noch das reale Außen der Welt jenseits ihrer Datenförmigkeit?«, »fördern oder hemmen die Werkzeuge der digitalen Welt Menschlichkeit?«, und: »bedarf es des »digitalen Widerstandes?«.

Beziehungen und Kommunikation im digitalen Raum

Soziale Arbeit ist Beziehungsarbeit zwischen Personen. Diese wird sich daher grundlegend mit der Vervielfältigung von Personen durch digitale Diversität verändern (müssen).

> »In digitalen Zeiten gibt es tatsächlich jeden einzelnen Menschen als ›dreifache Person‹, also in dreifacher Gestalt: Als physische, menschliche Person, als digital erweiterte Person in Gestalt der eigenen Bilder und Daten im Internet und im Smartphone, sowie als digital virtuelle Person in Gestalt der gar nicht bewusst zugänglichen Informationen über eine Person im Internet und in allerlei Datenspeichern.« (Hemel 2020, 131)

Darauf, wie sich die Beziehungsqualität der zwischen Analogem und Digitalem changierenden hybriden Person verändern kann, verweist folgendes Zitat von Zygmunt Bauman: »In Netzwerken ist es so einfach, Freunde hinzuzufügen oder zu löschen, dass sie keine sozialen Fähigkeiten benötigen«.

Auch digitale Kommunikation verdoppelt sich gegenüber analoger Kommunikation zu Austauschformen des IuK (= Information und Kommunikation) (Kruse 2004, 121–144), wobei menschliche Kommunikation durch Informationstechnologien überlagert wird. Aus der nach Paul Watzlawick immer schon vielschichtigen Kommunikation werden nach der Substitutionsthese durch den Gebrauch technischer Medien persönliche Gespräche verdrängt und Kommunikation auf wenige Sinneskanäle reduziert. Dies geschieht vor allem sehr stark in den diversifizierten Sozialen Medien (*Social Media*) durch »die Vielfalt der Digital Natives« (Leven/Utzmann 2020, 247–312).

Social Media als allgegenwärtige Digitalisierung

Trotz der nach der Substitutions- und der Kanalreduktionsthese eingeschränkten kommunikativen Diversität wird diese in den *Social Media* in verschiedenster Weise vervielfältigt. Auch hier ist die den *Social Media* als Wesensmerkmal inhärente Diversität noch wirkungsmächtiger als die Vielfalt Sozialer Medien selbst. *Social Media Plattformen* für die »Generation Social Media« mit ihren »digital natives« (Wampfler 2014, 20–27) produzieren einen Sinnüberschuss, indem »...mit den Praktiken der Nutzer/innen Datensätze anfallen, die mit den Praktiken der Nutzer/innen nicht unmittelbar zu tun haben, die aber Muster freilegen, die für unterschiedlichste Anwendungen von Interesse sein können und es auch sind« (Nassehi 2019, 265). Das Prinzip Sozialer Medien ist auch, dass zwei Prinzipien gelten:

> »Es entstehen erstens soziale Gruppen im Netz, deren Mitglieder füreinander sichtbar sind ... Und zweitens entsteht eine neue Beobachterposition, nämlich das, was man in der Systemtheorie ... Beobachter zweiter Ordnung nennt, also Beobachter von Beobachtern« (ebd., 281).

Die hierdurch erzeugten dynamischen Formen von Kommunikation sind komplexer Art, mit sehr unterschiedlichen Auswirkungen auf diversitätsorientierte Soziale Arbeit verbunden. Sie unterstützen fluide, flexible und schnelllebige Formen der Beteiligung und des Empowerment (Stüwe/Ermel 2019, 153). Gleichzeitig sind sie immer mehr durch das Primat der Emotion gegenüber der verlässlichen Information geprägt als Folge des Phänomens der »Disintermediation«, indem die Journalistinnen und Journalisten als Gatekeeper alten Typs zum Tor der Welt durch Sender aller Art abgelöst werden (Pörksen 2018, 64–69). Deren Botschaften sind oft *Shaming* über den digitalen Pranger (ebd., 156–167), *Cybermobbing* bzw. *Cyberbullying, Cybergrooming*, Abwertungen durch *Trolle, Shitstorms und Hassreden* (*Hate Speech*) (Stüwe/Ermel 2019, 154–165). Ihre Folgen wie Deindividuation (Verlust der Individualität) (ebd. 163), »Adiaphorisierung« (Zygmunt Bauman) als Abstumpfung und Desensibilisierung durch Technologie, Gewalttätigkeit und deren strafrechtliche Konsequenzen, digitale Exklusion (*digital divide*) (be)treffen gerade die Klientele in prekären Lebensverhältnissen, mit Behinderungen, Fluchterfahrungen usw.

2.2.5 Die Kontingenz von Diversität

Das mit dem Kontingenzbegriff gemeinte mögliche Anderssein, das den Selektionszwang gegenüber Komplexität erfordert, verbindet sich tendenziell mit dem über Vervielfältigung hinausgehenden Anderssein bei Diversität (▶ Abb. 1).

> »Kontingent ist etwas, was weder notwendig noch unmöglich ist; was also so, wie es ist (war, sein wird), sein kann, aber auch anders möglich ist. Der Begriff bezeichnet mithin Gegebenes (Erfahrenes, Erwartetes, Gedachtes, Phantasiertes) im Hinblick auf mögliches Anderssein; er bezeichnet Gegenstände im Horizont möglicher Abwandlungen.« (Luhmann 2018, 152)

Da dies sowohl auf Seiten des *ego* wie des *alter*, des Anderen, geschieht, ist in Anlehnung an Talcott Parsons (»There is *double contingency* inherent in interaction«) von einer doppelten Kontingenz auszugehen (ebd., 148). Der Diversifizierungsschub durch das (doppel) kontingente Anderssein wird allerdings durch die »Dialektik der Öffnung und Schließung von Kontingenz« (Reckwitz 2020, 92) abgebremst, indem der sich öffnenden Diversifizierung (▶ Kap. 2.2) Phasen der sich schließenden Entdiversifizierung (▶ Kap. 2.6) gegenüberstehen und jeweils ineinander einmünden.

Die »Kontingenz der Gesellschaft« ist die Grundlage einer liberalen Gesellschaft, deren Wahrheit nicht auf einer natürlichen vorgegebenen Ordnung von Themen und Argumenten beruht, sondern sich als Ergebnis des offenen Kampfes um Wahrheit ergibt (Rorty 1992, 96). Wenn zentrale Überzeugungen und Bedürfnisse kontingent sind, dann steht Diversität an deren Anfang, an dem sich das Eine in die Mannigfaltigkeit entfaltet, und an deren Ende, an dem Vielfalt sich unterschiedlich verschieden ausgeprägt hat.

2.2.6 Soziale Bewegungen bewegen auch Diversität

Die Diversitätskarriere wäre nicht so nachhaltig und dynamisch ohne Soziale Bewegungen verlaufen, die sich für die Rechte von Minderheiten eingesetzt haben. Der *Begriff Diversity* wurde zum ersten Mal 1978 in einem Prozess der Regents of California vs. Bakke verwendet, in dem der Supreme Court die Klage des weißen Studenten Allan Bakke gegen die Politik positiver Diskriminierung in den Vereinigten Staaten zurückwies, indem er sie als verfassungskonform bestätigte (Fraser 2014, 28). Die Forderung nach Anerkennung von Diversität nahm in der Folge einen immer bedeutenderen Platz in kulturellen und sozialen Auseinandersetzungen ein.

> »Maßgeblich für das Aufkommen von Diversität als soziologisches Begriffsfeld sind die sozialen Bewegungen der Nachkriegszeit, insbesondere die schwarzen Emanzipationsbewegungen in den USA, wie Hofmann (2012: 23–26) in Erinnerung ruft. Auch andere Bürger- und Bürgerinnenbewegungen, die Arbeiter- und Arbeiterinnenbewegung, die Frauenbewegung und die Lesben- und Schwulenbewegung waren mit ihren Forderungen nach gleichen Rechten entscheidend für das in Wissenschaft und Politik wachsende Bewusstsein für Alterität, Differenz – und die damit verbundenen Diskriminierungsprozesse, die ein Abbild gesellschaftlicher Machtverhältnisse darstellen.« (ebd.)

Konjunkturen, ja Hochkonjunkturen gesellschaftlicher Diversitätsthematisierungen hängen von wechselnden Dominanzen dieser sozialen Bewegungen ab. So hat sich unter der Regenbogenfahne die starke und diverse »LGBTIQ« (Lesben, Gays, Bi, Trans, Inter, Queer) Bewegung versammelt.

»Nimmt man staatsbürgerliche Kriterien, so ist die empirisch nachweisbare Tatsache, dass die deutsche Gesellschaft aufgrund der stark differenzierten Herkunft der Einwanderer Anzeichen von ›Super-Diversity‹ (Vertovec 2007) zeigt, nicht von der Hand zu weisen.« (Salzbrunn 2014, 6)

Dies führt auch hier zu einer starken Unterstützerbewegung. Soziale Bewegungen haben nicht nur den Paradigmenwechsel in der Kriminologie (▶ Kap. 4.5) entscheidend mitbewirkt, sondern sie sind auch als »huminatarian crusaders« (Joseph R. Gusfield), als »social entrepreneurs« (Howard S. Becker), und als »atypische Moralunternehmer« (Sebastian Scheerer) selbst Gegenstand kriminologischer Analyse im Hinblick auf ihre diversitätseinschränkende Wirkung geworden. Auch könnte Diversität als ein solches Vehikel für missionarische Ziele von »Moralunternehmern« benutzt werden (▶ Kap. 2.6.4).

2.3 Diversitätsperspektiven in Gesellschaft, Wirtschaft und Politik

Diversitätsperspektiven in Gesellschaft, Wirtschaft und Politik knüpfen an »... den Begriff der sozialen Differenzierung an, den Simmel im Anschluss an das Werk von Herbert Spencer sowie die evolutionstheoretischen Grundannahmen der modernen Biologie übernommen und zur Grundlage seiner eigenen Arbeiten erhoben hatte« (Lichtblau1997, 30). Die Grundlagen und Perspektiven von Diversität sind jeweils spezifisch für Gesellschaft, Wirtschaft und Politik zu entwickeln, wie dies im Folgenden nur skizziert werden kann. Die normative Diversität des Rechts als *Differenzierungswissenschaft* wird später (▶ Kap. 6.7) folgen.

2.3.1 Gemeinschaft – Gemeinwesen – Gesellschaft: soziale Ausdifferenzierungen mit unterschiedlicher Diversitätstextur

Die idealtypische Dichotomie von Ferdinand Tönnies von Gemeinschaft als gemeinsames, aufeinander bezogenes, durch Traditionen vermitteltes reales und organisches Leben und Gesellschaft als durch ideelle und mechanische Bildung verbundene zweckrationale Kontakte ohne innere Verbundenheit (Tönnies 1991, 3–4), an die Max Weber mit seiner Unterscheidung von Vergemeinschaftung und Vergesellschaftung (Weber 1980, 22–23) anknüpft, spricht zunächst einmal für eine ausgeprägtere gesellschaftliche Diversitätstextur. Allerdings sind die unterschiedlichen Typen von Verbundenheit in Gesellschaft und Gemeinschaft zunächst selbst miteinander verbunden, wechselseitig durchdrungen. Zum anderen sind Gemeinschaft und Gesellschaft in hohem Maße kontingent, insbesondere historisch (▶ Kap. 2.2.5).

> »Gerade als die Gemeinschaft noch als unproblematisch galt und nicht hinterfragt wurde, übte sie eine totale und umfassende Macht über den einzelnen aus. Dies änderte sich erst, als die Aufrechterhaltung der Ordnung zu einer Aufgabe wurde, an der man (wie an jeder Aufgabe) auch scheitern konnte. Kurz gesagt: Die Gemeinschaft hatte den einzelnen fest im Griff, solange ihr nicht *bewußt* war, dass sie eine Gemeinschaft war« (Bauman 2005, 155).

Das Spektrum der Einschätzungen zur Bedeutung von Gemeinschaft reicht von der Vorstellung Paul Natorps, dass Gemeinschaft unverzichtbare Voraussetzung jeglicher Humanität sei, bis zur Kritik des sozialen Radikalismus mit seiner gemeinschaftsradikalen Mentalität, wie sie sich im Nationalsozialismus verwirklichte, durch Helmuth Plessner, der ihr die Gesellschaft als Distanz gewährender Raum eigener Dignität gegenüberstellt (Plessner 2018, 137). Eine Gesellschaft, die vielfältiger ist, wird als widerstandsfähiger gegenüber Populismus von rechts wie von links angesehen.

Gesellschaft und Gemeinschaft haben sehr differente, andersseiende Diversitätstexturen in empirischer wie normativer Hinsicht. Die kontingente Gesellschaft als »offene Gesellschaft« bedarf für ihre Möglichkeitsräume für Diversität der Freiheit des Denkens in einer interpersonellen Theorie der Vernunft. »Die Vernunft und die Wissenschaft wachsen beide durch gegenseitige Kritik; die einzig mögliche Art, dieses Wachstum zu planen, besteht in der Entwicklung von Institutionen, die die Freiheit dieser Kritik, das heißt die Freiheit des Denkens sichern.« (Popper 2003, 265)

Die multiethnische Gesellschaft und die *Multioptionsgesellschaft* führen in ihrer Bezeichnung bereits Vielfalt und Anderssein, einmal als Zuweisung durch Herkunft und Zugehörigkeit, zum anderen durch Auswahl aus Wahlmöglichkeiten. Unter Ethnizität versteht man die ethnische Identitätsbildung einer ethnischen Gruppe über Sprache und kulturelle Traditionen, zu unterscheiden von ethnischer Identität als für Individuen subjektive Bedeutung der Zugehörigkeit zu einer bestimmten ethnischen Gruppe.

Multiethnische Immigrationsgesellschaften, die sich mit multikulturellen Gesellschaften (▶ Kap. 2.2.3) überschneiden, sind Gegenstand kontroverser Diskussionen darüber, ob das Zusammenleben mit Vertreterinnen/Vertretern aus anderen Ethnien helfe, Rassenvorurteile abzubauen oder aber zu Überfremdungen und Verlust der ethnischen und kulturellen Identität führe (Eibl-Eibesfeldt 1990). Subjektivierung, Optionalisierung und Enttraditionalisierung sind die zentralen Eckpfeiler der *Multioptionsgesellschaft*, die als Zentralschlüssel auch das Verständnis anderer, durch die Vermehrung von (Wahl)Möglichkeiten gekennzeichneten Gesellschaftsbezeichnungen wie *Konsumgesellschaft* oder *Erlebnisgesellschaft* (Gerhard Schulze) erschließen können (Gross 1994). Der vom Ideal der Selbstverwirklichung geprägte singularistische Lebensstil der spätmodernen Subjekte verlangt nach Einzigartigkeit in der konsumtiven Warenwelt und mehr noch nach Originalität und Rarität bei den kulturell-singulären Gütern (Reckwitz 2021, 119–132, 289–308). In der *Multioptionsgesellschaft* haben sich die Wahlmöglichkeiten, aber auch Ungewissheiten, permanent und geradezu explosionsartig über traditionelle Grenzen hinaus ausgedehnt, auf deren Grundlage notwendige lebenswichtige wie auch die Lebensführung betreffende ambivalente Entscheidungen (▶ Kap. 6.1) getroffen werden können und zu treffen sind. Optionen beziehen sich auch auf Menschen, etwa bei der Partner/innenwahl über Online-Suchportale.

Anders als *geborene Gemeinschaften* zeichnen sich *erkorene Gemeinschaften* durch einen erhöhten Diversitätsgrad aus, etwa »inszenierte Gemeinschaften« mit »inszenierter Solidarität«. Diese versuchen, der Individualisierung, der Auflösung und Überforderung herkömmlicher Gemeinschaftsformen durch lebensweltliche Handlungsstrategien entgegenzuwirken, etwa durch auf Soziale Probleme gerichtete soziale Aktionsgruppen (Puch 1988, 204). Unterschiedliche Ansätze des Gemeinschaftsbegriffs zielen bei all ihrer Vielfältigkeit, etwa in der amerikanischen Kommunitarismusdebatte, auf die Entwicklung und Stärkung des Gemeinwesens als über den Familienverband hinausgehende, zwischen Gemeinschaft und Gesellschaft vermittelnde, intermediäre Organisationsformen menschlichen Zusammenlebens.

Inwieweit sie dabei auf hierfür erforderlichen Gemeinsinn und auf Empathievermögen setzen können, ist nach einer Langzeitstudie der Universität Michigan 2010 und nach Forschungen der Universität Bielefeld in Leipzig, Berlin und Köln 2018 zumindest zweifelhaft. Zwischen 1979 und 2009 sank das Empathievermögen von insgesamt 14.000 befragten College-Studierenden um bis zu 40 %, mit Schwerpunkt ab den 2000er-Jahren – zehn Jahre nach Erfindung des Internet und 20 Jahre nach dem Siegeszug der *Gaming Industrie.* In den deutschen Studien betraf dies 20 % der befragten Kinder und 30 % der Jugendlichen. »Me, My Selfie and I« (Twenge 2018), in Abwandlung von George Herbert Meads »Me, Myself and I«, kommt hier in den Sinn.

2.3.2 Diversitätsstrukturen in der Ökonomie: volkswirtschaftlich, betriebswirtschaftlich und sozialwirtschaftlich

Die wissenschaftlich und disziplinär traditionelle Unterscheidung in Volkswirtschaft und Betriebswirtschaft kann auch zur Grobskizzierung ökonomischer Diversitätsstrukturen dienen. Beide verfügen über ein »diversifiziertes Portfolio« (Harry M. Markowitz) hierzu. Volkswirtschaftlich stehen sich im Sinne des »aliter« unterschiedlicher Paradigmen, der Keynesianismus und der Monetarismus, im Hinblick auf ganz andere Regulationsprinzipien von Angebot und Nachfrage und hierbei zur Rolle des Staates gegenüber. Ausgehend davon,

> »... was Burke als ›eines der subtilsten Probleme der Gesetzgebung‹ bezeichnet hat, nämlich zu bestimmen, was der Staat anhand öffentlicher Klugheit zu steuern übernehmen sollte und was er mit so wenigen Eingriffen wie möglich der individuellen Anstrengung überlassen sollte« (Keynes 2020, 36–37),

geht der Keynesianismus nachfrageorientiert davon aus, dass der Staat in einem wirtschaftlichen Abschwung die Staatsausgaben erhöhen oder die Steuern senken sollte, um die Wirtschaft anzukurbeln.

Milton Friedman als herausragender Repräsentant des Monetarismus hingegen plädiert für das Heraushalten des Staates aus dem Wirtschaftsgeschehen und für seine Begrenzung auf die Geldpolitik durch Gegensteuern bei inflationären Entwicklungen über den Geldmengenzugang. »Die Hauptgebiete der Regierungspolitik sind Geldpolitik und Finanzpolitik.« (Friedman 2020, 62)

Das Denken der Chicagoer Schule des Monetarismus und ihrer *Chicago Boys* mit dem Restriktionspostulat gegenüber staatlichen Eingriffen zugunsten wirtschaftlicher Freiheit wirkt sich mit seinen Maximen und Schlüsselideen in besonderer Weise für diversitätsorientierte Soziale Arbeit auf dem Feld der Sozialen Probleme und der Kriminologie aus. Der diese Wirtschaftsfreiheit ausnutzende, rational handelnde *homo oeconomicus* stellt Kosten-Nutzen-Berechnungen an, die auch über das *rational choice-Modell* für den/die (potenzielle/n) Delinquenten/Delinqentin wie für das Strafjustizsystem bei der Ökonomisierung des Strafverfahrens und des Strafvollzugssystems strafrechtlich-kriminologische Bedeutung erlangt haben. Verschiedene ökonomische Modelle beruhen auf derartigen Kosten-Nutzen-Rechnungen und einem fragwürdigen Menschenbild, das den Menschen vornehmlich durch Eigeninteressen gesteuert ansieht – so spieltheoretische Erklärungen für (Nicht)Vertrauen, langfristige Kooperationen, strategische Interaktionen, Verhaltensprognosen, wie im berühmten Gefangenendilemma von Albert Tucker (Aldred 2020, 33–72). Oder auch das *Coase Theorem*, das auf der Prämisse beruht,

> »... dass jeder Mensch in jeder Lebenslage stets bereit sein wird, einen Deal zu machen: Geld für etwas anzubieten, was er will, oder von einer anderen Person Geld dafür anzunehmen, dass er ihr gibt, was sie will. Das Gesetz, moralische Regeln oder die guten Sitten – etwa die Anstandsregel, dass man kein Schmiergeld anbietet, um einen Job zu bekommen – würden letzten Endes einem Geschäft nicht im Wege stehen. Die Ökonomen gingen im Wesentlichen davon aus, dass das *Coase-Theorem* auch im wirklichen Leben Bestand haben würde« (ebd., 75–76).

Die Tendenz, »...ökonomische Analyseverfahren auch auf Lebensbereiche anzuwenden, die zuvor außerhalb der Domäne der Wirtschaftswissenschaften gelegen hatten« (ebd.), wurde von Gary Becker, einem weiteren Ökonomen der Chicagoer Schule,1992 ausgezeichnet mit dem Alfred-Nobel-Gedächtnispreis für Wirtschaftswissenschaften, in seiner mikroökonomischen Theorie ausgeweitet.

> »In einer prägnanten Zusammenfassung seiner Denkweise, die 1976 unter dem Titel ›The Economic Approach to Human Behavior‹ (deutsche Ausgabe: ›Der ökonomische Ansatz zur Erklärung menschlichen Verhaltens‹) erschien, erklärte Becker: Wenn die beiden Annahmen, dass Menschen Maximierer sind und Märkte weitgehend frei und wettbewerbsorientiert, ›strikt und ohne Einschränkung angewandt werden, machen (sie) zusammen den Kern des ökonomischen Ansatzes aus‹.« (ebd., 201)

Dieser hat auch in dem *Journal of Law and Economics* im Verlag der *University of Chicago*, akademische Hochburg des Marktliberalismus, seinen Niederschlag gefunden, das sich immer wieder mit den Transaktionskosten für Betriebe und den Staat sowie mit den *social costs* für die Gesellschaft und ihre Mitglieder durch die Anwendung des Rechts beschäftigt hat. In diesem Zusammenhang lässt sich auch die Frage nach den Diversitätskosten stellen (► Kap. 2.6.2).

Die ökonomischen Interaktionsstrategien steuern soziale Handlungsfelder durch ein gegenüber wertebezogenen Handlungsansätzen ganz anderes Diversitätspotenzial. Dieses steht im betriebswirtschaftlichen Kontext als *corporate identity*, *corporate diversity* und *diversity management* geradezu im Zentrum der Diversitätsdiskussion, mit dem Ziel, »zukunftsfähig durch intelligent genutzte Vielfalt« (Peter Kinne) zu sein bzw. zu werden.

In der Personal- und Organisationsentwicklung eines wirtschaftlichen Betriebs wie eines Sozialunternehmens ist *diversity* ein sowohl wertebezogenes Leitbild wie eine Unternehmens- und Führungsstrategie, die über die Einhaltung politisch vorgegebener gesetzlicher Regelungen hinaus dies in der Unternehmenskultur, in der Organisationsentwicklung, in Führung und Management, in der Personalstrategie zu entwickeln und zu verankern sucht (Kuhn-Fleuchaus/Bambach 2008, 108–132). Führende französische und deutsche Unternehmen schlossen sich zur Stärkung dieser Prinzipien 2012 unter einer *charte diversite* bzw. einer *Charta der Vielfalt* zusammen.

Das sozialunternehmerische Diversitätskonzept von Sozialer Arbeit, deren Zielgruppe Menschen in schwierigen, vulnerablen, durch diverse Soziale Probleme und Kriminalisierung erzeugte Lebenssituationen sind, orientiert sich an der *Diversity-Mainstreaming Strategie.*

> »In Anlehnung an Gender Mainstreaming geht es bei Diversitäts-Mainstreaming um eine Strategie, alle Strukturen, Ablaufprozesse und Entscheidungsprozeduren in Politik und Verwaltung so zu gestalten, dass unterschiedliche Lebensentwürfe und die Interessen aller Beteiligten – unabhängig von einzelnen Diversitätsdimensionen – berücksichtigt werden. Damit zielt Diversitäts-Mainstreaming auf die Veränderung von Organisationskulturen und Entscheidungsprozessen und trägt damit zu Chancengleichheit bei.« (Dreas 2019, 36)

»Diversitäts-Mainstreaming legt im Gegensatz zu den weit verbreiteten DiM (Diversitätsmanagement, W. D.) Ansätzen den Fokus auf soziale Gerechtigkeit, Teilhabe und Chancengleichheit.« (Aschenbrenner-Wellmann/Geldner 2021, 32) In sozialen Unternehmen betreffen diese zentralen Diversitätsziele zunächst das Personalwesen, und dies in dreifacher Hinsicht. Einmal bezogen auf die institutionell-organisatorischen diversitätsfördernden Arbeitsbedingungen. Dann durch sogenannte *Anti-Bias-Trainings (»debiasing«)* im Umgang mit Vorurteilen und *Social Justice and Diversity Trainings* (Czollek/Perko/Weinbach 2012) als Bestandteil von Personalmanagement-Workshops. Und zum dritten das Diversitätspotenzial bei der Einstellung persönlich und fachlich heterogen ausgerichteter Mitarbeitenden betreffend.

So kontrastiert gerade *peer involvement* in Form von *peer counseling* und *peer education* durch Menschen mit ähnlichen Lebenserfahrungen, in gleichartigen Lebenssituationen lebend, mit dem hierzu diametral entgegengesetzten Professionsmodell von Fachkräften. Einstellungs- und Verhaltensänderungen lassen sich besonders gut durch Gruppenzugehörige erreichen, da sie von der Klientele als authentischer und glaubwürdiger wahrgenommen werden. Gerade bei der Sozialen Arbeit im Drogen- und Prostitutionsmillieu, in der Wohnungslosenhilfe und in der Flüchtlingssozialarbeit hat sich dieses Divergenzkonzept eines zielgruppenspezifisch gemischten Arbeitsteams bewährt.

2.3.3 Politische Ziele zum Diversitätsschutz: Anti-Diskriminierungspolitik – Umverteilungspolitik

Bei der Fußballeuropameisterschaft sollte beim Spiel Deutschland gegen Ungarn am 23.06.2021 das Münchner Allianzstadion in Regenbogenfarben als Zeichen für Toleranz und Gleichstellung erstrahlen. Dies lehnte die *UEFA* mit der Begründung ihrer politischen Neutralität ab – eine sehr politische Entscheidung. Das Konzept der *diversity* ist als moderner Gegenbegriff zur Diskriminierung durch und durch politisch, Politik in ihren Bereichen der Strukturen (*Polity*), Prozessen (*Politics*) und Inhalten (*Policy*). Anti-Diskriminierungspolitik ist auf allen ihren verschiedenen Ebenen angewandte Verfassungsrechts- und Menschenrechtspolitik. Sie knüpft zunächst an Menschen- und Verfassungsrechte an, die im System der Menschenrechte und ihren institutionellen Schutzvorrichtungen verankert sind. So gibt es Menschenrechts- und Verfassungsartikel für expliziten oder impliziten Diversitätsschutz.

Integrierter menschen- und verfassungsrechtlicher Diversitätsschutz folgt aus menschlicher Würde, aus Persönlichkeits- und Freiheitsrechten. Soziale Arbeit als Menschenrechtsarbeit (▶ Kap. 5.4.6) setzt diese in ihren Handlungsfeldern (Eberlei/Neuhoff/Riekenbrauk 2018, 11–154) um.

Der menschen- und verfassungsrechtliche Diversitätsschutz verlängert sich über seine Transformation von Europäischem in innerstaatliches Recht, in explizite und implizite nationale Bundes- und Landesgesetzgebung hinein. Das zentrale explizite Antidiskriminierungsgesetz, das auf Art. 13 EGV und der EU-Antirassismusrichtlinie (2000/43/EG) aus dem Jahr 2000 beruht, ist das Allgemeine Gleichbehandlungsgesetz (AGG), das den Gleichbehandlungs- bzw. Antidiskriminierungsgrundsatz in seiner Zielbestimmung im § 1 AGG enthält: »Ziel des Gesetzes ist, Benachteiligungen aus Gründen der Rasse oder wegen der ethnischen Herkunft, des Geschlechts, der Religion oder Weltanschauung, einer Behinderung, des Alters oder der sexuellen Identität zu verhindern oder zu beseitigen.« Arbeitsrechtliche Ausschreibungstexte haben auf der Grundlage des Beschlusses des Bundesverfassungsgerichts vom 10. 10. 2017 (1 BvR 2019/16) zur Aufnahme der Geschlechtseintragung *divers* im Personenstandsregister (§ 45b PStG) und des *AGG* nun das Ausschreibungsmerkmal *divers* aufzunehmen.

Gesellschaftsrechtlich sind neue Besetzungsregelungen für Leitungsorgane von deutschen und europäischen Aktiengesellschaften im *Ersten Führungspositionengesetz 2015* für Aufsichtsräte und im *Zweiten Führungspositionengesetz 2021* für Vorstände zur Erhöhung des Frauenanteils geschaffen worden. Auf untergesetzlicher Verordnungsebene, etwa in Kultus- und Wissenschaftsministerien, wird um mehr Diversität gerungen, etwa zum Gebrauch geschlechtergerechter Sprache in Schulen und Hochschulen. Dabei hat Politik immer auch darauf zu achten, dass Bemühungen um mehr Diversität nicht zunehmend in das Privatleben eingreifen und Misstrauen säen.

Staatliche Diversitätspolitik im Verwaltungsrecht und durch Strafrecht zeichnet sich durch besondere Charakteristika wie durch Diversität als Rechtskategorie aus (▶ Kap. 6.7.1)

Politik setzt Diversität aber nicht nur normativ-regulatorisch (▶ Abb. 2) durch Gesetzgebung und Exekutive um, sondern immer mehr auch in einer Kultur evidenzbasierter Politik, wozu politische Krisen beitragen. Dabei bedeutet diese keineswegs Technokratie, sondern Entscheidungshilfe für den Souverän. Mehr noch als die Gefahr der Expertokratie, einer Herrschaft der Wissenden, wird die Gefährdung in einer *Epistemokratie*, einer Herrschaft der Wissensförmigkeit, gesehen. »Epistemokratie ist nicht gleich bedeutend mit einer Herrschaft der Wissenden (Epistokratie). Epistemokratie meint etwas Abstrakteres, nämlich die Herrschaft … der Wissensförmigkeit, vielleicht auch einer Wissensgläubigkeit.« (Bogner 2021, 119) Hierdurch verändern sich auch die Diversitätsstrukturen von Politik und der Widerstandsformen hiergegen. Als solche bekannt sind Rettungsversuche zu Gunsten werteorientierter Politik vor der Wissenschaft (»Demokratie ist kein Faktencheck«), durch Entstehung des Feindbilds *Experte* und von *alternativen Fakten*, durch Aufstand der *Ignoranten* gegenüber dem Triumph des Wissens (ebd.). Dies ist eine neuere Entwicklung gesellschaftlicher Spaltung als Soziales Problem (▶ Kap. 4.1.1).

2.4 Individuell-persönliche und institutionell-organisatorische Diversitätskompetenz

Hier wie anderswo braucht es zunächst ein Bewusstsein, eine Sensibilität dem Phänomen, hier der Diversität, gegenüber.

> »Diversitätsbewusste Ansätze verlangen die Entwicklung einer besonderen Aufmerksamkeit für die genannten Differenzlinien, wobei davon ausgegangen wird, dass solche Unterschiede in historischen und gesellschaftlichen Prozessen, die mit bestimmten Konstellationen von Interessen, Macht und Dominanz verbunden waren, ›gemacht‹ wurden und zu u. U. folgenreichen Unterscheidungen führten.« (Leiprecht 2011, 7)

Die geforderte Aufmerksamkeit ist zunächst eine untersuchende, eine empirische, dann aber auch eine – häufig vernachlässigte – normative Haltung (zur Phänomenologie der Aufmerksamkeit: ► Kap. 6.3).

Die individuell-persönliche Diversitätskompetenz ist eine Querschnittskompetenz, die sich aus sehr verschiedenen Merkmalen zusammensetzt. Diese können durch Herkunft und Lebenserfahrungen, wie kulturelle Verankerung oder milieutypische Zugehörigkeit, mitgebracht werden.

Sie können aber auch durch gegenüber Voreingenommenheiten vorurteilsbewusstes, *anti-bias*-Lernen bzw. in *Social-Justice Trainings* erst erworben worden sein. Bei den jeweiligen Kompetenzen, etwa bei der *multi-* bzw. *interkulturellen Kompetenz* (► Kap. 2.2.3), der *Genderkompetenz* und *Regenbogenkompetenz*, der *Integrations-* und *Inklusionskompetenz*, der *Ambiguitätsakzeptanz und Ambivalenzkompetenz* ist wiederum nach kognitiven, affektiven und verhaltensbezogenen Kompetenzebenen wie Wissen, Fähigkeiten und Fertigkeiten zu unterscheiden (Aschenbrenner-Wellmann/Geldner 2021, 121).

Die persönlich-individuelle Diversitätskompetenz der Mitarbeitenden prägt sicherlich auch das institutionell-organisatorische Diversitätsprofil eines Unternehmens, das aber vor allem auch in einer ganzheitlichen Organisations- bzw. Unternehmenskultur eingebettet zu sein hat, die alle ihre strukturellen Ebenen, ihre Unternehmensgeschichte, Kommunikationsformen, Symbole und Rituale u. a. (Hofstede 2006, 392–393) mit einbezieht. Bei sozialen Unternehmen hat im Rahmen des *Diversitäts-Mainstreaming* (► Kap. 2.3.2) anders als bei wirtschaftlichen Betrieben die ökonomische Gewinnmaximierung nicht die vorrangige Bedeutung. Dies betrifft das *Diversitätsmanagement* (*DiM*), nicht aber das *Managing Diversity* (*MD*).

> »Zusammenfassend kann DiM als stark ökonomischer Ansatz beschrieben werden, der die Vielfalt zur Gewinnmaximierung nutzt, aber auch Diskriminierung und Chancengleichheit in den Blick zu nehmen versucht. Im Gegensatz dazu rückt MD stärker die Selbstverständlichkeit von Vielfalt und Antidiskriminierungsarbeit in den Fokus.« (Aschenbrenner-Wellmann/Geldner 2021, 209)

Soziale Unternehmen, deren Zielgruppen Menschen in prekären Lebenssituationen sind, bedürfen in besonderer Weise diversitätsfördernde Organisationskulturen auf dem Boden von *Diversitätsmainstreaming* und der Qualifikation zum *Managing Diversity.*

Zur individuell-persönlichen wie auch zur institutionell-organisatorischen Diversitätskompetenz gehört die vernachlässigte Eigenschaft der Diversitätsresilienz wie -resistenz. Diversität aushalten und ihr auch widerstehen zu können, dürfte auch mit Zunahme der Anforderungen aus Vielfältigkeit und Anderssein bedeutsamer und notwendiger werden (▸ Kap. 2.6.2).

2.5 Hybride Konfliktzonen: Identität – Authentizität – Ambiguität – Ambivalenz

»Um sich mit dem Begriff der ›Differenz‹ mit einiger Aussicht auf Erfolg auseinandersetzen zu können, muss man eine Menge von Differenzen berücksichtigen.« (Ritsert 2016, 64) Hier geht es nun um die Differenz von Identität und Differenz, um den »Vorrang von Differenz vor Identität« (Gilles Deleuze).

> »Etwas übersichtlicher wird die Lage, wenn man ›Differenz‹ als *Unterschied* versteht und ›Identität‹ als völlige Übereinstimmung mindestens zweier Sachverhalte in mindestens einem ihrer Merkmale liest, wobei reine Unterschiede (Differenzen) sich auch zu Gegensätzen mit sich herausbildender eigener Identität zuspitzen können.« (ebd., 64–65)

Diversität erzeugt hybride Konfliktzonen des Subjektiven und ist ihre Folge. »›Hybridität‹ bezeichnet dabei die Kopplung und Kombination unterschiedlicher Codes verschiedener kultureller Herkunft in einer Ordnung des Subjekts.« (Reckwitz 2020, 31)

Die Identitätsbildungen aller modernen Subjektformen sind hybride arrangiert (ebd.), zwischen einer sich prozesshaft als Synthese bisheriger Interaktionserfahrungen sich ergebender dauerhaft gefestigter Identität in der Moderne und einer Patchwork-Identität als *Bastelbiografie* in der Spätmoderne. Sie sind in der *gender fluidity* auch fließend, indem sich geschlechtliche Identität zwischen männlich, weiblich und divers bewegt. »Der Angelpunkt der postmodernen Lebensstrategie ist nicht, eine Identität zu fundieren, sondern eine Festlegung zu vermeiden.« (Bauman 1999, 160) Während sich in traditionalen Gesellschaften die Kohärenzfrage stellt, inwieweit die Abstimmung und Koordination der Subjekteigenschaften zu einer stimmigen Person gelingt, schafft die unendliche Fülle von möglichen Identitätsprojektentwürfen eher Kontingenz- als Kohärenzprobleme.

> »Diese beziehen sich auf den Auswahlprozess (was soll ich noch wählen, wie viele Entwürfe/Projekte sind notwendig), auf die Entscheidungsfähigkeit für oder gegen einen Entwurf/ein Projekt, da man sich mit der Realisierung eines Projekts gegen andere entscheiden muß (müßte).« (Keupp/Ahbe/Gmür/Höfer/Mitzscherlich/Kraus/Straus 2008, 251)

Die Identitätsforschung hat sich in besonderem Maße identitätsbedrohenden Lebenslagen (*Spoiled Identity*, *Threatened Identity*) zugewandt (Frey/Haußer 1987, 13), die in strafrechtlich-kriminologischer Praxis zur Identitätsarbeit im Rahmen von

Normanpassung und Sozialer Kontrolle führen. Identitätsarbeit bedeutet *Syntheseleistungen* (Keupp/Ahbe/Gmür/Höfer/Mitzscherlich/Kraus/Straus 2008, 243) unter der Kardinalfrage: »Was die Herrschaft des Identitätsprinzips an Nichtidentischem toleriert …« (Adorno 1997, 340).

»Der Prozeß der Identitätsarbeit und die daraus entstehenden subjektiven Konstruktionen erlauben es dem einzelnen, sich als handlungsfähiges Subjekt in seiner jeweiligen sozialen Welt zu verorten.« (Keupp/Ahbe/Gmür/Höfer/Mitzscherlich/Kraus/Straus 2008, 243)

Authentizität ist in der »Qualität des Passungsverhältnisses« (ebd., 266) auf Identität bezogen, sicherlich anders in ihrem kohärenten als in ihrem kontingenten Modell.

> »Authentizität ist durch Bezug auf ein Wesen charakterisiert. Sie setzt eine Identität voraus, die erkannt werden kann, sowohl von demjenigen, der sie ›besitzt‹, als auch von seinen Mitmenschen. Weil Authentizität auf das Wesen abstellt, basiert sie auf Vorstellungen von Kontinuität und Konsequenz.« (Schilling 2020, 136)

Die von Erik Schilling titulierte »Karriere einer Sehnsucht« nach subjektiver wie intersubjektiver Authentizität bekommt wegen ihrer hybriden Spannungsverhältnisse von »Authentizität versus Pluralität« (ebd., 135–137) und »Handeln statt Sein« (ebd., 137–139) einen Karriereknick.

Das hybride Subjekt, das weder sicher in seiner Identität noch in seiner Authentizität ruht, wird nun ebenfalls verstärkt mit der Ambiguität der Wahrnehmung von Phänomenen und der Ambivalenz hierauf bezogenen Denkens und Entscheidens (▶ Kap. 6.1) konfrontiert. Der Entstehungsgrund hierfür ist wie bei der Identitätsbildung wiederum postmoderne Diversität. Ambiguität und Ambivalenz werden in der psychologischen Kognitions- und Entscheidungsforschung gleichgesetzt (Ziegler 2010, 125) bzw. auf die Benennungs- und Klassifizierungsfunktion der Sprache, mit der Welt strukturiert wird, zurückgeführt (Bauman 2005, 11–12). »Ambivalenz, die Möglichkeit, einen Gegenstand oder ein Ereignis mehr als nur einer Kategorie zuzuordnen, ist eine sprachspezifische Unordnung: ein Versagen der Nenn- (Trenn) Funktion, die Sprache doch eigentlich erfüllen soll«. (ebd., 11) »Kognitive (klassifikatorische) Klarheit ist ein Spiegelbild, ein intellektuelles Äquivalent der Verhaltenssicherheit.« (ebd., 97). Trotz dieser Gleichsetzung von Ambiguität und Ambivalenz mit ihren gemeinsamen sprachlichen Wurzeln und fehlender analytischer Trennschärfe wird hier dennoch von ihrer Unterscheidbarkeit ausgegangen (▶ Kap. 6.1). Bei der sinnhaften Erfassung von Ambiguität wird an das Verständnis von Bernhard Waldenfels angeknüpft, der über das Allgemeinverständnis von Doppel- oder Mehrdeutigkeit hinaus auf das Fremde, auf das Fremderfahren bei der Wahrnehmung von Phänomenen in ihrer Zeichensprache verweist (Waldenfels, 1987, 10).

Ambivalenz demgegenüber wird als entscheidungstheoretischer Optionsbegriff angesehen, unter Entscheidungsalternativen zwischen konkurrierenden Erwartungen wählen zu müssen, die sich über das Denken als Verbindungsglied zum ambiguosen Wahrnehmen ergeben. Der Fähigkeit zur Ambiguitätsakzeptanz entspricht die Ambivalenzkompetenz. Wahrnehmungsambiguitäten wie Entscheidungsambivalenzen empirischer wie normativer Art können sich auch aus gegensätzlichen Diversitäts(an)forderungen ergeben.

Die Kategorisierung von Haschisch als kulturfremder illegaler Droge durch die Beschlüsse des Bundesverfassungsgerichts vom 19.03.1994 (Az. 2 BvL 43/92) und vom 29.06.2004 (Az. 2 BvL 8/02) weicht der Ambiguität einer andersdeutigen Sichtweise, diese durchaus auch mit der eigenen Kultur oder mit besonderen Subkulturen unter gegebenen Voraussetzungen als verträglich anzusehen (▶ Kap. 6.5.1). Dies führt zu ambivalenten Ansätzen der Drogenarbeit auf dem Hintergrund des Abstinenz- und des Akzeptanzparadigmas (▶ Kap. 8.2.3).

2.6 Entdiversifizierung – oder: hat/braucht Diversität Grenzen?

Gegenläufig zur vielschichtigen Generierung von Diversität gibt es verschiedene Triebkräfte von Entdiversifizierung, die Diversität entweder nicht zulassen oder wieder zurückdrängen. Die normative Ordnung, insbesondere des Strafrechts, steht hier Diversität in vielfacher Weise entgegen, wie an anderer Stelle (▶ Kap. 4.8) ausgeführt wird. Das Recht öffnet nicht nur Möglichkeitsräume (Möllers 2015), sondern schränkt diese permanent ein. Darüber hinaus gibt es ebenfalls wie bei der Diversifizierung auch bei Entdiversifizierung sehr unterschiedliche Entstehungsursachen. Abgesehen von den Beharrungskräften aus Tradition, gesellschaftlich-gemeinschaftlichen Konservatismen, ökonomischen Ressourcenknappheiten und Hergekommenes bewahrenden politischen Programmen ist mit weiteren Begrenzungen von Diversität zu rechnen, die ihr extern gesetzt oder inhärent sind. Kategorial lassen sie sich in vier Gruppen einteilen: Sachzwänge, Belastungen/Leistungsgrenzen, Umwandlungen und Konvergenzen, sowie Schließen von Diskursräumen (▶ Abb. 4).

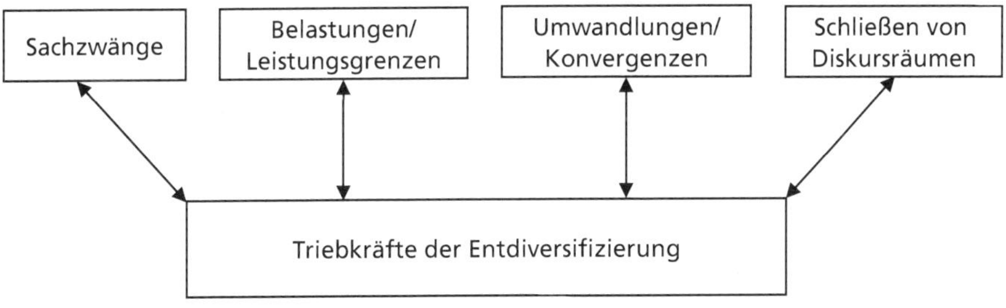

Abb. 4: Triebkräfte der Entdiversifizierung, eigene Darstellung

2.6.1 Sachzwänge

Tina (*there is no alternative*), d. h. das Berufen auf *Sachzwänge*, ist sicherlich ein zentraler Bremser von Diversität, ob dieser nun als reine interessengeleitete Argumentationsfigur oder aber als reales Phänomen auftritt (zur Unterscheidung: Schüler-Springorum 1997, 20–27). Die Einschränkungen von Freiheiten aller Art während der Corona-Pandemie können aus der Sicht ihrer Befürworter/innen als reales Sachzwangphänomen zugunsten der Gesundheit, aus Sicht ihrer Gegner/-innen als interessengeleitete Argumentationsfigur angesehen werden.

Bloß behaupteten wie existenziellen Sachzwängen ist gemein, dass sie die Möglichkeit von Alternativen zu Gunsten der Verfestigung bestehender Verhältnisse ausschließen (ebd, 44). Schüler-Springorums Postulat als Titel seiner Streitschrift »Wider den Sachzwang« ist gleichzeitig ein Plädoyer für die (Wieder)Eröffnung von Diversität und Freiheit. Das Weg- und Einschließen von Straftätern/Straftäterinnen hatte lange Zeit Sachzwangcharakter, bevor *Alternative Straf(vollzugs)formen* (▶ Kap. 8.5.3) den pönologischen Diskurs öffneten.

2.6.2 Belastungen – Leistungsgrenzen

Leistungsgrenzen der Adressaten/Adressatinnen von Diversitäts(an)forderungen bedürfen der Beachtung, anstatt sie aufgrund des hohen Rankings von Diversität als fortschrittbringende Kraft der Vielfalt auf gegenwärtigen Zielhierarchien zu vernachlässigen oder ihre Artikulation schwierig zu gestalten.

Indem Diverses auf Diverses trifft, werden Belastungen potenziert, insbesondere auch durch erhöhten Koordinationsaufwand. Dies betrifft nun die Mandatsträger Sozialer Arbeit, die auf ihrer Mandatsgrundlage (▶ Kap. 5.5.1) Bestmögliches für ihre Mandantinnen und Mandanten zu leisten beabsichtigen. Den kommunalen Jugendämtern sind in der Geschichte des Achten Sozialgesetzbuches von 1991 bis zum Kinder- und Jugendstärkungsgesetz 2021 vom Bundesgesetzgeber immer wieder und immer mehr Aufgaben zunächst im Leistungsrecht und dann im Eingriffsrecht übertragen worden. Diese normative Diversität (▶ Kap. 2.1.4) trifft auf eine verstärkte Zunahme vielfältiger und wesensverschiedener Kindeswohlgefährdungen, die kindeswohlorientierten individuellen und institutionellen Kinder- und Jugendschutz (▶ Kap. 8.1.3) immer komplexer werden lassen. Die Verbreitung der Computerspiel- und Internetabhängigkeit bei Jugendlichen (Twenge 2018, 95) und die psychische Belastung für Kinder und Jugendliche als Kollateralschäden verschiedener Lockdowns aufgrund der Corona-Pandemie sind nur zwei besonders gewichtige Stichworte. Bezieht man noch die generelle Arbeitsbelastung der für den Kinder- und Jugendschutz zuständigen Allgemeinen Sozialen Dienste (ASD) der Jugendämter hinsichtlich ihrer quantitativen und qualitativen Dimensionen (Merchel 2019, 386–396) mit ein, so werden Diversitätsresilienz und Diversitätsresistenz (▶ Kap. 2.4) ihrer Mitarbeitenden an Leistungsgrenzen stoßen können. Die jeweils arbeitsfeldspezifischen Belastungsgrenzen sind von denjenigen zu trennen, die sich immer schon aus Vielfaltsdimensionen und Differenzkategorien ergeben. »Jeder Kindergarten, jede Schule, jedes Jugendzentrum kann nur in einem begrenzten

Maße den potenziell unendlichen Heterogenitätsdimensionen gerecht werden.« (Prengel 2007, 61)

Das persönliche Aushalten der Vielfalt schlechter Nachrichten zur Vermeidung einer *News-Fatigue* (Nachrichtenmüdigkeit), das gesellschaftliche Aushalten von Diversitäten, etwa verborgen in hohen Dunkelziffern nicht entdeckter Kriminalität (▶ Kap. 4.8), die Transaktionskosten von Diversität (▶ Kap. 2.3.2) u. a. markieren weitere mögliche Grenzen und Bruchlinien von Diversität als »fragility of goodness« (Nussbaum 2001). Die Aufmerksamkeit nicht nur der Robustheit von Diversität zu zuwenden, sondern auch ihrer Fragilität, steht noch aus, auch wenn sich erste Brüche abzeichnen.

2.6.3 Umwandlungen – Konvergenzen

Die Diversität auszeichnende Divergenz kann in *Konvergenz* einmünden. Dies wird für Volkswirtschaften im internationalen Kontext konstatiert, indem »...the main symptoms of the crises of performance and confidence that have beset German and Japanese capitalism...revived the issue of competitive convergence to an Anglo-American pattern of economic organization« (Yamamura/Streeck 2003, 4). Gemeinsame Misserfolge von diversen Wirtschaftssystemen lassen auf ein angebliches Erfolgsmodell umsteuern. Bei Wirtschaftsunternehmen wird durch *Benchmarking*, als Unternehmensvergleich zur Leistungssteigerung, von vorneherein versucht, den konvergierenden anstatt divergierenden Erfolgsweg einzuschlagen. Auch bleibt bei ihnen nach dem *valuing diversity* vielfach der erwartete wirtschaftliche Erfolg des eher problemorientierten *Managing Diversity* aus, weshalb dem *opportunity focused leveraging difference* Ansatz der Vorzug gegeben wird (Davidson 2011, 70–71). »Leveraging Difference is defined as taking action within an organization to use people's differences to help the organization achieve its strategic goals.« (ebd.) Bei *Diversitäts-Mainstreaming* von Sozialunternehmen (▶ Kap. 2.3.2) sind die *Umwandlung, die Konvergenz, die Beendigung von Divergenz* auch vorstellbare Themen diversitätsorientierter Sozialer Arbeit durch veränderte bzw. konvergierende Handlungsstrategien von Diversität, als Evaluation ihrer Wirkungen, oder als Einstellung etwa schulischer Bildungsinklusion aufgrund fehlender personeller Ausstattung.

2.6.4 Diskursive Ordnung: Schließen von Diskursräumen

Dass Meinungsfreiheit als Grundrecht Einschränkungen durch andere Verfassungsgrundsätze, die Grundrechte und die allgemeinen Gesetze hinzunehmen hat, gehört zur verfassungsmäßigen Ordnung (Art. 5 II GG).

Das *Schließen von Diskursräumen* in der diskursiven Ordnung im Namen von Diversität stellt hingegen ein besonderes erklärungsbedürftiges Paradox dar, weil doch ihre Öffnung für sie konstitutiv ist, wie die Einstellung, Haltung und Bereitschaft in der *Offenen Gesellschaft*, sich rational mit den Erfahrungen und Argumenten der Mitmenschen auszutauschen und auseinanderzusetzen (Popper 2003, 263). Der Vorteil der Vielfalt kann sich nur in einer *Offenen Gesellschaft* entfalten (Dettling/Gerometta, 2007). Sie ist auch der dialogische, vernunftbezogene Ort des *transzendentalpragmatischen Diskursansatzes* »... der Konsensbildung einer unbegrenzten Interpretations-Gemeinschaft der erkennenden Subjekte...« (Apel 1998, 289).

Dieses erweiterte kommunikative Rationalitäts- und Zustimmungsprinzip

> »...führt Konnotationen mit sich, die letztlich zurückgehen auf die zentrale Erfahrung der zwanglos einigenden, konsensstiftenden Kraft argumentativer Rede, in der verschiedene Teilnehmer ihre zunächst subjektiven Auffassungen überwinden und sich dank der Gemeinsamkeit vernünftig motivierter Überzeugungen gleichzeitig der Einheit der objektiven Welt und der Intersubjektivität ihres Lebenszusammenhangs vergewissern« (Habermas 1988 a, 28).

Diesem diskursiven Raum von Diversität für Subjektwerdung und gesellschaftliche, insbesondere demokratische Strukturbildung steht der Foucault'sche Diskursbegriff (Foucault 1969, 156) gegenüber. Hiernach sind Diskursformationen als Ansammlung und Ordnung von Aussagen, Wissen, Regeln und Wahrheitsansprüchen, die Macht ausüben, zu verstehen. Sie haben das Unterwerfen unter diese herrschenden Diskurse zur Folge, die im Anschluss an Foucault kritischer Diskursanalyse bedürfen (Jäger 2015, 13–15; ▶ Kap. 6.5.2).

Der Diskurs um die Wertschätzung von Diversität kann dieser selbst zuwider laufen, wenn sich Diskursregeln hierüber ausbreiten, worüber, wie und von wem dieser zu führen ist, welche Begrifflichkeiten verwandt werden dürfen und welche nicht.

Grenzen des Sagbaren, und damit Einschränkungen von diskursiver Diversität, werden vor allem als Phänome der sprachkritischen *Political correctness*, der gegen kulturelle Aneignung (*cultural appropriation*) etwa in den darstellenden Künsten gerichteten *Identitätspolitik* und der *cancel culture* durch Ignorieren und Dethematisieren konstatiert. Dies gilt vor allem auch im (inter)nationalen Hochschulmilieu, wo themenbezogen diskursive Schließungsprozesse stattfinden und Vorsicht bei der Wahrnehmung der Lehr- und Wissenschaftsfreiheit Platz greift.

Zusammenfassung

Die Entwicklung eines Konzepts diversitätsorientierter Sozialer Arbeit beruht auf einem Verständnis von Diversität in ihrem diversitären Bedeutungsraum, in ihren Entstehungs- und Veränderungsbedingungen sowie in ihren inter- bzw. transdisziplinären und bezugswissenschaftlichen Verwendungskontexten.

Übungsaufgaben

1. Wie stehen Differenz und Diversität zueinander?
2. Was sind die beiden zentralen Verständnisse von Diversität in ihrem Bedeutungsraum?
3. Arbeiten Sie die zentralen Komponenten der Entstehung und Veränderung von Diversität heraus.

Zur Vertiefung

Krell, G., Riedmüller, B. Sieben, B. & Vinz, D. (Hrsg.) (2007): Diversity Studies. Grundlagen und disziplinäre Ansätze. Frankfurt a. M./New York: Campus.
Salzbrunn, M. (2014): Vielfalt/Diversität. Bielefeld: transkript.
Kuhn-Fleuchaus, C. & Bambach, M. (2008): Diversity Management – Unsichtbare Potenziale fördern (2. Auflage). Stuttgart/Berlin: Steinbeis Edition.

3 Diversitätsorientierte Soziale Arbeit

3.1 Einheit in der Diversität?

Die Diversitätsdiskussion ist längst auch in der Sozialen Arbeit angekommen. Dies kann angesichts ihrer Allgegenwärtigkeit nicht überraschen. Die interessantere Frage ist, wie dies geschieht. Sind bereits übergreifende Theoriezusammenhänge zur Diversität in der Sozialarbeitswissenschaft erkennbar? Dies ist in Ansätzen vor allem dort stärker der Fall, wo Diversität nicht vorrangig nach personenbezogenen Vielfaltsdimensionen und Differenzkategorien, sozialarbeiterischen Handlungsfeldern, Methodenkonzepten, sondern eher als »analytisch-reflexives Modell konzipiert« (Aschenbrenner-Wellmann/Geldner 2021, 17) ist, im Zusammenhang dieser Diskurse mit der allgemeinen Theoriebildung in der Sozialarbeitswissenschaft. Hier soll das diversitätsorientierte Tätigkeitsfeld Sozialer Arbeit, das bisher unter dem Kürzel der Straffälligenhilfe firmiert (▶ Kap. 3.7), vertieft und erweitert in den wissenschaftlichen Diversitätsdiskurs eingeführt werden. Dies kann in diversitätsbewusster wie diversitätssensibler Absicht weder auf dem Hintergrund noch mit der Zielperspektive einer einheitlichen Sichtweise im Sinne einer Einheitswissenschaft geschehen. Vielmehr gilt es, den Vielfaltsreichtum und die differenz- wie divergenzbezogenen Erkenntnisse für diversitätsorientierte Soziale Arbeit fruchtbar zu machen, und dies sowohl in praxisfeldübergreifender wie in praxisfeldspezifischer Hinsicht. Diversität in der Sozialen Arbeit als Vielfalt und Differenz/Divergenz lässt sich an vier zentralen Parametern ausrichten, die im Wesentlichen denjenigen des Bedeutungsraums von Diversität (▶ Abb. 2) entsprechen.

3.2 Zentrale Parameter des Bedeutungsraums von Diversität

Diskriminierung, Integration wie Inklusion und Exklusion, soziale Ungleichheit, Interkulturalität (▶ Kap. 2.2.3) sind die vier zentralen Parameter im sowohl empirischen wie im normativ-regulatorischen Bedeutungsraum von Diversität, in dem sich bisherige Studien, Forschungen, Projekte u. a. zu diversitätsorientierter Sozialer

Arbeit verorten lassen. Diese sind auch für sozialproblembezogene, kriminologische und strafrechtliche Analysekontexte leitend.

Diskriminieren heißt herabsetzen, herabwürdigen, dem das lateinische Wort »discernere«, d. h. trennen und unterscheiden (Duden 2020, 112), zugrunde liegt. Die mit Diversität untrennbar verbundene Differenzbildung muss sich davor hüten, mit ihren Definitionsakten selbst schon herabsetzenden Charakter zu vermitteln.

> »Diskriminierung beinhaltet die Ungleichbehandlung und Benachteiligung von Individuen wegen ihrer – tatsächlichen oder zugeschriebenen – Zugehörigkeit zu einer sozialen Gruppe oder Kategorie (vgl. Kallmeyer 2002, 154). Dabei sind Vorurteile als Feindseligkeit und durch ihren Ausschlusscharakter ausschlaggebender als Stereotype. Diskriminierung beinhaltet vorurteilshaftes Verhalten gegenüber Einzelnen und Gruppen der Bevölkerung, durch Einzelne und insbesondere durch Institutionen, deren Regulierungen und Praxis Ungleichheit zwischen Gruppen und Bevölkerung verstärken (vgl. Dovidio 2010).« (Bernstein/Inowlocki 2015, 23)

Das durch die emotionale Komponente des Ressentiments unterlegte Vorurteilshandeln (ebd., 21) von Individuen verschränkt sich mit institutioneller gesellschaftlicher und staatlicher Praxis, wodurch diese stärker politischen Charakter und menschen- bzw. verfassungsrechtliche Bedeutung erhält.

So richtet sich das verfassungsrechtliche Diskriminierungsverbot des Art. 3 Abs. 3 GG an den Staat und über die sog. *Drittwirkung der Grundrechte* auch an Private, wonach niemand wegen seines Geschlechts, seiner Abstammung, seiner ethnischen Zugehörigkeit, seiner Sprache, seiner Heimat und Herkunft, seines Glaubens, seiner religiösen oder politischen Anschauungen oder wegen einer Behinderung anders behandelt werden darf. Dieses Verfassungsgebot bzw. -verbot wird über das Allgemeine Gleichbehandlungsgesetz (AGG) in Umsetzung der Antidiskriminierungsrichtlinie der EU im Zivilrecht verankert (► Kap. 2.3.3). Es dient der Abwehr von Stigmatisierung, Ausgrenzung und Ungleichbehandlung aufgrund von Differenz. »Das Wesen des Stigmas ist die Betonung der Differenz, einer Differenz, die im Prinzip unaufhebbar ist und infolgedessen eine permanente Ausgrenzung rechtfertigt.« (Bauman 2005, 114)

Der Umgang mit Diversität wird durch zwei Teilhabeparadigmen ausgedrückt: *Integration* und *Inklusion*. Ihr zunächst durch Begriffsüberlagerungen gekennzeichnetes Verhältnis ist zugunsten einer Klärung als Differenz abgelöst worden. Wie bei jeder Differenzbestimmung geht es um Grenzziehung: Integration hier, wo sich die Voraussetzungen gesellschaftlicher Teilhabe darauf beziehen, ob ein einzelner Mensch in bestimmte Strukturen integriert wird, Inklusion dort, wo diese so beschaffen werden, das jede/r von Anfang an als zugehörig betrachtet wird (Kunz 2015, 155). Genauer lässt sich, orientiert an der Teilhabe von Personen an Leistungen von Systemen und an den kommunikativen Bindungen zwischen Individuen, unterscheiden zwischen politischer, ökonomischer und rechtlicher Inklusion sowie kultureller, normativer und solidarischer Integration (Groenemeyer 2012 a, 52).

Diversitätsorientierte Arbeit bei der Förderung von gesellschaftlicher Teilhabe von Menschen mit Behinderung in der pädagogischen Bildungsarbeit, bei der interkulturellen Öffnung der Migrationsgesellschaft, ist überwiegend durch das Inklusionsparadigma geprägt. Bei sozialproblembezogener, kriminologischer und strafrechtsgeleiteter diversitätsorientierter Sozialer Arbeit nimmt das Integrationsparadigma, insbesondere beim Resozialisierungskonzept (▶ Kap. 8.5.3), eine zentrale Leitfunktion ein. Die der Resozialisierung denknotwendig vorausgehende Sozialisierung hat demgegenüber Inklusionscharakter.

Im Karriereprozess Sozialer Probleme und von Kriminalität (▶ Kap. 4.5) ist aber auch eine Entwicklung von eher inklusiven zu stärker integrativen Einbeziehungsprozessen zu erkennen.

Auf strukturelle Zugehörigkeit angelegte inklusive Exklusionsvermeidung als Primärziel folgt die sowohl inklusiv wie integrativ ausgerichtete Inklusionsvermittlung und bei Versagen auf diesen vorgelagerten Prozessstufen folgt die integrative Exklusionsverwaltung (Bommes/Scherr 1996).

Mit menschen- und verfassungsrechtlichen Grundprinzipien unvereinbar ist das Assimilationsparadigma, das sich gegen Vielfalt und Divergenz stellt. »Vor allem war die Vision der Assimilation eine umfassende Bestätigung der sozialen Hierarchie der bestehenden Lebensformen. Sie unterstellt die Überlegenheit der einen Lebensform und die Unterlegenheit der anderen; …« (Bauman 2005, 171)

Während persönliche, nichtdiskriminierende Ungleichheiten unter Menschen den Reichtum ihrer Vielfalt darstellen, sind soziale und kulturelle Ungleichheiten Quelle vielfältiger Ungerechtigkeiten.

Bei den diskriminierenden, inklusiv-integrativen, kulturellen wie auf soziale Ungleichheit bezogenen Bedeutungsdimensionen von Diversität (▶ Abb. 2) geht es zunächst um die empirisch-analytische Evaluation ihres Vorliegens und Ausmaßes. Hieraus ergeben sich dann verhaltens- und entwicklungsbeeinflussende wie normativ-regulatorische Handlungsanforderungen für diversitätsorientierte Soziale Arbeit auf dem Hintergrund gesellschaftlicher Veränderungen und staatlichen Gesetzgebungshandelns.

3.3 Diversität als menschen- und verfassungsrechtliche Rechtskategorie

Die zentralen Parameter des Bedeutungsraumes von Diversität verweisen auf ihre menschen-, verfassungs- und grundrechtlichen Dimensionen, auf das »Right to be different«, etwa durch »the therapeutic bill of rights« gegenüber dem »therapeutic state« (Kittrie 1971, 400–410). Die Forderung nach Assimilation ausländischer Mitbürgerinnen/Mitbürger anstatt nach Integration und Inklusion würde gegen ein migrantisches »right to be different« verstoßen. Auch hier wird zunächst ein »Menschenrechte-Kompass« (Eberlei/Neuhoff/Riekenbrauk 2018) benötigt, der aber nicht auf sozialarbeiterische Handlungsfelder insgesamt (ebd.), sondern auf Diversität eingestellt wird, um ihn später noch weiter als zentrales soziales Handlungsparadigma menschenrechtsorientierter Sozialer Arbeit (▶ Kap. 5.4.6) zu justieren.

Es ist hierbei zu unterschieden zwischen Verfassungs- bzw. Grundrechtspositionen von Menschen und Verfassungsgrundsätzen, bei denen jeweils Diversität Verfassungsrechtskategorie ist. Dies ist nicht explizit normiert, ist aber nach rechtswissenschaftlichen Auslegungsgrundsätzen zu bestimmen.

Menschliche Würde und Freiheit, als oberste Prinzipien in nationalen wie internationalen Menschenrechtskonventionen und Grundrechtsverfassungen, sind gerade für das »Right to be different« (Kittrie 1971), als Recht des Andersseins, leitend. »Alle Menschen sind frei und gleich an Würde und Rechten geboren« (Art. 1 Allgemeine Erklärung der Menschenrechte) entspricht: »Die Würde des Menschen ist unantastbar« (Art. 1 GG).

Die Vielfalt und das Anderssein menschlicher Würde umfasst: Würde als Selbständigkeit, als Begegnung, als Achtung vor Intimität, als Wahrhaftigkeit, als Selbstachtung, als moralische Integrität, als Sinn für das Wichtige, und als Anerkennung der Endlichkeit (Bieri 2013). Die mit menschlicher Würde untrennbar verbundene unverletzliche Freiheit gewinnt ihre Vielfalt aus einem »Hauptfreiheitsrecht« als Auffanggrundrecht und vielen speziellen Ausprägungen hiervon (Günter Dürig).

Es umfasst Leben, Sicherheit, freie Entfaltung der Persönlichkeit (Art. 3 Allgemeine Erklärung der Menschenrechte; Art. 5 Europäische Menschenrechtskonvention; Art. 2 GG) und verfassungsrechtlich besonders abgesicherte Freiheiten wie Freie Meinungsäußerung, Presse- und Wissenschaftsfreiheit (Art. 5 GG), Glaubens- und Bekenntnisfreiheit (Art. 4 GG), Versammlungs- und Vereinigungsfreiheit (Art. 8, 9 GG).

Das *Übereinkommen über den Schutz und die Förderung der Vielfalt kultureller Ausdrucksformen* der *UNESCO* vom Oktober 2005 bekräftigt in Abschnitt 12 auf der Grundlage der Gedankenfreiheit, der freien Meinungsäußerung und der Informationsfreiheit sowie der Medienvielfalt die Entfaltung der kulturellen Ausdrucksformen in der Gesellschaft.

Vielfaltsinhalte des Verfassungsrechts sind über das Demokratieprinzip, das Rechtsstaatsprinzip, das Sozialstaatsprinzip und die Gleichheitsrechte in die Rechtsordnung eingelassen.

> »Diese Abbildung gesellschaftlicher Vielfalt in der öffentlichen Verwaltung kann eine Legitimationsfunktion erfüllen. Demokratische Legitimation wird u. a. durch die sogenannte personelle Legitimation vermittelt, wonach der jeweilige Entscheidungsträger seine Bestellung – ggf. über die Legitimationskette – auf das Volk zurückführen können muss.« (Berger 2017, 80)

Verwaltungsentscheidungen, die von einem diversen Verwaltungspersonal getroffen werden, können über die hierdurch erweiterte Erfahrungs- und Wissensbasis dazu beitragen, dass sachangemessene Entscheidungen getroffen werden, und damit dem Rechtsstaatsprinzip in höherem Grade gerecht werden (ebd.). Indem das Sozialstaatsprinzip eine Ausgleichsfunktion zwischen den verschiedenen Bevölkerungsgruppen ausübt, realisiert es in besonderem Maße vielfachfördernde Regelungselemente zugunsten verschiedenster Gruppen von benachteiligten Menschen, wie solche mit Behinderungen und Sozialleistungsempfangende. Aber dem über staatliche Sozialpolitik umgesetzten Sozialstaatsprinzip haftet auch von Anbeginn die Ambivalenz von Freiheitsverbürgung und Freiheitsentzug an (Habermas 1988 b, 531), wodurch Lebenspielräume erweitert wie eingeengt werden.

Hiermit sind Gleichheitsrechte in der Abwehr von Diskriminierung wie in der Gewährung von Gleichstellung verbunden.

»Verfassungsrechtlich sehr viel schwieriger zu beantworten ist allerdings die Frage, inwieweit die Verfassung nicht nur die Abwehr von Diskriminierungen gewährleistet, sondern positiv diese Gleichstellung von Minderheiten … im jeweiligen Aufgabenbereich fordert« (Berger 2017, 81), und sich im Sozialrecht in diversitätssensibler Leistungsgewährung umsetzt.

3.4 Menschliche Diversität – personenbezogene intersektionale Diversität

Das Positive von Diversität, the *goodness of diversity,* hat als überzeugenden Bezug menschliche Vielfalt an kultureller Zugehörigkeit, an Weltauffassungen und Lebensformen. Die Wertschätzung von Vielfalt setzt dabei eine Anerkennung von Differenzen voraus, ohne dass dies zur Diskriminierung der einzelnen Menschen führen darf.

Im januskköpfigen Begriffsverständnis von Diversität steht diese auch für Anderssein, für Heterogenität, für die »fragility of goodness« (▶ Kap. 1). Um diesem analytisch präziseren Konzept gerecht werden zu können, hat es unterscheidend, differenzierend (*distinktiv*) und trennend, ausschließend (*disjunktiv*) zu sein. Diesem Ziel dient der von Kimberle Crenshaw als Lücke im Antidiskriminierungsrecht erkannte *Intersektionalitätsansatz*, der das Zusammenwirken und die Mehrdimensionalität sozialer Ungleichheits- und potenzieller Diskriminierungsebenen (Köttig 2015, 126), die »Überschneidung von Heterogenitätsdimensionen« (Prengel 2007, 57), beschreibt und analysiert.

> »Um die Überschneidungen vor allem zwischen den Kategorien ›race‹ und ›gender‹ zu analysieren, führte die US-amerikanische Rechtswissenschaftlerin Kimberle W. Crenshaw (1991) die Metapher einer Straßenkreuzung und den Terminus ›intersectionality‹ ein. Sie wollte damit aufzeigen, dass Menschen im Schnittpunkt unterschiedlicher Diskriminierungsebenen positioniert seien, die wie der Verkehr auf einer Straßenkreuzung aus unterschiedlichen Richtungen zusammenfließen, sich überschneiden und potenzieren können.« (Köttig 2015, 127)

In den wissenschaftlichen Diskursen ist Intersektionalität mit unterschiedlichem Verständnis eingegangen, wobei sich dies neben der Positionierung von Menschen in sozialen Strukturen auch auf ihre individuellen Erfahrungsebenen und Identitätskonstruktionen bezieht (ebd., 126–127).

Neben der intersektionalen sozialstrukturellen Positionierung von Menschen über soziodemographische Kategorien wie Alter, Geschlecht, Ethnizität, Zugehörigkeit zu sozialen Milieus, sexuelle Orientierung gibt es eine weitere, die sich über die »Akkumulation von handicaps« (Serge Paugam), über die »Verdichtung von

Exklusionseffekten« (Albert Scherr), sowie mittels Wechselwirkungen aus multiplen kategorialen Zugehörigkeiten wie Gesundheit (Dören 2007) ergibt.

Intersektionalität ist auch über die biographisch-sozialisatorische Identitätsbildung als »Bastelbiographie« (▶ Kap. 2.5) in dem »Selbst als ein Anderer« (Paul Ricoeur), in dem *Selbst als mehrere Vertraute*, im menschlichen Erfahrungsraum eingelassen. In der Kunst wie auch in der Psychologie hat das Thema der inneren Pluralität des Selbst Tradition. So singt Bob Dylan: »I contain multitudes«, sind die Romanfiguren von Fernando Pessoas »Buch der Unruhe« (*O livro do desassossego*) Heteronyme, und empfiehlt Paul Celan: »Leb die Leben, leb sie alle, halt die Träume auseinander, sieh, ich steige, sieh, ich falle, bin ein andrer, bin kein andrer«. »In Zusammenhang mit Vielfalt ebenfalls bedeutsam sind Hybridität oder hybride Identitäten, multiple Identitäten, oder auch *shifting identities.*« (Krell/Riedmüller/Sieben/Vinz 2007, 8). In den Veränderungsprozessen von Identitäten wirkt in besonderem Maße Stigmatisierung ein, die diese einfärbt, durch *framing* (Rahmung) und *labeling* festschreibt und Identität dem Veränderungsbemühen des Betroffenen entzieht (Goffman 1962, 10). Dies hat Folgen für die kriminalpräventiv wirkende verhaltens- und entwicklungsbeeinflussende Bedeutungsdimension von Diversität (▶ Kap. 2.1.5).

3.5 Personenzentrierte, gruppenbezogene, organisatorisch/institutionelle und gemeinwesenbezogene/sozialräumliche diversitätsorientierte Soziale Arbeit

Der Umgang mit Diversität auf den verschiedenen Analyseebenen des Individuums, der Gruppe, der Organisation und Institution, des Gemeinwesens und Sozialraums (Aschenbrenner-Wellmann/Geldner 2021, 61–72) ist jeweils zunächst auf die Praxisfelder der Sozialen Arbeit (Chasse/von Wensierski 2008) allgemein, und dann spezifisch auf sozialproblembezogene-kriminologische Praxis zu beziehen.

Für diversitätsorientierte Arbeit im triangulären Spannungsfeld von Sozialen Problemen, Kriminologie und Strafrecht stehen die Praxisfelder: *Sozialarbeit – Armut und Randgruppen*, *Straffälligenhilfe für Jugendliche, Heranwachsende und Erwachsene*, *Jugendgerichtshilfe*, *Sucht und Drogenhilfe*, *Sozialpsychiatrie und Soziale Arbeit*, *Migration und Soziale Arbeit* (ebd.) im Vordergrund.

Ihren Hintergrund bilden sicherlich einige weitere zentrale Tätigkeitsfelder Sozialer Arbeit wie *Jugend(sozial)arbeit*, *Kinderschutz*, *Kulturarbeit*, *Arbeitslosenarbeit*, *Sozialhilfe- und Grundsicherungsrecht* u. a.

Auf Personen richtet sich die *Einzelfallhilfe* aus dem »methodischen Dreigestirn« (Thomas Rauschenbach) von Einzelfallhilfe, Gruppenarbeit und Gemeinwesenarbeit. Die Beschränkungen der Einzelfallhilfe im Rahmen der Individualisierung von Problemen durch Ausblendung situativer, institutioneller, staatlicher Kontexte sind aufzuheben. Diese Erweiterung kann vor allem geschehen durch situative (»Person-in-der-Situation«: Alice Salomon), zielgruppenspezifische, vom Fall zum Feld umorientierte und die Mehrdimensionalität von Sozialen Problemen erfassende multifunktionale-integrative Konzepte (Meinhold 2001, 363).

Der diversitätsorientierte *gruppenbezogene Blick* richtet sich auf die Eigenarten von Gruppen, ihre Bedeutung für sozialpädagogische Gruppenarbeit bzw. Gruppenpädagogik bei Sozialen Problemen, insbesondere Kriminalität, und auf ihr kriminologisches Erkenntnispotenzial. »Im ›Binnenraum‹ der Gruppe selbst wirkt die Rede von ›diversity‹ paradoxerweise oft homogenisierend (vereinheitlichend), denn alle der Gruppe Zugehörigen oder Zugeordneten teilen ja anscheinend dieselben Merkmale von Verschiedenheit« (Maurer, 2020, 47–48). Gruppen können sich informell bilden oder aber von außen mit besonderen Gruppenzielen formell als »inszenierte Gemeinschaften« (▶ Kap. 2.3.1), z. B. Soziale Trainingskurse gem. § 10 I, 3, Nr. 6 JGG, initiiert werden. Sicherlich gibt es hier auch Mischformen, indem etwa Straßensozialarbeit an bestehenden Cliquen in ihrem sozialen Milieu ansetzt. Hierbei sind Gruppenprozesse bzw. Gruppendynamik im Sinne der Gestaltpsychologie von Kurt Lewin in sozialer Gruppenarbeit für soziale Erfahrungen, Gruppenlernen und Stärkung der Gruppenmitglieder gegenüber Sozialisations- und Erziehungsdefiziten fruchtbar zu machen. In der Vielfalt kriminologischer Erklärungsansätze (▶ Kap. 4.2.1) basieren die Subkulturtheorie, die Lerntheorie, die Bezugsgruppentheorie, wie entwicklungspsychologisch-sozialisatorische Theoriekonzepte auf gruppenanalytischen Grundgedanken.

> »Das Bestreben, aus einem (unwirklichen) Selbst heraus sich *wirklich* zu fühlen und dies sozial durchsetzen zu können, bildet nach Winnicott die emotionale Hintergrundstruktur antisozialer Haltungen bei Jugendlichen. Dieses Streben erhält seinen sozialen Rahmen in der subkulturellen Szenerie der Clique, welche die Gelegenheit bietet, das Unwirkliche sozial wirklich werden zu lassen und die ihm innewohnende antisoziale Tendenz zu kanalisieren. So entsteht der ›kulturelle Block‹ (Winnicott) der Jugend in eigener Musik, Kleidung, eigenen sozialen Verkehrsformen und Abgrenzungsritualen.« (Böhnisch 2017, 67)

Die Möglichkeiten und Grenzen diversitätsorientierter Sozialarbeit ergeben sich aus ihrem *institutionellen und organisatorischen Rahmen*, in dem sie stattfindet. Auch wenn die Begriffe der Institution und der Organisation eng miteinander verbunden sind, wenn nicht gar synonym gebraucht werden, so ist der Institutionenbegriff sehr viel offener angelegt (Nikles 2008, 10).

> »Als Institution wird ein Komplex miteinander verknüpfter Handlungsmuster verstanden, die sich leitend und lenkend auf Beziehungen und Abläufe auswirken. Institutionen repräsentieren zudem Sinn- und Symbolkontexte. In Prozessen der Institutionalisierung werden also Verbindungen hergestellt zwischen dem Wert-, Norm- und Zielhorizont einerseits und dem konkreten Verhalten und Handeln andererseits. Hingegen bezeichnet der Organisationbegriff eine in der Regel zweckrationale, geplant arbeitsteilige Ordnung.« (ebd.)

Freie Träger und Öffentliche Träger Sozialer Arbeit sind zunächst Organisationen, die aber etwa in Arbeitsgemeinschaften und Zweckverbünden institutionell zusammenarbeiten. In diversitätsorientierten kriminologischen Praxisbereichen sozialer Arbeit ist zunächst zwischen justizieller Sozialer Arbeit im Rahmen der Strafjustiz (U-Haft, Strafvollzug, Jugendarrest, Bewährungshilfe, Führungsaufsicht, Gerichtshilfe), justiznaher Sozialer Arbeit (Jugendgerichtshilfe, Strafentlassenenhilfe) und justizferner Sozialer Arbeit (Jugendhilfe freier Träger, Drogenberatung, Sozialhilfe) (Deichsel 2014, 166) zu unterscheiden.

Mit der Nähe zu normativ-administrativ durchgeregelten Organisationsbereichen mit ihren Organisationszwängen, Kommunikationseinschränkungen und hoheitlichen Rahmenbedingungen nehmen Diversitätschancen sozialanwaltlicher und insbesondere sozialadvokatorischer Handlungsmuster (ebd.) ab.

Die *Sozialraumorientierung* stellt eine Weiterentwicklung der in den 1970er Jahren sich herausbildenden Gemeinwesenarbeit dar. Um ausreichend Diversitäten im Gemeinwesen wie im Sozialraum Rechnung tragen zu können, bietet sich eine analytische Zusammenschau beider kommunitärer, raumtheoretischer und methodischer Konzepte mit ihrem jeweiligen Erkenntnis- und Handlungspotenzial an – die Gemeinwesenarbeit mit ihrer für das sozialproblembezogene, kriminologisch-strafrechtliche Spannungsfeld bedeutsamen akzentuierten Sichtweise »..., die sich auf manifeste, in sozialen Räumen vorfindbare Erscheinungsformen Sozialer Ungleichheit, Unterprivilegierung, sozialer Ausgrenzung und ökonomischer bzw. sozialer/psychischer Not richtete ...« (Hinte 2017, 340).

Demgegenüber hat sich die Sozialraumorientierung seit den 1990er Jahren mit inter- bzw. transdisziplinären wissenschaftlichen Theorieansätzen und Praxismodellen im kommunalen Raum immer stärker durchgesetzt, für den Bereich der Kriminologie durch Regionalanalysen und lokal operierende Kriminalpräventionsräte. Die Divergenz von unterschiedlichen Sozialraumverständnissen erzeugt aber auch Diffusität.

> »Die einen meinen damit, dass Soziale Arbeit nicht nur den Fall, sondern auch den Raum betrachten sollte ..., andere betrachten den Sozialraum als Ressourcensteinbruch für Soziale Arbeit und nutzen das als Begründung für den Abbau sozialstaatlicher Leistungen ..., wieder andere wollen sozialräumliche Netze aufbauen und stärken und damit Lebenswelten vor zu starken professionellen Eingriffen schützen ..., und wieder andere nutzen die Sozialraum-Chiffre, um etwa stationäre Einrichtungen aus ihrer Fixierung auf die jeweils eigene Immobilie zu befreien und sie anzuregen, sich dem sozialen Umfeld zu öffnen.« (Hinte 2020, 14–15)

Es bedarf also auch hier gerade als Orientierung innerhalb der konzeptionellen Diversität zur Sozialraumorientierung eines Analyserasters, das gleichzeitig ihr vielfältiges Verständnis zu berücksichtigen wie zu systematisieren ermöglicht. Hierzu eignet sich das *Fachkonzept Sozialraumorientierung* mit seinen fünf Prinzipien: Ansatz am Willen des betroffenen Menschen, Aktivierende Arbeit hat Vorrang vor betreuender Tätigkeit als Kern eines professionellen Arbeitsbündnisses, Beschreibung von Eigenschaften, Ressourcen, Kompetenzen und Fähigkeiten der Mandanten/Mandantinnen in wichtigen Lebenskontexten, netzwerkorientierte und passgenaue Leistungserbringung im Sozialraum und Kooperation als basale Grundhaltung für sozialräumliches Arbeiten (ebd., 12–14).

Dieses auf die Leistungsgewährung staatlicher und freier Träger zugeschnittene Fachkonzept bedarf der Übersetzung in staatliche Eingriffsverwaltung und kriminologische Sozialarbeit, was eine ernstzunehmende professionelle Herausforderung darstellt, etwa bei der Orientierung am Willen von Menschen wie hinsichtlich ihrer Aktivitätsförderung und Ressourcenorientierung.

»Formen der Kritik und die Ursachen des Bedeutungsverlustes der so genannten klassischen Methoden« (Bommes/Scherr 2012, 300) der Sozialarbeit haben zur Entwicklung einer »sozialwissenschaftlich fundierten Methodologie sozialwissenschaftlichen Handelns« (ebd., 302) geführt, die im Folgenden, insbesondere aber unter den Strukturmaximen diversitätsorientierter Sozialer Arbeit (▶ Kap. 5) aufgenommen wird.

3.6 Partizipative Diversität in kooperativen und konflikthaften Netzwerkbeziehungen

Besonderes Potenzial liegt in der partizipativen Diversität, der Mitwirkung der Betroffenen (▶ Kap. 5.4.4), in ihren multiplen Zugehörigkeiten durch Vernetzung in sich überschneidenden Kreisen (Salzbrunn 2014, 16–21) und in den Netzwerkbeziehungen als Hilfe-, Unterstützungs- und Zusammenarbeitsstrukturen. Verschiedene und divergente Perspektiven und Handlungsmöglichkeiten gehen jeweils in einen Koproduktionsprozess zur Erreichung konsensual abzustimmender Ziele ein oder stehen sich in einem konflikthaften Beziehungstyp gegenüber. Je komplexer und differenzierter sich das soziale System einer Gesellschaft gestaltet, wie dies in einer (post)modernen Gesellschaft der Fall ist (▶ Kap. 2.2.1), umso vielfältiger und diverser bilden sich Netzwerkstrukturen aus (Holzer 2010, 160–162). »Im Kontext funktionaler Differenzierung vervielfältigen sich die Möglichkeiten der Netzwerkbildung.« (ebd., 160) In ihrem Zentrum stehen Akteure und ihre kommunikativen Beziehungen als die beiden Kernpunkte der Netzwerkanalyse (Albrecht 2010, 166).

Diese Akteure sind in einem reflektierten Akteursverständnis vor allem Personen, Organisationen und Institutionen (▶ Kap. 3.5).

Gefährdete und gefährdende Menschen mobilisieren ihre persönlichen Beziehungsnetzwerke, soweit vorhanden, gleichermaßen für ihre Unterstützung wie zur Begehung abweichenden und kriminellen Handelns.

Zu ihrer Verhinderung bilden sich kommunale Präventionsräte heraus, deren Netzwerkbildung und Organisationsgrad sich an diesem Ziel ausrichten und Akteure zusammenbinden, die etwa als Organe des Strafjustizsystems und als soziale Einrichtungen sehr heterogene Aufgaben- und Professionsprofile haben. Ohne diese verschwimmen zu lassen, ergibt sich das Diversitätspotenzial aus ihrem kooperativen, konflikthaftes Gegeneinander durchaus notwendigerweise mit beinhaltenden Zusammenwirken.

Exemplarische Beispiele aus der Kriminalpolitik und der Kriminalpraxis sind hier das alle Beteiligten des Strafjustizsystem einbeziehende, *Diversions(forschungs)projekt zur inneren Reform des Jugendkriminaljustizsystems* des Hamburger Senats (Sack 1991) wie Kooperationsprogramme zwischen Jugendhilfe und Polizei, so das Interventions- und Präventionsprojekt (IPP) der Dresdner Jugendgerichtshilfe oder die *Berliner Clearingstelle Jugendhilfe/Polizei* (2010).

> »Die Clearingstelle Jugendhilfe/Polizei arbeitet an der Schnittstelle von Jugendhilfe und Polizei. Ihr Auftrag besteht darin, den Dialog zwischen Sozialarbeitern/-innen und Polizeibeamten/-innen in Berlin anzuregen und zu erhalten, eine Akzeptanz für das jeweils andere Berufsfeld herzustellen und eine Vernetzung der Ansprechpartner/innen zu bewirken.« (ebd., 363)

Die Zweckbeziehung von Sozialer Arbeit und Polizei komplementär und koproduktiv statt konfrontativ und substitutiv zu gestalten, setzt voraus, sich zunächst der Unterschiede der jeweiligen Ausgangslagen von polizeilicher und Sozialer Arbeit im Hinblick auf gesetzliche Aufträge, Selbstverständnisse, Arbeitsprinzipien, Vorgehensweisen und Zugangsformen zu den Adressaten/Adressatinnen zu vergewissern (Möller 2010, 17).

In den bundesdeutschen *Häusern des Jugendrechts* arbeiten Mitarbeitende verschiedener staatlicher Stellen zusammen, um eine zeitnahe sowie angemessene und wirkungsvolle staatliche Reaktion auf strafbares Verhalten junger Menschen zu ermöglichen. Aus den Erfahrungen des bundesweit Aufsehen erregenden sogenannten »Neuköllner Modells« leitet die Berliner Jugendrichterin Kirsten Heisig die Empfehlung ab:

> »Die konsequente Anwendung des geltenden Rechts, gegebenenfalls einhergehend mit einer in anderen europäischen Ländern praktizierten Lockerung des Datenschutzes, kann ausreichen, wenn Einigkeit darüber besteht, dass nur die strikte und zügige Zusammenarbeit der beteiligten Institutionen in standardisierter Form zur nachhaltigen Bekämpfung der Jugendkriminalität, speziell im Bereich der Gewalttaten, Erfolg versprechend ist« (Heisig 2010, 177–195).

Diese Vernetzungsprojekte stellen sich den herausfordernden und nicht durch organisatorisch/institutionelles Einzelgängertum zu bewältigenden Aufgaben der Gewaltkriminalität durch einen vernetzten Verbund diverser Akteure mit ihrem jeweiligen Handlungs- und Interventionspotenzial, etwa bei (sexueller) Gewalt gegen Kinder (Dawid/Haller 2010, 317–336; ▶ Kap. 8.1.3).

3.7 Sozialproblembezogene, kriminologische und strafrechtliche Soziale Arbeit: Differenz und Divergenz zu tradierter Straffälligenhilfe

Es besteht ein krasses Missverhältnis zwischen dem Gebrauch des Konzepts der Straffälligenhilfe und seiner kritischen Reflexion.

Unter dem Dach der Straffälligenhilfe als Bereich der Gefährdetenhilfe neben Obdachlosenhilfe, Wohnungslosenhilfe und Suchthilfe (Specht 2017, 333) sind die verschiedensten Aufgabenfelder der Sozialen Arbeit und der Justiz für Jugendliche wie Heranwachsende und Erwachsene als »System« justizieller und nichtjustizieller Straffälligenhilfe angesiedelt (Cornel 2018 b, 64–65).

Die Interessen der Straffälligenhilfe in Deutschland werden durch die *Bundesarbeitsgemeinschaft für Straffälligenhilfe (BAG-S)* vertreten. Die *Zeitschrift Bewährungshilfe* ist die Fachzeitschrift zur Förderung der Bewährungs-, Gerichts- und Straffälligenhilfe. An deutschen Hochschulen wird die Straffälligenhilfe durch den *Arbeitskreis HochschulehrerInnen Kriminologie und Straffälligenhilfe in der Sozialen Arbeit* in Lehre und Forschung vertreten. Aus dieser organisatorischen, publizistischen und universitären Verankerung der Straffälligenhilfe ergibt sich insbesondere auch ihr Beharrungsvermögen gegenüber kritischen Einwänden ihr gegenüber.

Die Öffnung bzw. Ausweitung des reduktionistischen Konzepts der Straffälligenhilfe hin zu emergentistischer diversitätsorientierter Sozialer Arbeit ist die Hintergrundfolie derartiger kritischer Einwände, die zu plausibilisieren hier das zentrale Anliegen darstellt. Dies geschieht in semantischer, multi-kontextueller und teleologischer, d. h. ziel- und zweckbezogener, Analyse.

Beim sprachlichen Zugang zur Straffälligenhilfe ist diese zunächst in die Wortkomponenten *Strafe – Fälligkeit – Hilfe* zu zerlegen. Diese stehen in einer Abfolge- und Verbindungslogik. Kriminalstrafe wird bei Begehen einer Straftat fällig (etymologisch abgeleitet von *zum Fallen kommend*), wobei Hilfe als Reaktion hierauf für notwendig angesehen wird. Die zentrale Frage *Muss Strafe sein?* durchzieht sowohl die Auseinandersetzungen um die Legitimation der Erziehungsstrafe wie die der Kriminalstrafe, letztere auf dimensional sehr unterschiedlichen Argumentationsebenen der Delegitimierung (Peters 1993). Hilfe wird mit Straffälligkeit und Strafe verbunden. Dadurch ist Hilfe zum einen fürsorglich-paternalistisch konnotiert, zum anderen in das Spannungsverhältnis professionellen Handelns zwischen Hilfe und Strafe gestellt. Hilfe hat aber systemisch an den jeweiligen Zugangswegen zu einer vertrauensvollen Beziehung zu den Klienten/Klientinnen mit ihrer besonderen Persönlichkeit und an den Möglichkeitsräumen der jeweiligen Menschen für Hilfe anzuknüpfen, um wirksam sein zu können.

»Der normativ angestrebte vertrauensvolle Klientenbezug … ist eine fragile kommunikative Konstruktion, deren interaktive Bewerkstelligung gelingen oder misslingen kann, ohne dass irgendein Verfahren Gelingen garantieren könnte.« (Bommes/Scherr 2012, 273–274) Dieses ist bei einem von außen herangetragenen fürsorglich-paternalistischen Hilfekonzept eher nicht erwartbar. »Diese Problematik erwächst daraus, dass der Begriff des Helfens bereits ein Defizit impliziert, d. h. Vorab-Definitionen dessen, was normal und wünschenswert ist« (Unterkofler 2010, 125), wobei die Auflösung dieser »Paradoxie professionellen helferischen Handelns« (Fritz Schütze) durch die Delegation der Problemdefinitionen an die Hilfebedürftigen zu erfolgen hat (ebd.), »damit ›Hilfe‹ Hilfe sein kann« (Hans-Jürgen Göppner).

Nun wird dieses Hilfeverständnis in das Spannungsverhältnis zur Strafe eingebracht, was im Jugendstrafrecht zu der immer wieder virulenten Unvereinbarkeit führt, wenn Erziehung zur Strafe wird, und damit auch andere Entwicklungsmöglichkeiten wie ein fruchtbarer Umgang mit Konflikten (Müller/Otto 1986, XII-XVII) verhindert werden. Straffälligenhilfe als sprachliches Kompositum kann auch zu einem kriminalisierungsfördernden Stigmatisierungsprozess führen. »Mit dem Begriff der Straffälligenhilfe verhält es sich komplizierter: Er ist zwar ebenfalls etabliert, allerdings insofern problematisch, da er eine Generalisierung einer Verhaltensweise, nämlich straffällig geworden zu sein, auf die ganze Person darstellt.« (Kawamura-Reindl/Schneider 2015, 15) Die Reichhaltigkeit einer Person verarmt durch diese Einfärbung, indem kriminelles Verhalten, das meist auch nur vorübergehend ist, von einer Teileigenschaft des Handelnden auf die Gesamtpersönlichkeit prägend übergreift.

Ebenfalls werden die verschiedensten Begehungsformen von Kriminalität sehr unterschiedlicher Menschen, von Steuerhinterziehung bis zu Kapitaldelikten, auf den gemeinsamen begrifflichen und konzeptionellen Leisten der Straffälligkeit gespannt.

Die Vielfalt einschränkende Semantik von Straffälligenhilfe erschwert, versperrt, wenn nicht gar verschließt phänomenologische, analytische und aktionale Zugänge zu anderen, Diversität öffnenden Kontexten. So gilt es, die Phänomenologie der Gewalt (► Kap. 7.4.2) in den Blick zu nehmen, bevor sie strafrechtlich als Straffälligkeit subsumiert wird. Die sich in wissenschaftstheoretischen Paradigmen niederschlagenden erkenntnistheoretischen Vorverständnisse von Sozialen Problemen und Kriminalität sind analytische Weichenstellungen (► Kap. 4.5) für Handlungsparadigmen Sozialer Arbeit. Indem Straffälligenhilfe, jedenfalls von seinem Sprachduktus her, monistisch allein dem ätiologischen Paradigma zuzuordnen ist, gerät die Kritische Kriminologie mit ihren Strafjustiz wie justizielle und justiznahe Soziale Arbeit herausfordernden Schlüsselwerken (Schlepper/Wehrheim 2017), und damit auch ihr fruchtbares Spannungsverhältnis zur traditionellen Kriminologie, aus dem Blickfeld.

In einer *Angewandten Kriminologie*, die ihre Seinsberechtigung für Straffälligenhilfe aus der Erforschung von Ursachen und Bedingungen der Kriminalität zieht (Bock 2007, 103), sind tat- und täterbezogene Kriminalität, nicht aber strafjustizielle Kriminalisierung, sind individuelles Handeln und nicht institutionelle Interventionen der Fokus. Die gesellschaftlichen, staatlichen und rechtlichen Konstitutionsvoraussetzungen für Soziale Probleme und Kriminalität wie auch die hierauf ziel- und zweckgerichteten Reaktionsformen gehören essenziell zu einer diversitätsorientierten Sozialen Arbeit.

Das hier vorgeschlagene erweiterte Alternativkonzept einer diversitätsorientierten *sozialproblembezogenen-kriminologischen Sozialen Arbeit* führt teleologisch aus dem strafrechtlichen Zielkosmos und damit Kriminalitätsdiskurs hinaus in die ihr unterliegende Diskussion Sozialer Probleme. Seine Terminologie ist eingestandenermaßen etwas sperrig und daher zwar nicht so gut operabel, dafür aber eine *operationale Definition* im Sinne von Percy Williams Bridgman, da sie aus ihrem triangulären Hintergrundkontext her begründbar, sachangemessen nützlich und in der noch zu leistenden Umsetzungsaufgabe auch empirisch fassbarer wird.

Diversitätsorientierte sozialproblembezogene-kriminologische Soziale Arbeit stellt aus den dargelegten verschiedenen Gründen nicht nur eine Differenz zur Straffälligenhilfe dar, sondern vielmehr eine andersartige Divergenz sogar im Sinne eines »totaliter aliter« (► Kap. 2.1.1).

Zusammenfassung

Straffälligenhilfe als traditionelles Arbeitsfeld im Kontext der diversen Praxisfelder Sozialer Arbeit partizipiert an ihren disziplinären Grundlagen wie an dem *methodischen Dreigestirn* oder an Netzwerk- und Vernetzungsansätzen. Wegen der Besonderheiten ihrer Klientele, spezifischen methodischen Anforderungen und ihres besonderen institutionellen Arbeitsumfeldes hat sie jedoch ganz eigene Wege zu gehen. Aus sprachlich-konzeptionellen, wissenschaftstheoretischen, multi-kontextuellen und zielperspektivischen Gründen wird daher als Alternativkonzept das einer *diversitätsorientierten sozialproblembezogenen-kriminologischen Sozialen Arbeit* vorgeschlagen.

Übungsaufgaben

1. Was bedeutet der Intersektionalitätsansatz bei personenbezogener Diversität?
2. Kooperative Vernetzung wird besonders bedeutsam in Sozialen Problembereichen hoher Verletzlichkeit bzw. in kriminologisch relevanten bedrohlichen Gefährdungslagen. Erläutern Sie diesen Zusammenhang anhand einer der fünf Praxisbereiche aus Kapitel 8.
3. Wie lässt sich die Differenz/Divergenz zwischen Straffälligenhilfe und diversitätsorientierter sozialproblembezogener-kriminologischer Sozialer Arbeit bestimmen?

Zur Vertiefung

Aschenbrenner-Wellmann, B. & Geldner, L. (2021): Diversität in der Sozialen Arbeit. Theorien, Konzepte, Praxismodelle. Stuttgart: Kohlhammer.

Bretländer, B., Köttig, M. & Kunz, T. (Hrsg.) (2015): Vielfalt und Differenz in der Sozialen Arbeit. Perspektiven auf Inklusion. Stuttgart: Kohlhammer.

Bommes, M. & Scherr, A. (2012): Soziologie der Sozialen Arbeit. Eine Einführung in Formen und Funktionen organisierter Hilfe (2. Überarbeitete Auflage). Weinheim/Basel: Beltz Juventa.

4 Diversitätsorientierte Soziale Arbeit im triangulären Spannungsfeld von Sozialen Problemen, Kriminologie und Strafrecht

Sowohl in der Wissenschaft wie in der Hochschullehre an Hochschulen des Sozialwesens gehen Soziale Probleme, Kriminologie und Strafrecht parallele, wenn nicht gar getrennte, sich aber immer wieder auch kreuzende Wege. Die *Soziologie Sozialer Probleme und Sozialer Kontrolle* ist als Sektion in der *Deutschen Gesellschaft für Soziologie* getrennt von der Kriminologie mit ihren beiden Fachgesellschaften organisiert: der *Deutschen Gesellschaft für Kriminologie* (*KrimG*) und der *Gesellschaft für Interdisziplinäre Wissenschaftliche Kriminologie* (*GiwK*). Auch die existierenden Fachzeitschriften können diesen grob zugeordnet werden: *Zeitschrift Soziale Probleme*, *Monatsschrift für Kriminologie und Strafrechtsreform* (*MschrKrim*), *Kriminologisches Journal* (*KrimJ*).

An Hochschulen des Sozialwesens gibt es eher seltener Soziale Probleme als Schwerpunktstudium, etwa an der *Zürcher Hochschule für Angewandte Wissenschaften* (*ZHAW*), und eben sehr verbreitet Straffälligenhilfe mit ihrem eher selektiven Zugriff auf Strafrecht und Kriminologie (▶ Kap. 3.7).

> »In Lehr- und Handbüchern zur Kriminologie sucht man zumeist vergebens nach dem Begriff ›soziales Problem‹ oder nach ›Kriminalität als soziales Problem‹. Umgekehrt findet man kein Hand- oder Textbuch zur Soziologie sozialer Probleme, in denen ein eigener Artikel zu Kriminalität fehlt oder Kriminalität und Kriminalitätskontrolle als zentrales Beispiel behandelt wird.« (Groenemeyer 2017, 53)

Eine Begründung hierfür könnte vor allem auch darin liegen, dass aus Sicht der Kritischen Kriminologie die Hinwendung zu Sozialen Problemen als trojanisches Pferd für eine ätiologische Kriminologie (▶ Kap. 4.5) verstanden wird.

> »Kriminologie als Suche nach den ökonomischen und sozialen ›Ursachen‹ der Kriminalität und der Eigenart des Kriminellen ist auch im sozialwissenschaftlichen Gewand der ›Soziale Probleme Kriminologie‹, die ›soziale Ungleichheit‹ oder ›soziale Gegensätze‹ zur Sprache bringt, nicht über den Trugschluss ›Böses verursacht Böses‹ hinausgekommen.« (Cremer-Schäfer 2002, 142)

Hier wird in Übereinstimmung mit Michael Schetsche von einem durch Soziale Probleme ins Soziologische erweiterten Zugang der Kriminologie zum eigenen Problemfeld ausgegangen.

Ein personales Konzept steht mehr noch als zur Vermeidung der Vernachlässigung des Subjekts als »Reaktionsdeppen« (Trutz v. Trotha) gegenüber Etikettierungen aller Art im diversitätsorientierten Fokus.

Für diversitätsorientierte sozialproblembezogene-kriminologische Soziale Arbeit ist von folgendem triangulären Spannungsfeld auszugehen, in dem der Kriminologie wegen ihres vermittelnden Charakters zwischen Sozialen Problemen und

Strafrecht wie aufgrund ihres besonders ausgeprägten phänomenologischen, analytischen und (re)aktionalen Diversitätspotenzials die Zentralstellung zukommt.

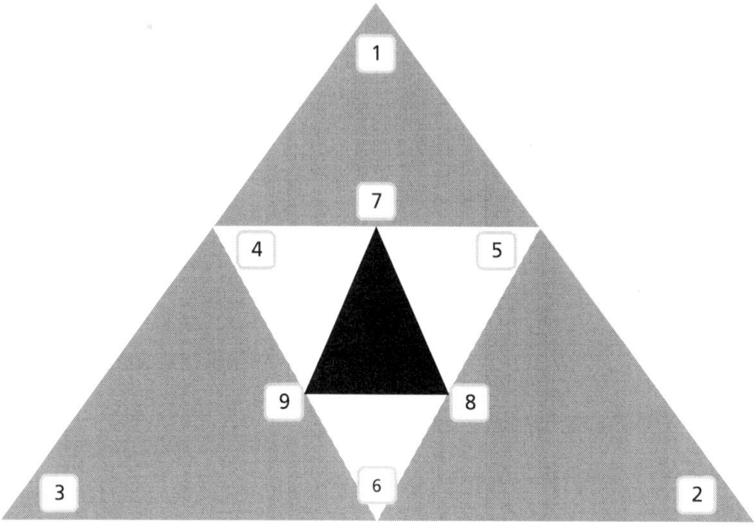

Graues Dreieck:
1 Soziale Probleme und Diversität
2 Kriminologie und Diversität
3 Strafrecht und Diversität

Weißes Dreieck:
4 triangulär Trennendes
5 triangulär Verbindendes
6 grenzüberschreitende sozialproblem-bezogene-kriminologische Soziale Arbeit

Schwarzes Dreieck:
7 phänomenologisch verstehend – empirisch analytisch erklärend
8 normorientiert – normativ – normalisierend
9 (re)aktional – folgenorientiert

Abb. 5: Das trianguläre Spannungsfeld von Sozialen Problemen, Kriminologie und Strafrecht, eigene Darstellung

4.1 Soziale Probleme und Diversität

4.1.1 Die Diversität Sozialer Probleme

Aus den Handbüchern zu Sozialen Problemen (Albrecht/Groenemeyer 2012 a, b) lässt sich der Kanon Sozialer Probleme mit Überblicksartikeln entnehmen, aus der *Zeitschrift Soziale Probleme* ergeben sich aktuelle soziale Problemkonstellationen. Beide bedürfen in ihrer zunehmenden Diversifizierung zunächst Abgrenzungskriterien dessen, was als *Soziale Probleme* verstanden wird. Aus sehr verschiedenen Varianten der Definitionen Sozialer Probleme werden drei wesentliche Elemente extrahiert, die in diesen Definitionen Soziale Probleme kennzeichnen.

> »Ein Teil der Definitionen betont besonders den Aspekt des Schadens, den soziale Probleme darstellen, bzw. das Leiden, das mit sozialen Problemen verbunden ist. Bereits in der Definition von Case (1924) ist die besondere Bedeutung der öffentlichen Thematisierung und

> Problematisierung hervorgehoben, die in vielen später erschienenen Definitionen als zentraler Aspekt der Definition sozialer Probleme verwendet werden. Schließlich liegt es in der Natur der Sache, dass Probleme eine Bearbeitung oder Lösung anmahnen, ansonsten wären es ja keine Probleme. Von daher wird in nahezu allen Definitionen der Appellcharakter sozialer Probleme als Aufforderung zur Veränderung der Situation hervorgehoben.« (Groenemeyer 2012 a, 28–29).

Eine derartige Dreiteilung des Begriffsverständnisses von Sozialen Problemen, in der auch schon die vier Blickrichtungen empirisch-phänomenologischer, analytischer, normativer und (re)aktionaler Art (▶ Kap. 6.2) wie aber auch die Paradigmadiskussion zu Sozialen Problemen (▶ Kap. 4.5) angelegt ist, macht mehr Sinn als eine Bedeutungshierarchie zwischen den im Kanon enthaltenen 25 Sozialen Problemen aufzustellen, die je nach zeitgeschichtlicher Epoche, nach Interessenlagen, Perspektiven der Beurteilenden usw. ganz unterschiedlich ausfiele. In einer globalisierten Welt ist auch eine Unterscheidung in nationale und internationale Soziale Probleme unangebracht, da diese sich nicht trennen lassen. So führen die weltweite Zunahme von Hunger und die globale Klimakatastrophe zu Flüchtlingsbewegungen und Migration in Anrainerstaaten wie in entfernt liegenden Ländern.

Der Zusammenhang von Sozialen Problemen und Sozialer Arbeit wurde theoretisch und pädagogisch gehaltvoll – und für die verschiedensten Anwendungskontexte fruchtbar zu machen – von Silvia Staub-Bernasconi entwickelt. »Mit ihrer systemischen Denkfigur hat sie zugleich eine der komplexesten und vermutlich populärsten Systematisierungen sozialer Probleme vorgelegt – zumindest für den Bereich Sozialer Arbeit.« (May 2005, 61) Eine Unterteilung in segmentäre, auf bestimmte Gesellschaftsbereiche und Personengruppen bezogene Soziale Probleme wie Arbeitslosigkeit, Wohnungslosigkeit und Sucht sowie in übergreifende, sich in jenen manifestierende Soziale Probleme, etwa Armut und Makrogewalt, erscheint sinnvoll. Auch sind sowohl die segmentären, besonders aber auch die übergreifenden sozialen Problembereiche in globale Zivilisations- und Epochenumbrüche, die eine prägende Hintergrundkraft entfalten, mittels gesellschaftskritischer Zeitdiagnosen zu stellen. Wir sind gut informiert, aber orientierungslos, wobei die Dinge hinter der Flut der Informationen verschwinden, so die Botschaft des Medienphilosophen Byung-Chul Han zur nicht erst zukünftigen, sondern bereits gegenwärtigen gesellschaftlichen Dystopie. »Die terrane Ordnung wird heute durch die digitale Ordnung abgelöst. Die digitale Ordnung *entdinglicht* die Welt, indem sie sie *informatisiert.*« (Han 2021, 11) Gesellschaftstheoretisch wird als Folge diverser desintegrierender Anomiepotenziale für Anomalien der verschiedensten gesellschaftlichen Teilbereiche die folgende Frage nach einer gesellschaftlichen Identitätskrise, nach einer Gefährdung der sozialen Integration aufgeworfen: »Was treibt die Gesellschaft auseinander?« (Heitmeyer 1997 a). Gesellschaftstheoretische Gegenwartsanalysen wie »Die Gesellschaft der Singularitäten« (Reckwitz 2021), *Rückkehr nach Reims* (Didier Eribon), *Hillbilly Elegy* (J. D. Vance) und *The Tyranny of Merits* (Michael Sandel) diagnostizieren, wie westliche Gesellschaften zunehmend ihren inneren Halt verlieren und Verlierer produzieren, die ihren Glauben an ein besseres Leben aufgegeben haben.

4.1.2 Soziale Probleme durch Diversität

Ungleichheit prägt verschiedenste soziale Probleme wie Krankheit, Behinderung, Arbeitslosigkeit und Wohnungslosigkeit.

Diversität wird selbst zum sozialen Problem, wenn im Hinblick auf ihre im Bedeutungsraum von Diversität (► Abb. 2) zentrale Bedeutungsdimension der sozialen Ungleichheit gesellschaftliche und politische Systeme als Adressat ihrer Problemlösungen ihren Anforderungen und Aufgaben diesen gegenüber nicht gerecht werden. Indem es bei Sozialen Problemen und der Soziologie Sozialer Probleme, auch synonym als Problemsoziologie (Sidler 1999) bezeichnet, per definitionem stets nur um die negativen Seiten des Sozialen geht (Schetsche 2000, 9), partizipiert Diversität an diesem Negativimage und erweist sich insoweit als »fragility of goodness« (► Kap. 1).

Aber auch auf der Diskursebene zur Diversität, etwa bei verbaler Gerechtigkeit in Bezug auf Geschlechtsidentität und Sprache, wozu die Diskussion zu den *Gender-Sternchen*, als Pausen vor dem *Binnen-I* nur eine das Anliegen verzerrende Karikatur darstellt, manifestieren sich gegenüber den Distinktionsmerkmalen einer abgehobenen Bildungsschicht Entfremdungen, Ausschließungs- und Unterlegenheitsgefühle. Die sogenannten »einfachen Leute« als ein »Puzzle von Milieus und Lebenslagen« (Misik 2020, 8) sei zwar keineswegs intolerant, »…müsse diese Toleranz aber nicht als modische ›Diversity-Begeisterung‹ vor sich her tragen« (ebd., 9).

Eine Reise in die amerikanischen Südstaaten, ins Herz der amerikanischen Rechten mit ihren Tiefengeschichten, ergab:

> »Meine rechten Freunde fühlten sich genötigt, ihre Gefühle zu ändern, und das gefiel ihnen nicht; sie fühlten sich den wachsamen Augen der ›Politischen-Korrektheits-Polizei‹ ausgesetzt. Was ihre Gefühle betraf, hatten sie den Eindruck, dass man sie wie Kriminelle behandelte und die Liberalen die Waffen hatten« (Russell Hochschild 2018, 305).

Durch all dieses können die Auseinandersetzungen zur Förderung von Diversität nicht nur ihr Gegenteil der Ablehnung bewirken, sondern sich selbst zu einem Sozialen Problem der sozialen Ausgegrenztheit weiter Bevölkerungsgruppen entwickeln.

> »Die auf Diversität fixierte Linke habe ›sich in einen Komplizen der Rechten verwandelt, statt deren Gegner zu sein‹, meint Walter Benn Michaels, ein ausgewiesener radikaler Linker, in seinem Buch *The Trouble with Diversity.* Wer die Differenz hochhalte und die Unterschiede zwischen den Menschen feiere, brauche sich nicht wundern, wenn er beim Kampf um soziale Gleichheit auf verlorenem Posten stehe. Denn dann sei Differenz das Ziel, nicht Gleichheit.« (Misik 2020, 105–106)

Triebkräfte der Diversifizierung (► Kap. 2.2) wie der Entdiversifizierung (► Kap. 2.6) können auch Soziale Probleme generieren wie zurücknehmen. Die komplexe Vielschichtigkeit und Vieldeutigkeit der Postmoderne, die Individualisierung mit riskanten Freiheiten, Multi- und Interkulturalität mit Kulturkonflikten, digitale Ausgrenzung und Spaltung der Gesellschaft, aggressive Erregungskultur, *hate speech*, *fake news* und *Verschwörungstheorien* in den Sozialen Medien, soziale Bewegungen, die Diversität aufzuoktroyieren versuchen, sind nur einige Stichworte zum Beleg dafür, wie Diversifizierung auf die Entstehung sozialer Probleme durchzuschlagen vermag. Gleichermaßen, wenn auch geringer im Ausmaße, können entdiversifizierende Entwicklungen auf Soziale Probleme verweisen, wie das Überschreiten der Leistungsgrenzen von Arbeitnehmern/Arbeitnehmerinnen, die Diversität zu koordinieren wie zu bewältigen haben, oder demokratische Verengungen durch das Schließen von Diskursräumen.

Kriminalität ist ein qualitativ wie quantitativ herausragendes Phänomen sowohl in der Diversität Sozialer Probleme wie im Prozess der Entstehung und Entwicklung Sozialer Probleme

4.2 Kriminologie und Diversität

Kriminalität, als vom Strafrecht vorgegebener Gegenstand der traditionellen Kriminologie, und diese als interdisziplinäre, transdisziplinäre Wissenschaft (► Kap. 2.1.3) enthalten, entfalten vielfach Diversität. Von einer diversitätsorientierten Perspektive her stellen sich die Fragen: »In welchem Moment, an welchem Punkt wird ›Sich Unterscheiden‹ zur ›Abweichung‹? Wer entscheidet über diese Grenzmarkierung, von welcher Norm her wird sie bestimmt, was wird damit zum ›Problem‹ erklärt?« (Maurer 2020, 46).

Indem Delinquenz und Kriminalität ein zentrales eigenes Soziales Problem darstellen (Oberwittler 2012) und auch durchgehend Folgen Sozialer Probleme sind, nehmen sie an der Diversität Sozialer Probleme teil.

Anders als diese werden sie aber nicht direkt durch gesellschaftliche Entwicklungen und Verwerfungen gebildet, sondern vermittelt über das Strafrecht, das durch Normgenese als »Verursachungslabeling« (Werner Rüther) kriminalisiert und rechtswissenschaftlich formuliert als Rechtsgüterschutz zustande kommt. Bei Kriminalität geht es um die strafrechtlich erzeugte Vorverfassheit des Kriminologischen, das weit über diese Anbindung an Kriminalität hinausgeht.

4.2.1 Vielfältige Kriminalitätsformen, Kriminalitätsthemen, Kriminalitätstheorien

Von Alterskriminalität bis Wirtschaftskriminalität werden im Kleinen Kriminologischen Wörterbuch von Kaiser/Kerner/Sack/Schellhoss (1993) um die 20 verschiedene Kriminalitätsformen behandelt. Je nach dem Tätigkeits- bzw. Handlungsfeld Sozialer Arbeit werden sie hierfür bedeutsam, etwa Jugendkriminalität, Eigentums- und Vermögenskriminalität, Gewaltkriminalität, Drogenkriminalität und Computerkriminalität im Bereich der Jugendhilfe. Auf den an individuell-psychischen und soziodemographischen, an rechtsgut- und situationsbezogenen u. a. Merkmalen orientierten Längsschnitt an Kriminalitätsformen stoßen Querschnittsthemen mit unterschiedlicher Relevanz für diese. Solche sind etwa viktimologische, institutions- bzw. sanktionsbezogene, statistische und prognostische wie verschiedenstartige kriminalkontextuelle Stichworte. Einen breiten Raum nehmen hier auch die Kriminalitätstheorien ein, die für die Längsschnitts- wie Querschnittsthemen einen unterschiedlichen Erklärungs- bzw. Verstehensgehalt (► Kap. 4.7) zur Verfügung stellen.

Sie sind ökonomischer, psychologischer, soziobiologischer, medizinischer, vor allem soziologischer u. a. Art, und dies wiederum in inter- und transdisziplinärer Verknüpfung (Lamnek 2007; Lamnek 2008).

Sowohl die Kriminalitätsformen wie die hierauf bezogenen kriminologischen Stichworte und die kriminaltheoretischen Analysen verweisen in die vielfältigen Bezugsdisziplinen der Kriminologie.

> »Das scheinbar einheitliche kriminologische Forschungsfeld ergibt sich indes aus bezugswissenschaftlichen Zugängen, die nebeneinander relativ unabhängige Versionen des Fachs produzieren. Ob in der Diversität der Perspektiven überhaupt ein einheitliches Fach erkennbar ist, wird bezweifelt – speziell von Forschenden, die sich theoretisch stark an einer bestimmten Grundlagendisziplin orientieren. Demgegenüber beschwören andere – die zumeist um Einflussnahme auf die Strafrechtspraxis bemüht und darum am ›Gütesiegel‹ fachlicher Eigenständigkeit interessiert sind – die Unabhängigkeit und Eigenart der Kriminologie.« (Singelnstein/Kunz 2021, 21–22)

Soziale Arbeit ist erprobt und immer schon gefordert, wenn nicht gelegentlich sogar überfordert, in dem Prozess »wenn Hilfe zum Beruf wird« (C. W. Müller), ihre disziplinäre und professionelle Identität im Spannungsfeld der Bezugswissenschaften zu suchen und zu finden.

4.2.2 Kriminalität als Soziales Problem – Kriminologische Multiperspektivität

»Criminology has three interrelated divisions which focus on the process of lawmaking, lawbreaking, and reaction to lawbreaking.« (Sutherland/Cressey/Luckenbill 1992, 3) Die Multiperspektivität von Kriminologie und ihr Verhältnis zum Strafrecht beruhen zunächst auf diesen drei miteinander verknüpften Einteilungen.

Lawmaking, Gesetzgebung, wird vom ätiologischen Paradigma der Kriminologie (► Kap. 4.5) aus seiner Ursachensuche ausgeschlossen und allein dem (Straf)Recht zugewiesen, obgleich es doch keine Kriminalität ohne Strafrecht gibt. Für diversitätsorientierte kriminologische Soziale Arbeit kann die Ebene des *law making* vor allem durch politische Lobbyarbeit, etwa im Rahmen von Berufsvereinigungen, erreicht werden. So hat sich etwa die *Deutsche Vereinigung für Jugendgerichte und Jugendgerichtshilfen (DVJJ)* immer wieder gegen Verschärfungen des Jugendstrafrechts, etwa durch Absenkung des Strafmündigkeitsalters (§ 19 StGB) oder die stärkere Gleichbehandlung im Strafverfahren von Heranwachsenden mit Erwachsenen anstatt mit Jugendlichen, ausgesprochen. Unter *lawmaking* sind aber auch die »variations in the politics and procedures used in police departments and courts« (ebd.) zu verstehen.

Lawbreaking (be)trifft Soziale Arbeit in zweifacher Weise. Je nach Tätigkeitsbereich und Handlungsfeld ist sie mit einer straffälligen bzw. kriminalisierten Klientele konfrontiert oder sogar für diese zuständig. Ihre eigenen diversen Strafrechtsrisiken sind dabei nicht zu unterschätzen.

Prävention bedeutet insofern auch die Verhinderung, dass Sozialarbeitende selbst zu Angeklagten in Strafprozessen werden, wie dies im Bereich des Kinderschutzes (▶ Kap. 4.3.4) immer wieder und immer mehr der Fall ist.

Indem dem Akt des Brechens von Strafgesetzen in der Regel analytischer wie prognostischer Interpretationsbedarf zukommt, eröffnet sich hier nun das weite kriminologische Feld der Kriminalitätstheorien in »... an attempt to analyze systematically the economic, political and social conditions in which crime and criminality are generated or prevented« (ebd.).

Diese Kriminalitätstheorien operieren auf der Grundlage unterschiedlicher kriminologischer Paradigmen mit ihren jeweiligen mehr oder weniger erkennbar gesetzten Grenzsteinen (▶ Kap. 4.5). In der für Soziale Arbeit angewandten Kriminologie geht es hier über die wissenschaftlichen Erkenntnisse hinaus um die Suche nach sozialen Handlungsmöglichkeiten, institutionellen Interventionsstrategien, politischen Reaktionen u. a. auf *lawbreaking.*

Reacting to lawbreaking verweist ebenfalls wie die vorangegangenen beiden strukturellen Parameter multiperspektivisch auf eine Fülle von Reaktionsmustern und -strategien in »...an attempt to analyze systematically the policies and procedures for controlling the incidene of crime« (ebd).

Sie werden vor allem auch durch die ihnen zugrundeliegende Punitivität als worauf auch immer gestützte Strafbereitschaft, Normabweichungen hart zu sanktionieren, bestimmt. Dieses wird für staatliche Strafverfolgungsorgane statistisch aufbereitet bzw. analysiert. Für eine diversitätsorientierte kriminologische Soziale Arbeit ist weiterhin die empirische Erkenntnis von besonderer Bedeutung, »nach der Instanzen der Sozialarbeit ... gerade das produzierten, was sie zu verhindern vorgäben: Devianz« (Peters/Cremer-Schäfer 1975, 2). Inwieweit Sozialarbeitende als »sanfte Kontrolleure« (ebd.) punitiv (re)agieren (▶ Kap. 5.5.2), ist stets begleitend (selbst)kritisch zu reflektieren und ggf. zu verändern.

4.3 Strafrecht und Diversität

4.3.1 Die diversitätseinschränkende Wirkung des Rechtsgüterschutzes

Aufgrund herrschender strafrechtlicher Meinung wird die Notwendigkeit und Legitimation staatlichen Strafens mit den Erfordernissen eines wirksamen Rechtsgüterschutzes begründet (Brühl 2005, 13). Seine Begrenzung hat nach der Rechtsgütertheorie in der Weise zu erfolgen, dass sich der Strafrechtsschutz auf ein besonders schützenswertes Rechtsgut zu beziehen hat und dass dieser erforderlich, geeignet und verhältnismäßig ist.

Ob diese vierfache Schrankenregelung verhindern kann, dass das Strafrecht immer mehr diversifiziert, wird mit Recht auf allen ihren Ebenen zunehmend angefragt. Während sich bei der Bestimmung schützenswerter Rechtsgüter bei den nichtvermögensrechtlichen, auf Leben, Leib und Freiheit der Person gerichteten Individualrechtsgütern verhältnismäßig schneller geeinigt werden kann, wird dies bei vermögensrechtlichen Individualrechtsgütern, und dann besonders in stärker umstrittenen Strafrechtsgebieten wie dem politischen Strafrecht oder dem Computerstrafrecht, mit der am Rechtsgüterschutz orientierten Grenzziehung schon schwieriger. Ob strafrechtlicher Rechtsgüterschutz erforderlich ist, ist an außerrechtlichen (z. B. technologischen Wegnahmesperren), außerstrafrechtlichen (z. B. zivilrechtliche Vertragsstrafe bei Ladendiebstahl) und strafrechtlichen Alternativen (z. B. bedarf es der weitergehenden Strafbarkeit von Stalking gem. § 238 StGB gegenüber Nötigung gem. § 240 StGB) zu prüfen.

Die Überprüfung der Geeignetheit strafrechtlichen Rechtsgüterschutzes bedarf einer rechtsfolgenorientierten Rechtstatsachenforschung, die nur in seltenen Fällen durchgeführt wird und deren Ergebnisse auch nur bei zeitlicher Befristung von Strafgesetzen aussichtsreich für ihre Änderung oder Abschaffung wären. Während der aus dem Rechtsstaatsprinzip (Art. 20 II GG) abgeleitete Verhältnismäßigkeitsgrundsatz im weiteren Sinne vom legitimen Zweck des Rechtsgüterschutzes, von Erforderlichkeit und Geeignetheit bereits umfasst ist, betrifft das Verhältnismäßigkeitsprinzip im engeren Sinne mit dem Grundsatz der Angemessenheit den Schwerpunkt der Verhältnismäßigkeitsprüfung. Das zu schützende Rechtsgut und das Rechtsgut, in das zu diesem Zweck eingegriffen werden soll, sind in ihrer jeweiligen Spezifik deutlich herausgearbeitet gegenüberzustellen. Die Abwägung zwischen ihnen unter Einbeziehung aller vorhandenen Rechtspositionen und Wertentscheidungen ist komplex und tendenziell das zu schützende Rechtsgut bevorzugend.

Dass der diversitätseinschränkende Rechtsgüterschutz seine Sperren im zweckorientierten instrumentellen Strafrecht gelockert hat, ergibt sich aus der Veränderungsgeschwindigkeit des Strafrechts. »Über 100 Vorschriften von StPO und StGB hat der Gesetzgeber in den letzten Monaten der Legislaturperiode, seit März 2021, geändert.« (König 2021)

Das Symbolstrafrecht, das bestimmte politische Statements artikuliert und transportiert, etwa ein in Erwägung gezogener, Sicherheit vorgaukelnder Anti-Mob-Paragraf im Sexualstrafrecht als Reaktion auf die Ereignisse auf der Kölner Domplatte in der Silvesternacht 2015, macht sich gänzlich von den Erfordernissen eines staatliche Strafen legitimierenden Rechtsgüterschutzes frei.

Der Rechtsgüterschutz des Strafrechts verwirklicht sich in der Rechtsgütersystematik des Besonderen Teils des Strafrechts, mit seiner Aufteilung in nichtvermögenswerte und vermögenswerte Individualrechtsgüter und gesellschafts- und staatsbezogene Rechtsgüter. Der Kompass für das Auffinden der jeweils für kriminologische Sozialarbeit bedeutsamen Deliktsbereiche bzw. einschlägigen Strafvorschriften des Kern- und Nebenstrafrechts wird an den kriminalisierbaren Handlungen ihrer Klientel wie an eigenen im Rahmen ihrer Professionsausübung auszurichten sein.

4.3.2 Die ausdifferenzierte Infrastruktur des Strafrechts

Das Allgemeine Strafrecht nach dem Strafgesetzbuch (StGB) und das Sonder- bzw. Nebenstrafrecht bilden zusammen das Materielle Strafrecht mit den Voraussetzungen und Inhalten des Strafanspruchs. Das Formelle Strafrecht zur Feststellung und Durchsetzung des Strafanspruchs umfasst das Strafverfahrens- bzw. Strafprozessrecht und das Strafvollstreckungsrecht nach der StPO sowie das Strafvollzugsrecht der Bundesländer.

Das Materielle Strafrecht und das formelle Strafrecht zusammen bilden die Infrastruktur des Strafrechts. Aus sozialarbeiterischen Praxiserfahrungen heraus gibt es im Bereich des Materiellen Strafrechts tendenziell zunächst Interessenbekundungen für das Nebenstrafrecht, insbesondere das Jugendstrafrecht, aber auch für das Betäubungsmittelstrafrecht. Dies kann aber ohne vorweg vermittelte Kenntnisse des Allgemeinen Strafrechts nicht verständlich gemacht werden, wie es sich für das Jugendstrafrecht schon deutlich aus § 2 II JGG ergibt, wonach die Regel das Allgemeine Strafrecht und das Jugendstrafrecht die Ausnahme hiervon ist. Beim Materiellen Strafrecht mit seinem Allgemeinen Teil (Strafvoraussetzungen) und Besonderen Teil (Straftatbestände) geht es um den Prüfauftrag, ob sich x, y strafbar gemacht haben. Dies wird im Strafverfahrens- oder Strafprozessrecht mit dem Ermittlungsauftrag gegenüber potenziell strafbaren Handlungen von x, y verfolgt.

Wie auch in anderen Rechtsgebieten, so wird auch in der Lehre des Strafrechts an Hochschulen des Sozialwesens die formelle Seite des Prozessualen vernachlässigt. Dass dies in allen Stadien des Strafverfahrens für die Klientele nachteilig sein kann, lässt sich an vielen Beispielen demonstrieren. Im Ermittlungsverfahren erfolgen im frühen Stadium die Weichenstellungen für den Ausgang des Strafverfahrens auf den Gleisen der Vorladung von Polizei und Staatsanwaltschaft, der Beschuldigten- und Zeugenvernehmungen, der Beauftragung eines/einer Strafverteidigers/Strafverteidigerin.

Wie bei der Sprache sind auch beim Recht zwei Regelsysteme zu unterscheiden. Es gibt die Regeln selbst, die von Noah Chomsky die *Oberflächengrammatik* und vom Sprachtheoretiker Ferdinand de Saussure die *langue* genannt werden, und die die Anwendung der Regeln bestimmenden Metaregeln, die Chomsky als *Tiefengrammatik* bzw. *generative grammar* und Saussure als *parole* bezeichnet.

> »Im Bereich des Rechtssystems hat das kodifizierte Recht einschließlich der höchstrichterlichen Entscheidungen den gleichen theoretischen Stellenwert wie im System der Linguistik die *langue* bzw. die ›Sprache‹ (oder auch Sprachkompetenz), während für die *parole* oder die Sprachverwendung ein entsprechender theoretischer Terminus noch nicht vorhanden ist.« (Sack 1974, 459)

Es sind diese Metaregeln des Rechts, die die Rechtsanwendung steuern und die häufig nur den Rechtspraktikern/Rechtspraktikerinnen vertraut sind, wie die Verwaltungsrichtlinien im Verwaltungsrecht oder die Verfügungen der Generalstaatsanwaltschaften im Strafrecht, etwa zu staatsanwaltlichen Einstellungen wie bei Haschischkonsum in geringer Menge zum Eigengebrauch (§ 31a BtMG). In ihrem übergreifenden Begriff der *Anwendungserlasse* wird die normative Doppelstruktur gut erkennbar.

4.3.3 Strafrecht im Zusammenhang diverser sozialer Normensysteme

Rene König stellt an den Beginn seiner Einbettung des Rechts in den Zusammenhang der sozialen Normensysteme zwei Fragen, denen er noch eine dritte voranstellt. Die erste Frage lautet, »...wie sich die Regeln des Rechts von den anderen Normen des sozialen Verhaltens unterscheiden. Die zweite Frage müsste dann darauf zielen, ob die verschiedenen Normensysteme eventuell in gesetzmäßig bestimmten Verhältnissen zueinander stehen, ... « (König 1982, 186). Die voranzustellende dritte Frage hat zu klären, was unter dem Begriff der Norm zu verstehen ist und wie dieses Normverständnis zur Differenzierung der verschiedenen Normensysteme beitragen könnte (ebd.; ▶ Kap. 4.8). Ausgehend von bloßer Tradition bei Brauch und Sitte, über Moral und Ethik, bis hin zum Recht gibt es auf diesem Kontinuum einen zunehmenden »Grad der Bewusstheit« (Ferdinand Tönnies) bzw. »Grad an Rationalität« (Max Weber). Die höchste Rationalität nimmt mit 16 Rationalitätskriterien (ebd., 197–199) das Recht ein, die zum Teil auch für die Ethik mit ihren ausdrücklichen, verbindlichen Regeln in ethischen Kodizes gelten, wie etwa in der vom Berufsverband für Soziale Arbeit kodifizierten Berufsethik.

Die außerrechtlichen sozialen Normensysteme sind selbst wiederum vielfältig, ja divergent, von der schlichten Alltagsmoral bis hin zur moralischen Hypertrophie, und nach Arnold Gehlen als pluralistische Ethik mit vier nicht voneinander ableitbaren Ethikformen.

> »1. Das aus der Gegenseitigkeit entwickelte Ethos, 2. Eine Mehrzahl instinktiver, verhaltensphysiologisch greifbarer Regulationen, einschließlich der Ethik des Wohlbefindens und des Glücks (Eudaimonismus), 3. Das familienbezogene ethische Verhalten samt der daraus ableitbaren Erweiterungen bis zum Humanitarismus und 4. Das Ethos der Institutionen einschließlich des Staates.« (Rehberg 2004, 8)

Gerade auch in der Sozialen Arbeit

> »... liegen heterogene Versuche der Formulierung einer entsprechenden Ethik vor, so als ›advokatorische Ethik‹ bei Brumlik (1989 und 1992 b), in Bezug auf Theorien der Gerechtigkeit bei Otto, Scherr und Ziegler (2010), bei Staub-Bernasconi (1995 und 2007) in Bezug auf menschenrechtliche Grundsätze, als sozialvertragstheoretische Fundierung (Büttner 1985) sowie unter Beanspruchung der normativen Gehalte des Subjektbegriffs (s. etwa Winkler 1988: 139 ff.; Scherr 1992)« (Bommes/Scherr 2012, 303).

Diese abstrakten Bestimmungen normativer Grundannahmen sind von konkreten Berufsethiken (▶ Kap. 5.4.6), etwa vom Berufsverband für Soziale Arbeit, zu unterscheiden (ebd.).

Das Recht ruht auf diesen außerrechtlichen Normen, etwa einer Pflichtenethik im Sinne Kants und Durkheims, die es mildern und verschärfen können, ohne die es in der sozialen Wirklichkeit nicht bestehen kann und die möglicherweise auch eine dem Recht überlegene Kraft der sozialen Kontrolle auszuüben vermögen (König 1982, 196, 199).

Recht und andere soziale Normensysteme entfernen sich aber historisch voneinander, wie Recht und Moral, was individuelle Freiheitsräume eröffnet. Das Recht verdrängt aber auch soziale Normen durch Verrechtlichung.

> »Dabei können wir die Ausdehnung des Rechts, also die rechtliche Normierung neuer, bisher informell geregelter sozialer Sachverhalte, von der Verdichtung des Rechts, der spezialisierten Auflösung von globalen Rechtstatbeständen in weitere Einzeltatbestände unterscheiden.« (Habermas 1988 b, 524)

Auf der Differenz von sozialen und strafrechtlichen Normen beruht auch die von abweichendem Verhalten bzw. Handeln und Kriminalität. Soziale Normen können strafrechtliche Diversität erübrigen, einschränken wie erweitern. Wenn moralische Normen und ihre Beachtung menschliche Verhaltensbereiche zu regeln imstande wären, wie etwa beim Impfschutz durch moralische Selbstverpflichtung, könnten diese die strafrechtliche Durchsetzung von Verhaltensanforderungen erübrigen.

Andererseits sind sogenannte *Moralunternehmer* in Anlehnung an Howard S. Beckers *moral entrepreneurs* bemüht, ihre zu einer Hypermoral im Sinne Arnold Gehlens neigenden Moralvorstellungen Politik werden zu lassen, etwa durch im Betäubungsmittelstrafrecht verankerte Prohibitionspolitik (▶ Kap. 8.2.3).

Bei diesen vielfältigen Normensystemen und der hierauf gerichteten transnormativen Suchhaltung kann die Normenpluralität zu einer anomischen Schwächung der normintegrierenden Kraft geteilter Werte und Normen im Sinne Emile Durkheims und damit zu einer Gefährdung des gesellschaftlichen Zusammenhalts führen.

Die dritte Frage Rene Königs nach dem diesen Normensystemen zugrundeliegenden Normverständnis folgt auch aus ihrer Diversität und Komplexität, angesichts deren

> »... es keineswegs zwingend (ist, W. D.), für Normen unterschiedlicher Provenienz, für rechtliche, religiöse, ästhetische, politische und moralische Normen oder für im engeren Sinn soziale Normen wie Umgangsformen, einen gemeinsamen Begriff, nämlich den der ›Norm‹, einzuführen. Dennoch reden wir von ›Normen‹ und vergleichen Recht, Moral, religiöse Gebote und gesellschaftliche Konventionen. Ich vermute, dass wir häufig einen gemeinsamen Begriff des Normativen implizit unterstellen« (Möller 2015, 11).

Diese Vermutung, die ja auch der normativen Dimension im Bedeutungsraum von Diversität (▶ Abb. 2) unterliegt, wird hier noch zurückgestellt und später (▶ Kap. 4.8) wieder aufgenommen, um diversitätsorientierte Soziale Arbeit auch als normorientierte, normative und normalisierende erkennbar zu machen.

4.3.4 Strafrecht und kriminologische Soziale Arbeit

Kriminologische Soziale Arbeit kommt ohne profunde Kenntnisse des Strafrechts nicht aus, und diese wiederum nicht ohne ihre Einbettung in die Prinzipien und Perspektiven der Kriminologie. *Lawmaking, lawbreaking, reactions to lawbreaking* verweisen auf diese untrennbare Verbindung. Lehrbücher zum Zusammenhang von Sozialer Arbeit und Strafrecht sind zunächst alle Kompendien zur Infrastruktur des Strafrechts mit ihren sozialarbeitsrelevanten Sonderstrafrechtsgebieten wie Jugendstrafrecht und Betäubungsmittelstrafrecht, mit gelegentlichen Exkursen auch zum Ausländerrecht und zum Polizei- und Ordnungsrecht. Sie unterscheiden sich in vier besonders wichtigen Zentralfragen: Wie wird das Strafrecht auf Tätigkeitsgebiete und Handlungsfelder Sozialer Arbeit ausgerichtet, welche Bezüge stellt es zu

Sozialen Problemen und zur Kriminologie her, welchen Stellenwert nimmt das Strafrechtsrisiko Sozialer Arbeit ein und wie wird eine lehrdidaktische, fallbezogene Rechtsanwendungskompetenz vermittelt?

Die Strafrechtslehrbücher zur Sozialen Arbeit (Brühl/Deichsel/Nothacker 2005; Cornel/Trenczek 2019; Oberlies 2013; Riekenbrauk 2017) gehen alle auf zentrale, vom Strafrecht geprägte Tätigkeitsgebiete bzw. Handlungsfelder der Sozialen Arbeit mit der hierin tätigen justiziellen wie nichtjustiziellen Straffälligenhilfe ein. Dies geschieht in einem unterschiedlichen Gewichtungsverhältnis von Zugängen, normativ über materiellrechtliche wie prozessuale Strafrechtsthemen, empirisch zu Deliktsarten und Zielgruppen, aktional mit Blick auf die professionellen und institutionellen Akteure. Eine Einbeziehung von Sozialen Problemen ist kaum erkennbar.

Bei kriminologischen Themen geschieht dies in sehr unterschiedlicher Weise. Während Riekenbrauk (ebd., 31–45) eine eher holzschnittartige defizitorientierte und statistisch angelegte Vorwegskizze der Kriminologie liefert, enthält etwa die Publikation von Cornel/Trenczek (2019, 153–157) eine profunde Ausarbeitung von *Restorative Justice*, die nicht nur als kriminalpolitische Zielperspektive zu gelten hat bzw. gelten sollte, sondern aus der sich auch ein reichhaltiges sozialarbeiterisches Handlungspotenzial entwickeln lässt (▶ Kap. 5.4.4). Das Strafbarkeitsrisiko Sozialer Arbeit wird in den Lehr- und Studienbüchern nicht explizit behandelt, sondern ist von den Studierenden aus der Schweigepflicht, dem Zeugnisverweigerungsrecht, aus strafrechtlichen und datenschutzrechtlichen Offenbarungsbefugnissen wie im Kontext des Unterlassungshandelns u. a. selbst gedanklich herauszuarbeiten. Mit dem Anspruch eines Lehr- und Praxishandbuchs wäre eine explizite Darstellung besser im Einklang, die ohne zu verunsichern zur Vermeidung von zivilrechtlicher und strafrechtlicher Haftung Sicherheit vermittelt. Etwa indem auf die Strafbarkeitsrisiken hingewiesen wird, die sich aus der Nichtdurchführung oder der nicht ordnungsgemäßen Beachtung der Anforderungen eines Kinderschutzverfahrens nach § 8a SGB VIII ergeben können (Heghmanns 2018; ▶ Kap. 8.1.3). Dies haben vor allem Mitarbeitende des Allgemeinen Sozialdienstes (ASD) der Jugendämter, aber auch von freien Trägern, insbesondere der Sozialpädagogischen Familienhilfe, zu oft erfahren müssen. Eine Subsumtionsanleitung zum Vorliegen oder Nichtvorliegen einer strafbaren Handlung über die Vermittlung von Aufbau- und Prüfschemata, ausgehend vom Grundschema für ein vorsätzliches vollendetes Begehungsdelikt, hin zu seinen Varianten des echten und für Soziale Arbeit besonders einschlägigen unechten fahrlässigen Unterlassungsdelikts und zur Versuchsstrafbarkeit u. a., wird durchgehend nicht vermittelt. Unter »wissenschaftlich fundierten sozialarbeiterischen Interventionen« (Oberlies 2013, 176–252) wird im Kontext des Strafverfahrens (ebd., 115–175) die strafrechtliche Prüfung anhand strukturierter strafjustizieller Fall- bzw. Aktenarbeit demonstriert.

4.4 Triangulär Trennendes

Die drei Eckpunkte des triangulären Spannungsverhältnisses von Sozialen Problemen, Kriminologie und Strafrecht sind in verschiedener Weise unterschiedlich *gepolt.* Sie liegen zunächst auf unterschiedlichen Ebenen. Bei Sozialen Problemen handelt es sich um Realphänomene, während Kriminologie als Kriminalwissenschaft(en) anzusehen ist und das Strafrecht als normatives System ein Rechtsgebiet des Öffentlichen Rechts ist. Sie lägen auf gleicher Ebene, wenn man die Pole entweder als Soziale(s) Problem(e), Kriminalität und strafbare Handlung oder aber als Soziologie Sozialer Probleme, Kriminologie und Strafrechtswissenschaft bezeichnet hätte. Dass diesem so nicht gefolgt wird, liegt am angenommenen Beziehungsgefüge der drei Spannungspole zueinander, dessen wissenschaftlicher Zentralfokus die Kriminologie ist, die sich nicht nur mit Kriminalität beschäftigt, welche im Übrigen auch ein Soziales Problem ist, für das Strafrecht nicht nur Reaktion, sondern gleichermaßen auch Konstitution bedeutet.

In diesem Zusammenhang steht auch die Aufklärung eines Missverständnisses, das darin besteht, dass Soziale Probleme mit den individuellen sozialen Problemen der Klientele gleichgesetzt werden, die ohnehin Bezugsgegenstände Sozialer Arbeit sind. Mit Sozialen Problemen nach dem hier zugrunde gelegten Begriffsverständnis in der Gegenüberstellung mit Kriminologie und Strafrecht sind diejenigen gemeint, die in der Soziologie Sozialer Probleme eine lange zunächst amerikanische und dann, insbesondere über die *Bielefelder Schule* und die *Sektion Soziale Probleme und soziale Kontrolle* in der Deutschen Gesellschaft für Soziologie, auch deutsche Tradition haben. Dass sie dennoch im deutschsprachigen Raum mit gewichtigen Ausnahmen, etwa an der *Zürcher Hochschule für Angewandte Wissenschaften (ZHAW)*, vernachlässigt werden, mag auch mit diesem Missverständnis zu tun haben.

Das Triangulum von Sozialen Problemen, Kriminologie und Strafrecht wird überlagert durch das Dreieck der unterschiedlichen Wissenschaftstypen: Seinswissenschaften, Normwissenschaften und Handlungswissenschaften.

Es kann hier nur eine schwerpunktmäßige, aber keine trennscharfe Zuordnung im Sinne der von David Hume aufgezeigten Kluft zwischen ontologisch, positiv, deskriptiv und deontologisch, normativ, präskriptiv (Hamann 2014, 12) erfolgen. Während die Soziologie Sozialer Probleme und die Kriminologie zunächst als durch empirischen Zugang ausgewiesene Seinswissenschaften und das Recht als Normwissenschaft aufzufassen sind, so verschwimmen diese Grenzen sofort wieder, wenn Kriminologie als Strafrechtssoziologie vor allem auf die Kriminalität erzeugenden Strukturen und Mechanismen des Strafrechts abstellt (Sack/Deichsel 1993, 505) und eine *Evidenzbasierte Jurisprudenz* den Anspruch erhebt, als Seinswissenschaft anerkannt zu werden. »Evidenzbasierung ist daher nicht mehr und nicht weniger als die Suche nach sachangemessenen Quellen der Wirklichkeitserkenntnis durch bewusste Reflexion ihrer Möglichkeiten und Grenzen.« (Hamann 2014, 6) Das Strafrecht wirkt aber auch, mit für die Betroffenen beeinträchtigenden Folgen, äußerst praktisch. Die Strafrechtswissenschaft ist als auf juristische Berufsfelder ausgerichtete angewandte Wissenschaft anzusehen. Und als solche, wenn auch nicht so ausgeprägt wie die Sozialarbeitswissenschaft, ist sie als eine Handlungswissenschaft, deren genuines Wesensmerkmal rechtliches Handeln, Beraten, Entscheiden ausmacht, aufzufassen.

Die Bezüge von Sozialen Problemen, Kriminologie und Strafrecht auf den allgemeinen Bedeutungsraum von Diversität (▶ Abb. 2) fallen sehr unterschiedlich aus. Soziale Probleme und Kriminologie als Seinswissenschaften knüpfen zunächst an der empirischen Diversität und die Normwissenschaft des Strafrechts vorrangig an die normativ-regulatorische Diversität mit ihren jeweiligen Bedeutungsdimensionen an. Aber auch die Triebkräfte der Diversifizierung (▶ Abb. 3) und der Entdiversifizierung (▶ Abb. 4) wirken sich verschieden aus. Die strafrechtliche Antwort auf die *Risikogesellschaft* (Ulrich Beck) ist das *Risikostrafrecht* (Cornelius Prittwitz) einer Präventions- und Sicherheitsgesellschaft. Es leistet dem symbolischen Strafrecht und der Sprengung des Rahmens strafrechtsbegrenzenden Rechtsgüterschutzes Vorschub.

Soziale Arbeit nimmt an diesem Trend des »rise of risk« (David Garland) durch auf das Risikoverhalten von Risikogruppen gerichtetes Risikomanagement teil. Devianz als Risiko wird mit äußerst heterogenen Risikophänomenen aus- und aufgefüllt. Entscheidungsverhalten richtet sich auf risikolose oder risikoreiche Phänomene, die entweder bekannt oder unbekannt sind (Kahnemann/Tversky 2012b, 433) und bei Unbekanntheit nach Intuition und klugen Faustregeln verlangt (Gigerenzer 2014, 38).

> »Die Konjunktur des ›Risikobegriffs‹ verweist offenbar weniger auf eine Erhöhung des Gefahrenpotenzials moderner Gesellschaften, sondern eher auf eine veränderte Wahrnehmung von Gefährdungen. Statt in einer ›Risikogesellschaft‹ scheinen wir gegenwärtig im Hinblick auf die gestiegene Risikosensibilität und gesunkene Risikotoleranz und -akzeptanz in westlichen Gesellschaften demnach eher in einer ›Zero-Risk Society‹ oder ›Sicherheitsgesellschaft‹ zu leben …« (Groenemeyer 2015, 11)

Für Risikowahrnehmungen gibt es aber dennoch auch ein erhöhtes Risikosubstrat im Sinne zunehmend notwendiger Risikoentscheidungen (▶ Kap. 6.1).

Das Prinzip der Nachhaltigkeit stellt sich bei Sozialen Problemen und Kriminalität wie Strafrecht sehr heterogen dar.

> »Von seiner Entstehung her ist der Nachhaltigkeitsbegriff ein ökologischer Begriff. In ihm ist die Aufforderung enthalten, die Lebensbedingungen der Menschen so zu erhalten bzw. zu verbessern, dass die langfristige Sicherung der Lebensgrundlagen über die Generationen hinweg gewährleistet ist … Aber auch im Sozialen gibt es ein gravierendes Nachhaltigkeitsproblem. Denn soziale Güter werden unter dem Druck des Marktes ähnlich verbraucht wie Güter der Natur. Die zunehmende Privatisierung öffentlicher Güter in den letzten Jahren ist ein beredtes Beispiel dafür.« (Böhnisch 2016, 203)

In beiden Fällen ist die Generationengerechtigkeit betroffen bzw. verletzt. Die Nachhaltigkeit im wirtschaftlichen Sinn ist durch die ökonomisch-gesellschaftliche Wachstumsfixierung, auch als Externalisierung durch Aneignung der Gewinne und Vergemeinschaftung der Kosten bezeichnet, bedroht (Böhnisch 2020, 18, 25).

> »In der ökonomischen Dimension geht es vor allem um die zentrale Frage, ob unbegrenztes quantitatives Wirtschaftswachstum mit ressourcenerhaltender nachhaltiger Entwicklung verträglich ist oder ob stattdessen eine Begrenzung des ökonomischen Wachstums oder eine Umsteuerung auf ›qualitatives Wachstum‹ anzustreben sei.« (ebd., 19)

Wie der aus der Zusammenarbeit von Bund und Ländern entstandene »Pakt für den Rechtsstaat« mit der Aufstockung der Personalstellen in der Justiz in den Jahren 2017–2021, und geplant als Pakt für den Rechtsstaat 2.0 über diesen Zeitraum hinaus, in seiner Begründung insbesondere mit der Zunahme der Strafverfolgung von Hass und Hetze im Netz und von Geldwäschedelikten, erkennen lässt, ist die Wirksamkeit des Strafrechts von dieser ökonomischen Nachhaltigkeitsfrage im Sinne der (dis)kontinuierlichen Ausstattung der Strafverfolgungsorgane abhängig.

Das dem Nachhaltigkeitsgebot zugrundeliegende »Prinzip Verantwortung« (Hans Jonas) und die drei Nachhaltigkeitskonzepte *Suffizienz* (Konsumtion nach vorhandenen Ressourcen), *Effizienz* (sparsamer Ressourcen- und Energieverbrauch) und *Konsistenz* (Recycling als Rücküberführung in ein Kreislaufsystem) verbinden die ökologischen, sozialen und ökonomischen Nachhaltigkeitsdiskurse.

4.5 Triangulär Verbindendes

Hier geht es nun darum, unverbundene Parallelitäten durch Verbindungslinien zusammenführen. Soziale Probleme, Kriminologie und Strafrecht haben es gemeinsam mit »negativen Seiten des Sozialen« (Schetsche 2000, 9) zu tun, die aber auch innovatives Veränderungspotenzial bergen. Sie sind Ausdruck von *Krisen* wie Klimawandel, Artensterben, Hunger, Krieg, Massenflucht, Corona, Demokratiegefährdung und gesellschaftliche Desintegration (Heitmeyer 1997a), als »strukturelle Signatur der Neuzeit« (Reinhart Kosseleck), deren Topographie sich immer rasanter verändert. Es fällt hier noch schwerer als schon bei persönlichen Krisen, von ihrer positiven transformativen Kraft und ihrem vorübergehenden Charakter überzeugt zu sein: »Krise ist ein produktiver Zustand. Man muss ihm nur den Beigeschmack der Katastrophe nehmen« (Max Frisch). In der Wissenschaft Sozialer Arbeit bedürfte es einer Vertiefung krisentheoretischer Analyse.

> »Während bspw. mit Beck, Luhmann, Merton und Habermas seitens der Soziologie und mit Caplan, Freud, Erikson, Opp und Filipp auf Seiten der Psychologie bereits eine tiefe wissenschaftliche Durchdringung des Phänomens der *Krise* festgestellt werden kann, reichte es bis dato in der *Wissenschaft Sozialer Arbeit* – bis auf wenige Ausnahmen abgesehen (Modell Oevermanns zur »Stellvertretenden Krisenbewältigung« – W. D.) – allenfalls zu einer punktuellen Beachtung des Phänomens der Krise im Fachdiskurs (vgl. Mennemann 2000, 207 ff).« (Birgmeier 2014, 161–162)

Für sozialproblembezogene wie kriminologische Fragestellungen ist der krisentheoretische Blick auf Handlungskrisen, Sinnkrisen, Lebenskrisen, ausgedrückt durch das »nicht-handeln-können bzw. das noch-nicht- oder das nicht-mehr-handeln-können« (ebd., 164), für die Handlungsbefähigung der Mandantinnen/Mandanten (▶ Kap. 5.4.3) unerlässlich.

Die Krise des modernen Strafrechts und der Kriminalwissenschaften ist Dauerthema, etwa im Hinblick auf ihre Steuerungskraft bei der Bewältigung von Krisen, beim Schutz bestimmter Gruppen, die in Krisen besonderen Gefahren ausgesetzt sind und gerade durch Krisen zu Opfern werden.

Ein geradezu alles verbindende Paralleluniversum spannt sich auf zwischen und entlang menschlichen, gesellschaftlichen Konflikten, die zu Sozialen Problemen führen, weite Bereiche der Kriminologie unter das besondere Brennglas der Konfliktkriminologie gestellt haben und Ausgang wie Hintergrund strafrechtlicher Delikte sind. Die Konfliktgrammatik ist trianguläres Bindeglied, indem *crime as conflict* (zum »conflict as property«: Nils Christie – ▶ Kap. 5.4.4) aus Sozialen Problemen wie Armut, Konkurrenz, Ausbeutung und Entfremdung (Hanak/Stehr/Steinert 1989, 1) resultiert. Soziale Probleme als Soziale Konflikte lassen sich im Herrschaftskontext nach Ralf Dahrendorf, Kriminalitätsformen wie Alltags- und Jugendkriminalität im Kontext der Gruppensoziologie nach Lewis Coser und strafrechtliche Delikte als Wertkonflikte etwa bei Ehrverletzungen oder als Interessenkonflikte bei Eingriffen in das Vermögen nach Vilhelm Aubert (Bühl 1976, 28–29) erklären. Andere Kriminalitätsformen wie Gewaltkriminalität und Kriminalität der Mächtigen wiederum bedürfen einer Mitreflexion konfliktreicher Macht- und Herrschaftsverhältnisse.

»Den Anlaß zur Kommunikation über Rechtsfragen bieten Konflikte.« (Luhmann 1999, 55) Gerade auch in der Strafrechtsdogmatik ist diese Konfliktgrammatik eingelassen, im objektiven und subjektiven Tatbestand von Strafrechtsnormen, bei der Rechtswidrigkeit und ihres Ausschlusses durch Rechtfertigungsgründe (Notwehr, Notstand), und bei der Schuldprüfung als Schuldausschließungsgründe wegen besonderer Konfliktlage.

Auch *Soziale Kontrolle* mit ihrer Kontrollsemantik und ihren Kontrollstrategien verbindet die drei Spannungspole. »Die Geschichte sozialer Probleme ist quasi per Definition nicht von den Bemühungen ihrer Kontrolle zu trennen.« (Albrecht/Grönemeyer, 2012 a, 13) In der paradigmatischen Diskussion der Kriminologie wird die (radikal) konstruktivistische Perspektive als *Kontrollparadigma* bezeichnet. Die Strafverfolgungsorgane sind Kontrollinstanzen, Sozialarbeitende im strafjustiziellen Bereich werden damit konfrontiert, dass sie »Sanfte Kontrolleure« seien.

Ein analytischer Zugang zu Sozialer Arbeit als Sozialer Kontrolle verlangt zunächst nach einer begrifflich-konzeptionellen Einengung dessen, was unter Sozialer Kontrolle zu verstehen ist, und zum anderen auf diesem Hintergrund eine Spezifikation von Kontrollformen (▶ Kap. 5.5.2). Zur Einengung des weiten Begriffs der Sozialen Kontrolle, der alle Aspekte der sozialen Ordnung wie etwa auch Sozialisation umfasst, ist folgender Definition zuzustimmen:

> »Wir definieren Soziale Kontrolle als: soziale Reaktion auf Verhalten, das als abweichend definiert wird, und zwar sowohl Überanpassung an wie Verletzung von Normen. Diese Definition schließt den ungeheuer weiten Bereich der wachsenden und unbeabsichtigten sozialen Prozesse aus, die auf irgendeine Weise zur sozialen Ordnung beitragen können. Andererseits sind alle Reaktionen auf abweichendes Verhalten ohne Rücksicht auf die Absicht der reagierenden Personen eingeschlossen« (Clark/Gibbs 1982, 157–158).

Die sozialen Kontrollagenten wie strafjustiziellen Kontrollorgane sind bei Kriminalisierungsprozessen entlang krimineller und institutioneller Karrieren bis hin zum Freiheitsentzug besonders bedeutsam.

Die Kontrollformen haben sich dabei immer subtiler ausdifferenziert, in die Subjekte selbst verlagert und mit differenten Interventionslogiken in viele Gesellschaftsbereiche hinein diffundiert.

> »Während sich auf der einen Seite die Disziplinarinstitutionen vervielfältigen, tendieren ihre Mechanismen dazu, sich über die Institutionen hinaus auszuweiten, sich zu ›deinstitutionalisieren‹, ihre geschlossenen Festungen zu verlassen und ›frei‹ zu wirken.
> Die massiven und kompakten Disziplinen lockern sich zu weichen, geschmeidigen, anpassungsfähigen Kontrollverfahren auf.« (Foucault 1976, 271)

Die Diversionsverfahren im reformierten Jugendstrafrecht sind im Hinblick auf diese verfeinerten Kontrollmechanismen thematisiert worden (Deichsel 1991).

Ein ebenso gleichermaßen wichtiges gemeinsames Konzept von Sozialen Problemen, Kriminologie und Strafrecht sind die in allen diversitätsorientierten sozialen Tätigkeitsbereichen Sozialer Arbeit relevanten Teilhabeparadigmen der Integration und der Inklusion (▶ Kap. 3.2) mit ihrem Gegensatz der *Ausgrenzung bzw. Exklusion.* Dieses überlagert sich in einem Kernbereich mit dem der Sozialen Kontrolle. Bei beiden Konzepten geht es um das Schließen von Möglichkeitsräumen.

> »Die Form, in der dies zu geschehen pflegt, ist die: dass irgendein äußerlich feststellbares Merkmal eines Teils der (aktuell oder potenziell) Mitkonkurrierenden: Rasse, Sprache, Konfession, örtliche oder soziale Abstammung, Wohnsitz usw. von den anderen zum Anlass genommen wird, ihren Ausschluss vom Mitbewerb zu erstreben.« (Weber 1980, 201)

Mit dichotomen »Drinnen-Draußen«-Relationen, mit sich überlappenden inklusiven und exklusiven Prozessen, mit zeitlichen und räumlichen Dimensionen werden auch die Begrifflichkeiten der Ausgrenzung und Exklusion relativ unbestimmt und flexibel verwandt. Vielfalt und Diversität von Ausschließungsdimensionen (Anhorn/Bettinger/Stehr 2008, 181–332) und exklusiven Praxisfeldern (ebd., 335–446) gehen dabei in homogenisierenden Kategorien unter.

> »Der Exklusions- bzw. Ausgrenzungsdiskurs zeichnet ein Bild von Gesellschaft, deren zentrales Strukturmerkmal in den horizontalen Spaltungen zwischen einer integrierten Mehrheit (gesellschaftliches Zentrum) und einer ausgeschlossenen Minderheit (gesellschaftliche Randzonen, Peripherie), zwischen einem gesellschaftlichen ›Innen‹ und ›Außen‹ besteht.« (Anhorn 2008, 25–26)

Ein analytischer Umgang mit Ausgrenzung kann entlang von drei kategorialen Bestimmungen von Exklusion geschehen: als Desintegration aus wichtigen gesellschaftlichen und wirtschaftlichen Bereichen, insbesondere durch Armut und am Arbeitsmarkt, durch den Verlust von Teilhabemöglichkeiten am gesellschaftlichen Leben und unter besonderer Berücksichtigung des Prozesscharakters von Exklusion (Kronauer 2002, 43). Diesem mehrdimensionalen Verständnis von Exklusion gilt es für kriminologische Soziale Arbeit in zwei Richtungen nachzugehen, einmal, inwieweit sie sich hiergegen positioniert und hiergegen vorgeht, und zum anderen, auf welche Weise sie selbst Beteiligte an diesen Exklusionsprozessen ist, sogar in Zwangskontexten (▶ Kap. 5.5.4).

Sozialarbeitende benötigen für diese (Selbst)Erkenntnis, für die Förderung von Inklusion und die Vermeidung von Exklusion (Bommes/Scherr 1996) Wissen zu gesellschaftlichen und institutionellen Inklusions- und Exklusionsregeln, zu neuen

Formen der Segregation, etwa durch *digital divide* von Menschen im *On-* und *Offlinemodus*, wie zu intersektionalen Mechanismen der Mehrfachausgrenzung, um gegenüber Schließungs- und damit Ausschließungsprozessen handlungsfähig zu sein.

Neben diesen gegenstands- wie gesellschaftstheoretischen gibt es aber auch fundamentale erkenntnistheoretische wie wissenschaftstheoretische Gemeinsamkeiten, jedenfalls der Soziologie Sozialer Probleme und der Kriminologie, und in nicht paradigmatischer Weise auch des Strafrechts.

Die Soziologie Sozialer Probleme wie die Kriminologie sind wissenschaftstheoretisch von einem Paradigmenstreit durchzogen, der unter der Prämisse grundsätzlicher und nicht miteinander zu vereinbarender Perspektiven Forschungsgegenstand, Forschungsmethoden, Forschergemeinschaften, Publikationsorgane, Kongresse usw. umfasst. Der Begriff des *Paradigmas* knüpft an die Wissenschaftstheorie von Thomas Kuhn an, wonach Wissenschaftlerinnen/Wissenschaftler ihre grundlegenden Perspektiven auf die drei Klassen wissenschaftlicher Probleme – Bestimmung bedeutsamer Tatsachen, gegenseitige Anpassung von Fakten und Theorie, Artikulierung der Theorie – richten (Kuhn 1993, 47), bis grundlegend neue Fakten und Theorien zu einem neuen Paradigma als wissenschaftliche Revolution, zu einem Paradigmawechsel mit einer sehr unterschiedlichen Weltsicht führen (ebd., 65, 123), die mit dem vorhergehenden Paradigma unvereinbar ist (ebd., 51).

Die *objektivistische Position* in der Theorie Sozialer Probleme entspricht dem *ätiologischen Paradigma* in der Kriminologie, indem sie als zentrales Kriterium auf eine bedeutende Diskrepanz zwischen sozialen Standards und sozialer Wirklichkeit hinweist, von der Vorstellung ausgeht, dass Soziale Probleme soziale Ursprünge haben, und auf die Veränderbarkeit von unerwünschten Situationen abzielt (Albrecht 1990, 5).

Auch beim *ätiologischen Paradigma* wird von der objektiven Gegebenheit des normwidrigen Verhaltens ausgegangen und die Ursachen hierfür werden als erklärungsbedürftig angesehen (Keckeisen 1974, 24). Bei dieser objektivistischen und ätiologischen (von Ätiologie = Lehre von den Ursachen) Perspektive liegt die Diversität in der Fülle von Faktoren, Ursachen, denen die Entstehung von sozialen Problemkonstellationen, von abweichendem Handeln bzw. von Kriminalität in kausaler Weise zugeschrieben wird. Dies ist in der Kriminologie als Mehr-Faktoren-Ansätze bekannt.

Diametral entgegengesetzt zu dieser objektivistischen, ätiologischen Ausrichtung – oder in der Sprache von Thomas Kuhn: mit dieser unvereinbar – ist das rekonstruktionistische interaktionistische Paradigma der Soziologie Sozialer Probleme und das Kontrollparadigma der Kriminologie Dies drückte Herbert Blumer folgendermaßen aus: »Meine These ist, dass soziale Probleme hauptsächlich Resultate eines Prozesses kollektiver Definition sind; sie existieren nicht unabhängig davon als eine Konstellation objektiver sozialer Bedingungen spezifischer Art« (Blumer 1975, 102 – zit. nach Albrecht 1990, 20). Auch hier ist die Nähe zum kriminologischen Kontrollparadigma unverkennbar.

> »Dieses Paradigma lässt Abweichung ... nicht als Eigenschaft erscheinen, die Personen bzw. ihren Entäußerungen in wie immer vorzustellender Weise innewohnt, ihnen in diesem gleichsam ontologischen Sinn eigen ist. Devianz wird vielmehr als ein gesellschaftliches Verhältnis, als soziale Beziehung aufgefaßt. Diese hat zum Inhalt die Zuschreibung einer normativ bestimmten Qualität, die einer Person bzw. ihrem Verhalten durch andere widerfährt und sie (bzw. das Verhalten) auf diesem Wege als abweichend definiert.« (Keckeisen 1974, 28)

Vielgestaltige Diversität wird hier zum einen durch die phänomenologische Analyse von Definitions-, Aushandlungs- und Kontrollprozessen (ebd., 52–93) und zum anderen durch Machtanalysen in der direkten, dyadischen Interaktion zwischen Kontrollagenten und Kontrollierten, der Einflussnahme von Dritten hierauf und der Formulierung und Durchsetzung von Normen (ebd., 93–120) erzeugt. Definitionsherrschaft als Kombination von Definition und Macht ist das Kristallisationszentrum für die kritische Kriminologie. Dies ergibt sich auch aus ihren Theorietraditionen, einmal zwischen Labeling Theorie (Howard S. Becker, Edwin M. Lemert, David Matza u. a.) und Gesellschaftstheorien (Kritische Theorie, Marxismus u. a.) stehend. Und zum anderen an der soziologisch geprägten Ethnomethologie (Harvey Sacks, Harold Garfinkel, Aaron V. Cicourel u. a.) und dem sozialpsychologisch angelegten Symbolischen Interaktionismus (George Herbert Mead, Alfred Schütz, Herbert Blumer u. a.) anknüpfend. Sowohl die Ethnomethodologie wie der Symbolische Interaktionismus basieren auf der Phänomenologie (► Kap. 6.3).

Definitionsherrschaft lässt sich besonders gut an der Produktion und Nutzung von Stigmata (Goffman 1962) bei anlassunabhängiger Polizeiarbeit demonstrieren, bei der in der »Situation des Verdachts« (Feest/Lautmann) proaktive Polizeiarbeit durch polizeiliche Narrative wie *Penner*, *Junkie*, *Südländer* (Dangelmaier 2021, 373–378) beeinflusst wird.

Im Strafrecht hat sich die *Frankfurter Schule des Strafrechts* als besonderes Programm in der deutschsprachigen Strafrechtswissenschaft am *Frankfurter Institut für Kriminalwissenschaften und Rechtsphilosophie* entwickelt. Ihre zwei Grundprämissen sind, dass das Zufügen von Strafübeln als eine höchst heikle Angelegenheit angesehen wird und dass die politische Instrumentalisierung des Strafrechts zur Lösung gesellschaftlicher Probleme immer auch die Gefahr der Verletzung liberal-rechtsstaatlicher Garantien birgt, weshalb hieraus die Forderungen nach einem Kernstrafrecht und nach Subsidiarität des Strafrechts gegenüber weniger invasiven Teilrechtsordnungen wie Zivil- und Verwaltungsrecht abgeleitet werden (Jahn/Ziemann 2014, 943, 946). Aber »für die daraus entspringende Frage nach einem neuen Paradigma liberal-rechtsstaatlichen Strafrechts Frankfurter Provenienz ergibt sich bislang noch kein geschlossenes Bild« (ebd., 947). Auch für die Soziale Arbeit wird konstatiert, dass sie aufgrund der Komplexität, Totalität und Vielschichtigkeit ihrer Problembereiche kein für ihren Tätigkeitsbereich vorherrschendes, eindeutig abgegrenztes Paradigma entwickeln konnte (Schütze 1992, 163).

Davon zu unterscheiden ist die Frage, welchem kriminologischen Paradigma Soziale Arbeit folgt. Im Verweis auf eine von R. Anhorn und F. Bettinger veranstaltete Vorlesungsreihe zu Kritischer Kriminologie und Sozialer Arbeit in den Jahren 2000 und 2001 an der Evangelischen Hochschule Darmstadt (Anhorn/Bettinger 2002), sowie bei seinem Vortrag hierzu zum Tag der Forschung am 11. November 2003 an der Evangelischen Hochschule Dresden, stellt Fritz Sack die Bedeutung der Kritischen Kriminologie für Soziale Arbeit heraus.

> »Schließlich ist die Kritische Kriminologie zwar hauptsächlich und im ersten Zugriff auf die Kriminalität und die formalisierte staatliche Kontrolle via Strafrecht und auf deren wissenschaftlichen Statthalter, die Kriminologie, ausgerichtet, bekanntlich aber ging ihre wissenschaftliche und praktische Reichweite erheblich darüber hinaus und wirkte hinein in Bereiche nicht-strafrechtlicher Kontrolle und Korrektur durch staatliche und parastaatliche Institutionen.« (Sack 2004, 49)

Während kriminologische Bemühungen um integrationistische Verbindungen zwischen den Paradigmen mit den ihnen aufruhenden gegenständlichen Kriminalitätstheorien wegen ihrer nach dem Kuhn'schen Paradigmaverständnis bestehenden strukturellen Unvereinbarkeit und wegen des Fehlens eines diese Theorien überspannenden Dachs (»Metatheorie«) (Singelnstein/Kunz 2021, 85) fehlgeschlagen sind (Lamnek 2007, 289), so gibt es aber durchaus Integrationsmöglichkeiten durch integrative Erklärungsmodelle in der kriminologischen Handlungspraxis.

Diese verbinden ursächliche und konstruktivistische Analysemuster, etwa unter dem hierfür sowohl für die Soziologie Sozialer Probleme wie für die Kriminologie – und nimmt man die Vorstrafenproblematik hinzu auch im Strafrecht – verwandten Konzept der *Karriere* (Schetsche, 1996).

Herbert Blumer unterscheidet die fünf Phasen einer Problemkarriere: das Auftauchen des Sozialen Problems, die Feststellung seiner Diskrepanz zu erkannten sozialen Standards, die Mobilisierung des Handelns, die Bildung eines offiziellen Handlungsplanes sowie seine Ausführung (Schetsche 1996, 28). In einem Dreiphasenmodell wird die Karriere Sozialer Probleme in ihrer »natural history« als »awareness«, »policy determination« und »reform« bezeichnet (Fuller/Myers 1989, 101–111). In die Kriminologie wurde der professionssoziologische Laufbahnbegriff als Karriere von Howard S. Becker eingeführt. »Als nützlich zur Entwicklung von Stufenmodellen für verschiedene Formen abweichenden Verhaltens erweist sich der Begriff der Laufbahn.« (Becker 1973, 21) Dabei ist »Abweichendes Verhalten … keine Qualität, die im Verhalten selbst liegt, sondern in der Interaktion zwischen einem Menschen, der eine Handlung begeht, und Menschen, die darauf reagieren« (ebd., 13), die es als solches etikettieren. Dies ruft dann die Anschlussfrage hervor: »nach wessen Regeln?« (ebd., 13–16). Das »Verlaufsmodell einer fehlgeschlagenen Interaktion zwischen Delinquenten und Sanktionsinstanz« mit den acht Problementwicklungsstufen: Problemlösung durch Delikte, Hilfe bei Problemlösung, »Strafe« aus dem Umfeld, Rückfall bei Deliktsbegehung, als »Delinquenter« definiert, Außenseiter in Sozialkontakten, Insasse einer Strafanstalt, und Status eines Vorbestraften (Quensel 1970, 377–379) demonstriert, wie Jugendliche kriminell werden und wie damit auch das interaktionistisch angelegte Karrieremodell selbst eine Entwicklung hin zu einer Grundfrage des ätiologischen Paradigmas durchläuft (Keckeisen 1974, 40).

Eng verbunden mit dem integrationistischen Karrierekonzept ist die Begrifflichkeit der Mehrfach- bzw. Intensivtäterinnen und -täter, insbesondere bei Gewaltkriminalität (▶ Kap. 7.4.2), in welche karrieristische Interaktionsverläufe einmünden können. Es handelt sich hierbei um ein komplexes Konstrukt der Strafverfolgungsbehörden, gebildet aus Deliktshäufigkeit, Deliktsart, Deliktsschwere u.a., als Sprossen dieser Karriereleiter in eine Vielfach-Täterschaft, und damit auch in bundesweit recht unterschiedlich gehandhabte polizeiliche Intensivtäterprogramme hinein. In der Jugendkriminologie werden sie aufgrund der Willkürlichkeit der Auswahl- bzw. Aufnahmekriterien und aufgrund des Zweifels an ihrer Effizienz zur Zielerreichung des *Desistance*, des Karriereabbruchs, weithin, auch mit Gegenvorschlägen, abgelehnt (Naplava 2010, 300).

»Dass die Häufung schwerer Kriminalität Jugendlicher durch eine Erhöhung des Kontrolldrucks unterbunden werden kann, ist bei dem gegenwärtigen Stand der Forschung eher zu bezweifeln. Vielmehr verspricht aus theoretischer Perspektive eine Stärkung der Strukturen informeller Sozialkontrolle in der Gesellschaft, dass die Möglichkeiten für den Abbruch krimineller Karrieren erweitert werden.« (ebd., 304)

Während nach dem rekonstruktionistischen Paradigma wie nach dem Kontrollparadigma, aber auch im Strafrecht als Interpretationswissenschaft, gleichermaßen Interpretationsmuster als Problemmuster bedeutsam sind, wird ihnen in der Soziologie Sozialer Probleme und in der Kriminologie eine gemäßigtere, wie oben dargestellt von Herbert Blumer, oder eine radikalere Bedeutung zuerkannt. Die radikale Kritische Kriminologie mit ihrer gesellschaftstheoretischen Ausrichtung, wie auch die radikale Position der Soziologie Sozialer Probleme, basieren auf dem radikalen Konstruktivismus und seiner Herleitung aus den Werken prägnanter Denker der Philosophiegeschichte (von Glasersfeld 1998, 56–97). In »Social Problems and Deviance: Some Parallels« (Spector/Kitsuse 1987, 59–72) kommen Spector/Kitsuse zur Konklusion, dass »...the social problems-producing process (as in the deviance-producing process)« (ebd., 72) absoluten Vorrang des Forschungsinteresses gebühre und dies »independent of social conditions«. Diese Grundprämisse wird sowohl erkenntnistheoretisch wie handlungstheoretisch in Frage gestellt und als »ontological gerrymandering« (Woolgar/Pawluch, 1985), d.h. als Manipulation zugunsten eigener Auffassung, als Widerspruch der gleichzeitigen Ablehnung wie Benutzung ontologischen Denkens bezeichnet. Kommen sprachliche Zuschreibungsformen ohne das Realphänomen, ohne das denknotwenige existenzielle Substrat ihrer Begrifflichkeiten aus? Wird das Handlungsprogramm auf die sprachkonstruktivistischen Reaktionen auf Soziale Probleme, Abweichung, Kriminalität *halbiert*, ohne dass auf prekäre soziale Lebenssituationen und auf individuelle Problemkonstellationen der Betroffenen eingegangen wird? Daher lautet die gemäßigte Gegenposition, dass trotz der Fabrikation von Fakten davon ausgegangen wird, dass diese entdeckt, gefunden werden können und dass dies für die Handlungsfähigkeit im aktionalen Rahmen (▶ Kap. 4.9) unerlässlich ist.

4.6 Grenzüberschreitende sozialproblembezogene-kriminologische Soziale Arbeit

Es geht bei der grenzüberschreitenden sozialproblembezogenen-kriminologischen Sozialarbeit zum einen um »Schnittstellenmanagement« (Elijah Millgram), also um die Fähigkeit, unterschiedliche Wissensformen und Wissensbestände aus der Soziologie Sozialer Probleme, aus Kriminologie und Strafrecht zusammenzufügen. Zum anderen betreibt sie Grenzbearbeitung als eine spezifische Dimension sozialer Differenzierungspraktiken.

> »Während Differenzierungspraktiken insgesamt dadurch gekennzeichnet sind, dass sie scheinbar gegebene Unterscheidungen (re)produzieren, also spezifische Differenzen vereindeutigen (wie etwa diejenigen einer sozialen Positionierung, einer ethnischen Herkunft oder einer Geschlechterzuordnung), werden mit dem Blick auf die Grenzbearbeitungspraktiken die vollzogenen Materialisierungen selbst fokussiert: rechtlich fixierte Ausschließungen, aber auch institutionalisierte Teilhabemöglichkeiten.« (Kessl/Maurer 2010, 154)

Diversitätsorientierte Soziale Arbeit hat zu vergegenwärtigen, dass sie gerade auch bei Grenzarbeit (▶ Kap. 5.5.5) gegenüber unakzeptablen Verhaltensformen wie grenzüberschreitender Gewaltanwendung (▶ Kap. 7.4.5) mit der Verwendung und Darstellung von Kategorien immer auch ihrer Verstärkung Vorschub leistet, was mit der Gefahr der Stigmatisierung und Exklusion einhergeht.

4.7 Phänomenologisch verstehend – empirisch analytisch erklärend

Sich verstehend empirischen Phänomenen zu nähern, geschieht in eher emergentistischer Weise, indem immer neue Verstehensdimensionen bezogen auf Menschen, hier also die Klientel von Sozialer Arbeit, insbesondere bzgl. der Gründe ihres Handelns auftauchen (= »emergere«). »Der Emergentismus, dem vor allem die Phänomenologie wieder zu wissenschaftlicher Geltung verholfen hat, geht dagegen von der Annahme der Vielschichtigkeit oder Mehrdimensionalität aus; ...« (Bühl, 1972, 10–11)

Demgegenüber ist das Erklärungsmodell eher reduktionistischer und hierdurch analytischer Art (▶ Kap. 6.4) durch Zurückführen von Phänomenen auf ihnen zugrundeliegende Ursachen.

> »Eine reduktive Erklärung zielt darauf ab, eine Tatsache (bzw. eine Generalisierung), die augenscheinlich, d.h. unserem Alltagsverständnis oder einer bestimmten theoretischen Konvention nach, einer bestimmten Wirklichkeitsebene angehört (z.B. der gesellschaftli-

chen Wirklichkeit), auf eine Tatsache oder Generalisierung aus einer anderen Wirklichkeitsebene (z. B. der Organismus-Ebene) zurückzuführen.« (ebd., 10)

Als ein Hauptvertreter der reduktionistischen Position führt Donald Davidson Gründe auf Ursachen zurück – entgegen der gegenteiligen Meinung von Georg Henrik von Wright, der Gründe dem Verstehen und Ursachen dem Erklären zuweist, indem er Handlungen in einen inneren und einen äußeren Teil aufspaltet.

»Handlungen, so könnte man fragen, weisen im Normalfall zwei Aspekte auf: einen ›inneren‹ und einen ›äußeren‹. Der erste ist die Intentionalität der Handlung, die Intention oder der Wille ›hinter‹ ihren äußeren Manifestationen« (von Wright 1984, 85), die gegenüber den Gründen der »inneren Handlung« Ursachen haben.

Die empirische Forschung zu Sozialen Problemen folgt zu ihrer Identifizierung mit Hilfe Sozialer Indikatoren (Bohle 2012, 1358–1362) in hohem Maße einem reduktionistischen Erklärungsmodell. »Unter sozialen Indikatoren sind solche Daten zu verstehen, die Operationalisierungen theoretischer Konstrukte darstellen, auf Dauer erhoben werden und somit Aussagen über gesellschaftliche Entwicklungen ermöglichen ...« (ebd., 1358–1359) Die kriminologische Empirie folgt je nach Forschungsgegenstand entweder dem Erklärungs- oder dem Verstehensmodell.

> »Als Kind der Aufklärung und Schwester der Moderne ist die Kriminologie ursprünglich auf ein *Erklären* von kriminellem Verhalten angelegt. In dem für Natur- wie Sozialwissenschaften gültigen, also einheitswissenschaftlichen, Modell des Erklärens wird ein wahrgenommenes Geschehen aus seiner kausalen statistischen Abhängigkeit von einem anderen wahrgenommenen Geschehen bestimmt.« (Singelnstein/Kunz 2021, 38)

Das Erklärungsmodell erhält auch eine besondere Schubkraft durch die Strukturanalogie von Erklärung und Prognose, indem die rückwärtsgewandte Erklärung für eine zukunftsorientierte Prognose verwandt wird.

Insofern strafbares Handeln nach dem Individualisierungsprinzip des Strafrechts konkreten Menschen mit subjektiven Beweggründen und Schuldmerkmalen zurechenbar zu sein hat, erhält das gegensätzliche Verstehensmodell der Kriminologie einen besonderen Stellenwert.

> »Nach dem Verstehensmodell folgt die sozialwissenschaftliche Erkenntnis deshalb anderen Regeln als das naturwissenschaftliche Erklären. Gesellschaftliche Realphänomene sind danach keine Objekte, die der Beobachtung unmittelbar zugänglich wären, sondern man kann verschiedene Bilder und Vorstellungen von ihnen haben. Die soziale Welt ist von Menschen immer schon mit Sinn verbunden, in einer bestimmten Weise mit Bedeutungen versehen.« (ebd., 39)

Auch das Strafrecht als normative und eher praktische Wissenschaft hat über seine Evidenzbasierung seinswissenschaftlichen Charakter. Dies gilt stärker für das amerikanische Recht als angewandte Sozialwissenschaft als für die deutsche Begriffs-, Interessen- bzw. Wertungsjurisprudenz. Aber auch hier ist zu berücksichtigen: »Wenn Recht nicht nur gerecht sein will, kommt es nicht umhin, Sachlagen zu erfassen, also Erfahrungswissen zu berücksichtigen« (Hamann 2014, 1). Die strafrechtliche Rechtstatsachenforschung hat insbesondere im Bereich der Kriminalprävention auch für Soziale Arbeit folgenreiche Forschungsergebnisse vorzuweisen, etwa zum Zusammenhang des familienrechtlichen Gebots der Gewaltfreiheit in der

Erziehung (§ 1631 II BGB) und seiner Auswirkungen auf häusliche Gewalt, erforscht im Rahmen der Familiengewaltstudien an der Martin-Luther-Universität Halle-Wittenberg. Auch wenn Grundlagenforschung und Anwendungsforschung ineinander übergehen, indem es genauso eine prinzipielle Möglichkeit der Anwendbarkeit grundlagenorientierter Forschungsergebnisse wie eines basalen Erkenntnisfortschritts durch Forschungsdaten angewandter Sozialforschung gibt (Bohle 2012, 1354), so ist trotz fehlender Trennschärfe dennoch von ihren Eigenarten mit ihren jeweiligen Besonderheiten auszugehen. Sowohl die Forschung zu Sozialen Problemen, etwa zu Lösungsversuchen mittels sozialer Indikatorenbildung, wie die kriminologische Forschung mit ihren vielfältigen Kriminalitätstheorien und die Rechtstatsachenforschung zur kriminalpräventiven Zielverfolgung tendieren zur Angewandten Forschung, insbesondere auch durch Evaluationsforschung zur Einschätzung der Wirkung bestimmter sozial- und kriminalpolitischer Maßnahmen und Programme.

Die methodische Qualität der empirischen Forschung hat eine andere Bedeutung für die Soziologie Sozialer Probleme als für die Kriminologie.

> »Die methodische Qualität der Forschung im Bereich der sozialen Probleme ist daher von herausragender Bedeutung, denn in keinem Bereich der sozialwissenschaftlichen Forschung muss man so sicher davon ausgehen, dass die Ergebnisse nicht nur zu innerwissenschaftlichen Diskursen führen, sondern wegen der ›Politikalität‹ der Fragestellung zum Zankapfel politischer Auseinandersetzungen werden, häufig mit der Folge, dass unter argumentativem Rückgriff auf empirische Forschungsarbeiten alte Problemlösungsversuche fortgeschrieben oder neue Lösungswege beschlossen und mehr oder weniger umgesetzt werden. Da beide Varianten unter Umständen massiv in das Leben vieler direkt oder indirekt Betroffener eingreifen, kommt der Qualität dieser empirischen Forschung hohe Bedeutung zu.« (Albrecht 2012, 1387–1388)

Der Verwertungszusammenhang kriminologischer Forschungsergebnisse wirkt in der Regel direkter auf die Forschungssubjekte ein, etwa in der Desistance-Forschung, die sich damit beschäftigt, wie es zum Abbruch krimineller Karrieren kommt und wie dieser Prozess unterstützt werden kann.

Lehrveranstaltungen zu Qualitativer und Quantitativer Empirischer Sozialforschung gehören zum Kerncurriculum an Hochschulen des Sozialwesens. Ihre zentrale Aufgabe ist die Vermittlung empirischer Qualitätsstandards, von Forschungskompetenzen zur Rückverfolgung von Theorien auf ihren empirischen Entstehungszusammenhang und von zentralen Forschungsthemen in (kriminologischer) Forschung wie Normativität, Reflexivität, Repräsentativität, Generalisierbarkeit und gesellschaftlicher Forschungskontext (Jukschat/Leimbach/Neubert 2022).

Dies kann am besten anhand eigener empirischer Forschungsprojekte geschehen, wofür das Themenpotenzial im Bereich Sozialer Probleme und der Kriminologie unerschöpflich ist. Diese über eine intuitive Einschätzung hinausgehende Fähigkeit, empirische Forschungsergebnisse selbst erzeugen und überprüfen zu können, erhöht die Professionalität sozialarbeiterischer Praxis, in der von außen an sie herangetragene, auf Forschungsergebnisse gestützte Handlungs- und Programmvorschläge angenommen oder zurückgewiesen werden können und eigene auf empirischer Grundlage wirksamer durchsetzbar sind. Gegenüber einer inhaltlichen

Beschäftigung mit Kriminalitätstheorien und ihren immer wieder neuen Typisierungen in der Straffälligenhilfe, wie in der Publikation hierzu von Bukowski/Nickolai (2018), die etwa die Hälfte des gesamten Buches ausmachen, erscheint es bedeutsamer, auf ihr ätiologisches oder kontrollparadigmatisches Methodologieverständnis (▶ Kap. 4.5), auf die empirische Bewährung der Theorien und ihre Transformationen in Praxis (Lamnek 2007, 245–252, 268–288) einzugehen. Nach dem objektivistischen Paradigma Sozialer Probleme werden diese selbst zum Forschungsgegenstand, beim rekonstruktionistischen Paradigma Sozialer Probleme sind es Problemwahrnehmungen, Deutungsmuster Sozialer Probleme und ihre Folgen.

> »Problemwahrnehmungen basieren auf kollektiv geteilten Wissensbeständen, welche die soziale Wirklichkeit gleichzeitig abbilden und generieren. Die Rekonstruktion dieses Problemwissens bildet einen der Schwerpunkte der vom Kokonmodell angeleiteten empirischen Problemanalyse. Untersucht wird das Wissen, das von Akteuren erzeugt, in der Öffentlichkeit verbreitet und von verschiedensten gesellschaftlichen und staatlichen Instanzen in die Praxis umgesetzt wird.« (Schetsche 2008, 107)

Kriminologische Theorien nach dem Erklärungsmodell, in dem beobachtete Regelmäßigkeiten von Ereignissen und die kausalen Beziehungen zwischen ihnen einer Theorie zuzuordnen sind (Singelnstein/Kunz 2021, 79), sind ihrer empirischen Überprüfbarkeit zugänglicher. Die empirische Bewährung der Kriminalitätstheorien wird von Siegfried Lamnek (2007, 290) in seiner Bilanzierung als eher mäßig eingeschätzt, was bei handlungstheoretischen Implikationen und handlungsauffordernden Ableitungen zu beachten ist.

> »Dennoch enthalten – wie gesagt – alle Kriminalitätstheorien auch (zumindest implizit) Handlungsempfehlungen oder -aufforderungen. Diese wollen wir im Folgenden herausarbeiten und darzustellen versuchen, ohne damit Kriminalitätstheorien auf Politikberatung – sei es auch eine ›alternative‹ oder professionell interessierte – reduzieren oder umformulieren zu wollen.« (Peters 1997, 42)

4.8 Normorientiert – normativ – normal/isierend

Die Verschiedenartigkeit der Normverständnisse bei Sozialen Problemen, in der Kriminologie und im Strafrecht und die für sie geltende überragende Normbedeutung legt es nahe, ihnen als Normorientierung, Normativität und Normalität/Normalisieren über 4.3.3 hinaus auf den Grund zu gehen und sie dabei voneinander abzugrenzen.

Die *normative Ausrichtung* ist wie die empirische in Forschung und Praxis, aber gerade auch im Bedeutungsraum von Diversität (▶ Abb. 2) konstitutiv, erkennbar an dem Forderungscharakter von »abzuschaffender Ungleichheit« und »anerkennenswerter Differenz« (Heite 2010, 188).

»Denn wenn statt von ›abzuschaffender Ungleichheit‹ von ›anerkennenswerter Differenz‹ die Rede ist, wird damit weniger strukturelle Benachteiligung, sondern per se wertvoll erscheinende gruppenspezifische und individuelle Andersheit diskutiert. Damit verändert sich die gerechtigkeitspolitische Denk- und Interventionsperspektive wesentlich. Gemeint ist dann nämlich weniger die Aufhebung von (sozialstruktureller) Ungleichheit und die Gegenmaßnahme materieller Umverteilung, weniger die skeptische Frage, warum welche Differenzen hergestellt werden und weniger deren Abschaffung als Abschaffung von Ungleichheit. Stattdessen wird die aufwertende Anerkennung kollektiver und subjektiver Andersheit betont und die Bestätigung vermeintlich gegebener kultureller Differenz betrieben.« (ebd.)

Hieraus ergeben sich gegensätzliche Handlungs-, Interventions- und Politikanforderungen, die es jeweils in den unterschiedlichen Diversitätskontexten zu bestimmen gilt. So ist soziale Anerkennung als identitätsstiftende, ja identitätsnotwendige Wirkungskraft (▶ Kap. 2.5) besonders für Jugendkulturen bedeutsam, deren Gemeinschaft – trotz ihres möglicherweise kriminalitätsfördernden Charakters – von anderen Lebenszusammenhängen ausgeschlossenen Jugendlichen Halt und Lebenssinn gibt.

Für das Verständnis des Normativen als Begriff dessen, »... was wir meinen, wenn wir von Normen *als solchen* sprechen« (Möllers 2015, 12), für normative Diversität, wie für die Diversität von Normen aus den sich ausdifferenzierenden Normensystemen (ebd., 11, 13), bedarf es der Beantwortung der nach Rene König voranzustellenden dritten Frage nach der Beschreibung dessen, was die Soziologie unter dem Begriff »Norm« (der Regelung oder der Obligation) versteht (König 1982, 186).

»Die sozialen Normen sind also im eigentlichen Sinne real als ›Erwartungen‹, welche die Mitglieder einzelner Gruppen oder ganzer Gesellschaften unter bestimmten Umständen (›Situationen‹) voneinander hegen.« (ebd.) Dieses Verständnis von Normen als Erwartungen stimmt mit der Auffassung von Niklas Luhmann überein, der hinsichtlich der Funktionalität von Normen zwischen Erwartungssicherung und Verhaltenssteuerung (Luhmann 1999, 73–91) unterscheidet. Die Enttäuschung bei nicht erwartungsgemäßem Handeln mit ihrem Krisenpotenzial ist nicht nur dem enttäuschendem Ereignis, sondern auch der normativen Erwartung selbst zu zurechnen. »Deren Enttäuschung kommt nicht dadurch zustande, dass andere unerwartet handeln, sondern auch und ernstlicher dadurch, dass andere unerwartet erwarten und in diesem unerwarteten Erwarten ihre Identität finden.« (Luhmannn1983, 116) Die Zurechnung allerdings erfolgt im Strafrecht wie in den anderen sozialen Normensystemen meist zulasten des/der Handelnden. »Nicht der Erwartende hatte falsch erwartet, sondern der Handelnde hatte falsch oder doch ungewöhnlich gehandelt, ...damit ist die Norm schon gerettet und der Normbrecher fast schon verloren. « (ebd., 55)

Dies gilt für normative, nicht für kognitive Erwartungen. »Einer viel verwendeten Formulierung von Niklas Luhmann zufolge unterscheiden sich normative Erwartungen von kognitiven Erwartungen dadurch, dass Erstere, anders als Letztere nicht angepasst werden, wenn sie nicht eintreten.« (Möllers 2015, 128) Diese normativen Erwartungsenttäuschungen im Verborgenen werden im Strafrecht als *Dunkelfeld* bezeichnet, was nach dem Rechtssoziologen Heinrich Popitz als »Präventivwirkung des Nichtwissens« nach dem Rumpelstilzchenlied »Ach, wie gut, dass niemand weiß…« durchaus als stabilisierender gesellschaftlicher Faktor anzusehen ist, gerade auch, weil hierdurch das Aushaltenmüssen, das Aushaltenkönnen von Differenz, Heterogenität, und Diversität signalisiert wird.

Während das Normativitätsproblem der Sozialen Arbeit weit gefasst und generell als das Normative verstanden wird, das für Soziale Arbeit in vielfacher Weise eine Rolle spielt (Otto/Ziegler 2012, 3–10), bezeichnet Luhmann im engeren Sinne diese kontrafaktische Aufrechterhaltung von Normen auch im Enttäuschungsfall als *Normativität.* »Normativität ist die Form einer Verhaltenserwartung, mit der bekundet wird, dass die Erwartung auch im Enttäuschungsfalle festgehalten werden soll« (Luhmann 1999, 17), was in einem Rechtsstaat insbesondere für Rechtsnormen gilt (ebd., 117).

Aber auch in anderen Bereichen des Normativen wie bei Heteronormativität aus der Geschlechterforschung wird trotz Diversität der Geschlechter an dem Konzept der Zweigeschlechtigkeit von männlich und weiblich festgehalten.

Von *Normativität,* die kontrafaktisch an der Geltung von Normen festhält, ist *Normalität* zu unterscheiden. Diese kann eng und weit, qualitativ wie quantitativ bestimmt werden. Die zunehmende Vielfalt von Normensystemen ist Normalität. Mit dem *Normalitätskonzept* wird quantitativ von einer Normorientierung ausgegangen, die sich an der Normalverteilung normgerechten Handelns nach der Gauß'schen Verteilungskurve orientiert, bei der die Mehrheit der Handlungsausprägungen sich im Mittelwertbereich normtreuen Verhaltens befindet, mit stetiger Abnahme hin zu den beiden Abweichungspolen der Nonkonformität und der Überkonformität.

Gegenüber diesem statistischen Verständnis von Normalität als Verteilungsmuster gibt es eine enge, auf das kommunikative Selbstverständliche abzielende Auffassung, wonach Normalität das ist, »was Individuen in ihren Interaktionen als normal behandeln« (Seelmeyer 2008, 175–176). Auf strukturfunktionalem Hintergrund ist »Kriminalität als normales Phänomen« (Durkheim 1974, 3) anzusehen, das in allen Gesellschaftstypen existiert, ja produziert wird. »Kriminalität ist für diese Personen normal, lässt ihnen ihre Soziallage doch kaum einen Ausweg. Kriminalität ist dann auch für die Gesellschaft normal, produziert sie doch selber die ›Kriminellen‹, die sie so heftig bekämpft.« (Haferkamp 1972, V) Normalität wurde in der Bundesrepublik zum *diskursiven Ereignis* in der Auseinandersetzung über den *Normalismus* mit der *68er Bewegung,* gestützt auf Zeitdiagnosen der *Kritischen Theorie,* wie die von Theodor W. Adorno zum *verleugneten Flexibilitäts-Normalismus* oder von Herbert Marcuse zum *Eindimensionalen Mensch* mit dem Verlust an menschlichem Diversitätspotenzial (Link 1998, 15–33, 103–125).

Soziale Arbeit, die sich darum bemüht, dass Menschen selbstständig und selbsttätig ihr Leben bewältigen, verfolgt *Normalisierungsarbeit* hin auf Ziele und Lebensumstände, die möglichst vielen von ihnen zugutekommen sollen. Sie erhält dadurch ihre eigene Normalisierungsform.

> »Soziale Arbeit stelle vielmehr eine Vermittlungsleistung dar, die der Besonderheit im Einzelfall Rechnung trage, aber im Ergebnis auch die allgemeine Norm absichere und aufrechterhalte. Die zentralen Bezugspunkte für das Interventionshandeln Sozialer Arbeit

sind demzufolge das ›Normalarbeitsverhältnis‹ und die ›Normalbiographie‹.« (Kessl/Otto 2012, 1320)

Menschen orientieren sich an derartigen Normalitätsvorgaben. »Die prinzipielle Verschiebbarkeit von Normalitäten führt bei den Subjekten zu einer latenten ›Denormalisierungsangst‹… « (Jäger 2015, 54) Andererseits kann jedoch gegenüber Normalisierung

»… Diversität« durchaus als sensibilisierendes Konzept in Stellung gebracht werden, dann nämlich, wenn zum Problem erklärt/als Problem erkannt wird, dass Vorstellungen von Normalität und Praktiken der Normalisierung (als erzwungene Ausrichtung an einer vorherrschenden Norm) – nicht zuletzt im Kontext und auf dem Wege Sozialer Arbeit – auch etwas Zurichtendes haben, dass sie, zugespitzt formuliert, den ›Eigensinn der Lebenswelt‹ … und der Subjekte … nicht anerkennen« (Maurer 2020, 48).

Kontrollformen, Zwang (▶ Kap. 5.5.2, ▶ Kap. 5.5.3) bedienen sich dieser »disziplinierenden und regulierenden Normalisierung des Individuums« (Seelmeyer 2008, 182–185). Gegenüber den beiden normalistischen Strategien des rigiden *Protonormativismus* und des *Flexibilitätsnormativismus* (Link 1998, 75–102) kann daher *Soziale Arbeit als Normalisierungsarbeit* nur als eine flexible, an einem Normalitätskontinuum orientierte, verantwortbar sein.

Normorientierung, Normativität, Normalität/Normalisieren sind das narrative Sediment in der »transnormalistischen Suchhaltung« (Lamp 2007, 200–201), in den differenzierenden Diskursen zu normgerechtem Verhalten und Devianz. Dieses in Frage zu stellen, riskiert die Herbeiführung von *Krisenexperimenten* durch Eingriffe in soziale Regelsysteme im ethnomethodologischen Sinne Harold Garfinkels.

Bei der Abweichung von Werten besteht gegenüber der Abweichung von Normen eine größere Toleranz, da sie Postulate eines höheren moralischen Bewusstseins sind, deren Verletzung eher auf die Hinfälligkeit der menschlichen Natur verweist, die sich nicht ständig zu dem Niveau dieser Werte zu erheben vermag (König 1982, 187).

»George C. Homans hat in diesem Sinne zwischen ›Normen‹ und ›Werten‹ geschieden, wobei sich die Normen auf das tatsächliche Verhalten beziehen, während die Werte in bestimmten Vorstellungen begründet sind, die einer Gesellschaft mehr oder weniger bewußt sind und die das Verhalten, vor allem aber das Bewußtsein in gewissem Ausmaß bestimmen, ohne dass man sich aber immer daran gebunden hielte.« (ebd.)

Aus Sozialen Problemen entstehen Wertekonflikte, etwa zwischen sozialen Interessengruppen bei Prioritätsdebatten über die Vordringlichkeit von Interventionspolitiken.

Die Beurteilung und (Vor)Verurteilung kriminellen Verhaltens, etwa in der Kriminalitätsberichterstattung, erfolgt gleichzeitig auf dem Hintergrund von Werten und Normen in einem »Normen & Werte-Verbund« (Helga Cremer-Schäfer/Johannes Stehr). Mit Veränderungen von Werten ändern sich Normen und umgekehrt.

Auch wenn, insbesondere nach einer funktionalistischen Sichtweise im Sinne von Talcott Parsons und Robert Merton, Soziale Probleme durchzogen sind von normativen Erwartungen, dass sie zumindest bearbeitet, wenn nicht gar gelöst werden, so trifft das o. a. Norm- und Werteverständnis vor allem Menschen in ihren sozialen Bezügen. In diesen werden Normen häufig eher als freiheits- und diversitätseinschränkend anstatt als freiheitssichernd und möglichkeitserweiternd gesehen und erfahren. Für strafrechtliche und kriminologische Zusammenhänge sind Freiheitseinschränkung und Freiheitssicherung untrennbar miteinander verknüpft, da das Strafrecht gerade die zentrale Grenze beschreibt, wo nach dem Diktum des Aufklärungsphilosophen Immanuel Kant die Handlungsfreiheit des einen an den Grenzen der Handlungsfreiheit des anderen endet. Hier dient die Freiheitseinschränkung der Freiheitsgewährleistung. Entgegen eines derartigen grundsätzlichen Verständnisses von Normen als »Möglichkeit und einer Markierung, die die Verwirklichung dieser Möglichkeit affirmiert« (Möllers 2015, 125), wird »legal reasoning« (Aaron V. Cicourel) und im erweiterten Sinne *normative reasoning* im Laienverständnis wie in sozialer Praxis häufig, wenn nicht sogar meist oder ausschließlich, als Schließung denn als Erweiterung von Möglichkeitsräumen angesehen.

Strafrecht ist sicherlich das Rechtsgebiet, in dem sich diese Auffassung zu bestätigen scheint, wenn nicht die verfassungsrechtliche Grundlage der strafrechtlichen Güterabwägung im Sinne Immanuel Kants berücksichtigt wird. Dieses normative Spannungsfeld von diversitätsorientiertem Öffnen und diversitätseinschränkendem Schließen von (professionellen) Handlungs(spiel)räumen ist praxis- und projektorientiert (▶ Kap. 8) wieder aufzunehmen, etwa bei der strafrechtlichen Ermöglichung akzeptierender Drogenarbeit (▶ Kap. 8.2.3).

Bei Normen wie bei Werten geht es um die Letztbegründung ihrer Basis, aus der sie sich ableiten bzw. auf die sie sich zielorientiert beziehen. Während Gewohnheit, Brauch, Sitte sich aus faktischen Lebenszusammenhängen als meist unbewusste kulturelle Praxis entwickelt haben, sind die verhaltensbezogenen Normensysteme Recht, Moral und Ethik wie die vorstellungsbezogenen Werte komplexere, bewusstere Kulturleistungen. Sie orientieren sich an aus Genealogien der Menschenwürde und Menschenrechte (▶ Kap. 5.4.6) entwickelten Maßstäben. Diese sind bei der Moral etwa religiöser und gesellschaftlicher Art, bei Rechtsnormen die Grundverfassung des Staates, bei Ethik und Werten die christliche abendländische Kultur oder die anderer Kulturen.

Diversitätsorientiertes Denken macht aber auch vor Letzbegründungen nicht halt, wie der Menschenrechtsdiskurs erkennen lässt. Gleiches gilt für andere Normensysteme wie für die Ethik.

Während noch Einigkeit darüber besteht, dass Normen und Werte jeweils in Diskurse eingebettet sind, so gibt es unterschiedliche Auffassungen dazu, inwieweit Diskursethik transzendental, als nichthintergehbare Gattungsethik mit universal gültigen Prinzipien vorgegeben ist (so Karl-Otto Apel) oder sich aber diskurstheoretisch in einer idealen Kommunikationsgemeinschaft, insbesondere in einer »Diskurstheorie des Rechts« (Habermas 1992), sozial ausdifferenziert (so Jürgen Habermas, 1988 a, 1988 b) (zur Auseinandersetzung: Karl-Otto Apel, 1998, Essays 11–13, 25–32). Nach beider Ansicht sind die auf Sprechakten beruhenden Diskurse die Bausteine von Gemeinschaft und Gesellschaft, weshalb diese Thematik bei kritischer Diskursanalyse (▶ Kap. 6.5.2) wieder aufgenommen wird.

4.9 (Re)aktional – folgenorientiert

Sozialproblembezogene-kriminologische Soziale Arbeit wird als *Organisation* beruflicher Erfahrung in verschiedener Weise gerahmt, in unterschiedlichen natürlichen und sozialen Rahmen jeweils anders gesehen.

> »Und natürlich werde ich den Ausdruck ›Rahmen‹ (›frame‹) in Batesons Sinne oft gebrauchen. Ich gehe davon aus, daß wir gemäß gewissen Organisationsprinzipien für Ereignisse – zumindest für soziale – und für unsere persönliche Anteilnahme an ihnen Definitionen einer Situation aufstellen; diese Elemente, soweit mir ihre Herausarbeitung gelingt, nenne ich ›Rahmen‹. Das ist meine Definition von ›Rahmen‹. Mein Ausdruck ›Rahmen-Analyse‹ ist eine Kurzformel für die entsprechende Analyse der Organisation der Erfahrung.« (Goffman 1977, 19)

Diese Erfahrung ist eine zeitliche, eine räumliche, auf Handlungs- und Interventionsebenen angesiedelte, eine theoretische wie professionelle usw. Sie bedarf einer Rahmenauswahl (»frame selection«) sowie *fabrizierte Rahmen* (»fabricated frames«) als Interpretationsrahmen, in denen diese Erfahrungen analysiert und verarbeitet werden (ebd., 52–97; 176–223). Sie unterliegen mehrfachen bzw. wiederholten Transformationen bzw. Modulationen (von Modulen = Rahmen).

Durch die Nähe zu Sozialen Problemen mit ihren Kategorien von Armut, Krankheit, Sozialisationsdefiziten u. a. kann sich Soziale Arbeit nicht nur auf die dem »methodischen Dreigestirn« (Thomas Rauschenbach) (▶ Kap. 3.5) entsprechende Miko- und Mesoebene beschränken, sondern sie hat die Makroebene mit einzubeziehen. Dies betrifft zum einen die Kriminalpolitik mit ihren unterschiedlichen Modellen der Unrechtsvergeltung, der Resozialisierung/Erziehung, der »reconciliatory – restorative justice« und der Kriminalprävention (Deichsel 2014, 170–172). Zum anderen auch ihre notwendige Erweiterung auf Sozialpolitiken wie Jugend- und Familienpolitik, Arbeits- und Wohnungslosenpolitik, Gesundheitspolitik, Bildungspolitik, Geschlechter- und Gleichstellungspolitik, Migrationspolitik, jeweils aus dem Blickwinkel der Sozialen Arbeit (Böhnisch/Schröer 2012, 169–224).

Die Handlungs- und Interventionsorte werden gewählt oder zugewiesen und sind ebenfalls sehr verschiedenartig gerahmt, etwa in unterschiedlichen sozialen Milieus, als justizielle, justiznahe, justizferne Soziale Arbeit (Deichsel 2014, 166), bei ambulanten gegenüber freiheitsentziehenden Maßnahmen, bei freien und öffentlichen Trägern der Jugend- und Sozialhilfe u. a.

Hiermit eng verbunden ist auch die zeitliche Dimension des Tätigwerdens, als *proaktiv*, *aktiv* oder *reaktiv*, wobei hier für das zeitliche frühe proaktive Stadium die Prävention, für die mittlere aktive Phase die Intervention und für den reaktiven Umgang mit Ereignissen wie Kriminalität oder Sozialen Problemen Sanktionen und Folgenbewältigung stehen. Die zentralen Konzepte hierbei sind gleichermaßen für die Soziologie Sozialer Probleme wie für die Kriminologie: Prävention und Intervention. Zwischen diesen besteht kein essentieller, sondern lediglich ein analytischer Unterschied, weshalb Prävention auch als Intervention bezeichnet wird (Kaufmann 2012, 1288). Dies allerdings mit der Besonderheit, »... dass der Begriff Prävention für Maßnahmen benützt wird, die sich ihrer Intention nach auf die Vermeidung möglicher, der Begriff Intervention dagegen auf die Behandlung bereits eingetretener Gefahren, Störungen oder problematischer Prozesse bezieht« (ebd.). Das Präventionskonzept genießt einen Vertrauensvorschuss bzw. -überschuss aufgrund seiner Plausibilität, dass es sinnvoller ist, künftige Übel durch geeignete Maßnahmen in der Gegenwart zu vermeiden, als sie erst dann zu bekämpfen, wenn sie bereits eingetreten sind. Dadurch ist es risikobehaftet, Prävention zu sehr in das Vorfeld vorzuverlagern, ohne dass dem zu prävenierenden Phänomen genügend Gelegenheit gegeben worden wäre, sich erkennbar zu machen, sich zu entwickeln und alternative Lösungsformen zur Prävention zu demonstrieren. Prävention ist selbst wiederum in Zeitphasen aufzugliedern, die im Anschluss an Gerald Caplan (1964) je nach zeitlichem Eingreifen als primäre (Risikominimierung, Senkung der Inzidenzrate), sekundäre (Früherkennung, Reduktion der Prävalenzrate) und tertiäre Prävention (Minimierung von Folgeschäden und Rückfallrisiken) bezeichnet werden (ebd.). Für präventiv wie reaktiv wirkende Interventionen gilt:

»Weil das intervenierende Handeln gegen den Willen oder zumindest ohne Zustimmung und Mitarbeit der Interventionsadressaten geschieht, stellt sich natürlich die Frage der Realisierung ganz anders als in den anderen sozialarbeiterischen Handlungsarten. Man muss Interventionsmaßnahmen unter Umständen gegen zentrale Problembeteiligte durchsetzen« (Lüssi 2001, 49–50).

Dieser rechtliche und physische Durchsetzungszwang bedarf eines höchst differenzierten Regelsystems von Interventionsgrundsätzen wie Abklärungsgrundsätze, Bewertungsgrundsätze, Maßnahmen- und Hilfeleistungsgrundsätze sowie Durchsetzungsgrundsätze (ebd., 50–80).

Doing social problems wie *doing social control* findet in institutionellen Kontexten statt, in denen Soziale Arbeit über interinstitutionelle Netzwerk- und Zusammenarbeitsbeziehungen (▶ Kap. 3.6) mit Organisationen des Sozial und Gesundheitswesens, mit Polizei, Justiz, Psychiatrie, Strafvollzug u. a. interagiert.

»Diese Organisationen oder Institutionen sind jeweils mit bestimmten Ressourcen, Rechten und politischen Aufträgen oder Programmen ausgestattet und haben jeweils ganz spezifische Formen und Techniken der Problembearbeitung ausgebildet. Sie funktionieren auf der Grundlage jeweils unterschiedlicher Logiken und haben dazu jeweils spezifische Wissensbestände, professionelle Orientierungen und Techniken entwickelt, die sie deutlich voneinander zu unterscheiden scheinen.« (Groenemeyer 2010, 13)

Diese sind bei der Problematisierung sozialer Probleme, bei der Konstruktion und Anwendung von Problemkategorien wie Armut, Krankheit, Sozialisationsdefizite wie hinsichtlich der (rhetorischen) Strategien der öffentlichen Erhebung von Ansprüchen (*Claimsmaking-Activities*) handlungs(feld)spezifisch Mikroanalysen zu unterziehen.

Professionelle Handlungen sind durch Ambiguität, mit der Erfahrung des Doppel- und Mehrdeutigen und des über diese noch hinausgehenden Fremden (▶ Kap. 8.4.1), gekennzeichnet. Diese ergibt sich aus differenter Rahmenauswahl (»frame selection«) mit entsprechender »frame ambiguity« (Goffman, 1977, 197–293). So ist selbst Kriminalität, als strafrechtlich vorgegebenes Normativitätskonzept, aufgrund unterschiedlicher kriminologischer Interpretationsrahmen *ambiguous* nach ihren sehr unterschiedlichen Sichtweisen. Diese Wahnehmungsambiguität hat ihr Pendant auf der Handlungsebene in der Ambivalenz, zwischen konkurrierenden Erwartungen und Entscheidungsalternativen wählen zu müssen (▶ Kap. 6.1), etwa aufgrund des doppelten Mandats zwischen Hilfs- oder Kontrollmaßnahmen (▶ Kap. 5.5.1). Die Ambivalenz führt zu einer als Dilemma bezeichneten Entscheidungssituation, wenn beide Entscheidungsmöglichkeiten zu unerwünschten Ergebnissen führen (können). Ob Strafanzeigen eingelegt werden sollen oder nicht, ist häufig solch eine dilemmatische Situation, indem sie etwa beim Kinderschutz dringend angezeigt sein kann, andererseits aber auch eine unumkehrbare Transformierung des Konflikts in den strafjustiziellen Raum hinein mit einschneidenden Folgen für die Beteiligten bedeutet. Derartige Dilemmata werden auch mit Paradoxien professionellen Handelns gleichgesetzt, obgleich hierunter etwas anderes zu verstehen ist, dass sich nämlich professionelles Handeln im Arbeitsablauf in nicht aufhebbare und nicht umgehbare Schwierigkeiten und Dilemmata verstrickt (Schütze 1992, 137).

> »Die Paradoxien professionellen Handelns rühren letztlich daher, daß der abgegrenzte höhersymbolische Orientierungsbereich, an dem sich der Berufsexperte ausrichtet, nicht problemlos mit der alltäglichen Existenzwelt seines faktischen Berufshandelns und der Lebensführung des Klienten vermittelbar ist und daß es obendrein in der außerprofessionellen Laien-Existenzwelt ganz ähnliche, aber in der Regel durch kontrafaktische Unterstellung von Problemlösung zugedeckte hartnäckige Handlungs- und Interaktionsprobleme gibt: ...« (ebd.)

Derartige grundsätzliche Spannungskonstellationen ergeben sich aus dem triangulären Wirkungskreis kriminologischer Sozialer Arbeit. Indem etwa die vom Strafgericht angeforderten Bewährungshilfeberichte trotz ressourcenorientierter Ausrichtung der Bewährungshelferinnen und -helfer defizitorientierte Passagen zu enthalten haben, wirken sie über diese Einschätzung performativ auf die Lebenssituation des Probanden/der Probandin ein.

> »Im Gegensatz zur ›konstativen Beschreibung‹ von Zuständen, die entweder wahr oder falsch ist, verändern ›performative Äußerungen‹ durch den Akt des Äußerns Zustände in der sozialen Welt, das heißt, sie beschreiben keine Tatsachen, sondern sie schaffen soziale Tatsachen.« (Wirth 2002, 10–11)

Differenzorientierte Soziale Arbeit hat sich daher sehr aufmerksam ihren empirisch wie normativ differenzierenden und gleichzeitig performativen Unterscheidungspraxen bewusst zu werden, um hiernach zu handeln.

> »Differenzen sind somit Effekte sozialer Unterscheidungspraxen, die innerhalb der jeweiligen gesellschaftlichen und historischen Verhältnisse bestimmte Funktionen erfüllen. Auch wenn Differenzierungspraxen Veränderungsprozessen unterliegen, lassen sich zugleich auch überdauernde Muster erkennen, in denen sich normative Kontinuitäten artikulieren. Die Unterscheidungen zwischen ›unterstützenswert‹ und ›nicht unterstützenswert‹ sowie ›kooperationsbereit‹ und ›nicht kooperationsbereit‹ stellen solche fortdauernden Muster der Differenzierung in und durch Soziale Arbeit dar. Zugleich ist Soziale Arbeit die Kritik auf diese konstitutive Dimension ihrer selbst.« (Mecheril/Melter 2010, 128)

Diese aktionalen Differenzierungspraktiken diversitätsorientierter Sozialer Arbeit verweisen auf ihren größeren Rahmen als Handlungswissenschaft mit Diversitätspotenzial in ihren Haltungen, Handlungstheorien, Handlungsansätzen, Konzepten und Handlungsmethoden. Hierbei ist zwischen solchen praxisfeldübergreifender (▶ Kap. 5.4) und solchen praxisfeldspezifischer Art zu unterscheiden, hier im triangulären Spannungsfeld von Sozialen Problemen, Kriminologie und Strafrecht (▶ Kap. 5.5).

Zusammenfassung

Die drei Pole von Sozialen Problemen, Kriminologie und Strafrecht sind untrennbar und spannungsreich miteinander verbunden. Das durch sie gebildete trianguläre Spannungsfeld wird intern durch die beiden anderen Dreiecke zu Trennendem, Verbindendem und Grenzüberschreitendem wie zu phänomenologisch-empirischer, analytisch-normativer, und (re)aktional-folgenorientierter Blickrichtung ausgefüllt und gestaltet.

Übungsaufgaben

1. Was bedeutet *ontological gerrymandering*, d. h. zum eigenen Vorteil manipulierend, in der Paradigmadiskussion zu Sozialen Problemen und in der Kriminologie?
2. In welchem Zusammenhang stehen Verstehen und Erklären zu Ursachen und Gründen von Sozialen Problemen und Kriminalität?
3. Unterscheiden Sie Normorientierung, Normativität und Normalismus und beschreiben Sie ihre jeweilige Bedeutung für Devianz und Kriminalität.

Zur Vertiefung

Albrecht, G. & Groenemeyer, A. (Hrsg.) (2012): Handbuch soziale Probleme, Band 1 u. Band 2 (2., überarbeitete Auflage). Wiesbaden: Springer.

Singelnstein, T. & Kunz, K.– L. (2021): Kriminologie. Eine Grundlegung (8. Vollständig überarbeitete und erweiterte Auflage). Bern: Haupt.

Anhorn, R./Bettinger, F. (Hrsg.) (2002): Kritische Kriminologie und Soziale Arbeit. Impulse für professionelles Selbstverständnis und kritisch-reflexive Handlungskompetenz. Weinheim/München: Juventa.

5 Das Diversitätspotenzial Sozialer Arbeit als Handlungswissenschaft

5.1 Vulnerable Menschen in prekären Lebenslagen

Menschliches Leben ist verletzlich, vulnerabel, wie es Literatur und Philosophie im klassischen griechischen Altertum vermitteln. Verletzlichkeit ist geradezu das Menschen existenziell Verbindende, »... the necessary vulnerability of human eudaimonia, given the wordly contingencies of specifically human life« (Nussbaum 2001, 340). Dieser Vulnerabilität ist nach damaligem Verständnis mit Tugend im Aristotelischen Sinne zu begegnen, nach heutiger Auffassung mit Lebenskunst.

> »Die Lebenskunst hat sich immer schon mit Aspekten befasst, die inzwischen unter dem Begriff der Vulnerabilität subsumiert werden. Vulnerabilität ist ein vielschichtiger und stark kontextabhängiger Begriff, der in unterschiedlichen Disziplinen Anwendung findet. So meint Vulnerabilität im Allgemeinen den Grad der Risiko- bzw. Schadensanfälligkeit oder auch Ausgesetztheit von Personen, Personengruppen, Gesellschaften, Infrastrukturen, Systemen und (Lebens)Räumen. Diskutiert wurde der Begriff zunächst in medizinischen, klimatischen, geografischen, politischen und ökonomischen, inzwischen aber auch vermehrt in naturwissenschaftlichen und pädagogischen Zusammenhängen ...« (Burghardt 2018, 105)

Das Vulnerabilitätskonzept, das eng mit dem Kontingenzgefühl (▶ Kap. 2.2.5) zusammenhängt, dass alles auch ganz anders werden und sein könnte, überschneidet sich mit dem der prekären Lebenslagen. Das seit Beginn des 19. Jahrhunderts von Otto Neurath entwickelte Konzept der Lebenslage erhielt eine prägnante Fokussierung von Anton Amann, indem dieses im Kern als die dialektische Beziehung zwischen Verhältnissen und Verhalten fokussiert wurde, wobei die Lebenslagen gleichzeitig als Ausgangsbedingungen wie Ergebnis menschlichen Handelns gesehen werden (Amann 2000, 57). Im Bereich von Sozialen Problemen, Kriminologie und Strafrecht geht es um diverse prekäre Lebenslagen. Die Begrifflichkeit *prekär*, nach einschlägigen Lexika mit *widerruflich*, *unsicher* oder *heikel* übersetzt (Friedrich-Ebert-Stiftung 2006, 16), auch als ein sozialer Schwebezustand oder eine »transitorische Zwischenlage« (Klaus Kraemer) bezeichnet, geht begriffsgeschichtlich auf die *prekäre Arbeitswelt* und die französischen Soziologen Pierre Bourdieu und Robert Castel zurück, lässt sich aber in einigen der folgenden fünf Dimensionen (ebd., 17–18) auch auf andere Lebenslagen mit ihren jeweiligen (Des)Integrationspotenzialen übertragen. Während sich die reproduktiv-materielle Dimension mit nicht existenzsichernder Erwerbsarbeit und die arbeitsinhaltliche Dimension mit Sinnverlust bzgl. der Berufstätigkeit explizit auf die Arbeitswelt beziehen, so sind die anderen drei Dimensionen – die sozialkommunikative, die rechtlich-institutionelle oder

Partizipationsdimension sowie die Status- und Anerkennungsdimension – auch Ausdruck anderer prekärer Lebenslagen.

Die Ausschließung aus sozialen Netzen, fehlende institutionell verankerte soziale Rechte und Partizipationschancen sowie die Vorenthaltung sozialer Anerkennung kennzeichnen auch die prekäre Lebenslage von Wohnungslosen.

Vulnerable Lebenssituationen, prekäre Lebenslagen und desintegrative Lebensverhältnisse eröffnen als konzeptionelle Begrifflichkeiten nicht nur fundierter empirisches wie normatives, anthropologisches sowie gesellschaftliches Zugangspotenzial als frühere überkommene Begrifflichkeiten wie Soziale Problemgruppen (Albrecht/Brusten 1982, 2–72) oder Soziale Randgruppen (zur Kritik des Randgruppenkonzepts: Sidler 1999, 90–93). Sie vermeiden vielmehr auch diskriminierende personenbezogene Zuschreibungen, die sich allzu leicht aus pejorativen Differenzbestimmungen ergeben können. Dabei ist freilich noch nichts zu prekären Lebenslagen in ihrem Verhältnis zueinander ausgesagt. Sie eint zunächst intersektionale Diversität (▶ Kap. 3.4), indem sich Verletzlich- bzw. Verwundbarkeiten genauso wie die Prekarität von Lebenslagen und Desintegrationsphänomene gleichzeitig in verschiedenen Daseinsbereichen manifestieren. Diese Kumulativ- bzw. Aggregationswirkung hat Auswirkungen auf die persönlichen und professionellen Haltungen in einer durch Resonanz gekennzeichneten Interaktionsbeziehung (Rosa 2016).

5.2 Persönliche und professionelle Grundhaltungen

Menschliche Vulnerabilität, soziale Verwundbarkeit und gesellschaftlich prekäre Lebenslagen fordern heraus, menschliche und professionelle Haltungen zu entwickeln und ihrem Aufforderungscharakter nachzukommen. Praktikerinnen/Praktiker haben sich immer wieder ihrer Haltungen zu vergewissern. Die Ausbildung von Haltungen fördert nach dem altgriechischen Philosophen Aristoteles *Eudaimonie*, d. h. über reines Wohlbefinden hinausgehende Glückseligkeit und gute Lebensführung. Wie die Orientierung der Gesamtrechtsordnung am verfassungsrechtlichen Würdeschutz des Art. 1 GG, so haben sich diese Haltungen zuvorderst an menschlicher Würde in ihrer Vielfalt und in ihrem Anderssein (▶ Kap. 3.3) zu orientieren. Dies geschieht selbst über die Diversität von Haltungen wie Anerkennung, Wertschätzung, Empathie, Respekt und Solidarität, aber auch durch die Eudaimonie aufstörende Haltung der Kritik (▶ Kap. 6.5).

Menschliche Anerkennung bei gleichzeitiger Ablehnung von benachteiligender Differenzierung ist dabei aus verschiedenen Gründen von prioritärer, allumfassender Bedeutung. Sie ist rückgebunden an die ursprüngliche Idee von Hegel der Identitätsbildung über soziale Anerkennung.

»Hegels Modell nimmt seinen Ausgang von der spekulativen These, dass die Bildung des praktischen Ich an die Voraussetzung der wechselseitigen Anerkennung zwischen Subjekten gebunden ist: erst wenn beide Individuen sich jeweils durch ihr Gegenüber in ihrer

Selbsttätigkeit bestätigt sehen, können sie komplementär zu einem Verständnis ihrer selbst als einem autonom handelnden und individuierten Ich gelangen.« (Honneth 1992, 110)

Soziale Anerkennung als zentrales Haltungsziel umfasst und prägt auch die Muster subjektiver Anerkennung: Liebe, Recht, Solidarität (ebd. 148–210), Wertschätzung, Respekt und Empathie.

»Um von der ›Liebe‹ nicht nur in dem eingeschränkten Sinn sprechen zu müssen, den der Begriff seit der romantischen Aufwertung der sexuellen Intimbeziehung angenommen hat, empfiehlt sich zunächst eine möglichst neutrale Verwendungsweise: unter Liebesverhältnisse sollen hier alle Primärbeziehungen verstanden werden, soweit sie nach dem Muster von erotischen Zweierbeziehungen, Freundschaften und Eltern-Kind-Beziehungen aus starken Gefühlsbindungen zwischen wenigen Personen bestehen.« (ebd., 153)

Während diese emotionale Anerkennungsdimension die menschlichen Nahebeziehungen betrifft, hat das intersubjektive vertragliche Rechtsverhältnis eine immanent wichtige professionelle Bedeutung. »Für das Recht haben Hegel und Mead einen solchen Zusammenhang an dem Umstand abgelesen, dass wir zu einem Verständnis unserer selbst als eines Trägers von Rechten nur dann gelangen können, wenn wir umgekehrt ein Wissen darüber besitzen, welche normativen Verpflichtungen wir dem jeweils anderen gegenüber einzuhalten haben.« (ebd., 174) Sozialarbeiterische Verträge in Anlehnung an rechtliche Verträge, ohne solche zu sein, haben diesen rechtlichen Gegenseitigkeitscharakter und sind wichtiger Bestandteil des Methodenarsenals sozialproblembezogener-kriminologischer Sozialer Arbeit (Nelken 1987).

Dem Solidaritätsprinzip, das ebenfalls aus der Anerkennungsperspektive abzuleiten ist, sind in professioneller Hinsicht die Handlungsmethoden sozialanwaltlicher und sozialadvokatorischer Parteilichkeit (Deichsel 2014) zuzuordnen, etwa als Beistand im Jugendstrafverfahren (Deichsel 2002),

»… denn unter ›Solidarität‹ lässt sich in einem ersten Vorgriff eine Art von Interaktionsverhältnis verstehen, in dem die Subjekte wechselseitig an ihren unterschiedlichen Lebenswegen Anteil nehmen, weil sie sich untereinander auf symmetrische Weise wertschätzen« (Honneth 1992, 208).

Der konstitutive Solidaritätstypus im Sinne Emile Durkheims ist in ausdifferenzierten modernen Gesellschaftssystemen immer weniger die auf Gleichheit beruhende *mechanische Solidarität*, sondern vielmehr die *organische Solidarität*, die auf Ungleichheit der Individuen im Prozess der Arbeitsteilung beruht. In ihrer Ausformung gibt es eine pluralistische kulturelle Differenzierung von Solidaritätstypen, die zu Begrenzungen und multiplen, konkurrierenden Solidaritäten mit der Folge von Solidaritätskonflikten, bekannt aus der Jugendkriminologie, führen können.

Die gedankliche Brücke von Solidarität zur Wertschätzung schlägt Richard Rorty folgendermaßen:

»Aber diese Solidarität soll man sich nicht als das Wiedererkennen eines Kern-Selbst, des wesentlich Menschlichen in allen Menschen vorstellen. Sie ist zu denken als die Fähigkeit, immer mehr zu sehen, dass traditionelle Unterschiede (zwischen Stämmen, Religionen, Rassen, Gebräuchen und dergleichen Unterschiede) vernachlässigbar sind im Vergleich zu den Ähnlichkeiten im Hinblick auf Schmerz und Demütigung – es ist die Fähigkeit, auch Menschen, die himmelweit verschieden von uns sind, doch zu ›uns‹ zu zählen« (Rorty 1992, 310).

Diese Wertschätzung, die in der *Condition humaine* gerade auch in ihrer Körperlichkeit und Verletzlichkeit begründet ist, öffnet sich für alle fühlenden Wesen mit Respekt vor der menschlichen Pluralität und Diversität (Pelluchon 2019, 280–281).

Plural und divers sind aber auch die wertebezogenen Haltungen selbst, wie soeben schon für Solidarität ausgeführt. So werden jenseits eines von der Biologie als wirksam angesehenen empathischen Gens vier »Kulturen der Empathie« unterschieden: die der Ähnlichkeit zwischen einfühlendem Beobachter und dem anderen, das Konstruktionsmodell der Empathie, das die Nachvollziehbarkeit der Perspektive des anderen ermöglicht, die durch Gewalt erzwungene Empathie (Stichwort: »Stockholm-Syndrom«), und die narrative Empathie als Handlungsstrategie, die eigene Entscheidung zu rechtfertigen und zu festigen (Breithaupt 2009, 15–16). Die diversitätsorientierte Kurzformel Breithaupts hierzu lautet, dass wir durch Empathie in verschiedenen Welten, auch auf den »dunklen Seiten der Empathie« leben. Respekt wird als gleichzeitig Empathie und Toleranz voraussetzend wie über diese hinausweisend, als Achtung vor der Eigenheit des anderen in seiner körperlichen, psychischen und sozialen Integration und Verletzlichkeit im Sinne von Martha Nussbaum verstanden (Böhnisch 2020, 103, 106). Respekt für Menschen überträgt sich dabei auch auf die Normen und Werte, die sie schützen (▶ Kap. 4.8).

Diversitätsorientierte Soziale Arbeit hat sich am »Kampf um Anerkennung« (Axel Honneth 1992, 12), an der Struktur sozialer Anerkennungsverhältnisse zu orientieren, mit ihren Anerkennungsweisen (emotionale, kognitive, soziale), Persönlichkeitsdimensionen und Anerkennungsformen, mit ihren praktischen Selbstbeziehungen (Selbstvertrauen, Selbstachtung, Selbstschätzung), Entwicklungspotenzialen, und vor allem aber auch Missachtungsformen (Misshandlung, Entrechtung, Entwürdigung) (ebd., 211).

Alle diese menschlichen und professionellen Grundhaltungen werden von folgenden weiteren durchdrungen: die transversale Diversitätssensibilität, die Haltung der Dekonstruktion (▶ Kap. 5.4.2), die (Selbst)Reflexivität (▶ Kap. 5.4.1) und die kritische Haltung (▶ Kap. 6.5). Zu dieser gehört auch gerade in Feldern der Sozialarbeit wie Sucht- und Drogenkrankenhilfe, Psychiatrie, Strafvollzugs-Sozialarbeit und Bewährungshilfe, prototypische professionelle Einstellungen zu vermeiden, die einerseits Hilfeansprüche von Klienten/Klientinnen unter den Generalverdacht des Missbrauchs stellen und die andererseits in naiver Weise übersehen, dass und wie ein Vertrauensvorschuss seitens der Klienten/Klientinnen missbraucht werden kann (Bommes/Scherr 2012, 273). Bei Mandanten/Mandantinnen in prekären Lebenslagen ist zu vermeiden, dies zum Anlass für pädagogische Dramatisierungs- bzw. Skandalisierungsgewinne durch systematische Ergebnisverzerrungen (Barz 2000, 5, 18) zu nutzen.

5.3 Diversitätsorientierte Soziale Arbeit als Handlungswissenschaft

Handlungen sind immer vergesellschaftet, aber nur dann gesellschaftliches Handeln, wenn es sich vom Entwurf her auf Andere bezieht (Schütz/Luckmann 2003, 544, 548). Indem Handlungswissenschaften auf die Einwirkung und Veränderung sozialer Wirklichkeit abzielen, bedürfen sie zu diesen Interventionen einen sowohl adressatenbezogenen wie professionellen Handlungsbegriff sowie Handlungstheorien, Handlungsansätze und Handlungsmethoden. Ein Handlungsbegriff ergibt sich zum einen aus allgemeinen handlungswissenschaftlichen Disziplinen, die das zentrale anthropologische Bestimmungsmerkmal des Menschen, nämlich sein Handeln zum Gegenstand haben, wie auch aus dem spezifischen Handlungsverständnis einer unausweichlichen Pluralität des Handelns in Sozialer Arbeit (Birgmeier 2014, 123, 222).

Während sich Handlungstheorien als wissenschafts- wie gegenstandstheoretische Hintergrundbezüge an Menschen in ihrem sozialen Lebensumfeld, mit ihren sozialen Problemen, als Gegenstand wissenschaftlicher Analyse orientieren, sind die zu Handlungsmethoden vermittelnden Handlungskonzepte oder auch Handlungsansätze die Folgerungen hieraus für professionelle Handlungskompetenz. Die Heterogenität von Handlungstheorien und der hieraus abgeleiteten Handlungskonzepte bzw. -ansätze führt zu einer Heterogenität der Handlungsmethoden mit ihrer eigenen handlungsleitenden Differenziertheit.

Aus der Vielzahl von Methodendefinitionen in der sozialpädagogischen Fachdiskussion (Galuske 2013, 39) wird hier von folgendem Begriffsverständnis ausgegangen:

> »Methoden der Sozialen Arbeit thematisieren jene Aspekte im Rahmen sozialpädagogischer/sozialarbeiterischer Konzepte, die auf eine planvolle, nachvollziehbare und damit kontrollierbare Gestaltung von Hilfeprozessen abzielen und die dahingehend zu reflektieren und zu überprüfen sind, inwieweit sie dem Gegenstand, den gesellschaftlichen Rahmenbedingungen, den Interventionszielen, den Erfordernissen des Arbeitsfeldes, der Institutionen, der Situation sowie den beteiligten Personen gerecht werden.« (ebd., 35)

Das »methodische Dreigestirn« (Thomas Rauschenbach) von Einzelfallhilfe, Gruppenarbeit und Gemeinwesenarbeit (► Kap. 3.5) bezeichnet eher eine Sozialform, nach der die beteiligten Personen aufeinander bezogen sind, denn eine Methode, was und wie es konkret getan wird (ebd., 38).

Die nun vorzunehmende Auswahl von im Einzelnen schwer trennbaren Handlungstheorien, Handlungsansätzen und Handlungsmethoden richtet sich zum einen danach aus, welches Diversitätspotenzial sie im Einzelnen enthalten. Hierbei wird sich an den sieben Perspektiven adäquater Methodenreflexion orientiert:

- Sachorientierung (Bearbeitung welcher Probleme?),
- Zielorientierung (welche Ziele verfolgt die Methode?),
- Personenorientierung (angemessene Methode für die betroffenen Personen?),

- Arbeitsfeld- und Institutionenorientierung (Methode innerhalb der institutionellen Rahmenbedingungen anwendbar?),
- Situationsorientierung (Methode situationsangemessen?),
- Planungsorientierung (gezieltere Planbarkeit von Hilfeprozessen möglich?) und
- Überprüfbarkeit (wie hat die Methode gewirkt?) (ebd., 35).

Zum anderen wird zwischen praxisfeldübergreifenden und praxisfeldspezifischen, d. h. hier sozialproblembezogenen-kriminologischen Handlungstheorien, Handlungsansätzen und Handlungsmethoden unterschieden. Erfahrungen haben gezeigt, wenn auch nicht genügend Konsequenzen gezeitigt, dass im doppelten Sinne des Vulnerablen sich und andere gefährdende Menschen in besonderen sozialen Problemlagen, wie rechtsorientierte Jugendliche, *Systemsprenger/innen* institutioneller pädagogischer Gefüge, *crash kids*, die mit gestohlenen Autos sich und andere gefährden, u. a. (nur) durch divergente Handlungsmethoden zu erreichen sind. Gut Gemeintes ist nicht gut gemacht, wie rechtsorientierten Jugendlichen freie Räumlichkeiten zu überlassen, um sie hiermit auf andere Gedanken zu bringen und von öffentlichen Plätzen fernzuhalten. Dies ist als Versuchsexperiment gescheitert. Indem die sich überschneidenden Handlungstheorien, Handlungsansätze und Handlungsmethoden morphologisch nicht nur eine äußere, sondern auch eine innere Gestalt bilden, mit diversen Verbindungen untereinander, werden sie anschließend jeweils als *Morphologischer Kasten* graphisch dargestellt.

5.4 Diversitätsorientierte praxisfeldübergreifende Handlungstheorien, Handlungsansätze, Handlungsmethoden

5.4.1 Reflexive Soziale Arbeit

Nach dem dreistufigen Begriff des sozialen Wandels – von der Tradition über die (einfache) Moderne zur reflexiven Moderne (▶ Kap. 2.2.1) – eröffnet das reflexive Gegenmodell zu den vorausgegangenen Geschichtsepochen eine wirkliche Individualisierung, positive Möglichkeiten autonomer Subjektivität im Blick auf unsere natürliche, psychische und soziale Umgebung (Lash 1996, 200). Diese insbesondere auch Nachhaltigkeit (▶ Kap. 4.4) fördernde Subjektorientierung ist eingebettet in eine doppelte, d. h. *struktur- wie personenbezogene Reflexivität.*

> »Zunächst existiert eine strukturelle Reflexivität: dabei reflektieren die von den Zwängen der gesellschaftlichen Struktur befreiten Akteure über die ›Regeln‹ und ›Ressourcen‹ eben dieser Struktur, also über die sozialen Existenzbedingungen der Handelnden. Zum zweiten besteht eine Selbstreflexivität, mittels derer die Handelnden über sich selbst reflektieren.« (ebd., 203)

Diese Selbstreflexivität ist selbst wiederum gedoppelt, als sie sich sowohl auf die Sozialarbeitenden wie auf ihre Klientele bezieht und hier wie dort Selbstreflexionskompetenz voraussetzt oder eben als Zielorientierung anstrebt. Sowohl Reflexivität wie auch Selbstreflexivität sind auf neue strukturelle wie persönliche Veränderungsmöglichkeiten hin in den verschiedensten Arbeitsfeldern und Institutionen diversitätsfördernd angelegt. Bei struktureller Reflexivität, etwa in Planungsprozessen, nehmen Experten/Expertinnen eine dominante Stellung ein. Diesen gegenüber haben sich die Betroffenen ihre eigene Entscheidungs- und Handlungsfreiheit zu bewahren bzw. zu erkämpfen, wobei strukturelle Reflexivität Freiheit von den Expertensystemen der herrschenden Wissenschaft, und Selbstreflexivität Freiheit von Psychotherapien, Counseling und Coaching, erzeugen kann (Beck/Bonß 1989). Das Erlangen von (Selbst)Reflexivitätsressourcen ist in der Postmoderne bzw. reflexiven Moderne abhängig von Lebenschancen als Zugangschancen. »Lebenschancen sind in der reflexiven Moderne eine Frage des Zugangs zu den und der Position in den neuen Informations- und Kommunikationsstrukturen, und nicht des Zugangs zu produktivem Kapital oder Produktionsstrukturen.« (Lash 1996, 212)

Neben diesem modernisierungstheoretischen Verständnis von Reflexivität mit seinen auch sozialpädagogisch äußerst relevanten Nachhaltigkeitsdiskursen gibt es andere Annäherungen an reflexive Sozialpädagogik, wie eine historische Einbettung in die Klärung basaler Voraussetzungen von Sozialpädagogik und geisteswissenschaftlicher Pädagogik oder eine kritische Reflexivität, die die traditionelle Sozialpädagogik zurückweist, die in rechtlich-bürokratische Handlungsvorgaben wie in Effektivitäts- und Effizienzpostulate eingebunden ist (Dollinger 2008, 17–22).

Für kriminologische Soziale Arbeit ist diese kritisch-reflexive Position gegenüber auf Strafschärfung zielenden Sicherheitsdiskursen eine besondere Herausforderung. Für eine reflexive Soziale Arbeit ist vor allem auch die strukturelle Reflexivität zwischen Wissenschaft und sozialer Praxis von eminent wichtiger Bedeutung, die dadurch gekennzeichnet wird, wie Wissenschaft und soziale Praxis aufeinander bezogen werden – durch wissenschaftliche Reflexion der Praxis einerseits und durch Überprüfung der Wissensproduktion anhand praktischer Probleme andererseits (Dewe/Otto 1996, 147). Dem sowohl für Wissenschaft wie Praxis gleichermaßen einflussreiche Dekonstruktivismus (► Kap. 5.4.2), der ausgehend vom postmodernen Denken Jean-Francois Lyotards und Michel Foucaults eine Befreiung gegenüber Ordnungsvorstellungen und willkürlichen Konstrukten bedeutete, scheint nun selbst in seinem Siegeszug die (Selbst)Reflexivität abhandengekommen zu sein.

Inwieweit (Selbst)Reflexivität gelingt, ist situationsbezogen zu bestimmen und Wirksamkeitskontrollen zu unterziehen, deren evaluativer Charakter von ihren jeweiligen Typen und Einsatzbereichen abhängt. (Selbst)Reflexivität hat insofern auch eine besondere konzeptionelle Nähe zur (Selbst)Evaluation.

5.4.2 (De)konstruktivistische Soziale Arbeit

Kontextreflexivität, Kontextsensibilität sind zentrale Faktoren einer systemisch-konstruktivistischen Grundhaltung mit dem Ziel, mittels systemischer Reflexion Handlungsspielräume durch die Entwicklung einer Vielfalt von Lösungswegen zu gewinnen. In konstruktivistische Soziale Arbeit gehen die verschiedenen »Spielarten des Konstruktivismus« (Karin Knorr-Cetina) – Sozialkonstruktivismus, kognitionstheoretischer (erkenntnistheoretischer) Konstruktivismus, empirischer Konstruktivismus, »relationaler Konstruktivismus« (Björn Kraus) und radikaler Konstruktivismus (Deichsel 1997, 294–295; ▶ Kap. 4.5) – in verschiedenen Verbindungsformen und Stärken ein. Wichtige Schlussfolgerungen hieraus für die Theorie und Praxis konstruktivistischer Sozialer Arbeit (Kleve 2003, 41–44) sind, dass Wirklichkeit als ein Konstrukt, als Konstrukte und nicht als Widerspiegelung einer für alle objektiv gegebenen Realität gelten kann, wodurch die Anschauungen der Klienten/Klientinnen epistemologisch betrachtet gleichberechtigt neben denen der Professionellen stehen und Interventionen immer nur anschlussfähig an die selbstreferenziellen Systeme und Kreisläufe der Mandanten/Mandantinnen mit ihren biologischen, psychischen und sozialen Phänomenen sind.

Die Kybernetik zweiter Ordnung sensibilisiert Sozialarbeitende durch die Beobachtung von Beobachtern/Beobachterinnen in Selbstevaluation, kollegialer Praxisberatung und in Einzel- bzw. Gruppensupervision. Nach dem Konstruktivismus als interdisziplinärer Diskurs innerhalb des sich wandelnden Wissenschaftsverständnisses der Postmoderne sind Soziale Probleme und Kriminalisierung auf der gesellschaftlichen, staatlichen Makroebene derartige Konstrukte, die sich auf die institutionell-organisatorische Mesoebene des Kriminaljustizsystems und die persönliche Mikroebene der Interaktionsbeziehungen mit den Mandanten/Mandantinnen niederschlagen. Notwendige Mitwirkung kriminologischer Sozialer Arbeit, diese zu dekonstruieren, kann nur auf der politischen Ebene durch *Entkriminalisierung* (= Gesetzgeber stellt Verhalten nicht mehr unter Strafrechtsschutz) und auf strafjustiziellen Handlungsebenen durch *Entpönalisierung* (= Beschuldigte/r wird nicht oder geringer bestraft) gelingen.

Der im Jugendstrafverfahren in ca. 90 % jugendrichterlicher Verurteilungen zur Jugendstrafe den Weg in die Jugendstrafanstalten zuweisende Begriff der *schädlichen Neigungen* (§ 17 II JGG) bedarf, exemplarisch für den Umgang mit strafrechtlichen Konstrukten dieser, gegen eine zum Wesen der Betroffenen erklärten *Essentialisierung*, Strategien der Dekonstruktion bzw. Destruktion (Deichsel 2004 a).

Diese Dekonstruktion von Bedeutungen in ihrer *differance* besteht nach Jacques Derrida aus zwei ständig aufeinander bezogenen Bewegungen (Fegter/Geipel/Horstbrink 2010, 235).

> »In der Bewegung der Dekonstruktion geht es um ein Aufdecken der marginalisierten Position und um den Umsturz des hierarchischen Gefüges von Begriffen. Dekonstruktionen beanspruchen damit, durch Sprache entstehende Strukturen und Hierarchien offen legen und verschieben zu können. Zu diesem Prozess gehört auch eine Bewegung der Konstruktion, die als weiteres Element der doppelten Geste als ein ›Daneben-Setzen‹ weiterer Bedeutungen vorstellbar ist.« (ebd.)

Was könnten derartige *Konkurrenzbegrifflichkeiten* zu *schädlichen Neigungen* und anderen in strafrechtlichen Kontexten benutzte defizitorientierte bis diskriminierende Ausdrücke sein, wenn ressourcenorientiert argumentiert wird? Soziale Arbeit wirkt über Differenzbildungen und Differenzierungen performativ (▶ Kap. 4.9) an Sprach- und damit Wirklichkeitskonstruktionen mit.

> »Darüber hinaus macht die performative Perspektive auf Differenz deutlich, dass die Soziale Arbeit als Disziplin und Profession selber eine machtvolle Praxis der Unterscheidung ist, innerhalb derer ausschließende, normierende, disziplinierende Effekte produziert werden – z. B. durch Einordnungen, Markierungen, Diagnosen oder sozialräumliche Platzierungen oder Kartografierungen…« (Plößer 2010, 229).

Die Dekonstruktion derartiger dominanter Unterscheidungsschemata kann dann Phänomene der Mehrfachzugehörigkeit, des Grenzgängertums, der Hybridität und der Transkontextualtität (ebd., 229–230) (wieder) sichtbar, erkennbar und damit anerkennbar machen.

Diese Dekonstruktionsbemühungen haben sich weiter auch auf die »politischen, administrativen und journalistischen Vorkonstruktionen der Problemstellung« (Loic Wacquant), auf die nach der Artefaktanalyse von Manfred Lueger unreflektierte Übernahme von bzw. auf den unreflektierten Umgang mit Evidenzen zu richten. Dies gilt sowohl für die Fremdkonstrukte als auch selbstreflexiv für die eigenen, entgegengestellten, die Fremdkonstrukte auch überlagernden Selbstkonstrukte aller Art. Diese sind häufig auch, gegenüber Dekonstruktionsbemühungen besonders widerständige, Rationalisierungskonstrukte wie: *Erziehungs-, Disziplinar-, Kriminalstrafe müssen sein* (zu einer möglichen Antwort: ▶ Kap. 5.4.4).

5.4.3 Lebensweltbezogene – auf Lebensbewältigung bezogene – Soziale Arbeit

Eine Sozialarbeitswissenschaft, die als integrative Handlungswissenschaft in ihren Handlungstheorien eine Integration der Befunde von verschiedensten disziplinären Fachrichtungen aufzunehmen hat (Birgmeier 2014, 126), habe sich »…insbesondere mit den Ursachen von sozialen Problemaen einerseits und andererseits mit den strukturellen Faktoren der Lebenswelt derjenigen zu befassen, die von diesen sozialen Problemen betroffen sind … « (ebd.,127). Die »Strukturen von Lebenswelt« ergeben sich aus dem Lebenswerk von Alfred Schütz, als Begründer der phänomenologischen Soziologie im Anschluss an die Phänomenologie der Lebenswelt nach Husserl. Danach manifestiert sich der »sinnhafte Aufbau der sozialen Welt« im subjektiven wie objektiven Sinne (Schütz 1974, 42–49) in Strukturen der Lebenswelt (Schütz/Luckmann 2003). Diese sind geprägt als Strukturiertheit der Lebenswelt durch das erlebende Subjekt, in »Aufschichtungen« verschiedener Realitätsebenen, im Hinblick auf Wissen von der Lebenswelt, in ihrer gesellschaftlichen Bedingtheit, hinsichtlich Lebenswelt als Praxis, in Erfahrungsgrenzen wie Grenzüberschreitungen sowie in Verständigungskontexten (ebd.). Dieser an Alltagskonzepten anknüpfende Lebensweltbegriff wird zunächst phänomenologisch-empirisch erfasst, weist aber auch auf sein Veränderungspotenzial in normativer und aktionaler Hinsicht hin. »Die Lebenswelt ist also eine Wirklichkeit, die wir durch unsere Handlungen modifizieren und die andererseits unsere Handlungen modifiziert.« (ebd., 33)

Die Lebensweltorientierung Sozialer Arbeit knüpft hieran an, indem diese mit Mandat ihrer Klientele sich in ihre Lebenswelt begibt, sich auf diese einlässt und mit dem Verständnis ihrer Strukturen hierin veränderungsbereit und veränderungskompetent agiert.

> »Der Lebensweltbegriff wurde seit etwa dem Ende der 1970er Jahre auch in den sozialpädagogischen Diskurs eingeführt und avanciert dort zu einem zentralen Begriff der Alltagswende. Insbesondere Hans Thiersch adaptiert den von Habermas geprägten Begriff, erweitert das von Habermas geprägte Konzept jedoch um einen spezifisch pädagogischen Aspekt: während die Lebenswelt in der Sozialphilosophie Habermas' ein im Wesentlichen unproblematisches Apriori darstellt, das durch systemische Imperative gleichsam von außen gestört wird, richtet Thiersch den Blick gleichermaßen auf das ›Innenleben‹ der Lebenswelt mit den dazugehörigen Problemen der Menschen.« (Lamp 2007, 122–123)

Nun wird dieses *Innenleben* in starkem Maße auch durch das *Außenleben* der Mächtigkeit anderer Disziplinen und theoretischer Ansätze und ihres Definitionsanspruchs geprägt, gegenüber denen der sozialpädagogische Ansatz die organisierende Mitte zu besetzen hat (Thiersch 2020, 29).

> »Lebensweltorientierung ist – wie andere Theoriekonzepte der Sozialen Arbeit – notwendig interdisziplinär. Wissensbestände z. B. der Ökonomie, der Soziologie, der Psychologie, der Politologie, der Psychiatrie, der Philosophie, der Rechtswissenschaft, der Kriminologie oder der Organisationswissenschaft müssen beigezogen und mit den spezifischen Fragen der lebensweltorientierten Sozialen Arbeit vermittelt werden.« (ebd.)

Im 8. Jugendbericht der Bundesregierung nahm die alltags- und lebensweltorientierte Perspektive als Strukturmaxime den zentralen Bezugsrahmen für Kinder- und Jugendhilfe ein, der aber auch für andere sozialarbeiterische Praxis- bzw. Handlungsfelder leitend wurde.

Vorrangiges Handlungsziel lebensweltorientierter Sozialer Arbeit im Alltag der Mandanten und Mandantinnen ist ihre Handlungsbefähigung hin zur Handlungsbewältigung, die eine Differenzreflexion im Hinblick auf die Verschiedenheit und Vielfalt der Lebenswelten der Adressaten/Adressatinnen und ihre möglichen Bewältigungskulturen mit einer differenzsensiblen Grundhaltung voraussetzt (Lamp 2007, 130). Lebensbewältigung kann als ein dreidimensionales Modell mit psychodynamischer, soziodynamischer/interaktiver und gesellschaftlicher Dimension (Böhnisch 2016, 11–12) aufgefasst werden. Dabei können Bewältigungskulturen und Bewältigungsstrategien auch durchaus ambivalent ausfallen, etwa solche gruppendynamischer Art.

> »SozialarbeiterInnen sind mit diesen jugendtypischen Besonderheiten vor allem dort konfrontiert, wo sie es mit antisozialem Verhalten von Jugendlichen und jungen Erwachsenen in Cliquen zu tun haben.
>
> Die Clique inszeniert – gleichsam stellvertretend für ihre einzelnen Mitglieder – eine Bewältigungskultur der Abspaltung, in der sich die ›mitgebrachte‹ Hilflosigkeit der Einzelnen in eine demonstrative und darin gegenseitig gefühlte Stärke der Gruppe nach außen verwandeln kann. Die innere Befindlichkeit der Einzelnen kann nicht mehr thematisiert werden. Die Gruppe ist das Medium der Bewältigung.« (ebd., 62)

Diversität als Gruppeneigenschaft verlängert sich nicht in die der Gruppenmitglieder, sondern verhindert diese geradezu.

Das Lebensbewältigungskonzept, das ein Querschnittsanliegen in nahezu allen Praxis- bzw. Handlungsfeldern Sozialer Arbeit ist, hat eine besondere Bedeutung bei vulnerablen Menschen in prekären Lebenslagen Sozialer Probleme. In sozialen Milieus mit hohem Kriminalitätsaufkommen, etwa in der Drogenszene, führt die Bedeutung der Vertrautheit mit der Lebenswelt Drogenabhängiger zur Einbeziehung von *peer-counseling, ex drug addicts* und *ex junkies* (▶ Kap. 8.2.3). Probleme der Lebensführung werden als der Soziale Probleme ersetzende Dachbegriff vorgeschlagen, um eine Handlungsperspektive für Soziale Arbeit zu entfalten und hierdurch gemeinsam mit ihren Adressaten/Adressatinnen mehr Kommunikation, Handlungsspielräume und Möglichkeiten zu entwickeln (Wirth 2015, 603, 609, 611). Lebensführung strebt immer schon zur Lebensbewältigung. Als lebensweltliches Konzept hängt ihr Gelingen von der Auseinandersetzung mit dem gesellschaftlichen System ab. Jürgen Habermas, der »... ›Lebenswelt‹ als Komplementärbegriff zum ›kommunikativen Handeln‹ einführt« (Habermas 1988 b, 198), schlägt vor, »... die Gesellschaft gleichzeitig als System und Lebenswelt zu konzipieren« (ebd., 183). Anstatt der notwendigen Durchdringung der Komplexität des gesellschaftlichen Systems und der Rationalität der Lebenswelt findet zunehmend eine Entkoppelung statt, die als Soziales Problem besonderer Art aufzufassen ist. Die Erklärung für diesen »Trend der Entkoppelung von System und Lebenswelt« (ebd., 232) lautet: »...die Rationalisierung der Lebenswelt ermöglicht eine Steigerung der Systemkomplexität, die so hypertrophiert, daß die losgelassenen Systemimperative die Fassungskraft der Lebenswelt, die von ihnen instrumentalisiert wird, sprengen« (ebd., 232–233).

Der *doppelte Auftrag* Sozialer Arbeit durch gleichzeitigen Subjekt- und Strukturbezug (Kawamura-Reindl/Schneider 2015, 71–72) ergibt sich somit an der Schnittstelle von subjektbezogener Lebenswelt und gesellschaftlichem System der Gerechtigkeit und der Freiheit, aber auch der Lebenswelt kolonialisierenden Wirtschafts- und Verwaltungslogiken.

5.4.4 Partizipative Konfliktschlichtung – *restorative practice*

Partizipation der Betroffenen Sozialer Arbeit ist ein zu umfassendes bedeutsames Handlungskonzept, als dass es losgelöst von Beteiligungszusammenhängen abstrakt behandelt werden könnte. Daher ist es bisher bereits im Zusammenhang mit Integration/Inklusion (▶ Kap. 3.2) und kooperativen wie konflikthaften Netzwerkbeziehungen (▶ Kap. 3.6) thematisiert worden. Hier nun geht es um den Umgang mit Konflikten als gemeinsamer Grundlage von Sozialen Problemen, Kriminalität (*crime as conflict*) und Strafrecht. Empirisch ist sich ihm konflikttheoretisch (▶ Kap. 4.5) und ethnographisch zu nähern, normativ und aktional als Handlungskonzept Sozialer Arbeit gegenüber Strafjustiz, dies auf Augenhöhe mit eigener starker fachlicher Kompetenz und nicht als »Sozialarbeit im Souterrain der Justiz« (Müller/Otto 1986, VII–XVII).

Konflikte entstehen unter Beteiligung der Betroffenen, wie die Konfliktbearbeitung mit dem Minimalziel der Konfliktregulierung und dem Maximalziel der Konfliktlösung partizipativ zwischen ihnen und ggf. unter Einbeziehung Dritter erfolgt. Ethnographische Studien in der Eigenkultur, die sich an ethnologischer Forschung in Fremdkulturen orientieren, haben eine diversifizierte Phänomenologie der Konflikte und ihrer Konfliktbearbeitung über kriminologische Untersuchungen zu Polizeieinsätzen nach Polizeinotrufen und Strafanzeigenerstattung zu Tage gefördert (Hanak 1987). Dies geschah meist auf dem Hintergrund der Legitimationsfrage: *Muss Strafe sein?*, gemeint ist hier: *Muss Kriminalstrafe sein?* Die Vielfalt vorfindbarer privater gegenüber staatlichen Konfliktregulierungs- bzw. Konfliktlösungsalternativen führt partiell, abhängig von der Schwere verletzender Eingriffe, zu einer relativierenden, wenn nicht gar verneinenden Antwort. Das Jugendstrafrecht hat diesem 1990 durch das 1. JGGÄndG mit dem Täter-Opfer-Ausgleich als Diversionsoption bei der Jugendstaatsanwaltschaft (§ 45 JGG) und beim Jugendgericht (§ 47 JGG) sowie als richterliche Weisung (§ 10 I, 3, Nr. 7 JGG) Rechnung getragen. Gleiches gilt ab 1994 auch sukzessive im Erwachsenenstrafrecht bei Staatsanwaltschaft (§§ 153a I, Nr. 5, 155a, 153b StPO) und Gericht (§ 46a StGB) sowie im Betäubungsmittelstrafrecht (§ 31a BtMG).

Alternative Konfliktbearbeitungs-, Konfliktregulierungs- und Konfliktlösungsansätze bei Alltagskonflikten, Ärgernissen und Lebenskatastrophen (Hanak/Stehr/Steinert 1989) bis hin zu kriminalisierbarem Konfliktgeschehen eröffnen ein großes Spektrum an Handlungsmöglichkeiten für diversitätsorientierte Soziale Arbeit, wie Deeskalationsstrategien etwa in Jugendhäusern, Aussöhnungsprozesse, Mediationen im Konfliktgeschehen, Täter-Opfer-Ausgleich, Schadenswiedergutmachung u. a.

Aktive Teilhabe (Partizipation) durch Interaktion der Konfliktpartner/innen bei der Konfliktbearbeitung ist hierbei neben der Verantwortungsübernahme und der Einbeziehung des Gemeinwesens eine der drei Grundsäulen für *Restorative Justice (RJ)*. Für diese gibt es im deutschsprachigen Raum unterschiedliche Theorie- und Praxisansätze wie *restitutive*, *ausgleichende* und *wiederherstellende Gerechtigkeit*, ohne dass sich ein umfassender Gesamtbegriff durchgesetzt hätte (Trenczek 2014, 193–194, 197). Das gemeinsam zugrundeliegende Gerechtigkeitskonzept ist die tiefergehende Begründung dafür, warum vielfach Kriminalstrafe nach der traditionellen Vergeltungslogik (*retributive justice*) und den Strafrechtslehren (Vergeltung, General- bzw. Spezialprävention) (ebd., 193) nicht sein muss. In *Restorative Justice* kommt den kriminologisch gesprochen *Opfern* und strafprozessual als *Verletzte* nach der seit 25.06.2021 geltenden Legaldefinition des § 373b StPO Bezeichneten eine zentrale Bedeutung zu, denen sich kriminologische Soziale Arbeit viktimologisch zuwendet (▶ Kap. 5.5.6).

Um *partizipativer Konfliktschlichtung* ihren Weg aus dem »Souterrain der Justiz« (Müller/Otto 1986) herauszuebnen, ist dem Vorschlag zu folgen, »*Restorative Justice*« hin zur »*Restorative Practice*« zu erweitern (Trenczek 2014, 207), d. h. zu einer vom Justizkontext unabhängigen Handlungsmaxime sozialer Praxis zu machen. In beiden Handlungskontexten ist die nach Nils Christie zu schützende Zuweisung von Konflikten zu Personen als »conflicts as property« zu beachten.

5.4.5 Förderung von Handlungsbefähigung und Verwirklichungschancen

Es bedarf realer, praktischer Freiheiten für Menschen, um sich für oder gegen die Realisierung bestimmter Funktionen bzw. Lebensführungsweisen entscheiden, diese entwickeln und realisieren zu können (Otto/Ziegler 2010, 11). Da die Verwirklichungschancen, dies im Hinblick auf vielfältige qualitative Funktionen zu erreichen, gesellschaftlich sehr unterschiedlich verteilt und personenspezifisch begrenzt sind, ist es Aufgabe von diversitätsorientierter Sozialer Arbeit, auf Befähigungsgerechtigkeit hinzuwirken.

Dieses Ziel verfolgt der von dem indischen Ökonomen und Nobelpreisträger Amartya Sen und der US-amerikanischen Philosophin Martha Nussbaum entwickelte *Capabilities Approach.* Er unterscheidet zwischen Funktionsweisen und Verwirklichungschancen.

> »Der Capabilities-Ansatz nimmt diesen Fokus auf die Möglichkeits- und Freiheitsspielräume von Menschen, ihr eigenes Leben zu führen, systematisch ernst, indem er zwischen Funktionsweisen (functionings) und Verwirklichungschancen bzw. Befähigungen (capabilities) unterscheidet. Funktionsweisen beziehen sich darauf, ob Menschen tatsächlich etwas Bestimmtes sind oder tun. Demgegenüber richtet sich die Perspektive der Capabilities auf die objektive Menge an Möglichkeiten, unterschiedliche Kombinationen bestimmter Qualitäten von Funktionsweisen zu verwirklichen.« (ebd.)

Inwieweit diese Entscheidungsfreiheit tatsächlich vorliegt, wird im Hinblick auf die von Bourdieu so bezeichnete »adaptive Präferenz«, die Determination angeblich selbständiger Wünsche und Interessen durch den eigenen Platz im sozialen Raum, angezweifelt (Bourdieu 1994, 285).

Die Förderung von Handlungsbefähigung liegt auch als *Selbstbefähigung, Selbstbemächtigung, Stärkung von Eigenmacht und Autonomie* dem *Empowerment-Konzept*, mit unscharfen Begriffskonturen und zwiespältiger Bedeutungsoffenheit, zugrunde (Herriger 2014, 13). Auch sein politisches, lebensweltliches, reflexives und transitives Durchbuchstabieren (ebd., 15–18, 20) bestätigt dies in einer allumfassenden Arbeitsdefinition mit acht Unterpunkten. Die Begrifflichkeit der *Befähigung* ist dem Anglizismus des *empowerment* mit seiner *Ertüchtigungsmetapher* und seiner technizistischen Assoziation als *Allzweckwaffe* vorzuziehen. Die Diversifikation des *Empowermentkonzepts* zur Kräftigung und Freisetzung von Handlungspotenzialen wird erhöht, einmal durch seine mehrebenenanalytische Ausrichtung auf die vier Ebenen der einzelnen Personen, der Arbeit mit Gruppen als Gemeinschaftsarbeit und der institutionellen wie der Gemeindeebene (ebd., 54–57), zum anderen durch das grundsätzlich andere Handlungsverständnis weg von defizitorientierten hin zu ressourcenorientierten Handlungsansätzen.

> »Die axiologischen Leitsätze des Empowerment führen weg von einer defizit- und konfliktorientierten Sichtweise hin zu einer eindeutigen Ressourcenorientierung mit den ethischen und sozialstaatlich verankerten Zielen der Selbstbestimmung, der sozialen Gerechtigkeit und der demokratischen Partizipation.« (Stimmer 2006, 51)

Hierdurch werden substanziell auf die Phänomenologie der jeweils vorhandenen Ressourcen und auf eine ressourcengerechte Handlungsmethodologie orientierte »Reisen in die Stärke« (Herriger 2014, 86–186) angetreten. Dies ist gerade auch für diversitätsorientierte kriminologische Soziale Arbeit im Hinblick auf die hier erforderlichen Widerstandskräfte, psychosozialen Schutzfaktoren, Resilienzen, *desistence* und *recovery*-Prozesse für vulnerable Lebenssituationen und prekäre Lebenslagen zielführend zu planen und umzusetzen. Auch ist »die individuell mobilisierbare ›bargain power‹ (= Verhandlungsmacht – W. D.), mit der in die institutionellen Entscheidungen über die Zuschreibung oder Zurückweisung von Devianzdefinitionen eingegriffen werden kann…« (Keckeisen 1974, 105), lebensrichtungsentscheidend.

5.4.6 Gerechtigkeitsorientierte Menschenrechtsprofessionalität

Diversität erfordert aufgrund ihrer Vielfalt immer wieder notwendige Bestimmungen der Differenzen und Divergenzen. Dies gilt insbesondere auch für die wissenschaftlichen begrifflichen und konzeptionellen Verständnisse. Von welchem Gerechtigkeitskonzept wird ausgegangen? Von der soeben tangierten Befähigungsgerechtigkeit, von Zugangsgerechtigkeit, Verteilungsgerechtigkeit, Leistungsgerechtigkeit, Ausgleichsgerechtigkeit, intergenerationellen Gerechtigkeit, Gerechtigkeit in nahen Beziehungen? Weitere plurale Gerechtigkeiten sind: soziale Gerechtigkeit, Gerechtigkeit zwischen Frau und Mann, ökologische Gerechtigkeit, Gerechtigkeit gegenüber Tieren, interkulturelle Gerechtigkeit, globale Gerechtigkeit (Heidenreich 2011, 173–215).

Hierauf bezogene Gerechtigkeitstheorien in der aktuellen Debatte (ebd., 117–172) sind nicht weniger diversifiziert. Geht man von den zwei institutionell-vertraglichen Grundsätzen der Gerechtigkeit, das Fairnessprinzip auf ihrer ersten Stufe und das Differenz- bzw. das Unterschiedsprinzip auf ihrer zweiten Stufe, des liberalen Gerechtigkeitstheoretikers John Rawl (1996, 121) oder von MacIntyres auf Aristoteles zurückgehenden Gegenentwurf der Gerechtigkeit als Tugend aus? Ergibt sich Gerechtigkeit durch Ausdifferenzierung nach Kontexten (Michael Walzer) oder als Kontingenzformel (Niklas Luhmann)? Wird das theoretisch-philosophische Konzept von Gerechtigkeit überhaupt aufgegeben im Sinne von Richard Rorty zugunsten der »… Richtung, die ›wir‹ als pragmatische Demokraten seit der Einrichtung von Menschenrechten und demokratischen Strukturen genommen haben« (ebd., 141), bzw. nach Emmanuel Levinas mit dem allen »sozialen Bedingungsgefügen, Verträgen, Klauseln, Tauschhandlungen vorausgehenden« unbedingten Anspruch auf Gerechtigkeit (ebd., 145) in Frage gestellt? Entsteht gerechtes Recht durch Diskurs, wie in der Diskurstheorie des Rechts von Jürgen Habermas (Habermas, 1992) und/oder durch Anerkennung wie Umverteilung (Axel Honneth)?

Diese Gerechtigkeitsdebatte zwischen liberalen, universalistischen, kommunitaristischen, partikularistischen Positionen (ebd., 162) steht mit Freiheit in enger Verbindung, vor allem auch mit der Freiheit von Unterdrückungsverhältnissen verschiedenster Art (Czollek/Perko/Weinbach 2012, 23–25). Sie ist gleichzeitig vor allem immer auch eine Auseinandersetzung mit Menschenrechten, wie es sich aus der mit einer grundsätzlichen Herrschafts- und Machtanalyse verbundenen *Social Justice* Bewegung (ebd., 20) und aus der von lokaler und globaler Ungerechtigkeit ausgehenden Gerechtigkeitskonzeption Armatya Sens ergibt. Zweifel an der Natur und Grundlage der Menschenrechte ruft die Frage hervor:

> »Was genau sind Menschenrechte? Oft wird gefragt, ob es Derartiges wirklich gibt. Verschiedene Personen berufen sich in unterschiedlicher Weise auf die Idee der Menschenrechte. Aber wenn wir nicht nur untersuchen, wie der Begriff heute benutzt wird, sondern

> auch betrachten, wie er in seiner Geschichte gebraucht wurde, können wir den Grundgedanken erkennen, der allen Formulierungen gemeinsam ist.« (Sen 2010, 384)

Die internationalen Menschenrechtserklärungen wie die *amerikanische Unabhängigkeitserklärung* von 1776, die französische Erklärung der *Menschenrechte* aus dem Jahre 1789 und die *Allgemeine Erklärung der Menschenrechte* von 1948, die die Grundlage für nationale und internationale Gesetzeswerke schufen, postulieren übereinstimmend die Unveräußerlichkeit der Menschenrechte.

Zwei weitere Fragen schließen sich an: nach den Inhalten von Menschenrechten und der Durchführbarkeit wie Erfüllbarkeit (ebd., 385). Die Inhalte lassen sich wiederum in verschiedener Weise bestimmen.

So unterscheidet Martha C. Nussbaum zehn zentrale Fähigkeiten (▶ Kap. 5.4.5), ohne die ein Leben kein der Menschenwürde gemäßes Leben wäre. Diese sind bezogen auf: Leben, körperliche Gesundheit, Ernährung, Unterkunft, Freiheit von Schmerz, Lebensfreude, Sinnes- und Vernunftfähigkeit, Vorstellungs-, Denk- und Urteilsvermögen, Bindungsfähigkeit und Zugehörigkeit, Beziehung zu anderen Spezies (Fauna, Flora), Spiel und Erholung wie die Fähigkeit, sein eigenes Leben in seiner eigenen Umgebung zu leben (Nussbaum 1999, 57–58).

Diese Konzeptualisierung eines guten Lebens mit einer paternalistischen, der »Selbstverwirklichung individueller Originalität und Einzigartigkeit« (Otto/Ziegler 2010, 10) widersprechenden Führung stößt auf Skepsis. »Jeder Versuch, ein gutes, geglücktes und glückliches Leben in einer solchen Weise substanziell zu bestimmen, gerät in den Verdacht eines metaphysisch-teleologischen Essentialismus.« (ebd.)

Aber auch in anderer Weise lässt sich der »Menschenrechtekompass« (Eberlei/Neuhoff/Riekenbrauk 2018) auch als Diversitätsseismograph einstellen, insbesondere im Hinblick auf die »Sakralität der Person« in der Genealogie der Menschenrechte (Hans Joas), bzgl. Sozialer Menschenrechte und orientiert an menschenrechtlichen Kerndokumenten im professionellen Bezugsrahmen Sozialer Arbeit. Die gemeinschaftsprägenden wirtschaftlichen, sozialen und kulturellen Menschenrechte sind über die individuellen bürgerlich-politischen hinausgehend in Menschenrechtspakten wie dem 1976 in Kraft getretenen *UN-Sozialpakt* niedergelegt.

> »Die wirtschaftlichen Rechte umfassen vor allem die Rechte auf Arbeit und auf gerechte Arbeitsbedingungen, die sozialen Rechte etwa die Rechte auf soziale Sicherheit, Gesundheit, Nahrung, angemessene Unterkunft, Wasser und Sanitärversorgung. Die Rechte auf Bildung und auf Teilnahme am kulturellen Leben werden gemeinhin den kulturellen Rechten zugeordnet.« (Krennerich 2013, 9)

Die Durchführbarkeit wie Erfüllbarkeit sozialer Menschenrechte ist vor allem durch den Staat, die staatlichen Gerichte und die Sozialpolitik zu leisten, zu deren Akteuren gerade auch Soziale Arbeit mit vulnerablen Menschen in prekären Lebenslagen gehört.

> »Und doch gibt es auch in freiheitlichen Rechts- und Sozialstaaten fundamentale Problemlagen, welche die Menschenrechte betreffen und in denen der Staat, aber nicht nur dieser, menschenrechtlich gefordert ist. Hierzu gehören in Deutschland beispielsweise die schwierige Situation von Personen ohne legalen Aufenthaltsstatus, die prekäre Gesundheitsversorgung von Menschen ohne Krankenversicherung, die verminderten Bildungschancen für Kinder aus sozial benachteiligten Familien, Missstände in der Pflege älterer

> Menschen, die unzureichende Inklusion von Menschen mit Behinderung in Schule, Arbeit und vielen anderen Lebensbereichen, Probleme von Roma und Sinti beim Zugang zu Bildung, Arbeit und Wohnen, handfeste Diskriminierungen bei der Arbeits- und Wohnungssuche von Menschen fremder Herkunft oder Aussehens sowie das althergebrachte Thema der Chancengleichheit von Mann und Frau auf dem Arbeitsmarkt.« (ebd., 375–376)

Die Diversitätsorientierung Sozialer Arbeit entfaltet ihre Professionalität als Menschenrechtsprofession, wie sie von Silvia Staub-Bernasconi aus der Geschichte der Sozialen Arbeit und ihrer Wissenschaftspioniere, insbesondere Ilse Arlt, Jane Addams und Mary Parker Follett (Staub-Bernasconi 2018, 19–81), im Rahmen des *Tripel-Mandats* entwickelt worden ist. Nach dem von Menschen, die im Text vorzugswürdig zum klinischen Ausdruck des Klienten/der Klientin als *Mandant/Mandantin* bezeichnet werden, an Sozialarbeitende als Mandatsträger/innen erteilten *Mandat* (lat. »mandare« = »als Auftrag aus der Hand geben«), dem *doppelten Mandat* von gleichzeitiger Berücksichtigung der Bedarfe und Bedürfnisse der Klientele und der institutionell-rechtlichen Anforderungen (Böhnisch/Lösch 1998; ▶ Kap. 5.5.1), lässt sich das *dritte Mandat* zunächst mit der (nichtssagenden) »...Kurzformel umreißen, nämlich nach bestem Wissen und Gewissen zu handeln« (Staub-Bernasconi 2018, 114).

Hieraus ergeben sich die beiden nun elaborierten Komponenten des *dritten Mandats: Wissenschaftsbasierung der professionellen Praxis* und *Ethikbasierung aufgrund der nationalen und internationalen Ethikkodices der Profession* (ebd.).

> »Eine Profession muss also das Problem der Transformation von wissenschaftlichem Wissen in Arbeitshypothesen und Handlungsleitlinien für die Praxis im Hinblick auf die besonderen Notlagen ihrer AdressatInnen zufriedenstellend lösen können. Dies schließt mit ein, dass sie aufgrund ihres Wissenstandes bestimmte Alltagstheorien, politische oder weitere Ideologien über Soziale Probleme und ihre Ursachen, die in der Öffentlichkeit zirkulieren, einer wissenschaftlichen Diskussion und Kontrollier- sowie Revidierbarkeit unterziehen muss.« (ebd.; zum Transformativen Dreischritt: ▶ Kap. 6.6)

Aus der *Ethikbasierung* ergibt sich die Orientierung Sozialer Arbeit an dem Menschenrechtsdokument »Ethics in Social Work, Statement of Principles« (»Ethik in der Sozialen Arbeit – Darstellung der Prinzipien«), das auf den Generalversammlungen der *International Federation of Social Workers (IFSW)* und der *International Association of Schools of Social Work (IASSW)* im Oktober 2004 in Adelaide, Australien, verabschiedet wurde. »Soziale Arbeit basiert auf der Achtung des innewohnenden Wertes und der Würde aller Menschen und den Rechten, welche daraus folgen.« (Prinzip 4.1, Satz 1). Soziale Arbeit als Menschenrechtsprofession hat dabei in kooperativen Netzwerkbeziehungen (▶ Kap. 3.6) mit anderen Menschenrechtsprofessionen wie insbesondere als »pas de deux« (Deichsel 2004 b, 170–172) mit Rechtsanwälten/Rechtsanwältinnen vor den staatlichen Gerichten und bei Unterstützung innerhalb der komplexen Menschenrechtsarchitektonik zusammenzuarbeiten, wonach etwa Menschenrechte nicht direkt, sondern erst über ihre Transformation und Ableitungen in nationales Recht einklagbar sind.

Die vorgestellten sechs praxisfeldübergreifenden diversitätsorientierten Handlungstheorien, Handlungsansätze, Handlungsmethoden bilden die horizontale Achse des *Morphologischen Kastens I* (▶ Tab. 1). Die vertikale Achse dieses heuristischen Modells wird nach den sieben Perspektiven adäquater Methodenreflexion (► Kap. 5.3) gebildet.

Die Tabelleneinträge werden einmal statisch als durch diese beiden Achsen gebildet verstanden, stehen aber auch dynamisch mit anderen Tabellenkästchen in Verbindung.

Tab. 1: Morphologischer Kasten I: Diversitätsorientierte Handlungsansätze und Handlungsmethoden, eigene Darstellung

Dimensionen methodischen Handelns	**Diversitätsorientierte Handlungsansätze und Handlungsmethoden**					
	Reflexive Soziale Arbeit	**Konstruktive Soziale Arbeit**	**Lebensweltorientierung**	**Partizipative Konfliktschlichtung**	**Handlungsbefähigung**	**Menschenrechtsprofessionalität**
Sachorientierung	struktur- und personenbezogene Reflexivität – Differenzreflexion	Wirklichkeit als Konstrukte	Strukturen der Lebenswelt aus objektivem und subjektivem Sinn	Phänomenologie des Konflikts und der Konfliktschlichtung	Verwirklichungschancen – *Reise in die Stärken*	Zusammenhang von Gerechtigkeit und Menschenrechten
Zielorientierung	Erweiterung der (Selbst)Reflexivität – Nachhaltigkeit	Konstruktionsprozesse erkennen – Dekonstruktionen bewirken	Lebensbefähigung – Lebensbewältigung	Konfliktregulierung – Konfliktlösung	Förderung von Handlungsbefähigung	menschenrechtsprofessionelle Berufsausübung
Personenorientierung	kritische Selbstreflexivität	personenbezogene Selbstreferenz	Strukturerschließung menschlicher Lebenspraxis	Konfliktparteien und »Dritte«	mehrdimensionale personale Ressourcen	zentrale Fähigkeiten für ein individuelles gutes Leben
Arbeitsfeld- und Institutionenorientierung	kritische Strukturreflexivität	Kybernetik zweiter Ordnung: Beobachtung von Beobachtenden	lebensweltliche Strukturmaxime vs. gesellschaftliche/staatliche Institutionen	Alltagskonflikte – (straf)rechtliche Konflikte	gruppenbezogenes, institutionelles, gemeinwesenorientiertes Empowerment	*Menschenrechtskompass* für Soziale Menschenrechte

Tab. 1: Morphologischer Kasten I: Diversitätsorientierte Handlungsansätze und Handlungsmethoden, eigene Darstellung – Fortsetzung

Dimensionen methodischen Handelns	**Diversitätsorientierte Handlungsansätze und Handlungsmethoden**					
	Reflexive Soziale Arbeit	**Konstruktive Soziale Arbeit**	**Lebensweltorientierung**	**Partizipative Konfliktschlichtung**	**Handlungsbefähigung**	**Menschenrechtsprofessionalität**
Situationsorientierung	reflexive Situationsbestimmung	if you define a situation as real it will become real (*Thomas Theorem*)	Ausgang von konkreter Realitätsebene	Omnipräsenz von Konflikten	situative Stärkung – Abwehr von Situationsdefinitionen	Orientierung an Vulnerabilität und Lebenslagen
Planungsorientierung	strukturelle systemische Reflexivität	Anschlussfähigkeit an selbstreferenzielle Systeme	Schnittstellenmanagement Lebenswelt/Gesellschaft	Förderung von *restorative practice*-Modellen	mehr-ebenen-analytische Ausrichtung	Referenz: Menschenrechtsdokumente
Wirksamkeitsüberprüfung	Wissenschafts-Praxisbezüge	Konstruktions- bzw. Definitionsmacht	hermeneutische Fallrekonstruktion	Herstellung sozialen/rechtlichen Friedens	Differenz Defizit- vs. Ressourcenorientierung	evaluativ: professionelle Bezugsdokumente

5.5 Diversitätsorientierte sozialproblembezogene-kriminologische Handlungstheorien, Handlungsansätze, Handlungsmethoden

5.5.1 Das *doppelte Mandat:* Soziale Arbeit trifft auf Strafjustiz

Diversitätsorientierte Sozialarbeit hat sich als sozialproblembezogene-kriminologische einem Zusammentreffen besonderer Art zu stellen. »Die auf Hilfe und Unterstützung ausgerichtete Jugendhilfe trifft auf eine strafende Justiz. Die an Regeln und Normen ausgerichtete Justiz trifft auf eine lebensweltlich ausgerichtete Soziale Arbeit; ...« (Oberlies 2013, 122–123) Das auf die Mandanten und Mandantinnen bezogene *stellvertretende Handeln* im *primären Mandat* gerät in ein Spannungsfeld zu institutionellen Anforderungen bürokratischer Organisationen, der *professionelle Autonomieanspruch* zum sozialadministrativen Kontrollsystem der Sozialverwaltung, wie im Dienstleistungsbereich (Böhnisch/Lösch 1998, 367–377) oder zum justiziellen System der Strafverfolgungsbehörden. Dies ist eine besondere Ausformung des *doppelten Mandats*, die in der Differenz von administrativem und (straf)justiziellem Kontext deutlicher hervorzuheben ist, zumal dieses in den Aufgabenprofilen von Sozialen Dienste der Justiz wie Bewährungshilfe, im Strafvollzug und in der Jugendgerichtshilfe eindeutig festgeschrieben ist. So bei der Bewährungshilfe für Erwachsene in § 56d I, 1, 2 StGB:

> »Die Bewährungshelferin oder der Bewährungshelfer steht der verurteilten Person helfend und betreuend zur Seite. Sie oder er überwacht im Einvernehmen mit dem Gericht die Erfüllung der Auflagen und Weisungen sowie der Anerbieten und Zusagen und berichtet über die Lebensführung der verurteilten Person in Zeitabständen, die das Gericht bestimmt.«

Der den Erziehungsgedanken des Jugendstrafrechts widerspiegelnde § 24 III, 1–3 JGG enthält gleichermaßen für die Jugendbewährungshilfe dieses *Doppelmandat.* Es findet sich auch in den die Vollzugsgestaltung leitenden Zielen und Aufgaben der Strafvollzugsgesetze der Länder, als Resozialisierung, Sicherheit und Ordnung in der Strafvollzugsanstalt und Schutz der Allgemeinheit vor weiteren Straftaten. Bei der Jugendgerichtshilfe wird das *doppelte Mandat* in seiner zweifachen institutionellen Determination im Sozialverwaltungskontext der Jugendhilfe einerseits und im Strafjustizrahmen der Gerichtshilfe andererseits mit unterschiedlichen Logiken und Diskursen bzgl. der normativen und konzeptionellen Grundelemente von Jugendhilfe und Jugendstrafrecht im Rahmen der »Zweispurigkeit der jugendrechtlichen Sozialkontrolle« (Trenczek/Goldberg 2016, 157–159) in besonderer Weise ausdifferenziert. In der Selbstbezeichnung der *Bundesarbeitsgemeinschaft der Jugendgerichtshelfer/innen* als *Jugendhilfe im Strafverfahren wird das doppelte Mandat* in dieser besonderen Ausformung nicht sachangemessen ausgedrückt.

Das *primäre* wie das *doppelte zweite Mandat* sind vom *dritten Mandat* (▶ Kap. 5.4.6) her wissens- und ethikbasiert auszuüben. Für sozialproblembezogene-kriminologische Soziale Arbeit kann wissensbasiert aber nicht nur sozialarbeitswissenschaftlich unter Einbeziehung des Sozialstaatsgebots (Art.20 I GG) bedeuten (Mührel 2009, 260–261), sondern sie hat an der Soziologie Sozialer Probleme und an der Kriminologie anzuknüpfen, deren wissenschaftliche Bezugswissenschaften weitaus komplexerer Natur sind, und insbesondere auch an den differenzierten Infrastrukturen des Strafrechts (▶ Kap. 4.3.2). Indem die Ethikbasierung über nationale und internationale Ethikkodices ausreichend in die in Verfassungen sedimentierten Menschenrechte hinein reicht, ist für kriminologische Soziale Arbeit die Strafprozessordnung als *angewandtes Verfassungsrecht* von besonderer Bedeutung.

5.5.2 Kontrollarbeit – Punitivierung Sozialer Arbeit

Indem die strafinstitutionelle Seite des *doppelten Mandats* unvermeidbar zur Normalisierungsarbeit (▶ Kap. 4.8) und stärker noch zur Kontrollarbeit führt, und sicherlich bei öffentlichen Trägern qua Amt mehr als bei freien Trägern, bedarf es besonderer (Selbst)Reflexivität, um diese hinsichtlich ihrer möglichen Entwicklung hin zur Punitivierung Sozialer Arbeit zu kontrollieren. Es geht hierbei vor allem auch um die Fortführung der seit der klassischen Studie von Peters/Cremer-Schäfer (1975) einsetzenden Dekonstruktion der Selbstgewissheit, dass Soziale Arbeit nicht zu den sozialen Kontrolleuren gehört, wie um die aufmerksame Wahrnehmung der sanften Kontrollformen im Sinne der archäologischen Tiefenschürfung von Michael Foucault, insbesondere zur »Normalisierungmacht« des »Richter-Sozialarbeiters« (Foucault 1976, 392–393). Ob auch hierzulande eine »Culture of Control« vorzufinden ist, wie es David Garland in seinen einflussreichen vergleichenden Studien im Jahre 2001 für den angloamerikanischen Bereich unter diesem Titel publiziert hat, ist umstritten, insbesondere auch hinsichtlich der möglichen Rolle der Sozialarbeit hierbei.

> »Aber hat die Strafbereitschaft, die vor allem auf Vergeltung zielende Straflust, kurz: die Punitivität, tatsächlich zugenommen? Gibt es eine punitive Wende in der Sozialen Arbeit oder handelt es sich gar um ein umfassendes gesellschaftliches Phänomen? Die Diskussion über diese Fragen wird sehr kontrovers geführt. Punitivität ist als analytisches Konzept eher schwach konturiert, es wird in der Regel als Synonym für Straflust und -bereitschaft genutzt. Das macht die empirische Erfassung von Punitivität schwierig.« (Huber/Schierz 2013, 112)

Vor allem auch um intentionalistischen Annahmen im Dienste ihrer Instrumentalisierung entgegenzuwirken, etwa als ideologische wie politische Nutzbarmachung (Peters 2013, 42–43, 46–47, 50–51), bedarf es trotz der Schwierigkeiten der Erhebung empirischer Befunde gerade dieser, und dies auf den drei differenten Ebenen der Punitätsthese: auf der politisch-legislativen, auf der Kriminalisierungsebene, und im Hinblick auf Strafbedürfnisse in den Einstellungen der Bevölkerung (ebd., 52–54).

Zum *Strafverlangen* der Bevölkerung gibt es recht heterogene Forschungsergebnisse, wie im Übrigen auch aus kleineren Studien an Rechtsfakultäten und Hochschulen des Sozialwesens zu Strafeinstellungen von Studierenden, was sicherlich auch an den jeweiligen Forschungsdesigns liegt.

Auf legislativer Ebene hat es in den vergangenen Jahren, vergangenen Jahrzehnten, nicht immer nur wieder Strafverschärfungen, sondern auch eine rasant zunehmende Anzahl von Strafvorschriften gegeben (▶ Kap. 4.3.1), die aber eher auf die Zunahme und gesteigerte Komplexität Sozialer Probleme und die hierauf reagierende staatliche Kontrolle als auf staatliche Punitivität zurückzuführen ist, die rechtsstaatlich auch keinen Platz in der Gesetzgebungslehre hat bzw. haben sollte. Punitivitätstrends lassen sich nur aus Längsschnittstudien zu Kriminalisierungsformen herauslesen, deren Daten über Jahre hinweg mittels sehr sorgfältig angelegter Erhebungsinstrumente erfasst worden sind, zumal die offiziellen Kriminalstatistiken hierzu kaum Aussagen liefern. Mit der hierfür erforderlichen Genauigkeit hat das von Wolfgang Heinz entwickelte *Konstanzer Inventar Sanktionsforschung (KIS)* den Trend zur Informalisierung des Jugendstrafverfahrens ergeben, insbesondere durch die *diversion to* zu sozialen Maßnahmen und Berufen (bzgl. der Unterscheidung von der *diversion from*, d.h. vom Kriminaljustizsystem: Deichsel 1991, 224–225). »So lässt sich gerade in devianznahen Handlungsfeldern der Sozialen Arbeit auch ein gegenteiliger Trend feststellen, der den Ausbau sozialarbeitsspezifischer Handlungsrationalitäten innerhalb des Strafjustizsystems andeutet (Heinz 2011).« (Huber/Schierz 2013, 113) Ob dies dann wirklich ein der Punitivität entgegengesetzter Trend ist oder dieser vielmehr verfeinerten Sanktions- bzw. Strafformen Vorschub leistet, ist dabei genauso umstritten wie die *konfrontative Pädagogik* (▶ Kap. 5.5.3), die einmal als Vermeidung von kriminalisierender Eingriffsschwere und dann wiederum gegenteilig geradezu als Ausdruck pädagogischer Punitivierung angesehen wird.

5.5.3 *Prima ratio:* Autonomie und Beziehungsarbeit – *ultima ratio:* Fremdbestimmung und Zwang

Diese Gegenüberstellung, so die gelegentlich zu hörende externe Einschätzung, sei eine typisch deutsche, die über starre Positionen und Polarisierungen die Zwischenstufen vernachlässige, die sich zwischen diesem Spektrum ausspannten und diversitätsorientiertem Denken entsprächen. Als Grundlage und Ausgang professionellen Handelns ist auf verfassungsrechtlicher Grundlage und mit der Zielorientierung der Selbstbefähigung das selbstbestimmte Handeln der Mandanten/Mandantinnen zu fördern, auch wenn diese selbst, und dies auch massiv, in Rechte Dritter eingegriffen haben.

Zur Vermeidung von Enttäuschungen sind dabei aber die Erwartungen, die zu ihnen führen (▶ Kap. 4.8), auf den Prüfstand zu stellen.

> »Das gravierende Dilemma ergibt sich aber aus einem Widerspruch der Erwartungen, der mit den Grundlagen der pädagogischen Orientierung zusammenhängt. Auf der einen Seite wird der dissoziale Jugendliche durch den Vorgang der Stigmatisierung aus dem Horizont bürgerlicher Lebenserwartung und Identifizierungschance ausgegrenzt und einer Beeinflussungsstrategie unterworfen, die ihn aus den restriktiven Bedingungen seiner sozialen Herkunft nicht befreit, sondern ihm dort allenfalls eine materielle Überlebenschance vermittelt. Andererseits werden ihm sowohl in den persönlichen Interaktionen mit Sozialpädagogen und Sozialarbeitern, im Zusammenhang desselben Stigmatisierungsaktes die Wert- und Normorientierung des bürgerlichen Selbstverständnisses nahegebracht, in der Erwartung, daß eine Integration in diesen Orientierungshorizont erfolgt. Beide Erwartungen widersprechen sich.« (Mollenhauer 1981, 14)

Bei wegen der Schwere von Eingriffen notwendigen direktiveren Handlungsmethoden sind aber dann die Grenzen zwischen Selbst- und Fremdbestimmung fließend, wie es sich anhand verhaltensökonomischer wie sozialpädagogischer Konzepte wie *Nudge* und *konfrontative Pädagogik* demonstrieren lässt. Angelehnt an das englische Verb *to nudge*, was *sanft schubsen* oder *leicht in die Rippen stoßen* bedeutet, sollen Menschen veranlasst werden, ohne Vorgaben und Befehle, ohne Gebote oder Verbote kluge Entscheidungen zu treffen und das Richtige zu tun (Thaler/Sunstein 2017, 13, 22). Indem hier »Entscheidungsarchitekten« auf Entscheidungen, wenn auch sanft, einwirken, so können diese auch als fremdgeleitete bzw. beim *staatlichen nudging* als *libertär paternalistisch gesteuerte* angesehen werden. Da es den Menschen freigestellt und möglichst leichtgemacht werden soll, »sich für einen eigenen Weg zu entscheiden« (ebd., 309), tendiert *nudging* wieder stärker zum Pol der Selbstbestimmung hin. Wie lassen sich aber nun *soziale nudges*, »anstößige« Anreize, in kriminologischer Sozialer Arbeit einsetzen, um zu Verhaltensänderungen weg von prekären Lebenslagen und kriminalisierbarem abweichenden Verhalten zu lenken? Informationen, etwa zu erwartbaren Sanktionen, Gruppenzwang beispielsweise im Sinne positiven Anpassungsverhaltens und *Bahnung* von Informationen in Gedanken etwa durch den *Mere-Measurement-Effekt* (fragt man Menschen, was sie vorhaben, dann erhöht sich die Wahrscheinlichkeit, dass sie so handeln werden, wie sie geantwortet haben), sind derartige sozial wirksame und einsetzbare *nudging* Beeinflussungsfaktoren (ebd., 97–105).

Noch direktivere und den Selbstbestimmungsgrundsatz weiter in Frage stellende Handlungsmethoden sind diejenigen *konfrontativer Pädagogik*, wie sie im Bereich des Jugendstrafverfahrens, und hier sowohl als ambulante Maßnahmen im Ermittlungsverfahren wie als Behandlungsmethoden im Vollstreckungsverfahren, angewandt werden.

> »Zunächst ist zu sagen, dass sich innerhalb des konfrontativen Ansatzes drei Grundformen unterscheiden lassen: Dies ist zum einen ein enger pädagogischer Rahmen, wie er beispielsweise in der bereits erwähnten Glenn Mills Schools existiert, welcher konkrete Strukturen für die Regelung und Einhaltung von Normen vorgibt; zum anderen ist damit ein spezifischer situativer Handlungsstil von Fachkräften gemeint sowie drittens spezielle Kurse wie das Anti-Aggressivitäts- und Coolness-Training (vgl. Plewig, 2010: 429 f).« (Ruttert 2013, 353–354)

An Maßstäben menschlicher Würde und an Verfassungswerten dürften sowohl vollzugshistorische Modelle wie das Anti-Agressivitätstraining mit dem *heißen Stuhl* in der Hamelner Modelljugendstrafanstalt aus den 1980er Jahren und kulturfremde Importe wie die an den US-amerikanischen *Glenn Mills* orientierten sogenannte *boot camps* scheitern. Der aggressiv-militärische Drill in den *boot camps* wie die folgende Aussage des zentralen Protagonisten und Propagandisten des sog. *heißen Stuhls* erübrigen es, für die Ablehnung derartiger »Vorbilder« weiteren Begründungsaufwand zu betreiben, der besser für differente alternative Modelle der *konfrontativen Pädagogik* vorbehalten bleiben sollte. Der jugendliche Delinquent mit gewaltgeprägter Biografie solle in dem verbalen bis körperlich wirkenden Tribunal »›Gewalt als Kompensation seines eigenen mickrigen Ich erleben (…), Ekel und Abscheu verspüren‹ (Heilemann/Fischwasser von Proeck, 2001: 73)« (Plewig 2010, 431).

Demgegenüber sind auch bei *konfrontativer Pädagogik* Wege in die Stärken der Personen, auf die sie sich richtet, nachzugehen, die sich sowohl auf theoretisch-wissenschaftliche Grundlagen wie insbesondere das Lernen am Modell nach der sozialkognitiven Lerntheorie von Albert Bandura wie auf erprobte Praxisprojekte stützen können. Letztere orientieren sich an wichtigen Elementen konfrontativer Pädagogik wie: Empathie, Antiaggressions-, Coolness- bzw. Provokationstrainings, engagiertes Aushandeln und Ermöglichung von Streitkultur, Normeinübung, Erlernen von Konfliktbereitschaft bzw. Konfliktfähigkeit, Erzeugen von Reflexionsbereitschaft zur Situation der Opfer usw. (ebd., 432–439), die sich zusammen mit bewährten Handlungsmethoden, wie insbesondere sozialen Rollenspielen, zur Gestaltung diversifizierter kriminologischer Arbeit anbieten und eignen. Beziehungsarbeit mit einer humanistischen Grundhaltung (▶ Kap. 5.2) hat hierbei immer Handlungsgrundlage zu sein und zu bleiben.

Ultima ratio kriminologischer Sozialer Arbeit ist der Einsatz von Zwang, der per definitionem Fremdbestimmung bedeutet. Schon in der Jugendhausarbeit wurde seine Legitimationsberechtigung im Rahmen von Interventionsrechten debattiert, um etwa durch Gewaltausbrüche in der Jugendeinrichtung ihre Existenz nicht gefährden zu lassen. Kriminologische soziale Arbeit bekommt über das *doppelte Mandat* aber auch Zwangsbefugnisse wie Zwangsaufgaben delegiert wie bei den Sozialen Diensten der Justiz oder im Strafvollzug. Auch hier stößt ein wichtiges und brisantes Thema auf konzeptionell-begriffliche Diffusität.

Ein weiter Zwangsbegriff umfasst die Zwänge, denen Menschen in ihrem alltäglichen Leben unterliegen, während der engere Zwangsbegriff sich auf die Durchsetzung des Willens von Zwangsausübenden mit physischen, psychischen, gewaltförmigen oder rechtlichen Mitteln gegenüber demjenigen von Zwangsunterworfenen bezieht (Lindenberg/Lutz 2014, 116–117).

Alleine die nichtfreiwillige Kontaktaufnahme mit hilfeleistenden Professionen erfüllt diesen engeren Zwangsbegriff wegen der Nichtunterscheidbarkeit vom Regelfall fremdbestimmter Unterstützungsinitiativen noch nicht.

Zwang im engeren Sinne kann im Rahmen kriminologischer Sozialer Arbeit einmal im ambulanten und dann im stationären Zwangskontext erfolgen, insbesondere auch dann, wenn der Zugang zu sozialen Einrichtungen und das Verbleiben in diesen erzwungen wird.

> »Besonders dann, wenn der Kontrollauftrag einer Einrichtung den Schutz anderer Menschen bezweckt, enthält die Beziehung zum Klienten einen schärferen Zwangscharakter als etwa in einer Situation, in der sich Paare im Rahmen eines Adoptionsverfahrens auf die Zusammenarbeit mit Fachkräften einlassen müssen, weil sie ein Kind adoptieren möchten.« (Kähler 2005, 119)

In zwangsaffinen sozialen Tätigkeitsbereichen wie strafrechtsnahen bzw. strafjustiziellen wie psychiatrischen sind nun verschiedene (Selbst)Vergewisserungen und Anforderungen unerlässlich, damit der Selbstschutz und der Schutz Dritter, das Ausloten von Unterstützungspotenzialen auch in Zwangskontexten (ebd., 88–91), nicht zur Schutzlosigkeit der Betroffenen führt.

> »›Die Anwendung von Zwang ist für alle Beteiligten unbefriedigend, selbst wenn ehrenhafte Absichten dahinter stehen, wie etwa das Ziel, Eltern und Kindern ein Zusammenleben in Zukunft zu ermöglichen‹ (Hampe-Grosser 2003, 159). Eigeninitiative, Autonomie und Respekt vor den Entscheidungen auch ungewöhnlicher Lebensentwürfe sind Elemente der sozialarbeiterischen Grundeinstellung, vor deren Hintergrund der Einsatz von Zwangsmaßnahmen die absolute Ausnahme bleiben muss. Werden dennoch Zwangsmaßnahmen erwogen, müssen diese legitimiert sowie deren Vor- und Nachteile gegeneinander abgewogen sein (Gumpinger 2001,18).« (ebd., 88–89)

Professionelle Handlungsambivalenzen ergeben sich aus dem folgenden Sinnspruch von Friedrich Wilhelm Weber.

> »Freiheit ist der Zweck des Zwanges,
> Wie man eine Rebe bindet,

Daß sie, statt im Staub zu kriechen,
Froh sich in die Lüfte windet.«

»Zwangsbeglückung – zweispältig und doppeldeutig versucht dieser Begriff zwei kontroversielle, widersprüchliche Gegenpole zusammenzuspannen: den Zwang und das Glück.« (Gumpinger 2001, 11)

5.5.4 Kriminologische Soziale Arbeit mit *hochriskant agierenden* Personen in Zwangskontexten

Die institutionelle Einbindung von Zwang in seinem engeren Verständnis ist phänomenologisch erfahrbar zu machen, soweit dies für von derartigen Eingriffsmaßnahmen Nichtbetroffene möglich ist. Hierzu können die beiden Spielfilme »Freistatt« aus dem Jahr 2015, der übergriffige und entwürdigende Methoden von Erziehungsheimen nachzeichnet, und »Systemsprenger« aus dem Jahr 2019 beitragen, der aufzeigt, wie das System von Jugendhilfeleistungen als für eine Jugendliche inadäquat gesprengt wird. Der männliche Jugendliche *Wolfgang* aus »Freistatt« und die weibliche Jugendliche *Benni* aus »Systemsprenger« stehen dabei exemplarisch für in den jeweiligen Zwangskontexten unfreiwillige und für Veränderungen unmotivierte Klienten/Klientinnen. Im rechtlichen Unterbringungsverfahren ist zu unterscheiden zwischen der zwangsweisen Unterbringung etwa nach § 1631b I BGB von der Anwendung von Zwangsmaßnahmen während der Unterbringung durch den erst am 01.10.2017 in Kraft getretenen § 1631b II BGB, für die nun beide mit unterschiedlichen Anordnungsvoraussetzungen eine familiengerichtliche Genehmigung erforderlich ist. Für die Aufnahme in zwangskontextuelle Soziale Arbeit auch in anderen gesetzlichen Unterbringungskontexten bedarf es dringender Erfordernisse zur Verhinderung von Selbst- und Fremdgefährdung, einen nachweisbaren Mangel an sozialarbeiterischen Alternativen, und durch Wirksamkeitsforschung nachzuweisende Belege dafür, dass unerwünschte Hilfen mit fremdbestimmten Einwirkungen erfolgreich sein können. Die Legitimation dessen, wie diese dann innerhalb der Einrichtungen erfolgen, setzt am Verhältnismäßigkeitsgrundsatz orientiertes Eingehen auf diese Zielgruppen unfreiwilliger, nicht motivierter Klienten/Klientinnen mit differenten angemessenen Handlungsmethoden voraus. Situationen der Selbst- und Fremdgefährdung sind bei Menschen aller Altersgruppen in eine Güterabwägung mit der Überleitung in zwangskontextuelle Maßnahmen zu stellen, die in diesem Zusammenhang eine andere Bedeutung erhalten und daher ihre prinzipielle Ablehnung relativieren können. Dies kann bei Menschen, die durch Drogen und Prostitution im Bahnhofsmilieu existenziell bedroht sind, bei *Autocrashing* durch sog. *Crash-kids* und *S-Bahn-Surfen* wie bei lebensbedrohlichen selbstverletzenden Verhaltensweisen der Fall sein. Sind die hierauf erfolgenden Eingriffsmaßnahmen mit Freiheitsentziehung verbunden, so ist der doppelte verfassungsrechtliche Rechtsschutz über den Gesetzesvorbehalt (Art. 104 I, 1 GG) und den Richtervorbehalt (Art. 104 II 1,2 GG) gegeben. Die o.a. pädagogischen Abwägungen im Rahmen des ultima ratio Prinzips sind in den richterlichen Unterbringungsentscheidungen über den Verhältnismäßigkeitsgrundsatz im Rahmen des Rechtsstaatsprinzips zu berücksichtigen.

Bei diesen *hochriskant agierenden*, meist jungen Menschen, die bereits vielfältige Abbrüche niedrig- wie hochschwelliger Erziehungsmaßnahmen hinter sich haben, insbesondere der Heimerziehung oder des Jugendstrafvollzugs, und die niemand mehr betreuen will, sind Alternativen zu zwangsinstitutionellen Settings eine besondere Herausforderung für kriminologische Soziale Arbeit. Dies beginnt bei den differenten und heterogenen Definitionen dieser Personengruppen mit abwertendem Zuschreibungs- bzw. Diskriminierungspotenzial wie *Systemsprenger*, *Hochrisiko-Klientel*, *schwierige bzw. schwierigste*, *unerziehbare*, *hilferesistente* bzw. *jugendhilfeaversive* Kinder und Jugendliche (Schwabe/Stallmann/Vust 2013, 25). Dieser Etikettierungsbefund gilt auch für die *pars pro toto* Beschreibungen, gebräuchlich in den Bereichen von Sozialen Problemen und Kriminalität (Trotter 2001, 100), als *unmotivierte* und *unfreiwillige* Klienten/Klientinnen, als ob es keine anderen Motivationen und freiwilligen Partizipationsakte jenseits der Hilfebeziehung und der dieses inkriminierte Verhalten ja geradezu auch bewirkenden Zwangskontakte gäbe.

Eher sach- als personenbezogene Bezeichnungen, die vielleicht auch schon den dringenden Hilfebedarf wie die mögliche Hilferichtung signalisieren, wie dies bei *hochriskant agierenden* Menschen nahe kommt, scheinen hier vorzugswürdig. Diese sprachsensible Semantik ist zur Vermeidung weiterer Verletzungen auch bei anderen vulnerablen Personengruppen anzuwenden, etwa bei Menschen, die auf der Straße leben und die in der auf sie beziehbaren Begriffsgeschichte als *Vagabunden*, *Penner*, *Obdachlose*, *Herumtreiber*, *Nomaden*, *Berber*, *Zigeuner*, *Stadtstreicher* diffamiert wurden (▶ Kap. 7.3.3).

Menschen in besonderen sozialen Schwierigkeiten (BISS) ist demgegenüber eine sachliche neutrale Bezeichnung, die die Münchner Organisation für Wohnungslose gewählt hat, und unter der die erste Wohnungslosenzeitschrift in Deutschland vertrieben wird.

Niedrigschwellige Unterstützungssettings als Alternativen zu hochschwelligen, durch Zwangselemente gekennzeichnete Erziehungsarrangements wie die familiengerichtliche Unterbringung nach § 1631b BGB, setzen sich aus verschiedenartigen Bausteinen zusammen, die durch ihre jeweilige Qualität wie reversible Kombination auf selbstbestimmtere und daher nachhaltigere Verhaltensänderungen abzielen.

So baut das Projekt »NAIS« (= Niedrigschwellige Alternative für sog. Systemsprenger/innen) auf 18 Handlungsformen auf, die sich im Spektrum von *Warten, kommen lassen*, *zugänglich sein*, *sich verwenden lassen* bis zu den *harten Grenzziehungen: Beendigungen der Hilfe, Einschalten der Polizei, Etablierung von Zwangskontexten und Hausverbote* auf acht Formen niedrigschwelligen Begleitens, auf zwei des Versorgens und jeweils auf vier Arten des Beratens/der (Selbst)Klärungshilfen und des Erziehens/Kontrollierens aufteilen (Schwabe/Stallmann/Vust 2013, 33–38, 48, 89).

Ambivalenzen als größtes Hindernis auf dem Weg zur Veränderung einer Person durch derartige professionelle Handlungsprogramme, in der Argumente für und wider Veränderung in der ambiguosen Person bereits vorhanden sind (Miller/Rollnick 2015, 21), bedürfen einer besonderen Gesprächsgestaltung wie die der »Motivierenden Gesprächsführung«.

Nach ihrer von der *Laiendefinition, der Therapeutendefinition* zu unterscheidenden *Handwerklichen Definition* (ebd., 50) ist diese folgendermaßen zu verstehen.

»Motivational Interviewing ist ein kooperativer, zielorientierter Kommunikationsstil mit besonderer Aufmerksamkeit auf die Sprache der Veränderung. Dieser Stil ist daraufhin konzipiert, die persönliche Motivation für und die Selbstverpflichtung auf ein spezifisches Ziel zu stärken, indem er die Motive eines Menschen, sich zu ändern, in einer Atmosphäre von Akzeptanz und Mitgefühl herausarbeitet und erkundet.« (ebd.)

Dabei ist es für kriminologische Zusammenhänge äußerst wichtig, die Unterscheidung zwischen der Akzeptanz der Person und des als veränderungsbedürftig angesehenen Verhaltens zu treffen. »Der Aspekt der Partnerschaftlichkeit ist eng damit verknüpft, den Klienten in umfassender Weise so zu akzeptieren, wie er sich ihnen zeigt. Das bedeutet nicht, dass Sie sein Handeln gutheißen oder sich mit dem Status quo einverstanden erklären müssen.« (ebd., 32) Die vier Kernprozesse der Methode des »Motivational Interviewing (MI)« – Beziehungsaufbau, Fokussierung, Evokation und Planung – werden in differenzierter Art und Weise bei Personen mit Drogen- und Gewaltproblemen angewandt, sollen sich aber auch für Zwangskontexte und den Strafvollzug eignen (ebd., 43–51, 155–156, 400–401). Hiergegen gibt es Widerspruch seitens der *Konfrontativen Pädagogik.*

»Im Menschenbild der KP (= *Konfrontative Pädagogik*, W. D.) sind Jugendliche keineswegs ›neugierig‹ auf die Sichtweise der Sozialarbeiter, sondern im Gegenteil: Sie lehnen diese ab, empfinden Hilfsbereitschaft als Weichlichkeit und Einfühlung als Schwäche. Sie haben kein Interesse, über ihre Probleme zu sprechen, denn sie sehen keine Probleme. Sie brauchen keinen, der ihnen verständnisvoll zuhört, …« (Klug/Zobrist 2013, 69–70)

Der wirkliche Alternativcharakter derartiger Projekte wie »NAIS« oder von therapeutischen Jugendwohngemeinschaften, Einrichtungen an der Schnittstelle von Jugendhilfe/Psychiatrie und Jugendhilfe/Suchthilfe, wie von individualpädagogischen Projekten im In- und Ausland (Schwabe/Stallmann/Vust 2013, 204–213), hängt von ihrer Wirksamkeit ab, die in evaluativer Wirkungsforschung nachzuweisen ist. Die Forschungsergebnisse aus einer Fremd-Evaluation aufgrund von vier Forschungsmethoden (Aktenanalyse, Interviews, Teilnehmende Beobachtung, Rekonstruktion der Setting-Entwicklung) zu »Niedrigschwelligen Alternativen für sog. Systemsprenger (NAIS)« ergaben, dass sie bei aller Würdigung der Unterschiede im Vergleich zu diesen anderen Settings gut mithalten können (ebd., 217–219). Die Forschung zur Wirksamkeit von »Motivational Interviewing« mit Meta-Analysen über verschiedene Studien hinweg konnte insbesondere bei der Behandlung von Abhängigkeitserkrankungen kleinere bis mittlere Effekte nachweisen (Miller/Rollnick 2015, 440–441).

Eine Bilanzierung der Evaluationsforschung zu Problemansätzen der Sozialen Arbeit mit *Unfreiwilligen Klientinnen/Klienten* nach der klassischen Wirkungsfrage »What works«? (Robert Martinson, 1974) stellt umfassend »Ansätze, die funktionieren« (Trotter 2001, 121–130), »Arbeitsansätze, die manchmal funktionieren« (ebd., 130–150) und »Ansätze, die nicht funktionieren« (ebd., 150–159) gegenüber. So hat sich etwa *Gemeinsame Problemlösung*, insbesondere auch durch Problemlösungsvereinbarungen, als wirksam erwiesen (ebd., 125–127, 218–219). Ein unausgeschöpftes Potenzial gibt es hierbei in dem Gebrauch des »›Contract‹ as a Social

Work Technique« (Nelken 1987), um mittels Sozialarbeitsverträgen derartige auf gemeinsame Problemlösung hin angelegte Vereinbarungen auch mit der gleichzeitigen Differenz und Ähnlichkeit zu rechtlichen Verträgen vertraglich abzusichern.

Die Entwicklung derartiger Forschungsdesigns und die Durchführung entsprechender Forschungsprozesse mit valideren, auch randomisiert-kontrollierten Forschungsergebnissen gestaltet sich neben ihrer Komplexität aber aus verschiedenen anderen Gründen schwierig. Insbesondere auch deshalb, da erforderliche Kontrollgruppenstudien methodisch und ethisch kaum umsetzbar sind, und weil der Forschungsaufwand neben der Projektbeanspruchung nicht leistbar ist.

5.5.5 *Desistance* – Grenzarbeit an Inklusions- und Exklusionstoren

Karrieren sozialer Probleme, institutioneller wie biografischer Art (▸ Kap. 4.5), sind auf Weiterentwicklung oder Abbrechen angelegt. *Desistance, als* Ablassen oder Abstandnehmen, ist hier die übergreifende Zielformulierung, an der sich kriminologische sogenannte *desistance*-Rückfallforschung (Hofinger 2013) wie die Studien des Instituts für Kriminologie der Universität Tübingen seit den 1990er Jahren orientieren und die auch im kontextspezifischen Sinne auf die Soziologie Sozialer Probleme übertragbar sind. Hier geht es um die Beendigung von Armutskarrieren, in der Kriminologie um den Abbruch von Drogen- und Gewaltkarrieren. Kriminologische Soziale Arbeit wirkt hierbei als Netzwerkpartner durch ihre diversitätsorientierten bereichsübergreifenden wie bereichsspezifischen Handlungsansätze wie Handlungsmethoden bei jeweils festzustellender Wirksamkeit mit. Während sich in einer berufsbiografischen positiv konnotierten Karriere Karrierefenster öffnen bzw. diese zu öffnen sind, um weitere Karriereschritte zu machen, sind in den negativ konnotierten Karriereverläufen *ways out* möglichst frühzeitig oder spätestens mit dem *last exit* zu finden und zu beschreiten. *Justizielle Soziale Arbeit* wie Bewährungshilfe und Sozialer Dienst im Vollzug, *Justiznahe Soziale Arbeit* wie Jugendgerichtshilfe und Strafentlassenenhilfe, *Justizferne Soziale Arbeit* wie Jugendhilfe freier Träger und Drogenberatung (zur Unterscheidung: Deichsel 2014, 166–167) sind an mehr oder weniger karrierebedeutsamen Inklusions- und Exklusionstoren postiert, um hier Grenzarbeit für Integration und Inklusion und gegen Ausschließung zu leisten. Grenzarbeit wird dabei verstanden als Grenzziehung bei Grenzverletzung und ist dabei von ihrem anderen Verständnis zu unterscheiden, dass normorientierte Grenzmarkierungen immer schon untrennbarer Bestandteil von Definitionen sind, wann ein Problem zum Sozialen Problem wird, wann eine Unterscheidung von der Norm zur Abweichung wird, wann ein Handeln zum strafbaren wird.

Desistance bei Karrieren Sozialer Probleme hat als Prävention (zum dreistufigen Präventionskonzept ▸ Kap. 4.9) früh und nicht zu spät, bei kriminellen Karrieren nicht zu früh, aber auch nicht zu spät zu erfolgen.

Setzt sie zu früh an, besteht die Gefahr der Vorfeldkriminalisierung durch ein *Risikostrafrecht.*

> »Dabei wird auch dieses konzeptionell repressive Steuerungsinstrument im Sinne des Präventionsgedankens zunehmend auf ein möglichst frühzeitiges Ansetzen ausgerichtet, indem es sich immer weniger damit begnügt, erst Handlungen zu verbieten, durch die unmittelbare Schädigungen ausgelöst werden, sondern schon solche Handlungen, die gefährlich sind oder womöglich gefährlich sein könnten.« (Frehsee 2010, 352)

Indem die Kontingenzspielräume der Handlungs- bzw. Interventionsmöglichkeiten im Zeitablauf immer enger werden, hat das Unternehmen des *Desistance* bei Sozialen Problemen wie beim Umgang mit Kriminalität ein zeitliches Verfallsdatum, jenseits dessen es nicht mehr oder nicht mehr so effektiv wirkt.

Desistance zielt als Handlungsmaxime in personeller wie in institutioneller Hinsicht auf die zuständigen Akteure der Veränderung, mit dem Fokus auf die Betroffenen und mit der zu schärfenden Blickrichtung auf die gesellschaftlichen wie staatlichen Institutionen. Setzt man das Verständnis der *Primären* und *Sekundären Devianz* nach Edwin M. Lemert, wonach ursprüngliche Normverstöße erst durch die Reaktionen hierauf ihren charakteristischen Abweichungscharakter erhalten, mit Desistance in Verbindung, so bekommt diese Handlungs- und Interventionsstrategie einen paradigmatisch veränderten Sinn. Nun bezieht sie sich auf institutionelles Ablassen und Abstandnehmen von Definitionen und Stigmatisierungen wie im Prozess der Diversion als Ablenken, Umlenken, Weglenken vom Kriminaljustizsystem (Deichsel 1991). Staatliche Politikformen wie Armutspolitik, Sozialpolitik, Gesundheitspolitik, Wohnungsbaupolitik u. a. (Böhnisch/Schröer 2012) richten sich mit dem funktionalistischen Ziel des *Abstandnehmens* von Sozialen Missständen ohnehin an staatliche Akteure.

Als besondere Form des *desistance*, des Ablassens oder Abstandnehmens, kann die Deeskalation bei der Entwicklung von Gewaltdynamiken (▶ Kap. 7.4.5) angesehen werden. Dies geschieht neben anderen Schauplätzen in ambulanten und stationären Einrichtungen, bei Radikalisierungsprozessen zu religiöser und politischer Kriminalität, gerade auch bei der Anwendung von Zwang oder in Zwangskontexten, gegenüber *Ad-Hoc-Eskalationen*, *Verzögerten Eskalationen* und *Institutionellen Eskalationen*, für die jeweils sehr unterschiedliche Lösungsversuche bzw. De-Eskalationsstrategien erforderlich werden (Schwabe 2014, 95–130).

5.5.6 Viktimologische Opferhilfe

Kriminologische Soziale Arbeit ist, unabhängig davon, ob die ebenfalls interdisziplinäre Viktimologie als Teilbereich der Kriminologie, als an die Kriminologie eng angelehntes Wissenschaftsgebiet (Haas 2014, 244) oder als eigene Wissenschaft angesehen wird, immer auch viktimologische Soziale Arbeit. Die Tatopfer sind längst nicht mehr, wie es der Viktimologe Gerd Ferdinand Kirchhoff ausgedrückt hat, »die lange vergessene Perspektive«. Dies hat im Strafrecht wie in der Kriminalpolitik die Hinwendung zur *Restorative Justice* und in der kriminologischen Sozialen Arbeit zur *Restorative Practice* bewirkt (▶ Kap. 5.4.4). Viktimologische Soziale Arbeit hat als Beziehungsarbeit, die Verletzende und Verletzte, Täter/Täterinnen und Opfer häufig nicht zu trennen vermag, das Interaktionsgefüge zwischen ihnen im Blick und im Handlungsfokus, etwa bei Gewaltdelikten.

Seit den 1990er Jahren hat die Opferzuwendung im Strafrecht Fahrt aufgenommen, die im Strafverfahren in den Phasen der *Primären Viktimisierung*, der *Sekundären Viktimisierung* und der *Tertiären Viktimisierung* wirksam wird (Barton/Kölbel 2012). Für die viktimologische Opferhilfe im Strafverfahren haben die *Opferrechtsreformgesetze* neue Handlungsmöglichkeiten eröffnet.

Das 1. *Opferrechtsreformgesetz* (*ORRG*) vom 24.06.2004 sieht den Hinweis auf die Möglichkeit eines Täter-Opfer-Ausgleichs (§ 136 I, 4 StPO) und das Recht der Anwesenheit einer Vertrauensperson bei der Zeugenvernehmung (§ 406 f III StPO) vor.

Das 2. *ORRG* vom 29.07.2009 normiert das Anwesenheitsrecht einer Vertrauensperson bei der Vernehmung des/der Verletzten (§ 406 f II StPO) und den obligatorischen Hinweis an Verletzte auf Unterstützung und Hilfe durch Opferhilfeeinrichtungen (§ 406 h, 1, Nr. 5 StPO).

Im 3. *ORRG*, ergänzt durch das Begleitgesetz hierzu, jeweils vom 21.12. 2015, wird die psychosoziale Prozessbegleitung (§ 406 g StPO) im Strafverfahren eingeführt.

Der Opferbegriff in den Gesetzesüberschriften und der Verletztenbegriff im Gesetzestext verweisen in ihrem Wechsel auf ein gebrochenes Verhältnis zur Opferbezeichnung.

> »Hinsichtlich der Bezeichnung eines viktimisierten Menschen als Opfer gibt es in der Literatur und seitens der praktischen Opferhilfe Tendenzen, ihn durch die Substantive ›Verletzter‹, ›Geschädigter‹, oder ›Betroffener‹ zu ersetzen, um einer emotionalen Implikation und einer historischen Determination entgegen zu wirken.« (Haas 2014, 245)

In diesem Sinne wurde der Begriff des *Opfers* im neuen § 373 b StPO vom 25.06. 2021 für das gesamte Strafrecht durch den des *Verletzten* ersetzt.

> »Der Begriff des Opfers assoziiert eine Leidenskomponente (Hartmann, U. I. 2000, S.145 f.), ein hohes Maß an Handlungsunfähigkeit und Degradierung zum Objekt, das – passiv dem Geschehen ausgeliefert – scheinbar zu keinem aktiven Beitrag mehr fähig ist. Diese Assoziation bündelt sich mittlerweile in der Verwendung des Begriffs ›Du Opfer‹ aus dem Bereich der aktuellen Jugendkultur wider und setzt neben die Leidenskomponente noch die Attitüde eines herabwürdigenden Schimpfwortes mit gezielter Demütigungsabsicht (Kilchling 2010, S. 40).« (ebd.)

Diese semantischen Bedenken hinsichtlich des Opferbegriffs sind im Blick zu behalten, wenn dennoch an der lateinischen Bezeichnung des *victima* innerhalb viktimologischer Wissenschaftsbezüge festgehalten wird, in denen zwischen dem weiten Opferbegriff, etwa angesichts von Umweltkatastrophen und Kriegsopfern, und dem auf Kriminalitätsopfer eingeengten und gebräuchlichen Opferbegriff unterschieden wird. Das Verbrechensopfer ist dies neben der Gefährdung wiederholter Opferwerdung durch *Re-Viktimisierung* in unterschiedlichen Viktimisierungsphasen. In der Regel werden die drei Viktimisierungsphasen: *Primäre Viktimisierung*, *Sekundäre Viktimisierung* und *Tertiäre Viktimisierung* unterschieden. Bei der *Primären Viktimisierung* handelt es sich um das Tatgeschehen selbst mit allen seinen Auswirkungen auf das hierdurch veränderte Leben der Betroffenen. Die *Sekundäre Viktimisierung* wird durch das Umfeld als Reaktion auf die Tat ausgeübt, wobei hier dem Strafjustizsystem wie auch der Sozialen Arbeit als Institutionen, von denen gerade Unterstützung und Hilfe erwartet werden, besondere Bedeutung zukommt. Aus der Studie von Kurt Weis *Die Vergewaltigung und ihre Opfer* (Weis 1982) sind anhand abschreckender empirischer Belege *Sekundäre Viktimisierungsprozesse* für vergewaltigte Frauen als Anzeigeerstatterinnen wie Zeuginnen im und durch den Strafprozess nachgewiesen worden, die bei der Entscheidung über die Einlegung einer Strafanzeige gem. § 158 StPO über diesen sexualstrafrechtlichen Bereich hinaus auch für andere Kriminalitätsbereiche zu beachten sind.

> »Von einer tertiären Viktimisierung wird nach Baurmann/Schädler (1991, S. 16ff.) gesprochen, wenn Opfer von Dritten, etwa von Forschern, Funktionären, Politikern und anderen Berufsgruppen, missbraucht werden, indem sie das Kriminalitätsopfer als Objekt für ihre Ziele (z.B. Karriere, Auflagensteigerung in den Medien) einsetzen und dabei Schäden bei einzelnen Opfern oder bei einer Gruppe von Opfern in Kauf nehmen (Kilching 2010, S.43).« (Haas 2014, 249)

Zur *Tertiären Viktimisierung* gibt es aber genauso unterschiedliche Auffassungen in der viktimologischen Literatur wie zur konzeptionellen Ausdifferenzierung einer *Quartären Viktimisierung.*

> »Das entscheidende Kriterium einer tertiären Viktimisierung ist die Dominanz der Selbstdefinition als Opfer. Es handelt sich dabei um einen mehr oder weniger langen Prozeß, in dem sich Erfahrungen und Einstellungen derart verfestigen, daß es zu einer Verengung der Sicht und Erlebnisweisen und einer Reduzierung der Handlungsmöglichkeiten kommt.« (Kiefl/Lamnek 1986, 272)

Eine weitere, *Quartäre Viktimisierung* ist über die drei Stufen der Viktimisierung hinaus noch in der Forschungsarbeit des Bundeskriminalamtes im Bereich von Sexualität, Gewalt und psychischen Folgen herausgearbeitet worden.

> »Baurmann (1996, S. 41) hat den Horizont auf die möglichen Viktimisierungsstufen erweitert und den Begriff der quartären Viktimisierung eingeführt. Er hat dabei den Blick dafür geschärft, dass Opfer strukturell geschädigt werden, wenn sie insgesamt von gesellschaftlichen Gruppen verunglimpft werden. So kann der immer noch erlebte Vorwurf an Vergewaltigungsopfer, ihre Beschuldigungen seien meist Falschbeschuldigungen bzw. Schutzbehauptungen, zu erheblichen Problemen sowohl bei vergewaltigten als auch bei nicht vergewaltigten Frauen führen.« (Haas 2014, 250)

Die Diversität von zusammengefasst vier Viktimisierungsphasen verlängert sich in eine Perspektivenvielfalt professioneller Opferhilfe im interdisziplinären Handlungsfeld der Viktimologie mit einem Mehrstufenmodell von Copingstrategien. Diese sind als Opferhilfe, als stärker Autonomie gewährende Opferunterstützung, als Opferschutz im Rahmen des Strafverfahrens, zur Bewältigung der Verletzten- bzw. Opfersituation, entlang der vier Viktimisierungsstufen konzeptualisiert. Dabei sind Allgemeine Opferhilfe für Opfer aller Deliktsarten, zielgruppenspezifische Opferunterstützung (z.B. bei häuslicher oder rechtsextrem motivierter Gewalt), Zeugenbetreuung im Zivil- und Strafverfahren, Integrierte Opferhilfe (z.B. in Schulsozialarbeit oder Polizeiarbeit) sowie Vermittlung und Mediation im Täter-Opfer-Ausgleich zu unterscheiden (Hartmann 2010, 12–13).

Nunmehr bilden die praxisfeldspezifischen diversitätsorientierten Handlungsansätze und Handlungsmethoden die horizontale Achse des Morphologischen Kastens II (▶ Tab. 2) und wiederum die sieben Perspektiven adäquater Methodenreflexion (▶ Kap. 5.3) die vertikale Achse.

Tab. 2: Morphologischer Kasten II: Diversitätsorientierte sozialproblembezogene-kriminologische Handlungsansätze und Handlungsmethoden, eigene Darstellung

Dimensionen methodischen Handelns	**Diversitätsorientierte sozialproblembezogene-kriminologische Handlungsansätze und Handlungsmethoden**					
	Soziale Arbeit trifft auf Strafjustiz	**Kontrollarbeit – Punitivierung**	**Autonomie vs. Zwang**	**Zwangskontexte für hochriskant agierende Personen**	**Desistance – Grenzarbeit**	**Viktimologische Opferhilfe**
Sachorientierung	doppeltes Mandat: gegenüber Klientele und Strafjustiz	Formen von Kontrollarbeit und Punitivierung	graduelle Verhaltensbeeinflussungen bis hin zum Zwang	Zwangskontexte bei Selbst- und Fremdgefährdung	Ablassen – Abstandnehmen von sozialen Problemen/Kriminalität	Opferhilfe – Opferunterstützung – Opferschutz
Zielorientierung	Ausbalancierung der Mandate	Alternativen zur Strafe	Selbstbestimmung vor Fremdbestimmung	niedrigschwellige vor höherschwelligen Zwangskontexten	way out – Karriereabbruch – Deeskalation von Gewalt	Verhinderung von – Coping mit Viktimisierung in vier Viktimisierungsphasen
Personenorientierung	im Rahmen des primären Mandats	was bewegt Strafende – wie wirkt Strafe?	Legitimation/Fähigkeit von Zwangsausübenden – Vulnerabilität von Zwangsunterworfenen	Vermeidung von Bezeichnungen mit abwertendem Zuschreibungspotenzial	individuelle Ausstiegsszenarien	individuelle – kollektive Verletzte/Opfer
Arbeitsfeld- und Institutionenorientierung	Sozialverwaltung – Strafjustiz	sanfte Kontrolleure – harte Kontrollorgane	ambulante, (teil) stationäre Zwangskontexte	Genehmigungsinstanzen und -verfahren – Totale Institutionen	justizielle, justiznahe, justizferne Soziale Arbeit	allgemeine – zielgruppenspezifische, integrative Opferhilfe – restorative justice

Tab. 2: Morphologischer Kasten II: Diversitätsorientierte sozialproblembezogene-kriminologische Handlungsansätze und Handlungsmethoden, eigene Darstellung – Fortsetzung

Dimensionen methodischen Handelns	**Diversitätsorientierte sozialproblembezogene-kriminologische Handlungsansätze und Handlungsmethoden**					
	Soziale Arbeit trifft auf Strafjustiz	**Kontrollarbeit – Punitivierung**	**Autonomie vs. Zwang**	**Zwangskontexte für hochriskant agierende Personen**	**Desistance – Grenzarbeit**	**Viktimologische Opferhilfe**
Situationsorientierung	je nach Aufgabenprofil	spezifische Kontrollsituationen	Zwangsausübung zur Situationsbewältigung	situative Zwangsbegrenzung	räumliche Ausstiegsorte – Ausstiegszeiten	interaktiv-dynamische Täter-Opfer-Beziehung
Planungsorientierung	Basis: drittes Mandat	muss (welche) Strafe sein?	pädagogische/rechtliche Legitimierung von Zwang	zwangintegrierender Organisationsplan	Grenzziehung bei Grenzverletzung	praxisflektierende/-qualifizierende Unterstützungsangebote
Wirksamkeitsüberprüfung	professionelles standing	durch Sanktionsforschung	ist Zwang, zu welchem Zweck, (noch) unbedingt erforderlich?	Evaluation der (Aus)Wirkungen von Zwang	Rückfallforschung	mitlaufender Blick für Opferbelange

5.6 Handlungskompetenz durch diversitätsorientierte Kombination von praxisübergreifenden und praxisspezifischen Handlungstheorien, Handlungsansätzen und Handlungsmethoden

Der Handlungsfähigkeit bzw. der hierzu führenden Handlungsbefähigung der Adressaten/Adressatinnen Sozialer Arbeit (▶ Kap. 5.4.5) hat zu ihrer bestmöglichen Aktivierung bzw. Mobilisierung die professionelle Handlungskompetenz zu entsprechen. Beide setzen sich aus einer je eigenen Komplexität zusammen, die hinsichtlich der professionellen Handlungskompetenz aus den drei wesentlichen Kompetenzdimensionen Wissensdimension, Dimension des Könnens, Haltungsdimension besteht (von Spiegel 2021, 84–102).

Von den verschiedenen Wissensformen wie Beschreibungswissen, Erklärungswissen, Wertwissen, Veränderungswissen (ebd., 86–90) werden das analytische Erklärungswissen (▶ Kap. 6.4) sowie das Veränderungswissen in den eher wissensorientierten Handlungstheorien und in den stärker vom Können her geprägten Handlungsansätzen und Handlungsmethoden noch weiter behandelt werden. Aus den Dimensionen des Könnens – Fähigkeit zum kommunikativen dialogischen Handeln, Fähigkeit zum Einsatz der *Person als Werkzeug*, Grundoperationen des methodischen Handelns, Fähigkeit zur effektiven und effizienten Gestaltung der Arbeitsprozesse, Fähigkeit zur organisationsinternen wie institutionell externen Zusammenarbeit (ebd., 93–99) – wird dem dialogisch-diskursorientierten, als besonderem diversitätsorientiertem Können noch genauer nachgegangen werden (▶ Kap. 6.5). Haltungsdimensionen sind als persönliche und berufliche Grundhaltungen (▶ Kap. 5.2), als (Selbst)Reflexivität und in der stark normativ-wertebezogenen wie menschenrechtsorientierten Triade von Sozialen Problemen, Kriminologie und Strafrecht immer wieder Thema, unter Vernachlässigung des Stellenwerts persönlicher Eigenschaften und von Schlüsselqualifikationen, gewesen.

Die beiden Achsen des Morphologischen Kastens III (▶ Tab. 3) werden durch die im vorangehenden erarbeiteten praxisfeldübergreifenden und praxisfeldspezifischen Handlungsansätze wie Handlungsmethoden gebildet.

Die Tabelle 3 vermittelt, wie sich die Handlungsdiversität durch das Zusammentreffen der praxisfeldübergreifenden und der praxisfeldspezifischen Handlungsansätze und Handlungsmethoden in 36 Exempel verbindet.

Dies soll abschließend anhand der ersten horizontalen Zeile (Exempel 1–6), des diagonalen Strangs (Exempel 1, 8, 15, 22, 29, 36) und der ersten Spalte (Exempel 1, 7, 13, 19, 25, 31) skizziert werden.

Horizontale Kästchen im Morphologischen Kasten III:
Bei den sogenannten Diversionsprojekten zum Jugendgerichtssystem (▶ Kap. 5.5.5) sind die freien Träger der Jugendhilfe immer wieder vor die ambivalente Entscheidungssituation gestellt, ob sie ambulante Maßnahmen im strafjustiziellem Auftrag

Tab. 3: Morphologischer Kasten III: Diversitätsorientierte praxisfeldübergreifende und praxisfeldspezifische Handlungsansätze und Handlungsmethoden, eigene Darstellung

Praxisfeldspezifische Handlungsansätze und Handlungsmethoden	**Praxisfeldübergreifende Handlungsansätze und Handlungsmethoden**					
	Reflexive Soziale Arbeit	**Konstruktive Soziale Arbeit**	**Lebensweltorientierung**	**Partizipative Konfliktschlichtung**	**Handlungsbefähigung**	**Menschenrechtsprofessionalität**
Soziale Arbeit trifft auf Strafjustiz	Exempel 1	Exempel 2	Exempel 3	Exempel 4	Exempel 5	Exempel 6
Kontrollarbeit – Punitivierung	Exempel 7	Exempel 8	Exempel 9?	Exempel 10?	Exempel 11?	Exempel 12?
Autonomie vs. Zwang	Exempel 13	Exempel 14?	Exempel 15	Exempel 16?	Exempel 17?	Exempel 18?
Zwangskontexte für *hochriskant agierende* Personen	Exempel 19	Exempel 20?	Exempel 21?	Exempel 22	Exempel 23?	Exempel 24?
Desistance – Grenzarbeit	Exempel 25	Exempel 26?	Exempel 27?	Exempel 28?	Exempel 29	Exempel 30?
Viktimologische Opferhilfe	Exempel 31	Exempel 32?	Exempel 33?	Exempel 34?	Exempel 35?	Exempel 36

und zur Entpönalisierung der Jugendlichen wie zur Erschließung zusätzlicher finanzieller Mittel durchführen und dabei Kontrollaufgaben wie Meldepflichten übernehmen. Hier ist besondere (Selbst)Reflexivität, insbesondere auch als Folgenevaluation, erforderlich. (Exempel 1)

Indem Soziale Arbeit auf Strafjustiz trifft, betrifft sie dadurch auch strafrechtliche Begrifflichkeiten für ihre Mandanten/Mandantinnen, indem sie nun *Straffällige, Kriminelle, Probanden* genannt werden, die ihr selbst eine andere Tätigkeitsbezeichnung etwa als *Gerichtshilfe* zuweist und mit denen sie umzugehen hat, wie *schädliche Neigungen* gem. § 17 I 2 JGG. Bemühungen um begriffliche Dekonstruktion finden hierbei ihre Grenzen an der Kooperationsnotwendigkeit innerhalb des strafrechtlichen Systems. (Exempel 2)

System und Lebenswelt stehen sich diametral gegenüber. Das (Strafjustiz)System *kolonisiert* die Lebenswelt etwa als *Expropriateur*, als *Enteigner von Konflikten.* (Exempel 3)

Die Wiederaneignung von Konflikten innerhalb oder vorzugswürdig außerhalb des Strafjustizsystems durch die vielfältigen Formen von »restorative justice« und »restorative practice« ermöglicht partizipative Konfliktschlichtung. (Exempel 4)

Die von Sylvia Staub-Bernasconi eingeforderte gleiche Augenhöhe von Sozialarbeitern/Sozialarbeiterinnen und ihrem *institutionellen Gegenüber* ist in ihren Kontakten mit der Strafjustiz als Handlungsbefähigung besonders gefragt wie schwierig. (Exempel 5)

Soziale Arbeit hat sich, ggf. im Zusammenwirken mit Strafverteidigung, auch um die Durchsetzung der strafprozessualen Menschen- und Verfassungsrechte für die Beschuldigten wie für die Opfer im Strafverfahren zu bemühen. (Exempel 6)

Diagonale Kästchen im Morphologischen Kasten III:
Die Ansicht, dass Ordnungsvorstellungen willkürliche Konstrukte sind, führt im postmodernistischen Dekonstruktivismus zur Infragestellung von Kontrollformen, die selbst in Frage zu stellen ist. (Exempel 8)

Was Autonomie für die Mandanten/Mandantinnen bedeutet, ist aus ihrer Lebenswelt abzuleiten und nicht aus aufgedrängtem Freiheitsverständnis fremd zu bestimmen. (Exempel 15)

Die Bewährungshilfe vereinbart mit dem/der Probanden/Probandin in einem aufgetretenen Konflikt, der als gröblicher und beharrlicher Verstoß im Sinne des § 56d III, 3 StGB interpretationsfähig ist, eine Konfliktmediation, um von ihrer Mitteilung an das Gericht absehen und damit den Bewährungswiderruf (§ 56f I, 1, Nr. 3 StGB) vermeiden zu können. (Exempel 22)

Resozialisierung als zentrales Strafvollzugsziel wird im Strafvollzug vor allem über Schul- und Ausbildungsprogramme verfolgt, um Strafgefangene zu befähigen, nach der Entlassung ein straffreies Leben zu führen, also von weiteren Straftaten abzulassen. Paradoxerweise geschieht dies im Gefängnis in einem Umfeld mit starken, *desistance* entgegenwirkenden Kräften. (Exempel 29)

Verbrechensopfern rechtliches Gehör in einer Weise zu gewähren, die alte Wunden nicht aufreißt, weitere Viktimisierungen verhindert und den Schutz von Opferzeugen gewährleistet, ist eine besondere herausfordernde Menschenrechtsarbeit. (Exempel 36)

Vertikale Kästchen im Morphologischen Kasten III:
Inwieweit Soziale Arbeit selbst pönalisiert bzw. an Pönalisierung beteiligt ist, in welchen manifesten oder latenten Formen dies geschieht und ob bzw. welche weniger eingreifende, insbesondere pädagogische Alternativen es hierzu gibt, ist permanenter Reflexionsgegenstand. (Exempel 7)

Ein reflexiver Umgang mit bzw. zwischen den Polen des Kontinuums von Autonomie und Zwang hat zu vergegenwärtigen, dass es zwischen ihnen vielfältige Graduierungen sowohl von Selbst- wie von Fremdbestimmung gibt, mit unterschiedlichem Ermöglichungs- und Verhinderungspotenzial, das anlassbezogen nach dem Verhältnismäßigkeitsgrundsatz zu aktivieren ist. (Exempel 13)

»Behalten steht im Dienst der Erwartung« (Douwe Draaisma). Das Erinnern früherer eskalierender Situationen hat durch analytische Reflexion ihrer Entstehungsbedingungen und Verlaufsprozesse ihrem zukünftigen Vermeiden zu dienen, und damit dem Erübrigen von Zwangskontexten. (Exempel 19)

Desistance, Ablassen heißt Aufgeben. Dabei gilt es zu reflektieren, was die Voraussetzungen hierfür sind, ob es etwa für destruktive Verhaltensweisen konstruktive Alternativen gibt. Hier sind die Grenzen des Möglichen auszuloten. (Exempel 25)

Das Kompositum *Opferhilfe* kann begrifflich die Passivität des erlittenen Vorgangs der Viktimisierung in die Reaktion hierauf verlängern. (Exempel 31)

Zusammenfassung

Handlungskompetenz wird über wissensorientierte Handlungstheorien und kompetenzorientierte Handlungsansätze und Handlungsmethoden erlangt, die wiederum in professionelle Haltungen eingebettet zu sein haben. Diese diversitätsorientierte Handlungskompetenz ist zum einen praxisfeldübergreifender Art, indem sie alle Tätigkeitsbereiche Sozialer Arbeit erfasst, und zum anderen praxisfeldspezifisch, hier für sozialproblembezogene-kriminologische Soziale Arbeit angelegt.

Übungsaufgaben

Führen Sie in Tab. 3 die Kreuztabellierung für weitere drei Exempel mit Fragezeichen nach der aufgezeigten Kontingenzanalyse fort.

Zur Vertiefung

Birgmeier, B. (2014): Handlungswissenschaft Soziale Arbeit. Eine Begriffsanalyse. Wiesbaden: Springer VS.

Staub-Bernasconi, S. (2018): Soziale Arbeit als Handlungswissenschaft. Soziale Arbeit auf dem Weg zu kritischer Professionalität (2. vollständig überarbeitete u. aktualisierte Auflage). Opladen/Toronto: Barbara Budrich.

Kähler, H. (2005): Soziale Arbeit in Zwangskontexten. Wie unerwünschte Hilfe erfolgreich sein kann. München/Basel: Reinhardt.

6 Lehrdidaktische und hochschulcurriculare Zugänge zu diversitätsorientierter Sozialer Arbeit

6.1 Entscheiden und Handeln im Ungewissen mit Unsicherheiten

Wie Prävention zeitlich der Intervention vorausgeht und doch gleichzeitig auch eine Form der Intervention darstellt (▸ Kap. 4.9), so stehen auch Entscheiden und Handeln sowohl in chronologischer Abfolge wie im gemeinsamen Handlungsbegriff zueinander. Entscheidungen sind immer kontingent, sie führen zu Scheidungen von Optionen. Entscheiden wie Handeln sind jeweils durch Ungewissheiten und Unsicherheiten geprägt, mit denen die Handlungsadressaten/-adressatinnen wie die professionellen Handelnden selbst umzugehen haben.

> »Many decisions are based on beliefs concerning the likelihood of uncertain events such as the outcome of an election, the guilt of a defendant, or the future value of the dollar. These beliefs are usually expressed in statements such as ›I think that …‹, ›chances are …‹, ›it is unlikely that …‹, and so forth.« (Kahneman/Tversky 2012 a, 419)

Wie aber werden diese Wahrscheinlichkeiten bewertet? Diese Frage durchzieht Entscheidungs- und Handlungsprozesse in allen ihren Phasen. Die Entscheidungs- und Handlungsambivalenzen ergeben sich systemtheoretisch aus der Kontingenzeinschränkung bei getroffenen Handlungsentscheidungen, wodurch andere Möglichkeiten ausgeschlossen und Folgehandeln bestimmt wird. Prozessual geschieht dies nach dem motivationspsychologischen *Rubikonmodell* der vier Handlungsphasen nach Heckhausen (1987,129) in der Abwägephase (prädezionale Phase), der Planungsphase (präaktionale Phase), der Handlungsphase (aktionale Phase) und der Bewertungsphase, die retrospektiv das Erzielte bewertet und prospektiv als gemachte Erfahrung berücksichtigt.

Der aus der römischen Geschichte entlehnte Begriff des *Rubikon* verweist auf die Endgültigkeit der jeweils realisierten Phasen, aus denen es dann kaum mehr ein Zurück gibt. Wegen der immanenten Entscheidungs- und Handlungsrisiken ist dies unter Einbeziehung von Risikoanalysen (▸ Kap. 4.4) immer zu beachten.

Während die Ungewissheiten auf Ambiguität verweisen, werden die Unsicherheiten durch Ambivalenz geprägt.

> »In der Literatur und im allgemeinen Sprachgebrauch werden die Begriffe Ungewissheit, Ambiguität (selten auch Amphibolie) und Ambivalenz mal gleichbedeutend und mal recht unterschiedlich verwendet. Anders als bei Bauman (2005), Junge (2000) oder Kleve (2007b), welche den Ambivalenzbegriff nahezu gleichbedeutend mit Ambiguität gebrauchen, spreche ich hier in Anlehnung an Jekeli (2002, 95 ff.) von Ambiguität im Sinne von Mehr-

deutigkeit immer dann, wenn Phänomene durch ›Unbestimmtheit, Unklarheit, Neuheit, Offenheit, Komplexität, Überdeterminiertheit, Widersprüchlichkeit oder Paradoxie gekennzeichnet sind‹ und als irgendwie unklar, uneindeutig oder ungewiss erscheinen (Jekeli 2002, 99).« (Effinger 2021, 10).

Ambivalenz demgegenüber wird als Verhaltensunsicherheit angesichts von mehreren, mehr oder weniger gleichwertigen Entscheidungs- und Handlungsalternativen verstanden (ebd., 11). Dieses gegenüber anderen Auffassungen differente Verständnis von Ambiguität und Ambivalenz wird auch hier geteilt (► Kap. 2.5).

Verhaltensunsicherheiten lassen sich insbesondere zurückführen auf Ambiguitäten, (sich erweiternde) Möglichkeitsräume des Handelns und gesellschaftliche Hintergründe beruflicher Unsicherheiten, etwa im Umgang mit Gewalt (Schwabe 2014, 219–227). Aus Ungewissheiten folgen Unsicherheiten, aus denen in kriminologischer Hinsicht Kriminalitätsfurcht resultiert, häufig verbunden mit veränderungsresistenter Wirkung gegenüber alternativen Einschätzungen von Sicherheitslagen auch auf Grundlage valider Kriminalstatistiken. Es wird in diesem Zusammenhang auch von einem *Kriminalitätsfurcht-Paradoxon* ausgegangen, wonach gewisse Personengruppen, wie etwa alte Menschen, mit einer geringen Viktimisierungswahrscheinlichkeit besonders hohe Furchtraten aufweisen (Singelnstein/Kunz 2021, 432–433).

Aus der Öffnung hin zu Diversität folgen Ungewissheiten und Unsicherheiten. Indem die verschiedenen Seiten einer Medaille betrachtet und berücksichtigt werden, wird die (falsche) Sicherheit gewährende Gewissheit durch die Einsicht erschüttert: »Eindeutig ist immer einseitig« (T. W. Adorno).

Welche didaktischen und curricularen Konsequenzen sich hieraus ergeben, bedarf im Folgenden besonderer Aufmerksamkeit.

Abb. 6: Lehrdidaktische und hochschulcurriculäre Zugänge, eigene Darstellung

Anstatt durch zunehmende Verwissenschaftlichung und eine Anhäufung an Wissen aus dem reichhaltigen Theorierepertoire der Soziologie Sozialer Probleme, der Kriminologie und der Sozialen Arbeit als multidimensionale und interdisziplinäre Handlungswissenschaft den Grad der Ungewissheit und der Unsicherheit weiter zu steigern, sollen hier didaktisch und curricular Zugänge zum Verständnis bereichsübergreifender wie bereichsspezifischer diversitätsorientierter Arbeit vermittelt werden. Diese betreffen zunächst denjenigen zur Wirklichkeit, einmal phänomenologisch und dann analytisch.

> »Denn was die Phänomenologie auszeichnet, ist ein methodisch strenges Verfahren der Welterschließung. Dieses unterscheidet sich aber von den Naturwissenschaften dadurch, dass es den Verlauf der Phänomene nicht etwa zu erklären oder zu prognostizieren anstrebt, sondern diese Phänomene in ihrer faktischen Gegebenheit für das menschliche Bewusstsein überhaupt erst einmal möglichst objektiv und wertfrei erfassen will.« (Eilenberger 2018, 64)

Analytische Herangehensweisen stehen zu phänomenologischen in einem fruchtbaren Spannungsverhältnis. Eine dialogisch-diskursive Themenerschließung dient dem Anliegen der Diversität, Diskursräume zu öffnen anstatt zu verschließen (► Kap. 2.6.4), und soll anhand exemplarischer Beispiele kritische Meinungsbildung fördern helfen.

> »Die Beherrschung des transformativen Drei- und normativen Zwischenschritts ermöglicht den Studierenden und PraktikerInnen, aus selbständig recherchierten, einschlägigen Forschungsresultaten praxisbezogene Schlussfolgerungen für ihr Handeln zu ziehen, …« (Staub-Bernasconi 2018, 292)

Große Ungewissheiten und Unsicherheiten bei Studierenden und Praktikern/Praktikerinnen bestehen im Bereich der Rechtsanwendung, für die auf ein diversitätsorientiertes Differenzmodell verwiesen wird. Schließlich wird der Schwerpunktbereich Soziale Probleme, Kriminologie und Strafrecht über eine kohärentere Modulstruktur und ihre Einbettung in das Gesamtcurriculum an Hochschulen des Sozialwesens auf diversitätsorientierte sozialproblembezogene-kriminologische Soziale Arbeit durch abduktive, deduktive und induktive Erkenntniszugänge ausgerichtet.

6.2 Lehrdidaktischer Zugang: phänomenologisch – analytisch – aktional

In Anlehnung an die Systematik des Wissenschaftstheoretikers Kurt Eberhard (1999, 17–21) werden folgende drei Arten des Erkenntnisinteresses unterschieden:

- Das phänomenale Erkenntnisinteresse mit der umgangssprachlichen Frage: »*Was ist los?*« – »*Was geschieht?*« Hier geht es zunächst um Wahrnehmen der faktischen Gegebenheiten, ihrer Merkmale und Eigenschaften, um die Beschreibungen des Phänomens mit seinen Definitionen, Begrifflichkeiten und seine thematische Gegenstandsbestimmung.
- Das kausale Erkenntnisinteresse mit der umgangssprachlichen Frage: »*Warum ist das so?*« – »*Warum geschieht es?*« Hier folgen nun die Analyse des sowohl empirischen wie normativen Phänomens, seine Erklärungen und Wirkungszusammenhänge, die Suche nach den Ursachen und seiner Sinnhaftigkeit.
- Das aktionale Erkenntnisinteresse mit der umgangssprachlichen Frage »*Was ist zu tun?*« richtet sich auf die Möglichkeiten des Handelns, der Praxis, der generativen, d. h. erzeugenden, präventiven und modifizierenden Aktionen. Hier werden die

Folgerungen aus den Antworten auf die phänomenale und die kausale Erkenntnisfrage zur Umsetzung in Handlungsideen und Handlungsziele zusammengeführt. Dies geschieht in diesem Zusammenhang auch zur Erreichung einer erhöhten Handlungssicherheit.

Die lehrdidaktischen Umsetzungsmöglichkeiten und -potenziale dieser Typologie von drei Erkenntnisinteressen erweisen sich bei ihrer Anwendung auf einen Theorievergleich zwischen dem *systemtheoretischen Paradigma der Sozialen Arbeit*, den *systemtheoretisch-konstruktivistischen* und *postmodernen Theorieansätzen Sozialer Arbeit* und *Multiperspektivischer Fallarbeit* (Spatscheck 2008, 20–26).

Während das aktionale Erkenntnisinteresse diversitätsorientierter Sozialer Arbeit in praxisfeldübergreifender und praxisfeldspezifischer Ausformung zugrunde liegt und entsprechend vielfältig behandelt wurde (▶ Kap. 5), bedürfen die phänomenologischen wie analytischen Grundlagen der beiden anderen Erkenntnisinteressen weiterer Vertiefung. Dies geschieht im Folgenden eher skizzenhaft in dreifacher Weise. Zunächst erfolgt eine kurze Einführung in die philosophischen wie erkenntnis- und wissenschaftstheoretischen Zentralbegrifflichkeiten von Phänomenologie und analytischer Philosophie. Es folgen die Kurzdarstellung phänomenologischer und analytischer Bezugsgegenstände und die Ausrichtung ihrer empirischen Erforschung an phänomenologischen und analytischen Parametern.

6.3 Phänomenologisches Wahrnehmen und empirisches Erforschen

Phänomenologisch die Wirklichkeit sinnlich *wahr-nehmen* ist sicherlich nicht mit ihrer empirischen Erforschung zu verwechseln. Andererseits sollten sie nicht in Konkurrenz zueinander treten, sondern ihre Wechselbezüglichkeit, ihr Aufeinanderberuhen, produktiv und fruchtbar werden lassen. Daher werden entgegen der folgenden Auffassung von Husserl und Heidegger phänomenologisch-empirische Zugänge zur Wirklichkeit als auseinander wie aufeinander folgend aufgefasst und lehrdidaktisch umgesetzt. »Gleich Husserl opfert Heidegger die Empirie, schiebt alles, was nicht nach dessen Sprache eidetische Phänomenologie wäre, den unphilosophischen Tatsachenwissenschaften zu.« (Adorno 1997, 85)

Edmund Husserl hat anknüpfend an Franz v. Brentanos Verständnis von – insbesondere psychischen – Phänomenen, auf die sich Bewusstsein immer schon intentional richtet, die Phänomenologie in besonderer Weise geprägt. Ausgehend vom phänomenologischen Hauptthema der Intentionalität entwickelt Husserl phänomenologische Grundbegrifflichkeiten wie *eidetische Reduktion*, *Epoche*, unterscheidet *Noesis* und *Noema* sowie *cogitative Typen*, und stellt die Bedeutung von Sinnen, Anschauung und Erfahrung in den Mittelpunkt seiner philosophischen Ausrichtung (Orth 1994, 246–250).

Die *eidetische Reduktion* zielt auf die Enthaltung, das Innehalten (= *Epoche*) von natürlichen Einstellungen und Vormeinungen. Während *Noesis* den auf ein Phänomen gerichteten Bewusstseinsakt bezeichnet, bedeutet *Noema* das so Wahrgenommene. Vier *cogitative Typen* zeichnen sich durch Variationen der Intentionalität aus, etwa in der Gegensätzlichkeit des *faktischen habitualisierten Monaden-Ich* vom *transzendenten Bewusstsein als ego cogito cogitatum* (ebd., 250).

Die *eidetische Reduktion* durch *epoche* dient der Emergenz, dem *Auftauchen* der eigenen Sinne, der Anschaulichkeit und der Erfahrung, die das zentrale, anknüpfungsfähige lehrdidaktische Potenzial darstellen.

Gegenstandsbezogene Phänomene bringen wissenschaftlich je verschiedenartige Phänomenologien hervor, wobei hier anschließend an die Bedeutung der *eidetischen Reduktion* durch *epoche im Hinblick auf* vulnerable Menschen in ihren prekären Lebenssituationen die Phänomenologien der Aufmerksamkeit, der Wahrnehmung und der Erfahrung im Vordergrund stehen.

> »Die Aufmerksamkeit gewinnt eine praktische Dimension, wenn es zur Ausbildung von Aufmerksamkeitspraktiken kommt und sich eine Aufmerksamkeitspolitik wie auch eine Aufmerksamkeitsökonomie herausbildet ... Ein Aufmerksamkeitsgeschehen, das sich nicht auf subjektive Akte beschränkt, lässt nämlich erwarten, das Selbst- und Fremdsteuerung ähnlich wie Selbst- und Fremderfahrung ineinandergreifen.« (Waldenfels 2004, 228)

Aufmerksamkeit ist nicht nur mit Achtung und Anerkennung des Nächsten eng verbunden, sondern auch Voraussetzung für das Einlassen auf Selbst- und Fremderfahrung.

> »Sozialphänomenologie ist die Wissenschaft von meiner eigenen Erfahrung und von der anderer Leute. Sie befaßt sich mit der Relation zwischen meiner Erfahrung von dir und Deiner Erfahrung von mir, d. h. mit Intererfahrung. Sie befaßt sich mit deinem Verhalten und meinem Verhalten, wie ich es erfahre, und mit deinem Verhalten und meinem Verhalten, wie du es erfährst.« (Laing 1969, 13)

Aufmerksamkeit als besonders bedeutsames psychisches Phänomen neben vielschichtigen anderen liegt auch den *multiple realities*, den *mannigfaltigen Wirklichkeiten*, zugrunde. »Each thinker, however, has dominant habits of attention; and these practically elect from among the various worlds some one to be for him the world of ultimate realities.« (James 1950, 293) Über den geistig-psychischen Akt der Aufmerksamkeit hinaus ist nach der *Phänomenologie der Wahrnehmung* von Merleau-Ponty Wahrnehmung immer körperlich.

> »So konnte das Phänomen der Ständigkeit des eigenen Leibes, hätte die klassische Psychologie es näher analysiert, bereits zu einem Begriff des Leibes nicht als Gegenstandes der Welt, sondern als Mittel unserer Kommunikation mit der Welt führen, wie auch zu einem Begriff der Welt selbst nicht als Summe determinierter Gegenstände, sondern als des latenten Horizonts all unserer Erfahrung, der in gleicher Weise allem determinierenden Denken zuvor unaufhörlich schon gegenwärtig ist.« (Merleau-Ponty 1966, 117–118)

Die allgemeine Vulnerabilität menschlichen Lebens, insbesondere menschlicher Gesundheit, wie die spezifische in prekären Lebenslagen, etwa die Lebenssituation von wohnungslosen Menschen *auf der Platte*, verweisen auf die Tiefenschichten dieses leibbezogenen Verständnisses von Wahrnehmung.

Die Phänomenologie ist nach Husserl eine Wissenschaft von der Lebenswelt insgesamt und umfasst daher auch das Recht.

> »Husserls Schlachtruf ›Zu den Sachen selbst !‹ will dazu aufrufen, sich von allen theoretischen Voraussetzungen freizumachen und in das Erscheinungsgeschehen selbst einzusteigen: d.h. philosophisch nur das gelten zu lassen, *was* sich zeigt und *wie* es sich zeigt.« (Loidolt 2010, 28)

Die normativen Ordnungen und hier insbesondere das Recht sind in dieser Weise rechtsphänomenologisch neu aufzufassen (ebd., 382–383, 386).

> »Zwar gibt es durchaus den Gedanken einer Anerkennungsgemeinschaft. Primär bleibt jedoch immer die Erste-Person-Perspektive, die Erfahrungsdimension, das Personkonzept, und in der neueren Rechtsphänomenologie: der Anspruch eines radikal Anderen, der die Ordnungen stets durchbrechen kann – also meine ›Lösungen‹ immer wieder in Frage stellen kann. Natürlich wird von hier aus das Recht *anders* gedacht.« (ebd., 383)

Empirie beruht in den »unphilosophischen Tatsachenwissenschaften« im Sinne von Husserl und Heidegger als qualitative Forschung auf der Phänomenologie. Sie wird auf phänomenologische Theorietraditionen wie den *Symbolischen Interaktionismus*, die *Ethnomethodologie*, die *Wissenssoziologie*, die *cultural studies* u.a. zurückgeführt sowie von diesen belebt und inspiriert. »Wenn wir nun den Standort Qualitativer Kriminologie eruieren wollen, müssen wir ihre Spuren verfolgen und die Entwicklungen, die diese geprägt haben.« (Leimbach/Neubert/Jukschat 2022, 9). Dies gilt für qualitative Kriminologie gleichermaßen wie für die Forschung zur Soziologie Sozialer Probleme.

> »Die jüngere deutsche Auseinandersetzung mit den Herstellungsprozessen von sozialen Problemen ist begleitet von theoretischen Überlegungen und empirischen Programmentwürfen (vgl. Groenemeyer 2012; Schetsche 2014). Diese orientieren sich begrifflich und epistemologisch an qualitativen Forschungsmethoden. Wenn sie etwa die sozialen Arenen, als ein Begriff von Strauss (1982), Akteur*innen und Sinnverstehen (Schütz 1932) zum Untersuchungsgegenstand machen ...« (ebd. 15)

Die Strafjustizforschung hat in klassischen Studien den empirisch schwierigen Zugang zur Polizei (»Die Situation des Verdachts« von Feest/Lautmann) und zur Strafjustiz (»Justiz – Die stille Gewalt« von Rüdiger Lautmann) mittels der qualitativen Forschungsmethode der Teilnehmenden Beobachtung gefunden, die auch für das Erfassen von Erfahrung und die empirische Erforschung abweichenden Verhaltens leitend ist (Friedrichs 1973; Girtler 1980).

Die charakteristischen Forschungsfragen der Soziologie sozialer Probleme, die sich erstens darauf beziehen, wie sich Soziale Probleme in einem komplexen Entwicklungsprozess konstituieren, zweitens auf die Lebenslagen und/oder Verhaltensweisen der Betroffenen eingehen, drittens Soziale Probleme als Resultat eines Skandalisierungsprozesses verstehen, und schließlich viertens die Entwicklung von Interventionsstrategien gegenüber Sozialen Problemen betreffen (Albrecht 2012, 1385–1387), sind sowohl phänomenologischer wie analytischer Art.

Die sich aus der *eidetischen Reduktion* durch *epoche* ergebende Unvoreingenommenheit und Aufmerksamkeit für neue Erkenntnisse des/der Praktikers/Praktikerin Sozialer Arbeit entspricht denen des/der qualitativen Forschers/Forscherin. Dabei ist aber von der Unmöglichkeit der vollständigen Reduktion (Merleau-Ponty 1966, 11) auszugehen, wobei selbst zwischen den Autoren Barney G. Glaser und Anselm L. Strauss des Standardwerkes »Grounded Theory: Strategien qualitativer Forschung« (2010) umstritten blieb, inwieweit dieses zutrifft bzw. wie hiermit umzugehen sei.

6.4 Analytische Strukturierung des Empirischen und des Normativen

Der kontinentalen phänomenologischen Philosophie steht die angelsächsische analytische Philosophie gegenüber, weshalb hier auch englischsprachige Zitate passend sind. »One claim that is often made about analytic philosophy is that it places great emphasis on clarity, precision, and rigour: clarity of thinking, precision of expression, and rigour of argumentation.« (Beaney 2017, 5) Die analytische, am Arithmetiker Gottlob Frege orientierte Frage »how many things are there« (ebd., 6–23) führt hinein in die für die Soziologie Sozialer Probleme wie für die Kriminologie wichtigen Statistiken, etwa zur Berichterstattung zum Armut-Reichtum-Gefälle (► Kap. 7.1.2) oder zu Kriminal- und Strafverfolgungsstatistiken, die paradigmatisch ganz unterschiedlich gelesen bzw. verstanden werden. Die schließende oder inferentielle Statistik, die Zusammenhangsaussagen, eine Strukturierung des Empirischen, anstrebt, ist als analytisch anzusehen, während die deskriptive Statistik Phänomene eher lediglich beschreibt.

Die Analyse zum Gebrauch und Missbrauch von Kriminalstatistiken ist in dreifache Richtung hin zu verdichten. Sie sind zunächst einmal nur Reflex der Aktivitäten der Strafverfolgungsorgane und der ihnen zur Verfügung stehenden Ermittlungsressourcen. Sie beleuchten nur das Hellfeld und nicht das Dunkelfeld, als Differenz der tatsächlich begangenen und der bekanntgewordenen Straftaten (Kinzig 2020, 19–21). Sie beziehen sich nur auf Klassen von Phänomenen.

> »Sie beschreiben keine individuellen Einheiten, sondern Gruppen solcher Einheiten, die einige gemeinsame Merkmale besitzen, die der Grund dafür sind, sie in eine einzige Klasse einzuordnen, obgleich sie im Hinblick auf andere Eigentümlichkeiten vollständig unähnlich sein mögen.« (Sellin 1968, 45)

Die interpretative Analyse stützt sich auf die Zerlegung der Phänomene und die Rückführung zu ihrem Ursprung.

> »What does ›analysis‹ mean? If asked today, many people would say that it involves breaking something down to reveal its constituent parts and structure. This is indeed an important sense of ›analysis‹, which we can call its ›decompositional‹ sense, but it is not the only sense. The word has its origins in the ancient Greek term ›analusis‹, which first acquired a technical sense in Euclidean geometry, where it meant the process of working back to first principles or more basic figures by means of which something could then be proved or constructed – through a corresponding process of ›synthesis‹.« (Beaney 2017, 45)

Interpretative Analyse rückt die Logik und die Sprachanalyse, die *Nenn-Trenn-Funktion der Sprache*, in den Vordergrund, wobei hier die Sprechakttheorie von John

Austin und in seiner Nachfolge die von John Searle auch eine besondere kriminologische Bedeutung haben, etwa für die sprachlichen Äußerungen in strafprozessualen Vernehmungssituationen.

> »Austin laid the foundations for what we know as speech act theory. He emphasized the different kinds of things that we do with words. In saying ›I promise‹, for example, I am not just saying something (picturing a possible state of affairs), but performing the act of promising.« (ebd., 101)

Dieser performative Charakter der Sprache (Wirth 2002) ist für angestrebte Prozesse der Verhaltensänderung, insbesondere als *desistance* (▶ Kap. 5.5.5) u. a., von besonderer Bedeutung.

Der Vater analytischer Sprachtheorie, Ludwig Wittgenstein, hat mit seinem philosophischen Schlüsselwerk *Tractatus logico-philosophicus* die Logik als den analytischer Philosophie zugrundeliegenden Beweggrund zur – freilich schwer verständlichen – Sprache gebracht. »Wenn Wittgenstein als Sprachphilosoph von der Poetik in die Logik getrieben wird und für beide Impulse letztlich eine ganz eigene, einende Form findet, ... « (Eilenberger 2018, 122), so ist damit auch immer die Vernunft zwischen dem Leitspruch der Aufklärung von Immanuel Kant »Habe den Mut, dich deines eigenen Verstandes zu bedienen!« und der Vernunftkritik angesprochen. »Die glückliche Ehe zwischen dem menschlichen Verstand und der Natur der Dinge, die er im Sinne hat, ist patriarchal: der Verstand, der den Aberglauben besiegt, soll über die entzauberte Natur gebieten.« (Horkheimer/Adorno 2003, 10)

Zerlegung und Rückführung zentraler Topoi der Soziologie Sozialer Probleme, der Kriminologie und des Strafrechts geschehen vor dem Hintergrund analytischen Denkens. So lassen sich die Gegenstandsbereiche Sozialer Probleme als mangelnde Teilhabe von Menschen an gesundheitsbezogenen, medizinischen, psychischen, sozialen und kulturellen Ausstattungen, als Einschränkungen ihrer Austauschbeziehungen untereinander und zur Gesellschaft, als behindernde Machtverhältnisse sowie als fehlendes Eingebundensein in gesellschaftliche Werte verstehen, wie etwa durch unausgewogene Ausbalancierung von Rechten und Pflichten (Staub-Bernasconi 1994, 11–46).

Bei der Objektivierung sozialer Probleme und zum Zwecke ihrer politischen Steuerung, etwa bei der Armutsprävention, werden Sozialindikatoren als analytisches Erfassungsinstrument verwandt.

Ausgehend von Indikatoren als betriebswirtschaftlich orientierte Kennzahlen, die ein vereinfachtes Bild der Wirklichkeit ermöglichen, richtet sich der Anspruch an Sozialindikatoren darauf, »ein repräsentatives Bild von der Gesellschaft zu vermitteln und über den Grad des sozialen Wohlstands in der Gesellschaft Auskunft zu geben« (Fischer 2010, 308–309).

Die genauere Rückführung von Kriminalitätsfurcht auf ihre Bestandteile, aus denen sie sich zusammensetzt, lässt es schwieriger erscheinen, soziale Probleme dazu zu benutzen, dass »bedauerliche Verhältnisse günstige Gelegenheiten schaffen« (Murray Edelman), d. h. Kriminalitätsfurcht als Legitimation für Strafschärfungen instrumentalisiert wird.

> »Die Entstehungsbedingungen von Kriminalitätsfurcht und Kriminalitätseinstellungen insgesamt sind sowohl in gesellschaftlichen Bedingungen wie auch auf individueller Ebene zu suchen. Solche Einstellungen stellen keine reflexartig gebildeten Produkte der – wie auch immer erhobenen – objektiven Kriminalitätsbelastung dar. Es handelt sich vielmehr um durchaus eigenständige Phänomene, die etwa mit Lebensstilen und Alltagsroutinen …, Bewältigungsfähigkeiten, Persönlichkeitsmerkmalen und letztlich der sozialpsychologischen Wirklichkeitswahrnehmung zu tun haben, weniger hingegen mit dem tatsächlichen Kriminalitätsaufkommen.« (Singelnstein/Kunz 2021, 432)

Aus Diagnosen werden in kriminologischen Theorien, wie in Multifaktorenansätzen mit ihrer »Addition von prognosefähigen Einzelfaktoren« (Mollenhauer 1981, 20), aus analytisch zerlegten Kausalitätsmodellen, Prognosen über zukünftige Entwicklungs- und Kriminalitätsverläufe abgeleitet. Kriminalätiologische Ursachenerklärungen führen über Kriminalitätsprognosen zu Kriminalitätsvorbeugungsprogrammen (Singelnstein/Kunz 2021, 80). Der Diagnosebegriff wird zum einen in sozialen Anwendungsbezügen wegen seiner klinischen Herleitung und seines hierin eingelassenen Herrschaftswissens mit Skepsis betrachtet, zum anderen auch für sozialarbeiterische Anwendungskontexte als unerlässlich und hieran anpassungsbedürftig angesehen.

> »Der Ursprung des Diagnosebegriffs in der deutschen Fürsorgebewegung geht auf Alice Salomon zurück. Sie hat die Soziale Diagnose als eine Form von Diagnose verstanden, ›die alle Seiten des menschlichen Lebens, die Anlage und die Entwicklung, Milieu und Schicksal in das rechte Licht setzen und zu einem Gesamtbild vereinigen soll, das für die Hilfeleistung den Ausgangspunkt abgibt und das Ziel bestimmt‹ (Salomon 1926/2004, S.260).« (Ludwig 2014, 176)

Es lassen sich zwei inhaltlich-methodische Hauptlinien des Diagnoseverständnisses unterscheiden, einmal die sozialpädagogisch-hermeneutische Diagnose zum Verständnis der Lebensthemen und Sinnzusammenhänge der Mandantinnen/Mandanten, und zum anderen die Entwicklung von analytisch durchstrukturierten Erhebungs- und Beurteilungsinstrumenten (ebd., 177). Diese werden in erheblichem Ausmaße und mit mehr oder weniger ausgearbeiteter Detailliertheit im Arbeitsfeld der Resozialisierung, und hier insbesondere im Bereich des Strafvollzugs und des Maßregelvollzugs, für Strafvollzugs- und Maßregelvollzugsplanung, für Rückfälligkeits- und Entlassungsbeurteilungen angewandt. Aber auch in Überschneidungsbereichen von Sozialen Problemen, Kriminologie und Strafrecht wie im Kinderschutz (► Kap. 8.1.3) sind Erhebungs- und Beurteilungsarbeitshilfen, wie die vom Stuttgarter Kinderschutzbogen (Eisenlohr/Reich 2004) aus entwickelten Kinderschutzbögen zu der nach § 8a I, 1, IV, 1. Nr. 1 SGB VIII notwendigen Beurteilung vorliegender Kindeswohlgefährdung, diagnostisch-prognostische Evaluationsinstrumente.

(Straf)Rechtsdogmatik ist in ihrer *Grammatik* der Allgemeinen Straftatlehre und in ihren jeweiligen einzelnen Rechtsnormen durch und durch analytisch, eine »Analytische Strafrechtswissenschaft« (Urs Kindhäuser). Um keinen analytischen Prüfungsschritt zu übersehen, wird ihr Normprogramm für den Subsumtionsprozess in Aufbau- und Prüfschemata überführt. Inflationär um sich greifende *Legal Tech*-Entwicklungen beruhen auf dem analytischen Charakter, den digitalen Mustern des Rechts. Analytische Verdichtungen finden sich u. a. in Bestrebungen, Rückfallentscheidungen im Strafrecht auf excelbasierte Berechnungstools (*Offender Group Reconviction Scale, Version 3 – OGRS 3*) zu stützen.

Rechtstatsachenforschung hat, als an normativen Fragestellungen orientierte, wie die Erforschung Sozialer Probleme stark analytischen Charakter, etwa bei der Angewandten Sozialforschung auf der Basis von Sozialfaktoren (Bohle 2012) wie bei verschiedenen Formen der Evaluationsforschung, wie Programm-, Prozess-, Produktevaluation, prospektive und antizipatorische, intrinsische und extrinsische Evaluation und nicht zuletzt auch die Meta-Evaluation (Kury/Obergfell-Fuchs 2012, 1526). Kriminologische Forschung ist analytisch wie in der Präzisierung der *Anomietheorie* durch Karl-Dieter Opp (Lamnek 2007, 138–145), in der ökonomische Sichtweisen auf menschliches Handeln übertragenden *Rational Choice-Theorie* (Lamnek 2008, 164–185) oder in der *Situational Action Theory.*

> »Welche Faktoren beeinflussen, ob eine Person eine Straftat begeht? Bei der Suche nach der Antwort auf diese Frage kombiniert die von *Per-Olof Wikström* (*1955) geprägte *Situational Action Theory* persönliche Eigenschaften und Erfahrungen der handelnden Person mit Eigenschaften ihres Umfeldes und der jeweiligen Handlungssituation.« (Singelnstein/Kunz 2021, 194)

Die Erhebung und Auswertung von Kriminalstatistiken wie die Folgerungen aus ihren Befunden, die mit den über die Wahrnehmung von Opfern und Täterinnen/Tätern erhobenen Daten aus der Dunkelfeldforschung (ebd., 267–281) zu einem Gesamtbild von Kriminalität zusammengefügt werden, geschieht ebenfalls auf analytischer Forschungsgrundlage. Sie ist die Basis für Quantitative Methoden, mit denen aus großen Datenmengen Zusammenhangsanalysen vorgenommen werden.

Bei den in den Kapiteln 7 und 8 untersuchten Phänomenen wie Gegenstandsbereichen aus den Überschneidungsbereichen von Sozialen Problemen, Kriminologie und Strafrecht wird an den Unterscheidungen von phänomenologischem, analytischem und axionalem Erkenntnisinteresse (▶ Kap. 6.2) angesetzt, um einer logisch-analytischen Abfolge gerecht zu werden.

> »Bei der Behandlung herkömmlicher Gegenstände empfiehlt es sich gewöhnlich, Begriffe und Probleme in einer Art logischer Abfolge zu entwickeln: nichts, was früher kommt, stützt sich auf etwas, das später kommt, und wenn an einer Stelle ein Begriff entwickelt wird, so in der Absicht, ihn später auch zu verwenden.« (Goffman 1977, 19)

6.5 Meinungsvielfalt in Auseinandersetzungen: im Dialog, in der Debatte, im Diskurs

Diversität entfaltet sich im Dialog, in der Debatte, im Diskurs, und ist auch hier gefährdet – Wertebasierte, konsensorientierte Dialogausrichtung durch ökonomisch-strategische Interaktionsansätze (▶ Kap. 2.3.2), kritische Diskurse durch Schließen von Diskursräumen, paradoxerweise sogar im Namen von Diversität (▶ Kap. 2.6.4). Über Dialogeinübung in Erziehung und Beziehung, durch gegenseitige Dialogbereitschaft bilden sich Auffassungen, Meinungen, Positionen heraus, die in Diskussionen, Debatten, demokratische Streitkultur im Rahmen der verfassungsrechtlich gewährten, aber auch durch Art. 5 II GG begrenzten Meinungsfreiheit eingebracht und vertreten werden können. Diese in gesellschaftliche Diskurse einzubringen, setzt neben einem Verständnis des Diskursbegriffs auch eine Auseinandersetzung damit voraus, dass Wissen immer mit Macht, Macht immer mit Wissen verbunden ist.

Es liegt an der Komplexität des Diskursbegriffs selbst, dass es hierzu recht unterschiedliche Auffassungen gibt.

> »Als erstes möchte ich nun knapp und im Überblick einige Ansätze vorstellen, die sich selbst als diskurstheoretisch begreifen, sich aber auf unterschiedliche Diskursbegriffe bzw. unterschiedliche Erläuterungen vorgegebener Diskursbegriffe stützen. Auf diesem Hintergrund wird es möglich sein, meinen eigenen an Foucault orientierten Ansatz deutlicher herauszuarbeiten.« (Jäger 2015, 19)

Die Werke Foucaults wie »Mikrophysik der Macht«, »Dispositive der Macht«, »Überwachen und Strafen«, »Wahnsinn und Gesellschaft«, sowie »Dits et Ecrits« (kleinere Schriften) (Übersicht über die Vielzahl der Bücher, Vorlesungen, Schriften, Texte Foucaults: ebd., 236–238) sind aus der Soziologie Sozialer Probleme wie der Kriminologie nicht weg zu denken.

> »Der Diskurs wird zwar von der Gesamtheit letztlich aller Subjekte gemacht, bei unterschiedlicher Beteiligung der Subjekte an jeweiligen Mengen von diskursiven Strängen und unterschiedlicher Nutzung der Spielräume, die die sozio-historisch vorgegebenen Diskurse erlauben. Aber kein Einzelner determiniert den Diskurs, obwohl es mancherlei Versuche von Einzelnen oder sozialen Gruppen dazu gibt, strategisch auf die Diskurse Einfluss zu nehmen. Der Diskurs ist sozusagen Resultante all der vielen Bemühungen der Menschen, in einer Gesellschaft zu existieren und sich durchzusetzen. Was dabei herauskommt, ist etwas, das *so* keiner gewollt hat, an dem aber alle in den verschiedensten Formen und Lebensbereichen (mit unterschiedlichem Gewicht) mitgewirkt haben.« (ebd., 37)

Und zentraler *Mitwirkungsfaktor* ist Macht.

> »Diskurse üben als ›Träger‹ von (historisch und räumlich jeweils gültigem) ›Wissen‹ Macht aus; sie sind selbst ein Machtfaktor, indem sie geeignet sind, Verhalten und (andere) Diskurse zu induzieren. Sie tragen damit zur Strukturierung von Macht- und Herrschaftsverhältnissen in den jeweiligen Gesellschaften bei.« (ebd., 38)

Umgekehrt impliziert jede Machtausübung auch »… eine Art von Wissen, wie man's macht« (Foucault 1992, 47).

Bei diesen *Macht-Wissens-Komplexen* drängt sich die Frage auf: »Was ist und warum betreiben wir Kritik in der Sozialen Arbeit?« (Hünersdorf/Hartmann 2013) Sie ist Systemkritik, aber eben auch, ohne dass diese einen Ausschließlichkeitsanspruch erhebt, systeminterne Kritik (Thiersch 2020, 195).

> »Wenn die Verhältnisse – in der Gesellschaft, im Alltag und in der Sozialen Arbeit – im Widerspruch gegenläufiger und doch miteinander zu vermittelnder Intentionen stehen, kommt es darauf an, in ihnen die Intentionen zum Gelingenderen wahrzunehmen und voranzutreiben; es braucht die Entscheidung für sie und die Entschiedenheit, sich zum Gelingenderen zu engagieren.« (ebd., 195–196)

Dabei stellt sich für die Kritik an kollektiven Diskursen die grundsätzliche kritisch-aufklärerische Frage, ob das Besondere durch das Allgemeine oder aber das Allgemeine durch das Besondere zu kritisieren ist.

Gegenüber *Macht-Wissens-Komplexen* regen sich nach dem Grundsatz »Wo es Macht gibt, gibt es Widerstand« (Michel Foucault) Kritik und Abwehr der Subjekte, das Ausweichen in widerständige Orte (»Heterotopien«) und Zeiten (»Heterochronien«) (Jäger 2015, 31–33).

Kritikfähigkeit wie kritische Resilienz beziehen dabei ihr Kritikpotenzial zuvorderst auch aus Haltung (▶ Kap. 5.2).

> »Mir scheint, daß es im modernen Abendland (etwa seit dem 15. oder 16. Jahrhundert) zwischen den erhabenen Unternehmen Kants und den kleinen polemisch-professionellen Aktivitäten, die den Namen Kritik tragen, eine Gemeinsamkeit gibt: eine bestimmte Art zu denken, zu sagen, zu handeln auch, ein bestimmtes Verhältnis zu dem, was existiert, zu dem, was man weiß, zu dem, was man macht, ein Verhältnis zur Gesellschaft, der Kultur, ein Verhältnis zu den anderen auch – etwas was man die Haltung der Kritik nennen könnte.« (Foucault 1992, 8)

Auf dem diskursanalytischen Paradigma wie auf kritischer Haltung gegenüber *Macht-Wissens-Komplexen* basieren kritische Wissenschaften, insbesondere Gesellschaftstheorien wie die *Kritische Kriminologie* (▶ Kap. 4.5), die davon ausgeht, dass ihr wissenschaftlicher Gegenstand der Kriminalität aus dem »Wuchern der Diskurse« (Hannelore Bublitz) produziert worden sei. Aber auch die Einschätzung, »dass die Gesellschaft im Sozialpädagogen einen ihrer heftigsten Kritiker produziert« (Klaus Mollenhauer), ist Grundlage für die Hinwendung zum »Politischen in der Sozialen Arbeit« (Roland Mertens).

6.5.1 Pro- und Contra-Auseinandersetzungen

Für lehrdidaktische Zugänge zu Diskussionen, Debatten, Streitgesprächen bedarf es vorweg einer Bestimmung des Verhältnisses von Wahrheit und Wahrscheinlichkeit.

> »Bei der Frage, auf welche Weise wahre Erkenntnisse zu gewinnen seien, grenzt Aristoteles das apodeiktische Verfahren, das auf *wahren* Prämissen basiert, vom rhetorischen und dialektischen Schlußverfahren ab, das auf ›endoxa‹ (›Meinungsmäßigem‹) beruht. Bei den letzteren Verfahren kommt es lediglich auf das ›eikos‹ = Wahrscheinliche an.« (Gastiger 2002, 131)

In Pro- und Contra-Debatten geht es nicht um *episteme*, um Erkenntnis, Wissen, Wissenschaft, um die Logik der *Apodeiktik*, sondern um Rhetorik, mit dem Rückgriff auf zentrale Topoi bzw. Argumente, um die Zuhörerschaft dialektisch zu überzeugen (ebd., 131–132). Dabei können wissenschaftliche Erkenntnisse hierin durchaus einfließen.

Ausgehend von kontroversen Themen werden in Pro- und Contra-Debatten argumentative Rhetorik und Meinungsbildung geschult. »Pro-und-Contra-Debatten sind strenger reguliert als zum Beispiel Diskussionen. Das Ziel der Pro- bzw. Contra-Gruppen ist hier jeweils, Mehrheitsverhältnisse zu beeinflussen.« (Diercke-Westermann 2022, 2) Pro- und Contra-Debatten verlaufen in neun Phasen, wobei die drei zentralen die jeweiligen Plädoyers der beteiligten Gruppen für ihre Argumente, die

Entgegnungen auf die Gegenargumente der anderen Gruppen und die Pro- und Contra-Abstimmung der Teilnehmenden bilden (ebd., 3). Die in die Debatte eingebrachten Argumente können vorgegeben oder von den Gruppen selbst entwickelt werden. Sie können von Gruppenmitgliedern vorgetragen werden, die ihnen nahe oder fern stehen.

Gesetzgebungsprojekte sind immer wieder derartige kontroverse Themen, die sich für Pro- und Contra-Auseinandersetzungen eignen. Im Anschluss an Karl-Otto Apel wird hier die Begrifflichkeit der *Auseinandersetzung* verwandt.

> »Das deutsche Wort ›Auseinander-setzungen‹ (›mit jemandem‹ oder ›mit etwas‹) dürfte nicht leicht in eine andere Sprache übersetzbar sein. Denn wer sich z. B. ›mit jemandem‹ (über etwas) *auseinandersetzt*, der muß sich gleichzeitig auf zwei scheinbar entgegengesetzte Unternehmungen einlassen: Einmal muß er sich öffnen für die *Verständigung mit einem anderen* über das von diesem vertretene Anliegen – z. B. eine Überzeugung, eine Position oder ein Programm -, zugleich aber muß er das eigene Anliegen im Auge behalten, um die eigene Position und die des anderen ständig miteinander konfrontieren und, auf diesem Wege, entweder die eigene Position revidieren oder in ihrem Lichte die des anderen distanzieren zu können, so daß die verschiedenen Positionen ›auseinander‹treten. In der Regel wird beides – Revision der eigenen und Distanzierung der anderen Position – das Ergebnis einer ›Auseinandersetzung‹ sein, wenngleich dies natürlich von der Konfrontation der Argumente abhängt.« (Apel 1998, 7)

In Diversität, die sich durch Meinungsvielfalt auszeichnet, sind derartige Auseinandersetzungen angelegt.

Ihre Strukturierung soll über vorgegebene oder aus den Argumenten zu entwickelnde thematische Ebenen der Auseinandersetzung erreicht werden.

Auseinandersetzung über die Legalisierung von Cannabis (Haschisch, Marihuana)

Die kontroverse Auseinandersetzung wird durch die Gegenüberstellung des Beschlusses des Zweiten Senats des BVerfG vom 9. März 1994 (sog. Haschischurteil) und des Koalitionsvertrages 2021–2025 von SPD, Bündnis 90/Die Grünen und FDP im Bereich Justiz (»Wir führen die kontrollierte Abgabe von Cannabis an Erwachsene zu Genusszwecken in lizensierten Geschäften ein«, S. 87) deutlich. Dabei sind die im inzwischen abgelaufenen Vierteljahrhundert erfolgten Veränderungen der gesellschaftlichen Diskussionslage und die sich erheblich umfassenderen Forschungsdaten zu Cannabis hierbei zu berücksichtigen.

Die über diese Auseinandersetzung hinausgehende und ohne Anspruch auf Vollständigkeit erfolgte Zusammenstellung von Argumenten auf den jeweiligen thematischen Ebenen ergibt sich aus der folgenden Tabelle 4:

Tab. 4: Pro-Contra-Auseinandersetzung über die Legalisierung von Cannabis, eigene Darstellung

Thematische Ebene	Pro-Argumente	Contra-Argumente
Haschisch als Droge	Keine körperliche Abhängigkeit	Psychische Abhängigkeit
	Größere Gesundheitsgefährdung durch Alkohol	Kulturfremde Droge
	Kontrolle der Reinheit und der Wirkstoffkonzentration	Ermöglichung von Polytoxikomanie
Auswirkung auf Konsumenten/ Konsumentinnen	Verantwortliches/kontrolliertes Konsumverhalten	Schrittmacherfunktion: Einsteige- und Umsteigeeffekte – erhöhter Konsum
	Entkriminalisierung/weniger persönliches Leid – bundesweite Gleichbehandlung	amotivationales Syndrom (Lethargie, Gleichgültigkeit) – Auslösung drogeninduzierter schizophrener Psychosen
Entwicklung des Drogenmarkts	Trennung der Drogenmärkte	Legale Vertriebswege werden für illegale Substanzen genutzt
	Austrocknen des Schwarzmarkts	Organisierte Kriminalität passt ihr Markverhalten an
Staatliche Drogenpolitik	Scheitern der Prohibitionspolitik – Erfolge der Freigabepolitik u. a. in Niederlanden, Portugal, Kanada	Kein Verstoß gegen Übermaßverbot/Verhältnismäßigkeitsgebot bei Schutz von Gemeinschaftsgütern
	Arbeitsentlastung von Strafverfolgungsbehörden/fiskalische Einsparungen	Distributionspolitik wie Kostenfolgen sind ungeklärt

Pro- und Contra-Auseinandersetzung über die Regelung und Liberalisierung der Prostitution

Dem Erlass des Gesetzes zur Regelung der Rechtsverhältnisse der Prostituierten (ProstG) vom 1. Januar 2002 waren intensive Auseinandersetzungen voraus- und nachgegangen. Die jahrzehntelangen gesellschaftlichen und politischen Debatten vor Erlass des Prostitutionsgesetzes bezogen sich darauf, inwieweit Prostitution in Deutschland liberalisiert werden sollte. Es zeichneten sich dabei drei kontroverse Positionen ab: eine, sich für weitestgehende Liberalisierung einsetzende, eine andere, freie Prostitution mit der Ausbeutung von Frauen durch Freier abwägende, und eine dritte, Prostitution generell ablehnende feministische Auffassung (vgl. das Streitgespräch zwischen der SPD-Politikerin Leni Breymaier und der Prostituierten Kristina Marlen: in *Die Zeit*, Nr. 6 vom 30. Januar 2020, 10). Hieraus lassen sich gewichtige Argumente für eine Pro- und Contra-Auseinandersetzung entnehmen. In und nach der Gesetzgebung zum Prostitutionsgesetz zeichnete sich auf Grund des liberalisierteren Umgangs mit Prostitution weiterer Gesetzgebungsbedarf für einen verstärkten Schutz der in der Prostitution Tätigen ab. Das am 1. Juli 2017 in Kraft getretene Gesetz zum Schutz von in der Prostitution tätigen Personen (ProstSchG) kam diesem durch Anmelde- und Beratungspflichten für Prostituierte (§§ 3–11), Eigenschaften (§ 15) und Pflichten (§ 16) von Betreibern eines Prostitutionsgewerbes und Gewerbeuntersagung wegen Unzuverlässigkeit (§ 35 GewO) nach. Das ProstSchG mit seiner Vielzahl von *Pro-Argumenten* in der Gesetzesbegründung wurde von einem Großteil der Sexarbeitenden und ihrer Selbsthilfeorganisationen (siehe Infoblatt zum ProstSchG von »Hydra«, deutsche Selbsthilfegruppe und »Hurenorganisation«, zur Interessenvertretung von Prostituierten) mit gewichtigen *Contra-Argumenten* abgelehnt.

Sowohl die Auseinandersetzungen über die Legalisierung von Cannabis (▶ Kap. 8.2) wie die zur Regelung und Liberalisierung von Prostitution (▶ Kap. 8.3) eigneten sich auch zur Entflechtung der kontroversen und machtgesteuerten Diskursstränge wie zur Herausarbeitung der Verschiebungen in den hegemonialen Dominanzen in einer Diskurs- und Dispositivanalyse.

6.5.2 Kritische Diskurs- und Dispositivanalyse

Ausgang für eine kritische Diskursanalyse sind die Analysekriterien: *Diskursstränge*, *Diskursebenen* und *Diskurspositionen*.

»Ein Diskursstrang bezeichnet einen thematischen Ausschnitt aus dem (soziohistorischen) Gesamtdiskurs« (Jäger 2015, 173), in den er als diskursiver Kontext eingebettet wird. Auf diesen Diskurssträngen, die durch unterschiedliche Diskursfragmente und Haupt- und Unterthemen gekennzeichnet sind, gibt es diskursive Ereignisse, wie Asyldebatte, Abriss der Berliner Mauer (ebd., 80–83, 88–89). »Verschiedene Diskursstränge lassen sich nun wieder nach besonderen Kriterien bündeln, etwa: Diskursstränge der Ausgrenzung (von Einwanderern, Behinderten, Frauen, Jugendlichen, Alten etc.).« (ebd., 89)

Unter Diskursebenen sind soziale Orte zu verstehen, von denen aus Diskurse Wirkung entfalten, wie Wissenschaft, Politik, Medien, Erziehung, Alltag, die sich aufeinander beziehen und die gegenseitig aufeinander einwirken (ebd., 83–84, 173–174). Die jeweiligen Lebenslagen wie Alter, Geschlecht, Einkommen, Beruf, Religionszugehörigkeit, Traditionen, Familienformen, ideologische Ausrichtung usw. bedingen die *Diskurspositionen*, die die inhaltliche Stellung zum Diskurs vermitteln und über die subjektiven und kollektiven Verstrickungen hierin bestimmen (ebd., 85, 177). Für die Soziologie Sozialer Probleme und in der Kriminologie sind weiter *Diskursstrategien* bedeutsam, wie »dramatisierende Statistik«, »selektive Auswahl von Fallbeispielen«, »Moralisieren« (Schetsche 2008, 129–138), zur »Durchsetzung und Absicherung von Problemdeutungen« (Schetsche 1996, 87–96), zur »Festigung von politischer Herrschaft« (Peters 2013, 50–51), mit der Folge von diversen Dramatisierungsgewinnern.

Von den Analysekriterien ist das methodische Analyseverfahren zu unterscheiden, das nach zehn Analyseschritten (Jäger 2015, 90–91) durchgeführt wird. Es beginnt mit der Zielsetzung der Untersuchung, der Bestimmung des Untersuchungsgegenstandes und des diskursiven Kontextes (Zeit, Raum, politisches System). Es folgen Grob- und Feinanalysen der Materialgrundlage, etwa von Zeitungsartikeln und Interviewtexten, und endet in einer zusammenfassenden Diskursanalyse, an die auch kritische, ethische Maßstäbe und Gütekriterien der Forschung angelegt werden.

Das Zusammenwirken von Analysekriterien und methodischem Analyseverfahren wird anhand des Projektberichts »Leben im Brennpunkt. Der öffentliche Diskurs über den Stadtteil Gelsenkirchen-Bismarck/Schalke-Nord und seine Auswirkungen auf die Bevölkerung« (ebd., 164–222) demonstriert. Der Untersuchungsgegenstand *Stadtteildiskurs* wird auch als sozio-, demo- und ethnographischer Hintergrund für diversitätsorientierte Praxis- und Projektarbeit (▶ Kap. 8) von Bedeutung sein. Hierbei handelt es sich um eine Verschränkung der verschiedenen Diskurse: Einwanderungs-, Generationen-, Sozial- und Geschlechter- wie politischer Diskurs, mit jeweils wiederum sehr diversen Diskurssträngen.

Dies geschieht hinsichtlich des Projekts »Leben im Brennpunkt« auf den drei Diskursebenen der Gespräche mit Sozialmanagern, über die Berichterstattung in (über)regionalen Print-Medien und mittels der Wahrnehmungen der Bewohner und Bewohnerinnen.

»Wir wollten wissen, wie sich das Wissen um den Stadtteil, d.h. um seine ökonomischen und sozialen Bedingungen, seine historische Entwicklung und seine Zukunftsperspektive im Alltagshandeln und -wissen der ansässigen Bevölkerung auswirkt.« (ebd., 224)

Aus den Experteninterviews, den Medien- bzw. Inhaltsanalysen sowie den Tiefeninterviews mit Betroffenen zeichnet sich ein Stadtteil mit Erneuerungsbedarf ab aufgrund Sozialer Probleme wie Arbeitslosigkeit, Armut, mangelnde Perspektiven auf dem Arbeitsmarkt, fehlende Ausbildungsplätze, Kriminalität (ebd., 93).

Aus den thematischen Strängen und den Diskurspositionen werden mögliche Entwicklungsrichtungen für den Stadtteil abgeleitet.

Die Stadtteilforschung geht, anknüpfend an die *Macht-Wissens-Dispositive* nach Michel Foucault, als »komplexe und historisch jeweils spezifische interdiskursive Konfigurationen« (ebd., 225), über die Diskursanalyse zu einem prekären Stadtteil mit seinen Sozialproblemen hinaus zu einer *Dispositivanalyse* über.

> »Knapp formuliert verstehen wir unter einem Dispositiv ein Netz von Diskursen, Praktiken und Institutionen (Sichtbarkeiten), das sich ständig neu ordnet und positioniert, weil und sofern es auf einen ›Notstand‹ bzw. auf Notwendigkeiten (urgence = Dringlichkeit, Druck) reagiert und damit Macht entfaltet.« (ebd., 225)

Diese Macht ist eng mit den in die jeweiligen Diskurse eingelassenen Wissensformen verbunden.

Eine Konfiguration der Diskurse um Drogen, Prostitution und stadtteilökologisch heruntergekommene Stadträume, für die als *urban decay* in der entsprechenden kriminologischen Forschung die Metapher der *Broken Windows* (zur *Broken Windows Theorie:* Singelnstein/Kunz 2021, 136–138) verwandt wird, könnte so ein *Dispositiv* mit entsprechendem Forschungsprogramm zur Situationsanalyse, zur Feststellung des Veränderungsbedarfs und zur Entwicklung von Reaktionsalternativen darstellen.

6.6 Transformativer Dreischritt

Die vielfältigen Wissensformen aus den Bereichen der Sozialen Probleme, der Kriminologie und des Strafrechts in professionelle Handlungsschritte für die berufliche Praxis zu transformieren, ist eine weitere besondere Herausforderung für lehrdidaktische Zugänge.

> »Die Beherrschung des transformativen Drei- und normativen Zwischenschritts ermöglicht den Studierenden und Praktikerinnen/Praktikern, aus selbstständig recherchierten, einschlägigen Forschungsresultaten praxisbezogene Schlussfolgerungen für ihr Handeln zu ziehen, …« (Staub-Bernasconi 2018, 292)

Dies lässt sich sicherlich auch auf fremderhobene empirische Daten aus der Forschung zu Sozialen Problemen, der Kriminologieforschung wie der Rechtstatsachen- und Justizforschung, in ihren phänomenologisch-analytischen (▶ Kap. 6.3, ▶ Kap. 6.4) wie hierzu korrespondierenden induktiven-deduktiven Forschungsrichtungen (▶ Kap. 6.9) beziehen.

Die Wissensformen einer normativen Handlungswissenschaft werden in acht Fragetypen mit ihren Antwortrichtungen ausgedrückt: 1. die *Was-Frage* bezogen auf Situations- und Problembeschreibungen, 2. + 3. die *Warum-Frage* auf theoretische Erklärungen wie hieraus ableitbare Prognosen abzielend, 4. die *Wert-Frage* zu moralisch ethisch Wünschbarem, 5. die die Handlungsakteure ansprechende *Wer-Frage*, 6. die ressourcenorientierte *Womit-Frage*, 7. die die Arbeitsweisen und Methoden betreffende *Wie-Frage*, und schließlich 8. die auf die Zielerreichung fokussierte Wirksamkeits-Frage (ebd., 290–291).

Diese *W-Fragen* sind nun in unterschiedlicher Weise bei dem *transformativen Dreischritt* bedeutsam (ebd., 292). Die miteinander verknüpften Antworten auf die *Was- und Warum-Fragen* kennzeichnen den ersten Schritt der Formulierung von inter-/transdisziplinären theoretischen Aussagen/Hypothesen. Ihre Relationierung mit den Antworten auf die *Wer-Frage* führt im zweiten Schritt zur Formulierung handlungstheoretischer Arbeitshypothesen.

Werden die bisherigen Aussagen zu *Was-*, *Warum-* und *Wer-Fragen* mit solchen zu Wert-, Wie- und Womit-Fragen verbunden, so entstehen als dritter Schritt die allgemeinen Handlungsleitlinien. Zwischen den zweiten und dritten Schritt schiebt sich ein normativer Zwischenschritt. »An der ›Schwelle zum Handeln‹ braucht es allerdings bewusste ethische Entscheide der Professionellen zur Wert-/Zielsetzungsfrage und je nachdem auch zur Wahl der Ressourcen, Arbeitsweisen bzw. Methoden.« (ebd.)

Diese abstrakt-verdichtete Darstellung der Methode des *Transformativen Dreischritts* soll am Beispiel des Gelingens und Scheiterns gesellschaftlicher Reintegration von Wohnungslosen (▶ Kap. 7.3.5) verkürzt exemplifiziert werden. Im ersten Schritt gibt es eine Situations- und Problembeschreibung zu ihrer Ausgrenzungssituation mit wissenschaftlichen Erklärungen dazu, warum sie in diese Lage geraten sind.

Im zweiten Schritt wird nach den richtigen Akteuren gesucht, wie ein Träger der freien Wohnungslosenhilfe, das Wohnungsamt und/oder das Sozialamt, um sich in gemeinsamem Zusammenwirken um die Veränderung der Situation auf kommunaler Ebene zu bemühen.

Und im dritten Schritt erfolgt die Planung und ggf. ihre Umsetzung mit geeigneten Verfahren und Mitteln. So könnte dem/der betroffenen Wohnungslosen je nach Bedarfslage, den Handlungsrichtlinien und dem Vorhandensein eine Unterkunft, eine Gewährleistungs- oder eine Sozialwohnung angeboten werden. Allerdings ist vorher »an der Schwelle des Handelns« die wohnungslose Person mit ihren Vorstellungen und Wünschen bzgl. des Veränderungsvorschlages mit einzubeziehen, etwa um ihre *housing first* Bedürfnislage (▶ Kap. 7.3.5) abzuklären und ihr ggf. gerecht zu werden.

6.7 Diversität als Rechtskategorie – differenz- und diversitätsorientierte Rechtsanwendungskompetenz

Differenzreflexion ist auch erforderlich für die Unterscheidung von Diversität als Rechtskategorie und differenzorientierter Rechtsanwendungskompetenz, obwohl zwischen beiden gemeinsame Schnittmengen bestehen.

> »Wenn wir über Grundprobleme von Diversität sprechen, sollten wir also zuerst über Differenz reden. Der Begriff der Differenz, auf den soziokulturellen Bereich gerichtet, ist noch abstrakter als der der Diversität. Nicht nur verweist Differenz wie auch schon Diversität auf eine Vielfalt *ganz* unterschiedlicher sozialer *Tatbestände* (Alter und Geschlecht, Klasse und Kaste, Religion und Sprache, Nationalität und Ethnizität, gesund und krank etc.). Differenz thematisiert obendrein einen grundlegenden *Modus* sozialer Denk- und Handlungsprozesse. Differenz verweist darauf, dass wir beständig unterscheiden, immer und erneut Unterscheidungen vornehmen – wir machen Dinge immer wieder anders und anders als andere; wir denken Dinge neu und denken sie anders als andere.« (Fuchs 2007, 18)

Dieser *modus operandi* liegt als Urgrund rechtlichem Denken, Argumentieren, Subsumieren und Handeln zugrunde.

6.7.1 Ist Diversität (k)eine Rechtskategorie?

Diese Frage lässt sich sehr unterschiedlich beantworten. Seit geraumer Zeit beschäftigt Autoren in Medien und Fachzeitschriften aufgrund des empirisch zu beobachtenden Diversitätsdefizits in Rechtswissenschaft und Rechtspraxis (Grünberger/Mangold/Markard/Payandeh/Towfigh 2021) die These: »Die Gesellschaft ist divers, die Rechtspraxis ist es nicht«. Dies wird bezogen auf den Rechtsrahmen, Forschung und Lehre, das Jurastudium, die Zusammensetzung des Justizpersonals und die Rechtsprechung. Zunehmend entfalten unterschiedliche Rechtsbereiche auf der normativ-regulatorischen Ebene Schutz bei der Anerkennung von Diversität, etwa durch das Allgemeine Gleichbehandlungsgesetz (AGG), und bei der Entwicklung von Diversität, wie durch das Erste Führungspositionengesetz 2015 für Aufsichtsräte und das Zweite Führungspositionengesetz 2021 für Vorstände von Kapitalgesellschaften zur Erhöhung ihres Frauenanteils. Diversität als Vielfältigkeit und Divergenz wird auch in den Binnenstrukturen eines Vielfachrechts, etwa des Öffentlichen Rechts, nachgespürt.

> »Ist Vielfalt bzw. Diversität tatsächlich eine ›neue‹ Kategorie im Öffentlichen Recht? Die Nutzbarmachung von gesellschaftlicher Vielfalt für die öffentliche Verwaltung erfüllt verfassungsrechtliche Funktion und ist der gesetzlichen Regulierung zugänglich. Die Summe aller Rechtssätze, welche gesellschaftliche Vielfalt in der Verwaltung abbilden und für die Verwaltung nutzbar machen sollen, bildet das hier sogenannte Vielfachrecht. Insoweit ist Vielfalt tatsächlich eine Kategorie des Öffentlichen Rechts.« (Berger 2017, 89)

Im Sozialrecht geht es um diversitätssensible Leistungsgewährung und diversitätsorientiertes Eingriffsrecht. Auch Strafrecht ist, insbesondere in seinem zielgruppenspezifischen Nebenstrafrecht, wie das Jugend- und das Ausländerstrafrecht, Vielfachrecht.

Diversität als rechtsmethodische Kategorie scheint dagegen Neuland zu sein, auf das sich im Folgenden mit vorsichtigen, d. h. der Veränderung und Revision zugänglichen, Schritten begeben wird. Überschneidungsbereiche zwischen Diversität als Rechtskategorie und Rechtsdifferenz, mit diversitätsorientierter Rechtsanwendungskompetenz, ergeben sich daraus, dass das Recht von sehr vielfältigen Personen in der Rechtsfindung auf divers-divergente Rechtssubjekte und Regelungsbereiche zur Anwendung gebracht wird, und dies im differenzierenden Akt des Subsumierens.

6.7.2 Differenz- und diversitätsorientierte Rechtsanwendungskompetenz

Entscheiden und Handeln im Ungewissen und mit Unsicherheiten eröffnet sich für diversitätsorientierte Soziale Arbeit vor allem in der Anwendung des Rechts und bei der hierfür erforderlichen Rechtsanwendungskompetenz als wichtigste in der Hochschullehre des Rechts zu vermittelnde Handlungsbefähigung. Dies kann in der Rechtslehre durch Rechtsfallwerkstätten (Deichsel 2009), in der Rechtspraxis durch Rechtsfeldwerkstätten (Deichsel 2015), aber auch durch Einüben differenzorientierter Rechtsanwendungskompetenz geschehen.

Dies ist an den fünf Prüfungsschritten Sachverhaltsfeststellung, Rechtsfallfragen, perspektivische Sichtweise auf das Fallgeschehen, Subsumtion und anwendungsbezogene Evaluation der Rechtsfalllösung (Deichsel 2009, 169–171) auszurichten. Ziel ist es hierbei auch, eine Brücke zur Fallrekonstruktion in der Sozialen Arbeit (Kraimer 2000, 36–38) mit ihren Kunstformen des Fallverstehens zu schlagen. Auch wenn bei der Rechtsfallrekonstruktion die normativen Elemente stärker im Vordergrund stehen als die empirischen-forschungsbezogenen, so gelten doch die Hintergrundüberzeugungen und übergreifenden Prinzipien der sozialarbeiterischen Fallrekonstruktion mit ihren Entstehungsschritten der Fallbestimmung, Methodenfestlegung, Materialsammlung, Materialerschließung (ebd., 41–43) auch hier in abgewandelten Formen.

Strukturierte Fallarbeit mit strafrechtlicher Prüfung im Kontext Sozialer Arbeit zu verbinden, ist dabei die besondere Herausforderung (Oberlies 2013, 180–252).

Diversität in ihrer logischen Grundstruktur der Differenz als Ausgangspunkt rechtswissenschaftlicher Fallanalyse wird anhand eines Rechtsfallbeispiels des Cybermobbing aus dem Sozialen Problem der medialen Erregungs- und Entgrenzungsdynamiken bzw. der digitalen Gewalt, der (psychischen) Gewaltkriminalität und des Computerstrafrechts, im Sammelband der *Bundesarbeitsgemeinschaft der Hochschullehrer/innen des Rechts an Fachhochschulen/Fachbereichen des Sozialwesens in der Bundesrepublik Deutschland (BAGHR e. V.)* ausführlich dargestellt (Deichsel 2022).

6.8 Hochschulcurriculare Einbindung diversitätsorientierter sozialproblembezogener-kriminologischer Lehre

Die inter- und transdisziplinäre Rahmung wie die multiprofessionelle Handlungsorientierung diversitätsorientierter Sozialer Arbeit verlangt nach einer Positionierung in Hochschulcurricula des Sozialwesens, die diese im Bereich der Sozialen Probleme, der Kriminologie und des Strafrechts nicht (nur) Einzelmodulen zergliedernd zuordnen, sondern vielmehr als Schwerpunktstudium in vielfältigen Austausch mit den themennahen Pflichtmodulen stellt. Im *Kerncurriculum Sozialer Arbeit der Deutschen Gesellschaft für Sozialarbeit (DGS)* vom 29. April 2016 ist die Ausrichtung an Differenzkriterien anschlussfähig für diversitätsorientierte Soziale Arbeit. Für den Bereich von Sozialen Problemen, Kriminologie und Strafrecht gibt es keinen spezifisch ausgewiesenen curricularen Platz, sondern er ist in allen angeführten sieben Studienbereichen verortet. Qualitative Unterschiede zwischen den verschiedenen Studienniveaus Bachelor und Master werden in diesem Kerncurriculum nicht berücksichtigt, was aber unverzichtbar ist.

Die Situation kriminologischer Hochschullehre hat sich seit der Bestandsaufnahme vor 30 Jahren (Deichsel 1993 a) durch die Bolognareform mit der Zweiteilung in Bachelor- und Masterstudiengänge verändert (Bewährungshilfe 2005). Während Masterstudiengänge im Bereich der Kriminologie für spezielle Personengruppen wie Wissenschaftspraxen (Masterstudiengang »Kriminologie und Polizeiwissenschaft« an der Ruhr-Universität Bochum) oder forschungsorientiert wie international (Masterstudiengang »Internationale Kriminologie« an der Universität Hamburg) konzipiert sind, dürften sich Konzepte für modularisierte Curricula für Kriminologie und Straffälligenhilfe auf Bachelorebene aufgrund koordinationsaufwendiger interdisziplinärer Zusammenarbeit der Lehrenden wie durch Verschulung und Stofffülle als schwer durchsetzbar erweisen.

> »Mit der Bildung eines Moduls ›Kriminologie und Straffälligenhilfe‹ ist gleichermaßen den Anforderungen, die aus der europäischen Hochschulpolitik vorgegeben sind, und denje-

nigen, die aus der Ausbildungspolitik und Fachwissenschaft aufgegeben sind, gerecht zu werden. Soweit sie gleiche Ziele verfolgen, wie bei der Kompetenzorientierung, der Entwicklung von Berufsfähigkeit, der Interdisziplinarität, entfalten sie Synergieeffekte. Soweit sie andere Zwecke verfolgen, wie bei der Eile der Umsetzung von Bachelor-Studiengängen und ihrem engen zeitlichen Rahmen von sechs bis sieben Semestern, können sie antagonistisch wirken.« (Deichsel 2005, 328)

Die Gestaltungskriterien für Studienschwerpunkte in Bachelorstudiengängen sollten sich vom engen Verständnis der Straffälligenhilfe lösen und in das trianguläre Spannungsfeld von Sozialen Problemen, Kriminologie und Strafrecht hinein führen, wobei immer auch – soweit möglich – wissenschaftliche und handlungsorientierte Strukturierungen, Gewissheiten und Sicherheiten für diversitätsorientierte Soziale Arbeit anzustreben sind. Hier kann an den Gründungsimpuls für den *Arbeitskreis Hochschullehrer/innen Kriminologie/Straffälligenhilfe in der Sozialen Arbeit* im Jahr 2010 angeknüpft werden.

6.9 Abduktive, deduktive und induktive Erkenntniswege

Lehrdidaktisch von großer Bedeutung ist auch die Orientierung an den verschiedenen Erkenntniswegen der *Abduktion*, *Deduktion* und *Induktion.* Die auf die Semiotik Charles S. Peirce zurückgehende *Abduktion* lässt in der auch synonym gebrauchten *Retroduktion* ihren eigentlichen doppelten Sinn der Zurückführung von wahrgenommenen Gegenständen auf Begriffe und diese wiederum in Ableitung und Rückführung von/auf andere(n) Begrifflichkeiten besser erkennen (Eberhard 1999, 124).

»Die Abduktion ist also nicht nur eine spezielle Schlussform in der theoretischen Logik, sondern sie vollzieht sich ständig bei den alltäglichsten Wahrnehmungen, weil wir nie die Dinge selbst sehen, sondern nur deren Zeichen, von denen wir auf die begriffliche Kategorie zurückschließen, zu der das durch die Zeichen signalisierte Phänomen mutmaßlich gehört.« (ebd., 125)

Die abduktive Logik ist über den ihr zugrundeliegenden Modus der begrifflichen Differenzreflexion Grundlage diversitätsorientierter Denk- und Handlungsprozesse (► Kap. 2.1.1).

Während Deduktion die Ableitung des Besonderen vom Allgemeinen bedeutet, wird unter Induktion die Schlussfolgerung verstanden, die vom Besonderen zum Allgemeinen hinleitet (ebd., 29–35). Beide Erkenntniswege, der *theoretisch-deduktive* wie der *empirisch-induktive, s*ind zunächst für empirische Forschung bedeutsam.

»Es lassen sich zwei grundsätzliche verschiedene Herangehensweisen unterscheiden, nach denen die systematische Erhebung und Interpretation von Daten erfolgen kann.

Bei der *deduktiven Herangehensweise (Hypothesenüberprüfung)* wird aus Annahmen über Zusammenhänge zwischen Sachverhalten ein theoretisches Modell der sozialen Wirklichkeit entwickelt. Der Untersuchungsgegenstand wird überprüft. Bei der *induktiven Heran-*

gehensweise (Hypothesengenerierung) werden Theorien und Hypothesen aus dem gewonnenen Datenmaterial entwickelt. Der Untersuchungsgegenstand wird entdeckt.« (Feltes/Fischer 2014, 68)

Diese beiden grundsätzlichen Herangehensweisen strukturieren auch die gedanklich-theoretische Annäherung an Phänomene und Gegenstände in der wissenschaftlichen Auseinandersetzung, hier mit sozialproblembezogener, kriminologischer und strafrechtlicher Diversität.

Wegen der Bedeutung der Erfahrung in Abgrenzung zum Empirischen (► Kap. 6.3) hat aber auch bei der deduktiven Herangehensweise ihr Gegenpol des erfahrungsmäßig Induktiven jeweils prioritär berücksichtigt zu werden.

7 Top-Down: Theoretisch-deduktive Zugänge zu Phänomenen/Gegenständen im Überschneidungsbereich von Sozialen Problemen, Kriminologie und Strafrecht

Es bedarf klarer Auswahlkriterien um, phänomenologisch gesprochen, Phänomene und, analytisch verstanden, Gegenstände aus den weiten Überschneidungsbereichen von Sozialen Problemen, Kriminologie und Strafrecht in den Fokus theoretisch-deduktiver Zugänge zu rücken. Dies geschieht im doppelten Sinne exemplarisch in der Themenauswahl wie in ihrer Dimensionalisierung. Sicherlich spielt zunächst einmal ihre Bedeutung in den jeweiligen und ineinandergreifenden wissenschaftlichen Diskurszusammenhängen von Sozialen Problemen, Kriminologie und Strafrecht eine primäre Rolle.

Zum anderen sind sie alle in ihren elementaren Hauptüberschriften wie *Armut, Arbeit, Wohnen, Gewalt* für menschliches Leben existenziell, die in einer intersektionalen Verbindung zueinander stehen, wie es etwa im britischen »Index of Multiple Deprivation« erfasst wird.

7.1 Armut

7.1.1 Die Angst, arm zu sein, zu verarmen

Menschen am stärksten existenziell treffende Ungleichheit und Ungerechtigkeit ist die der Armut. Im Begriff der *relativen Armut*, als Einkommen eines Menschen unter dem durchschnittlichen Einkommen eines Landes, mit einer Armutsgefährdungsschwelle von 60 % des Medians des Äquivalenzeinkommens, ist dies konzeptionell verankert. Absolute Armut ist durch körperliches und seelisches Leiden infolge von Schutz- und Obdachlosigkeit, Entbehrungen und Nichterfüllung existenzieller Grundbedürfnisse, durch Not und Ohnmacht gekennzeichnet. Wenn von Armut gesprochen wird, so doch meist in materieller Hinsicht, die sich dann aber auch nachhaltig in andere Lebensbereiche in Form von Bildungsarmut, Benachteiligung in der gesundheitlichen Versorgung, sozialer und kultureller Armut, als Einschränkungen der Zugangschancen zu nahezu allen persönlichen und sozialen Entwicklungsmöglichkeiten fortsetzt.

Die soziale »fear of falling« (Barbara Ehrenreich) ist auch eine diffuse Angst, die soziale Treppe hinunter in die Armut zu stürzen, und nicht nur eine auf das auslösende Ereignis gerichtete Furcht im Sinne der Unterscheidung von Soren Kierkegaard und der Frankfurter Schule. Diese Angst, arm zu sein oder zu verarmen, manifestiert sich über das existenzielle Angstgefühl (»Warum sich die Angst ängstigt, ist das In-der-Welt-sein selbst« – Martin Heidegger). Es ist die »disqualifizierende Armut« (in Abgrenzung zur »integrierten« und »marginalisierten Armut« im Sinne des französischen Soziologen Serge Paugam), die auf Prekarisierungsprozessen beruht und kollektive Abstiegs- und Überlebensängste hervorruft (Russell Hochschild 2018; Misik 2020).

7.1.2 Armut als Soziale Lage – Armut als Lebenslage

Im Vorwort zum *1. Armuts- und Reichtumsbericht (ARB)* der Bundesregierung von 2001 wurden seine drei Hauptziele als empirisches zur Erfassung der sozialen Lage von Armut, als analytisches zur Identifikation von Hauptursachen und Risikogruppen von Armut, und als politische Handlungsoptionen zum Umgang mit Armutsrisiken und zu ihrer Vermeidung, ausgewiesen. Diese wurden dann auch programmatisch für die folgenden *Armuts- und Reichtumsberichte (2. ARB 2005, 3. ARB 2008, 4. ARB 2013, 5. ARB 2017, 6. ARB 2021).*

Im *fünften Armuts- und Reichtumsbericht* von 2017 (Bundesministerium für Arbeit und Soziales 2017) werden Einkommen und Vermögen von Armen und Reichen gegenübergestellt, wobei die Daten für letztere wiederum nur ungefähre sind. Danach ergibt sich für die in absoluter Höhe gemessene Vermögensverteilung: »Die Haushalte der unteren Hälfte der Verteilung verfügen nur über 1 % des gesamten Nettovermögens, während die vermögensstärksten 10 % der Haushalte mehr als die Hälfte des gesamten Nettovermögens besitzen …« (ebd., 13) Das oberste Zehntel ist dabei seit dem Jahr 1998 immer weiter angestiegen, wenn auch zuletzt stagnierend.

Das oberste Prozent der Bezieher des höchsten Einkommens in Relation zum Durchschnittseinkommen ist durch die Finanzkrise in den Jahren 2007/2008 von 11 % bis 12 % am Gesamteinkommen vorübergehend leicht gesunken (ebd.).

Die Armutsrisikoquote, die den Bevölkerungsanteil mit einem Einkommen unterhalb von 60 % des Medianäquivalenzeinkommens misst, ist im Zeitraum von 1995 bis 2014 zunächst ständig angestiegen, zwischen 2009 und 2014 aber recht konstant geblieben (ebd., 11).

Diese Daten rechtfertigen trotz aller wissenschaftlichen Auseinandersetzungen um geeignete Begrifflichkeiten und Sozialindikatoren zur Armutsbestimmung, von »Armut in einem reichen Land« (Christoph Butterwegge) zu sprechen. Im *Sechsten Armuts- und Reichtumsbericht von 2021* (Bundesministerium für Arbeit und Soziales 2021, XIX) wird die *Landschaft sozialer Lagen* in Deutschland aufgrund der Datengrundlage des *Sozio-ökonomischen Panels (SOEP)* mit Informationen zu Einkommen, Vermögen, Erwerbsintegration und Wohnraumversorgung in einem Fünfjahreszeitraum erfasst. Hieraus ergibt sich die Verteilung: Wohlhabenheit (9,1 %), Wohlstand (13,2 %), Mitte (37 %), untere Mitte (10,5 %), Prekarität (5,9 %) und Armut (11 %). Mit *Armut* wird dabei das Zusammentreffen von Einkommen unterhalb der Armutsrisikoschwelle, Arbeitslosigkeit und einer geringen Erwerbsintensität bezeichnet.

Anknüpfend an die statistische Klassifizierung und Erfassung von Armut als soziale Lage, geht die qualitative Armutsforschung von Lebenslagen in ihrer

Mehrdimensionalität und Wechselwirkung (zum Lebenslagenkonzept: ▶ Kap. 5.1) aus. Diese reichen von individuellen Karrieren der Armut, die in die strukturellen Karrieren Sozialer Probleme (▶ Kap. 4.5) eingebettet sind, von »Hilfebedürftigkeit als Kern der Armut« (Georg Simmel), über SGB II-, SGB XII- (Mit)Empfänger/innen, alleinerziehende Mütter, bis zur Kinderarmut und Altersarmut. Auch wird zwischen *Armut per se* und der *Kultur der Armut* unterschieden.

Diese wird als ein kohärent stabiler Komplex von Denk- und Verhaltensmustern sowie subkulturellen Lebensstilen aufgefasst, der in einer Vielfalt historischer Zusammenhänge entsteht und trotz eines solidarischen Gemeinschaftssinns im Kontext politischer Rhetorik missbraucht wird (Lewis 1971, 46–47, 51; ▶ Kap. 7.1.5).

7.1.3 Theoretische Deutungen und Interpretationsmodelle

Armut ist so eng mit Sozialstruktur verbunden, bezieht sich auf so viele unterschiedliche soziale Problemgruppen, dass hieraus die Vielfalt von theoretischen Deutungen und Interpretationsmodi folgt (Groenemeyer/Ratzka 2012, 403–413). Armut wird als Problem individueller Kompetenzen und Orientierungen aus der Herkunftsfamilie abgeleitet und in diversen Subkulturen verortet. Armut ist sogleich Folge wie Voraussetzung von sozialen Ausschließungsprozessen aller Art (▶ Kap. 4.5), insbesondere auf dem Arbeitsmarkt.

> »Angesichts der historischen Entwicklung sozialer Ungleichheiten wurde Armut anfangs als Klassenphänomen und Schichtungsextrem thematisiert, während sie im Rahmen neuer sozialer Ungleichheiten jenseits von Klasse und Stand vor allem als Ergebnis eines Modernisierungsrisikos und damit verbundener Entstrukturierung bzw. Entgrenzung sozialer Ungleichheiten gesehen wird …« (ebd., 407)

Abgeleitet von Klasse und Stand werden in der gegenwärtigen Diskussion aber wieder *Klassismus* und *Underclass* als Begrifflichkeiten verwendet, die sich auf Angehörige einer niedrigeren sozialen Herkunft bzw. Klasse richten, denen wegen ihrer Zugehörigkeit hierzu mit Vorurteilen und Diskriminierung begegnet wird.

Reichhaltige quantitative und qualitative Forschungsergebnisse aus den *Vorbereitenden Fachgutachten* zu den einzelnen Armuts- und Reichtumsberichten des Bundesministeriums für Arbeit und Soziales sind in diese eingegangen, etwa beim Sechsten Armuts- und Reichtumsbericht (2021) zu Lebenslagendimensionen, zu subjektiven Ausprägungen von Lebenslagen, zu ihren Belastungen und Bewältigungen, zu ausgewählten Risikokonstellationen u. a., aus denen sich auch analytische Bedingungszusammenhänge herleiten lassen.

So hat die Forschungsarbeit einer Bremer Forschungsgruppe, die prägend für den Sechsten Armuts- und Reichtumsbericht war, herausgefunden, dass der Aus- bzw. Aufstieg aus der Armut nach fünf Jahren nur noch 40 % der Betroffenen gelingt – gegenüber 60 % in den 1980er Jahren (ebd.). Hierdurch wird auch zweierlei deutlich, einmal, wie vielschichtig Armutsforschung ist, und zum anderen, wie in Politikberatung einfließendes Expertenwissen auf erhebliche Schwierigkeiten trifft, in *governance*, in *gute Regierung*, transferiert zu werden.

7.1.4 Menschliche Würde und Existenzminimum – Armutskriminalität und Armutskriminalisierung

Die normativen Referenzen von Armut verweisen neben ihrer Ausrichtung auf die Gleichheits- und Gerechtigkeitsgebote in prioritärer Weise auf menschliche Würde als Menschen- und Grundrecht, zu der als Kernbestand die Existenzsicherung gehört. Das Bundesverfassungsgericht hat in zwei richtungsweisenden Grundsatzentscheidungen diesen Zusammenhang zur Beachtung des Gesetzgebers deutlich gemacht. Die Regelleistungen für Erwachsene und Kinder nach SGB II wurden als dem Existenzminimum in verschiedener Hinsicht nicht gerecht werdend und damit als nicht verfassungsgemäß angesehen (BVerfG, Urteil des Ersten Senats vom 9. Februar 2010–1 BvL 1/09). In einer weiteren Entscheidung wurde 2012 dieses Existenzminimum auch Flüchtlingen und Asylbewerbern/Asylbewerberinnen unbeeinträchtigt von migrationspolitischen Erwägungen zugestanden.

> »Falls der Gesetzgeber bei der Feststellung des menschenwürdigen Existenzminimums die Besonderheiten bestimmter Personengruppen berücksichtigen will, darf er bei der konkreten Ausgestaltung existenzsichernder Leistungen nicht pauschal nach dem Aufenthaltsstatus differenzieren. Eine Differenzierung ist nur möglich, sofern deren Bedarf an existenznotwendigen Leistungen von dem anderer Beteiligter signifikant abweicht und dies folgerichtig in einem inhaltlich transparenten Verfahren anhand des tatsächlichen Bedarfs gerade dieser Gruppe belegt werden kann.« (BVerfG, Urteil des Ersten Senats vom 18. Juli 2012–1 BvL 10/10, Punkt 3)

Gibt es eine – und wenn ja, welche – Kriminalität der Armen und/oder eine Kriminalisierung der Armut? Stimmt der Befund: Armut macht keine Kriminellen, Kriminelle sind nur häufiger arm? Diese paradigmatisch übergreifenden empirischen Fragen stellen sich insbesondere auch, weil sie bisher über Polizeistudien und Befunde der polizeilichen Kriminalstatistik hinaus von der wissenschaftlichen Kriminologie vernachlässigt worden sind. Dies hat sich geändert durch die Forschung zur Kriminalität der Armen – Kriminalisierung von Armut am Institut für Kriminologie der Universität Köln, sowohl vom *ätiologischen* wie vom herrschaftskritischen *etikettierungstheoretischen Paradigma*, und dies in ihrer Verschränkung (► Kap. 4.5) ausgehend. Sie kommt zu dem zusammenfassenden Ergebnis, dass Armut im Sinne absoluter Deprivation keine Ursache für Kriminalität ist, arme Menschen aber einer stärkeren Überwachung durch Polizei, Justiz und Behörden ausgesetzt sind, weshalb der Zusammenhang zwischen Armut und Kriminalität (auch) eine Folge staatlicher Kriminalpolitik ist (Neubacher/Bögelein 2021, 113, 115).

Im materiellen Strafrecht sind nach der im Jahre 1975 erfolgten Abschaffung des sog. *Mundraubs*, als Entwendung oder Unterschlagung von Nahrungs- und Genussmitteln in geringer Menge oder von unbedeutendem Wert zum alsbaldigen Gebrauch (§ 379 Abs. 1, Nr. 5 StGB a. F.), derartige Handlungen nunmehr von den allgemeinen Deliktstatbeständen wie Diebstahl (§ 242 StGB), Unterschlagung (§ 246 StGB), Diebstahl und Unterschlagung geringwertiger Sachen (§ 248a StGB) erfasst. Auch andere aus Armut begangene Handlungsweisen wie Schwarzfahren, ohne Bezahlungsabsicht vorgenommene Bestellungen in Restaurants, Fahrscheinmanipulation sind strafbare Delikte, und zwar Erschleichen von Leistungen (§ 265a StGB), Eingehungsbetrug (§ 265 StGB) und Urkundenfälschung (§ 267 StGB).

Im Strafprozess, als Wirklichkeit des Strafrechts, ist zusätzlich zu diesem Armutsrisiko erhöhter Straffälligkeit die Wahrscheinlichkeit der Kriminalisierung größer, ausgehend vom Entdeckungs-, über das Verfolgungs-, bis hin zum Bestrafungs- und Vollstreckungsstadium. Die Vertuschungschancen sind geringer, eine effektive Strafverteidigung ist schwerer zu erlangen, der Strafzumessungsgrund der »wirtschaftlichen Verhältnisse« (§ 46 Abs. 2, 5. Spiegelstrich StGB) wird bei strafrichterlicher Entscheidung eher vernachlässigt, die Bestimmung der Höhe des Tagessatzes nach dem durchschnittlichen täglichen Nettoeinkommen (§ 40 II, 2 StGB) trifft Menschen mit geringem Einkommen ungleich härter und der Grundsatz *Geldstrafe vor Freiheitsstrafe* kehrt sich für arme Menschen um. Das Vollstreckungsrisiko wird dadurch beträchtlich erhöht, dass die ersatzweise Geldstrafenvollstreckung durch Ersatzfreiheitsstrafe, die nach empirischer Sanktionsforschung von Frieder Dünkel bereits aus den 1990er Jahren von ca. 40 % aller aus dem Strafvollzug Entlassenen verbüßt wurde, vor allem die sozial Benachteiligten trifft (ebd., 119–120). Armutskriminalität und Armutskriminalisierung sind daher nicht wie im »Kleinen Kriminologischen Wörterbuch« (Kaiser/Kerner/Sack/Schellhoss 1993) unter andere Kategorien wie *Arbeitslosigkeit* oder *Sozialgeschichte der Kriminalität* subsumierbar oder vollends vernachlässigbar (wie bei Singelnstein/Kunz 2021). Vielmehr ist »der lange Weg der Kriminologie aus der Armutsfeindlichkeit« (Cremer-Schäfer 2002, 137–140) weiter zu beschreiten.

7.1.5 Armutspolitiken zwischen Governance und Gouvernementalität

Die Entstehungs- wie die Verwendungsprozesse der Armuts- und Reichtumsberichte der Bundesregierung geschehen in einem Wechselspiel von Politik, Wissenschaft, Zivilgesellschaft und Medien.

Nicht klar entscheidbar ist dabei, ob sie stärker in Richtung *Governance,* als Gesamtheit der *Regierungsformen* in den Angelegenheiten der Individuen, der privaten und öffentlichen Institutionen im Bereich der Armutspolitiken, oder aber eher zur *Gouvernementalität,* als Analysen der Kopplungen von Wissensformen, von Regierungs- wie Selbsttechnologien, von Machtstrategien und Subjektivierungsmodi hin tendieren.

In den Scharnierbegriffen der *Regierung* und der *Führung* im Sinne von Michel Foucault sind sowohl *Governance* wie *Gouvernementalität* mit umfasst.

> »Erstens konzipiert er Regierung als Bindeglied zwischen strategischen Machtbeziehungen und Herrschaftszuständen und differenziert jetzt im Gegensatz zu früheren Arbeiten zwischen Herrschaft und Macht. Zweitens vermittelt der Regierungsbegriff zwischen Macht und Subjektivität. Auf diese Weise wird es möglich zu untersuchen, wie Herrschaftstechniken sich mit ›Technologien des Selbst‹ verknüpfen. Drittens bietet er ein wichtiges Analyseinstrument zur Untersuchung der von Foucault immer wieder herausgestellten Macht-Wissen-Komplexe. Dafür prägt Foucault den neuen Begriff der *Gouvernementalität*, der Regieren (›gouverner‹) und Denkweise (›mentalite‹) semantisch miteinander verbindet.« (Lemke/Krasmann/Bröckling 2019, 8)

Die Diversität Sozialer Arbeit mit armen Menschen zeigt sich in ihrer Doppelorientierung, einmal hin zu ihren *klassischen Herkunftsaufgaben*, und zum anderen durch ihre Einbindung in Formen von staatlicher und privater Gouvernementalität, bis hin zu einer sozialarbeitsspezifischen Gouvernementalität (Kessl 2020). In der Armutsarbeit »...liegen die sozialpädagogischen Zugänge vor allem im Bereich der Abwehr sozialer Isolation, der Förderung der Milieubildung und der sozialen Befähigung. Vor allem der ›Verhäuslichung‹ armer Menschen soll entgegengewirkt werden« (Böhnisch 2020, 189). Schuldnerberatung bei offenen Zahlungsverpflichtungen über einen größeren Zeitraum hinweg und bei Überschuldung sowie Verbraucherinsolvenzberatung im Rahmen der »außergerichtlichen Einigung« des § 305 Abs.1, Nr. 1 InsO sind genuine, im Zusammenwirken insbesondere mit Rechtsanwälten/Rechtsanwältinnen auszugestaltende (Deichsel 2004 b), multiprofessionelle Aufgabenbereiche Sozialer Arbeit.

Durch die Einbindung Sozialer Arbeit in staatliche *Gouvernementalität* fördert sie Lobbyismus für die Schwachen über die *Bundesarbeitsgemeinschaft* und die *Landesarbeitsgemeinschaften der Freien Wohlfahrtspflege* und ihrer Mitgliedsverbände auf höchsten Regierungsebenen. Armutspolitiken haben auch die Dekommodifizierung als Erhalt der Existenzgrundlage unabhängig vom Markt (Gosta Esping-Andersen) zum Ziel, also eine Umkehrung der »Kommodifizierung der Arbeit« (Karl Polanyi) in kapitalistischen Marktgesellschaften, in denen Arbeit als Ware (*commodity*) angeboten und bezahlt wird. Im politischen Handlungsgeflecht hat sich Soziale Arbeit demgegenüber nicht instrumentalisieren zu lassen, wenn es sich nicht um *Regierungskünste*, sondern um reine *Armutsverwaltung*, um die neoliberale Abwertungsrhetorik gegenüber »Kulturen der Armen« (▶ Kap. 7.1.2) und um »Bestrafen der Armen« (Wacquant 2013) durch einen den Sozialstaat aushöhlenden Strafrechtsstaat handelt. Mit dem von Loic Wacquant so genannten »linken Arm des Staates«, also den sozialen Berufen, deren Autonomie und Würde es zu verteidigen gelte, sind hiergegen wirksame Gegenmittel zu richten (ebd., 289).

Dies setzt über den Bereich der Armutsarbeit und der Armutspolitik hinaus eine Auseinandersetzung mit Gouvernementalität Sozialer Arbeit im dreifachen Sinne voraus. Zum einen betrifft sie die »Verkoppelung von Sozialer Arbeit und Sozialpolitik« (Kessl 2020, 52–67).

Die staatliche Reaktion auf menschliche Notlagen und auf deren wachsende Thematisierung ist nicht primär humanistisch motiviert, d.h. aus einem ethisch begründeten Bemühen entstanden, diese möglichst zu vermeiden. Die Implementierung von »Sozialpolitik« dient vielmehr einer Sicherung spezifischer Formungs- und Firmierungsprozesse des Sozialen, einer Sicherung des Regierungshandelns.

> »›Der Vagabund war ein Herumtreiber, der an der Peripherie des sozialen Raums blieb, und sein Drama bestand darin, daß er sich außerhalb der produktiven Ordnung bewegte. Mit dem Pauperismus kommt die Gefahr einer massenhaften Entkoppelung ans Tageslicht, die sogar im Zentrum des Produktionsprozesses des Reichtums verankert ist‹ (Castel 2000, S. 203).« (ebd., 17)

Zum zweiten ergeben sich aus der schon erwähnten Einbindung Sozialer Arbeit in die Machtgefüge der Sozialverwaltung, etwa von »Jugendhilfe als Regierung« (ebd.,

68–102), und in das Kriminaljustizsystem besondere Anforderungen an Machtanalytik.

Und schließlich geht es an vorderster Stelle um Führung und Leitung.

> »Jenseits einer exklusiven politischen Bedeutung verweist Regierung also auf zahlreiche und unterschiedliche Handlungsformen und Praxisfelder, die in vielfältiger Weise auf die Lenkung, Kontrolle, Leitung von Individuen und Kollektiven zielen und gleichermaßen Formen der Selbstführung, wie Techniken der Fremdführung umfassen …« (Lemke/Krasmann/Bröckling 2019, 10)

Das Ablassen (*desistance*) von eigen- und fremdschädigenden Handlungen (► Kap. 5.5.5), das Abbrechen von Karrieren mit negativem Vorzeichen (► Kap. 4.5), kommt ohne – auf dem Kontrollmodell der Gouvernementalität beruhende – disziplinäre Techniken »in den Lücken und gegen die Mechanismen rechtlicher Normierung« (ebd., 13), ohne Fremdführung und Leitung durch sozialproblembezogene-kriminologische Soziale Arbeit, nur schwerlich aus. Am Ziel der *Handlungsbefähigung* und des *Empowerment* (► Kap. 5.4.5) orientiert, hat es sich dabei um die Umwandlung von Fremdführung zur Selbstführung, um die Vermittlung von individueller und kollektiver Selbstführung, um die Ermöglichung des »Gebrauchs der eigenen Kräfte« (Kessl 2020, 34–67) zu handeln.

7.2 Arbeit

7.2.1 Arbeit als sinnhafte Weltbeziehung

Die Beziehung der Menschen zur Welt hängt in entscheidendem Maße von ihrem sinnhaften, identitätsstiftenden Zugang hierzu über Arbeit ab.

> »In der Geschichte des soziologischen und sozialtheoretischen Denkens von Karl Marx über Georg Simmel bis zu Hannah Arendt ist immer wieder deutlich gemacht worden, wie sehr die Weltbeziehung des Menschen – und damit sein Selbst- und Weltverhältnis – durch die Arbeit an der Welt, das heißt durch das (zunächst körperliche und dann auch geistige) Abarbeiten an ihren Substanzen und Widerständen, durch die tätige Auseinandersetzung mit Welt, gebildet und geprägt wurde und wird.« (Rosa 2016, 165)

Die Weltsichten von Arbeitslosen ergeben sich aus biographischen Erfahrungen und kollektiven Orientierungen, die in der häufigen Aussage »Du kann es aber nicht ändern« eine Verbindung der Wahrnehmung eigener Machtlosigkeit mit einer externen Zurechnung der persönlichen Lage erkennen lässt (Sammet 2016, 31). Der Zugang zur Arbeit setzt nach dem körperbezogenen phänomenologischen Verständnis von Merleau-Ponty (► Kap. 6.3) einen Gesundheitszustand voraus, der einerseits Arbeit ermöglicht und andererseits durch Arbeit selbst nicht verunmöglicht wird.

> »In der digitalisierten ›Arbeitswelt 4.0‹ nimmt die Belastung aufgrund eines höheren Arbeitstempos, wachsender Multitasking-Anforderungen, häufiger Unterbrechungen, subjektiver Arbeitsplatzunsicherheit und anderer Stressoren weiter zu. Kettenverträge im

Rahmen der Projektarbeit, Soloselbständigkeit und Cloud- bzw. Crowdworking halten die Menschen in einem Gehäuse der Hörigkeit und der totalen Unsicherheit fest.« (Butterwegge 2020, 243)

Von diesen postmodernen Arbeitserfahrungen mit ihrer je spezifischen Sturz- oder Fallangst (»fear of falling«) ist zur Bestimmung der Diversität der Arbeitswelt auszugehen.

7.2.2 Arbeitnehmende auf der Rolltreppe nach unten anstatt im Fahrstuhl nach oben?

Inwieweit die Kernthese von Oliver Nachtwey stimmt, dass die Moderne in der Weise regressiv sei, indem ein kollektiv ökonomischer und sozialer Abstieg der Arbeitnehmenden, eine Rolltreppenbewegung nach unten anstatt eines Fahrstuhleffekts nach oben, stattgefunden habe (Nachtwey 2016, 119–180), bedarf eines quantitativen Faktenchecks. Dieser kann hier anhand des Spannungsverhältnisses von *Normalarbeitsverhältnissen* und atypischen Beschäftigungskonstellationen mit Tendenz zum Niedriglohnsektor, im Hinblick auf Arbeitslosigkeit und prekäre Beschäftigungsformen nur sehr grob skizziert werden.

Nach ständiger Abnahme von *Normalarbeitsverhältnissen*, definiert als dauerhafte, unbefristete, sozialversicherungspflichtige, abhängige Vollbeschäftigung außerhalb der Zeitarbeitsbranche, und stetiger Zunahme von atypischen Beschäftigungskonstellationen mit Teilzeitarbeit und befristeter Beschäftigung, wurde 2018 die Erosion des *Normalarbeitsverhältnisses* zumindest in Frage gestellt mit erstmals seit 2002 wieder mehr als 70 % der Erwerbstätigen in *Normalarbeitsverhältnissen* (Statistisches Bundesamt 2019).

Der weiterhin zunehmende Niedriglohnsektor insbesondere durch *Geringfügige Beschäftigungsverhältnisse* nach § 8a SGB IV wird durch mehrfache gesetzliche Erhöhung des Mindestlohns angehoben, zuletzt zum 01.07.2022 auf zunächst 10,45 € und dann zum Ende 2022 auf 12 €.

Seit 2013 mit einer Arbeitslosenzahl von 3 Millionen und einer Arbeitslosenquote (= Anteil der Arbeitslosen an allen zivilen Erwerbspersonen) von 6,9 % ist die Zahl der registrierten Arbeitslosen bis 2019 sechsmal hintereinander gefallen und wies 2,3 Millionen Arbeitslose (Arbeitslosenquote: 5,0 %) aus (Bundesagentur für Arbeit – Arbeitslosigkeit im Zeitverlauf, BA 03/2021).

Coronabedingt gibt es seit 2019 wieder einen Anstieg, der durch die immer wieder vorgenommene Verlängerung der Auszahlung von Kurzarbeitergeld (§§ 95–109 SGB III) und die zwischen 01.03.2020 und 30.04.2021 geltende Aussetzung der Insolvenzantragspflicht (§ 15 a InsO) gebremst wird. Diese Aggregatdaten sind nach Regionen, Alter, Geschlecht und Schulabschluss bzw. Berufsausbildung zu spezifizieren. So ist die Jugendarbeitslosenquote von 6,1 % im Jahr 2013 auf 4,5 % 2019 gesunken, um dann coronabedingt wieder anzusteigen. Die gegenüber der Erwachsenenarbeitslosenquote früher höheren Jugendarbeitslosenzahlen haben sich damit dieser weitgehend angepasst.

Prekäre Arbeit ist in ihrer Ableitung aus dem theoretischen Konzept der Prekarisierung als Prozess der strukturellen Verunsicherung quantitativ nur schwerlich zu bestimmen, sie ist qualitativ aber weithin ein erfahrbares Phänomen. Es wird in den Begriffskontexten von *prekären Lebenslagen* (▶ Kap. 5.1), prekärer Armut (▶ Kap. 7.1.2) und hier *prekärer Arbeit* verschieden verstanden. Aus dem lateinischen Begriff *precarius* abgeleitet, hat *prekär* einen vagen lexikalischen Begriffskern von *unsicher*, *labil*, *heikel*, mit dem wohl kleinsten gemeinsamen Nenner einer instabilen Zwischenlage, die leicht aus der Balance geraten kann. Auch die Unterscheidung zwischen den *Prekariern*, bei denen sich unsichere Beschäftigungs- und Lebensformen verstetigt haben, und den *Absteigern* mit Verunsicherung im Zentrum der Gesellschaft nach Robert Castel, auf dessen Werk »Les metamorphoses de la question sociale« das Prekaritätsverständnis zurückgeht, vereint sehr Divergentes (Castel/Dörre 2009). Gleiches gilt für die Systematisierung sämtlicher prekärer Beschäftigungsformen (Horstmeier 2009) von Mitarbeit in Haushalt und Familie, bildungsbezogenen Beschäftigungsverhältnissen, berufliche Tätigkeit in Tendenzbetrieben, Kirchen, Hochschulen und *Patchwork*-Beschäftigungen.

Leiharbeit wird als *Flucht aus dem Arbeitsverhältnis* subsumiert (ebd., 173–192), der der Gesetzgeber durch die Reform des Arbeitnehmerüberlassungsgesetzes (AÜG) 2017 gerade mit der Überlassungshöchstdauer, mit dem ausnahmslosen *Equal Pay-Gebot* und dem Streikbrecherverbot entgegengewirkt hatte.

Flexible und innovative Arbeitsformen, gerade auch solche in einer digitalen Arbeitswelt, können für ältere Arbeitnehmende prekäre Beschäftigungslagen erzeugen, während sie neue Arbeitsmärkte für jüngere Beschäftigte eröffnen. Auch Soziale Arbeit ist in den Bezügen von Pädagogik und Prekarität im Hinblick auf ihren beruflichen Arbeitsmarkt wie im professionellen pädagogischen Handeln den Prozessen der Prekarisierung, selbstverständlich in anderer Weise als ihre Klientele, ausgesetzt (Kessl/Polutta/van Ackeren/Dobischat/Thole 2014, 17).

»Pädagogische Handlungsvollzüge stellen also immer Strukturen des Prekären dar, insofern pädagogisches Tun sich immer mit Ungewissheit konfrontiert sieht.« (ebd., 16) Das Prekäre ergibt sich vor allem aber auch aus den Arbeitsverhältnissen wie Arbeitsbedingungen Sozialer Arbeit, die diese behindern, wenn nicht gar verunmöglichen.

7.2.3 Ende der Arbeit oder Transformation in die Arbeitswelt 4.0?

Der Gesellschaft geht die Arbeit aus, so wird es in »The End of Work« (Jeremy Rifkin, 1995), in »When Work Disappears« (William J. Wilson, 1996), in »The Second Machine Age« (Erik Brynjolfsson/Andrew McAfee, 2014) und als »The Rise of the Robots« (Martin Ford, 2015) angekündigt. Ideen zu einem bedingungslosen Grundeinkommen stützen sich auch hierauf. Dem wird entgegengehalten, dass Roboter und Computer Jobs, aber nicht Arbeit, vernichten, und dies auf herkömmlichen Arbeitsmärkten. Auf digitalisierten Arbeitsmärkten wandelt sich die *Internet (IT) – Arbeit* zu *Informations- und Kommunikations (IuK)* – Arbeit, in der private wie professionelle Kommunikation über Informations- und Kommunikationssysteme gesteuert wird und sich dabei massiv verändert (Kruse 2004, 121–144).

Die flexible Arbeitswelt mit der Flexibilisierung von Arbeitszeit, Arbeitsentgelt, Arbeitsorganisation (Ulrich Preis) hat sich in eine innovative Arbeitswelt weiterentwickelt. Diese wird auch als *Arbeit 4.0* bezeichnet und durch die digitale Transformation und Automatisierung, die Entwicklung hin zur Wissens-, Daten- und Innovationsökonomie mit veränderten Arbeitsformen, Arbeitsbeziehungen wie Berufsbildern und Kompetenzanforderungen sowie durch nachlassende Trennung von Leben und Arbeiten gekennzeichnet (vgl. Bundesministerium für Arbeit und Soziales: »Grünbuch« mit Fragen zu »Arbeiten 4.0«, 2015; und »Weißbuch« mit Antworten zu »Arbeiten 4.0«, 2016). Die Auswirkungen von Arbeit 4.0 werden als gegenläufig wahrgenommen. Auf der einen Seite wird eine technologische Arbeitslosigkeit vorhergesagt, auf der anderen Seite werden neue Arbeitsmärkte mit hierhin verlagerten Jobchancen prognostiziert.

> »Die Ergebnisse der Frey/Osborne-Studie haben die Öffentlichkeit alarmiert: In den USA sollen im Zuge der Digitalisierung der Arbeit die Hälfte der 702 untersuchten Berufe wegfallen und 47 % der arbeitenden Bevölkerung einem hohen Risiko ausgesetzt sein, ihren Arbeitsplatz zu verlieren. Auf Deutschland übertragen, bedeutet dies: Aufgrund der Digitalisierung sollen 42 % der Beschäftigten in Berufen mit einer hohen Automatisierungswahrscheinlichkeit arbeiten.« (Giesen/Kersten 2018, 20)

Dem Wegfall von Arbeitsplätzen wird ein Zuwachs durch neue Wirtschafts- und Industriezweige, aber auch durch den sog. *platform capitalism* vorausgesagt. In diesem werden die folgenden vier Ausprägungen von Märkten, Plattformen, Geschäftsmodellen und Arbeitsformen mit hohem Wachstumspotenzial festgestellt: soziale Kommunikationsplattformen wie z. B. *Xing*, *Facebook*, digitale Märkte wie *eBay*, *MyHammer*, *Kleiderkreisel*, Vermittlungsplattformen wie z. B. *Uber*, *Helpling*, *Airbnb*, *Crowd-working*, Plattformen wie z. B. *Upwork* oder *Amazon Mechanical Turk*. *Crowdwork*, angeboten von Unternehmen als Arbeitsaufträge oder Projekte auf webbasierten Plattformen, wird durch sog. *click workers* durchgeführt, denen (noch) die arbeitsrechtliche wie sozialversicherungsrechtliche Absicherung fehlt.

> »Crowdwork enthält praktisch alle Zutaten für diejenigen Spannungen, die auch in gestörten Arbeitsbeziehungen entstehen. Aufgrund der Anonymität des Arbeitens, der intransparenten Entgeltordnungen und der am Ende häufig niedrigen Bezahlung ist nicht nur Misstrauen und Gereiztheit unter Crowdworkern weit verbreitet.« (ebd., 119–120)

Wenn Menschen eher unfreiwillig als freiwillig ihre Arbeit verlieren, oder diejenige, die sie bisher kannten und die ihnen vertraut war, so können die psychosozialen Folgen für die Betroffenen desaströs sein. Dies ergibt sich aus der forschungsmethodisch anspruchsvollen Marienthalstudie, die zu Beginn der 1930er Jahre im unweit von Wien gelegenen Dorf *Marienthal* durchgeführt wurde. Die durch die Weltwirtschaftskrise erzeugte, ihre Einwohnerinnen/Einwohner treffende Arbeitslosigkeit ließ sie in Apathie und Energieverlust, in Interessen- und Teilnahmslosigkeit versinken. Dieses Geschehen wurde durch tradierte integrative oder desintegrative Verhaltensformen in den Familien beeinflusst. Es wurden die vier Haltungstypen *ungebrochen*, *resigniert*, *verzweifelt* und *apathisch* im Umgang mit der Arbeitslosigkeit identifiziert (Jahoda/Lazarsfeld/Zeisel 1975, 64–82).

Arbeitslosigkeit steigere zwar nach kriminologischen Theorien wie der *Kontrolltheorie* von Travis Hirschi, der *Anomietheorie* von Robert Merton und der *Chancen-*

strukturtheorie von Richard Cloward und Lloyd Ohlin die Wahrscheinlichkeit der Begehung strafbarer Handlungen infolge der Schwächung von Integrationskraft wie von formeller und informeller Sozialer Kontrolle. Ursächliche, monokausale Zusammenhänge zwischen Arbeitslosigkeit und Straffälligkeit konnten in der kriminologischen Forschung aber nicht nachgewiesen werden.

Ihr vermittelter und anteiliger Beitrag am Kriminalitätsgeschehen lässt sich nur über komplexe Forschungsdesigns wie Pfad-, Mehrebenen- und Varianzanalysen untersuchen, um sich dem Zurückgehen von Straffälligkeit und Kriminalität auf gemeinsame Wurzeln wie Persönlichkeits- und Sozialisationsstörungen wie Armut und Arbeitslosigkeit empirisch-statistisch anzunähern.

Ergiebiger sind die kontrollparadigmatisch begründeten Fragestellungen nach differenten Strafverfolgungs- und Sanktionswahrscheinlichkeiten gegenüber Arbeitslosen wegen ihrer größeren Sichtbarkeit, einer ihnen gegenüber veränderten Anzeigebereitschaft und eingeschränkteren Abwehr- wie Verteidigungsmöglichkeiten.

Da es in Polizeilichen Kriminalstatistiken kein auf Arbeitslose bezogenes Erhebungskriterium gibt, beschränken sich die Hinweise darauf, dass diese bei der Strafverfolgung erheblich überrepräsentiert sind, wie auch bei Bewährungsprobanden und Vollzugsinsassen.

7.2.4 Arbeit im Zentrum des Normativen

Arbeit, durch Sollensanforderungen aller Art geprägt, ist ein durch und durch normatives Konzept, das nun wieder bei Sozialen Problemen, in der Kriminologie und im Strafrecht jeweils eigene Ausprägungen erfährt. Sozialstruktur, Arbeitsmarkt und Strafvollzug durchdringen, bedingen sich gegenseitig (Rusche/Kirchheimer).

Arbeitsmoral der Klientele bzw. Beschuldigten ist empirisch nachgewiesenermaßen handlungsleitend in exekutiven wie justiziellen Entscheidungssituationen.

Das o.a. *Normalarbeitsverhältnis* (▶ Kap. 4.8) hat im Hinblick auf die Sozialversicherungssysteme und damit die gesellschaftliche, soziale und wirtschaftliche Ordnung überragende Bedeutung.

Auch wenn Arbeit vielfältige strafrechtliche Bezüge hat, wie etwa beim Vorenthalten und Veruntreuen von Arbeitsentgelt (§ 266a StGB), im Arbeitsschutz, oder im Bereich der Straftaten gegen die persönliche Freiheit wie Zwangsprostitution (§ 232a StGB), Zwangsarbeit (§ 232b StGB) und Ausbeutung der Arbeitskraft (§ 233 StGB) (▶ Kap. 8.3.2), so findet doch die Verrechtlichung von Arbeit insbesondere durch das privatrechtliche Arbeitsrecht und das öffentlichrechtliche Arbeitsförderungsrecht mit ihren jeweiligen rechtlichen Nebengebieten statt. Im Bemühen um arbeitsrechtliche Sicherheit bei *flexibler Arbeit* wird diese in der Komposition *flexicurity* ausgedrückt und als Verankerung im Arbeitsrecht verfolgt. Dies ist in § 12 Teilzeit- und Befristungsgesetz (TzBfG) *für Arbeit auf Abruf* bereits geschehen, und wird im Hinblick auf *crowdwork* bisher noch von landesarbeitsgerichtlichen Entscheidungen wegen fehlender Arbeitnehmereigenschaft im Sinne des § 611a BGB abgelehnt.

Arbeit ist im Jugendstrafrecht, im Strafprozessrecht, im Strafvollstreckungsrecht wie im Strafvollzugsrecht als Allzweckmittel nach dem Motto: *Arbeit schadet nie!* normiert wie ständig erweiternd normalisiert worden. Dieser unter wesentlicher Beteiligung Sozialer Arbeit sich vollziehende Prozess des Einsatzes von Arbeit als Sanktionsmittel im Strafrecht, der im Sozialrecht als Aktivierung zur Arbeit in den normativen Diskursen einer Aktivierenden Wohlfahrts- bzw. Sozialstaatspolitik (Maaser 2003) durch die sog. *Hartz-Reformen*, insbes. im Sozialgesetzbuch II – Grundsicherung für Arbeitssuchende (etwa in §§ 15, 16d, 31 ff SGB II), eine andere Ausgestaltung erfährt, ist äußerst variationsreich. Er umfasst auch gemeinnützige Dienstleistungen aller Art. Der Erziehungsgedanke im Jugendstrafrecht (§ 2, I, 2 JGG) ermöglicht dabei, Arbeit als jugendstrafrechtliche Maßnahme im – nach Ansicht des BVerfG – Einklang mit Art. 12 I, III GG – zu verhängen. Dies ist in gleich zwei verschiedenen Formen, einmal als Erziehungsmaßregel *Arbeitsweisung* (§ 10 I, 3, Nr. 4 JGG), zum anderen als Zuchtmittel *Arbeitsauflage* (§ 15 I, 1, Nr. 3 JGG), im JGG so vorgesehen.

Auch als Einstellungsvoraussetzung im Jugendstrafverfahren können sich durchgeführte Arbeitsleistungen (§ 45 III JGG) und im Erwachsenenstrafverfahren gemeinnützige Leistungen (§ 153a I, 2, Nr. 3 StPO) auswirken. Diese sind auch als Bewährungsauflage vorgesehen (§ 56b StGB).

Im Strafvollstreckungsrecht kann die Vollstreckung einer Ersatzfreiheitsstrafe (§§ 43 StGB, 459e StPO) durch sog. *freie Arbeit* auf der Grundlage einer entsprechenden Landesverordnung (Art. 293 EGStGB) abgewendet werden. Die im Bundesstrafvollzugsgesetz a. F. normierte Arbeitspflicht (§ 41) ist so in Landesstrafvollzugsgesetze übernommen (§ 43 BayStVollzG) oder abgemildert (§ 22 SächsStrafvollzG) worden und knüpft damit an die mit Arbeit verbundene größte Hoffnung auf Resozialisierung (► Kap. 8.5.1) in der Geschichte des modernen Gefängnisses an.

7.2.5 Arbeit im Fokus von Sozialer Arbeit

Die logotherapeutische Sinnvermittlung im Hinblick auf Arbeit nimmt einen herausragenden Stellenwert in der Ermöglichung einer gelingenden Lebensführung (► Kap. 5.4.3) bei Lebenslagen am Rande der Erwerbsgesellschaft ein. Dieser Sinn hat sich jenseits von »bullshit jobs« (David Graeber) nach dem Motto *Jeder Job ist besser als kein Job* auch aus der Arbeit selbst zu ergeben. Über sinnvolle Arbeitsmöglichkeiten sind Wege von dieser Randlage weg zu eröffnen und gesellschaftliche Zugehörigkeiten zu fördern, die weit über den Arbeitssektor hinausgehend Inklusion zum Ziel haben (► Kap. 3.2). In der Wechselwirkung von Inklusion und Ausgrenzung ist dabei zu beachten, dass misslingende Inklusionserfahrungen bei der Suche nach Anschluss das Gefühl der Exklusion noch steigern können.

Wie der zunehmenden Vereinzelung und Entsolidarisierung bei prekärer Erwerbsarbeit und auf den Arbeitsmärkten 4.0, etwa der Plattformökonomie, zu begegnen ist bzw. sein wird, stellt dabei eine besondere Herausforderung dar, etwa ob sich aus fluider eine solide Solidarität (nach der gemeinsamen lateinischen

Sprachwurzel *solidus*) aus der Vielfalt emergenter Kollektivität entwickelt (Giesen/Kersten 2018, 153–154, 169).

> »Vor dem Hintergrund dieser schwarmförmigen Struktur von Netzkommunikation sind bereits Konzepte von ›emergenter‹ bzw. ›digitaler Solidarität‹ entwickelt worden.
> So fokussiert zum Beispiel Carolin Wiedemann mit ihrem Konzept ›emergenter Solidarität‹ auf die gegenseitige Affizierung von Schwarmteilnehmern, um die Entfaltung kritischer Kollektivität im Netz zu beschreiben.« (ebd., 169)

Klassische Erwerbslosenarbeit mit ihren vierfachen Handlungszielen der Unterstützung bei der Arbeitssuche und bei Arbeitseinmündungsprozessen, während laufender Arbeitsverhältnisse, zur Vermeidung von Arbeitslosigkeit und beim Umgang mit ihren persönlichen, familiären und wirtschaftlichen Folgen ist stark von den normativen Rechtsprogrammen geprägt. Während die Verfolgung des ersten Ziels durch freie Träger wie Erwerbsloseninitiativen aller Art mit der Aktiven Arbeitsförderung (SGB III – Drittes Kapitel) ineinandergreift, rücken Lohnersatzleistungen wie das Arbeitslosengeld nach dem Vierten Kapitel des SGB III und Transferleistungen wie Arbeitslosengeld II (Hartz IV), Wohngeld, Kindergeld, Elterngeld, Kurzarbeitergeld in den vierten Handlungsfokus. Arbeitsrecht, insbesondere Kündigungsschutzrecht, kontextualisiert normativ die ersten drei Handlungsschwerpunkte.

Arbeitnehmende sind immer mehr von Burnout Phänomenen betroffen.

> »Die Bundesrepublik wird als eine ›Burnout‹- und ›Müdigkeitsgesellschaft‹ beschrieben: Die Leistungsgesellschaft – so Byung-Chul Han – werde zu einer ›Müdigkeitsgesellschaft‹, die an einem deprimierenden ›Übermaß an Positivität‹ leide: ›Überproduktion, Überleistung oder Überkommunikation‹ riefen ›digestiv-neuronale Abwehrreaktion und Ablehnung‹ hervor. ›Erschöpfung, Ermüdung und Erstickung‹ seien unmittelbare Folgen dieser ›neuronalen Gewalt‹, die auf einer systemischen Selbstausbeutung von Menschen beruhe.« (ebd., 79)

Zunehmendes, vielfach hiermit in Verbindung stehendes wie auch digital erfolgendes *Mobbing am Arbeitsplatz* ist eine weitere Herausforderung für die Unterstützung während laufender Arbeitsverhältnisse.

Arbeitslosigkeit zu verhindern heißt, sich Tendenzen auf dem Arbeitsmarkt wie der Ersatz von Arbeitnehmern/Arbeitnehmerinnen durch freie Mitarbeitende, Zeit- und Zweckbefristungen, nicht gewollte Flexibilisierung der Arbeitszeit, Outsourcing und Kündigungen des Arbeitgebers zu widersetzen. Langzeitarbeitslosigkeit zu beenden, bedarf wiederum einer Kombination der Wahrnehmung spezifischer Arbeitsförderprogramme und psychosozialer Betreuung.

In allen vier Handlungsbereichen ist zu vermeiden und nicht noch zu verstärken, dass sich die Betroffenen selbst die Schuld für ihre unzulängliche Arbeitssituation geben. Arbeitslosigkeit, nach Georg Wilhelm Friedrich Hegel das »Herabsinken … unter das Maß einer gewissen Subsistenzweise«, ist intersektional mit anderen prekären Lebenslagen wie persönlichen und sozialen Vulnerabilitäten verbunden, etwa bei *arbeitsmarktfernen* Wohnungslosen. Hinter dieser Intersektionalität steht die kausalanalytisch verkürzte Kurzformel: *Ohne Arbeit keine Wohnung, ohne Wohnung keine Arbeit.* Das Zusammentreffen von Arbeitslosigkeit und Wohnungslosigkeit stellt besondere Anforderungen an sozialproblembezogene-kriminologische Soziale Arbeit und erfordert eine besondere aktionale Komplexität ihres Diversitätsprofils.

7.3 Wohnen

7.3.1 Zuhause bedeutet ein Zuhause zu haben – *Leben auf der Platte*

Die Metapher der »Dritten Haut« des Architekten und Künstlers Friedensreich Hundertwasser verweist anschaulich auf die Existenzialität der menschlichen Wohnung. Das Bestreben, sich in seiner/ihrer Haut wohlzufühlen, gilt auch hier. Wie aber wohnt der, der keine Wohnung hat? Hier gilt auch und ganz besonders für die »Unbedachten« Martin Heideggers Petitum, wenn nicht gar Monitum: »Als ob wir das Wohnen je bedacht hätten« (Hasse 2009, 13–14). Denken des Wohnens, unterschieden vom lebensweltlichen Reden über das Wohnen, bedeutet hier: »Maximale soziale Zumutungen wie räumlich-dingliche Entbehrungen werfen die Frage auf, inwieweit im Mangel des Nötigsten Wohnen überhaupt noch denk- und lebbar ist« (ebd., 13, 70–71).

Auch wenn die Lebensgeschichten von Obdachlosen *auf der Platte*, die anders als viele Wohnungslose noch nicht einmal eine geschützte Unterkunft bzw. Bleibe haben, sehr vielfältig sind, so vereint sie die Leidensgeschichte des Ausschlusses und meist auch eine Sehnsuchtsgeschichte.

Der Wunsch, sich zu Hause zu fühlen, setzt voraus, ein Zuhause zu haben. Als *Housing First* Leitstrategie hat diese Wohnungslosenhilfe und Wohnungspolitik zu leiten (► Kap. 7.3.5). Wie dennoch ohne das Nötigste, mit dem Mangel am Elementarsten, gelebt wird, lässt sich nur aus der Sicht der Betroffenheit nachvollziehen. Und dies ist eigentlich nur bis zu einem gewissen Grade nacherlebbar trotz der anschaulichen Schilderungen in Straßenzeitungen (Paegelow 2009, 69–76), obgleich es von ehemaligen Obdachlosen geführte »Querstadtein«-Touren durch deutsche Großstädte gibt oder vereinzelt auch Angebote, einmal für begrenzte Zeit im Lebensraum der Obdachlosen auf der Straße, *auf der Platte*, unter der Brücke, mitzuleben. Die Kürze eines solchen Aufenthalts und die Perspektive der Rückkehr ins eigene Heim lassen hier keine vergleichbaren Erfahrungen mit der vulnerablen Orginallebenssituation aufkommen. Das Verständnis für die zentralen Lebensthemen von Wohnungslosen ergibt sich anschaulich aus den Schilderungen ihrer eigenen Lebensgeschichten in literarischen Selbstbeschreibungen, wie von Katrin P. (»Das trostlose Leben der Katrin P., Geschichte einer Pennerin«), Peter Mannsdorf (»Auf Platte«) sowie in den Studien von Edmund G. Love (1959) (»Subways are for sleeping«), Roland Girtler (1990) (»Vagabunden der Großstadt«, in Wien *Sandler* genannt) und Katrin Panier (2006) (»Die dritte Haut«).

7.3.2 Schwierige Datenlage von schwierigsten Wohnungsnotfällen

Die schwierige Aufgabe, das Phänomen der Wohnungslosigkeit quantitativ zu erfassen, ist bis zum Inkrafttreten des *Bundesgesetzes zur Einführung einer Wohnungslosenberichterstattung sowie einer Statistik untergebrachter wohnungsloser Personen* im

März 2020 30 Jahre lang von der *Bundesarbeitsgemeinschaft Wohnungslosenhilfe e. V.* (*BAG-W*) wahrgenommen worden. Diese hatte sich über Jahrzehnte hinweg für die Einrichtung einer Bundesstatistik eingesetzt.

Nach der Pressemitteilung der *BAG Wohnungslosenhilfe* vom 21.12.2021 hat sich nach Schätzung der *BAG W* die Jahresgesamtzahl wohnungsloser Menschen von 237 000 Menschen im Jahr 2018 auf 256 000 im Jahr 2020 erhöht, also um einen Gesamtanstieg von 8%. Dies betrifft nicht den Flüchtlingssektor, der nun getrennt ausgewiesen wird und in dem zwischen 2018 und 2020 ein Gesamtrückgang von insgesamt 64% festgestellt wurde. Der Frauenanteil im Wohnungslosenbereich unter Nichtberücksichtigung des Flüchtlingssektors liegt nach aktueller Schätzung bei 33% (78 000 Frauen) und ist damit in den letzten Jahren angestiegen bzw. sichtbarer geworden.

Die Zahl der Kinder und minderjährigen Jugendlichen wird auf 20 000 (8%) geschätzt. Diese Schätzungen der BAG W mit einer angenommenen Abweichung von plus/minus 10% beruhen auf einer Studie im Auftrag des Bundesbauministeriums aus dem Jahr 1992, die mit notwendigen Anpassungen als Grundlage für die Fortschreibung der Schätzungen für die Folgejahrzehnte dient(e).

Nunmehr ist zu erwarten, dass eine Gegenüberstellung der Daten beider Erhebungsmethoden es wahrscheinlicher machen wird, die Datenlage zu Wohnungs- und Obdachlosigkeit der Wirklichkeit weiter anzunähern.

Aus den Lebensgeschichten von Wohnungslosen folgen verschiedenste Karriereverläufe (► Kap. 4.5) in Wohnungslosigkeit hinein und in dieser selbst, auch wenn ihnen strukturell vergleichbare Entwicklungsmuster zugrunde liegen. Sich diesen Gründen verstehend zu nähern, wie Wohnungslose selbst ihren Werdegang und den von anderen Betroffenen sehen, kommt dabei notwendigerweise zu anderen Ergebnissen als ein den Ursachen nachgehender erklärender Ansatz (zu den beiden divergenten Erkenntniszugängen: ► Kap. 4.7).

»In meinen Diskussionen und Unterhaltungen mit Sandlern in den diversen Kneipen hörte ich wiederholt einige Sandler sagen, daß es vor allem das ›Saufen‹ sei, daß sie zu Sandlern mache, bzw. sie ihren Eltern, ihren Familien, ihren Frauen usw. entfernte.« (Girtler 1980, 10) Scheidungen und Gefängnisaufenthalte – und bei jüngeren Sandlern familiäre Schwierigkeiten – führen immer wieder zum Leben auf der Straße (ebd.). In den »Geschichten von Wohnungslosigkeit in Deutschland« (Panier 2006) ist weiter von Schulden, insbesondere Mietschulden und Räumung, von gescheiterten Geschäftsvorhaben, von meist alkoholbedingtem Gewalthandeln in Beziehungen und Familien, von Beziehungsabbrüchen die Rede.

Leben auf der Straße ist ein ständiger Kampf ums Überleben. Entgegen dem Stigma der Faulheit, dem Wohnungslose tagtäglich ausgesetzt sind, arbeiten sie sehr hart, um diesen Überlebenskampf zu führen.

> »They exploit their environment as craftily and as thoroughly as Robinson Crusoe ever did. They are masters of ingenuity. Most people would find it impossible to get along in a big city, day after day, with little or no money, yet most of these do it constantly. They can be good managers, they can be persistent, and they can be as patient as the situation demands. The most certainly are not lazy. All of them work hard.« (Love 1959, 10)

Die Einstellungen von Wohnungslosen zur Arbeit jenseits dieser harten Überlebensarbeit sind recht unterschiedlich.

Sie reichen von einer generellen Ablehnung über eine meist erfolglose Suche nach Wunscharbeit und hierbei Erfahrungen von Stigmatisierungen bei der Arbeitssuche bis hin zu Gelegenheitsjobs, die bei der Gegenwartsorientierung von Wohnungslosen unmittelbare Lebensbedürfnisse befriedigen (Girtler 1980, 56–64). Auch lassen das Beschaffen von Nahrung, Alkohol, Kleidern und die Ausforschung von Möglichkeiten zur Nächtigung, insbesondere auch im Winter zur Vermeidung des Kältetodes, kaum noch Kraft und Zeit übrig. Dies gilt auch infolge der besonderen Herausforderungen für die Lebensbewältigung, die sich aus dem Umgang mit öffentlichen Institutionen, mit Gewalt und Vertreibungen sowie aus der Bewältigung beschädigter Identität infolge permanenter Stigmatisierung (Goffman 1962) ergeben. Die institutionellen Kontakte, insbesondere mit dem Sozialamt, erfordern besondere Problemlösungsstrategien seitens der bürokratischen Organisationen (Girtler 1980, 83) und der Wohnungslosen selbst, die sie häufig als stigmatisierend erleben. Die von allen Seiten erlebten Stigmatisierungen können in Selbstbezichtigungen und Selbststigmatisierungen übergehen.

> »Im Stigmatisierungsprozess ist es möglich, daß der Wohnungslose selbst aktiv wird. In diesem Sinne kann von ›Selbststigmatisierung‹ gesprochen werden, besonders, wenn es darum geht, sich den Lebensunterhalt zu verschaffen oder mit bestimmten Institutionen ›fertig‹ zu werden.« (Malyssek/Störch 2009, 136)

Auch der polizeiliche Schutz, den Obdachlose gerade so nötig haben, kann infolge von Stigmatisierungen durch die Polizei (Girtler 1980, 83–89, 112–113) beeinträchtigt sein. Es ist daher zu befürchten, dass sie Ermessensspielräume von Eingriffsnormen des polizeilichen Ordnungs- und Sicherheitsrechts bei der Verdrängung und Vertreibung von Obdachlosen aus den Innenstädten (Paegelow 2009, 65–66) nicht vorurteilsfrei ausfüllt.

7.3.3 Strukturanalyse von Wohnungslosigkeit

Die Strukturanalyse von Wohnungslosigkeit umfasst die Begriffsanalyse, ursächliche, konstruktivistische und gesellschaftstheoretische Erklärungen und besondere, nach sozialdemographischen Merkmalen und Vulnerabilitätskriterien typisierte Personengruppen.

Die Geschichte der Wohnungslosen ist auch seit 1945 eine solche hiermit sich wandelnder Begrifflichkeiten. Sie lässt sich grob als Aufeinanderfolge der Ausdrücke *Gefährdete*, *Nichtsesshafte*, *Obdachlose*, *Wohnungslose* und *Wohnungsnotfälle* skizzieren (Specht 2013, 4). Dieser begriffliche Transformationsprozess ist durch die strikte Zurückweisung von nationalsozialistischen bzw. rassenhygienischen Begriffen wie *asozial*, *gemeinschaftsfremd*, *nichtsesshaft*, die seit 1938 Tausende Wohnungslose in Konzentrationslager brachten, durch das Ziel analytischer Präzisierung und durch das Anliegen der Vermeidung von Bezeichnungen mit diskriminierendem Beiklang gesteuert worden.

Die Begrifflichkeiten *gefährdet* oder *nichtsesshaft*, als Ausdruck der nomadischen Existenz mit dem Ortswechsel als Lebensform (Malyssek/Störch 2009, 48), wurden in der Bundesrepublik noch in den 1950er und -60er Jahren verwandt, insbesondere im Bundessozialhilfegesetz (BSHG) von 1961.

Es erfolgte nun eine Überlagerung mit der Bezeichnung der *Obdachlosen.*

> »Ab Mitte der 1980er-Jahre schlug die Bundesarbeitsgemeinschaft in ihrer Öffentlichkeitsarbeit deutlich andere Töne an. ›Bürger ohne Wohnung‹ lautete der Titel einer wiederholt aufgelegten Broschüre, in der die Armut der Klienten und ihre Bürgerrechte in den Mittelpunkt gestellt wurden (Bundesarbeitsgemeinschaft Nichtsesshaftenhilfe 1985).« (Ayaß 2013, 99)

Die hiermit erreichte begriffliche Nichtdiskriminierung steht möglicherweise in einem Zielkonflikt mit Differenzierung, indem nunmehr nicht zwischen denjenigen unterschieden wird, die keine Wohnung mit Mietvertrag haben, aber dennoch über einen festen Wohnsitz bzw. eine Unterkunft verfügen, und jenen, die auf der Straße, in Parks, unter Brücken, an Bushaltestellen oder in U-Bahnstationen übernachten.

Auswirkungen dieser fehlenden Trennung unterschiedlicher Gruppen von Obdachlosen und Wohnungslosen werden für die statistische Erfassung gesehen, aber auch für politische Programme, etwa die *Housing First*-Bewegung, die Obdachlose möglicherweise nicht ausreichend berücksichtigt. Die Konzeptvielfalt und Begriffsverwirrung wurde Ende der 1980er Jahre durch die *Wohnungsnotfall-Definition* zu überwinden versucht.

> »Erst die Wohnungsnotfall-Definition im Rahmen einer Empfehlung des *Deutschen Städtetages* von 1987 war ein erster Schritt zur Überwindung dieser unübersichtlichen Lage. Sie nimmt ihren Ausgangspunkt vom Konzept des Notfalls und hebt damit auf das entscheidende gemeinsame Merkmal bisher unterschiedlich bezeichneter Problemgruppen ab: die fehlende oder unzureichende Wohnungsversorgung, die konstitutiv für das Spektrum der Probleme von Wohnungslosigkeit, Wohnungsverlust und unzureichender Wohnverhältnisse ist.« (Specht 2013, 5)

> »Die Wohnungsnotfallpyramide (Abb. 1) schichtet die Lebenslagen der Wohnungsnotfälle nach ihrem quantitativen Ausmaß und steht deshalb auf der Spitze: das kleinste Segment ist die Straßenobdachlosigkeit, danach folgen die institutionell in Einrichtungen oder Wohnraum untergebrachten und betreuten wohnungslosen Menschen, darauf dann die unmittelbar von Wohnungsverlust bedrohten Menschen und schließlich die Menschen, die in unzumutbaren Wohnverhältnissen leben.« (ebd., 16–17)

Die strukturelle Entstehungsanalyse von Wohnungslosigkeit hat wie bei der Arbeitslosigkeit auf gesellschaftliche, wirtschaftliche und staatliche Grundstrukturen zurückzugreifen. Persönliche Krisen, Wohnungsnotfälle bewirkend wie auf diese folgend, stehen in näherem und weiterem Zusammenhang mit strukturellen Krisen. Die grundlegendste Ursache der Wohnkrise ist die Bodenkrise, indem der für menschliches Wohnen existenzielle Baugrund Objekt von globaler Spekulation ist. Die auch hieraus folgende Wohnungsbaukrise führt zu einer Verknappung von Wohnraum und dies zu unbezahlbaren Mietpreisen, angeheizt durch internationale Wohnungskonzerne und Mietpreisexplosionen in den Großstädten. Segregations- und Migrationsbewegungen zwischen Stadt, Stadtrand und Land, sowie Gentrifizierungsprozesse, bei denen die Marktdominanz Geringverdiener aus ihren angestammten Wohnquartieren ausschließt und vertreibt, verschärfen die Situation.

Ausgrenzungsprozesse durch räumliche Segregation in den Großstädten mit einer Abwärtsspirale in Milieus multipler sozialer Benachteiligung ergeben sich aus dem Zusammenwirken von drei Veränderungen: der Verlust der Erwerbsmöglichkeiten auf dem Arbeitsmarkt für unqualifizierte Arbeitnehmende, die Finanznot der Städte aufgrund sinkender Steuereinnahmen führt zu geringeren Sozialtransfers und der Rückzug des Staates aus der sozialen Wohnungsversorgung hat die Auflösung sozial gemischter Quartiere und die stärkere Sortierung der Wohnbevölkerung nach Einkommen, Lebensstil und Nationalität zur Folge (Häußermann 2006, 297).

Bei der personenbezogenen Analyse von Wohnungsnotfällen ist zunächst nach demographischen Merkmalen wie Alter und Geschlecht zu unterscheiden.

> »Fälschlicherweise wird das Phänomen junger Wohnungsloser oft mit dem Etikett ›Straßenkinder‹ belegt, was einerseits darüber täuscht, dass es sich in Deutschland weniger um Kinder als um Jugendliche zwischen 14 und 18 Jahren handelt. Dazu unterschlägt es die enormen qualitativen Unterschiede, die zwischen der Situation lateinamerikanischer Straßenkinder, von wo der Begriff importiert wurde, und derjenigen junger Obdachloser in Deutschland bestehen … « (Ratzka 2012, 1232)

Seit 2014 gibt es Konferenzen zu Straßenkindern und Flüchtlingskindern in Deutschland. Die Straßenkarrieren der Kinder und Jugendlichen mit ihrem geschätzten Anteil an Wohnungs- bzw. Obdachlosen in Höhe von 8 % verlaufen recht unterschiedlich und werden in die drei Gruppen typisiert: *Trebegänger/innen*, *Ausreißer/innen* und *Aussteiger/innen* (ebd., 1232–1233). Als Sondergruppe innerhalb der Randgruppe der Wohnungs- und Obdachlosen werden die Senioren und Seniorinnen auf der Straße verstanden. Ihr Anteil nimmt aufgrund der Schwächung familialer Unterstützungsnetzwerke, wegen Eingliederungsschwierigkeiten auf dem Arbeitsmarkt und infolge unsicherer Altersversorgung zu, wobei hier auch noch zwischen Lebensalter und lebenslagenbedingter Voralterung zu unterscheiden ist. (ebd., 1234)

Während junge und alte Menschen lange Zeit als die Unsichtbaren in der Wohnungslosen- und Obdachlosenszene angesehen wurden, so gilt dies insbesondere auch für Frauen.

> »Bei der Wohnungslosigkeit von Frauen handelt es sich eher um *verdeckte Wohnungslosigkeit*, da sie im Gegensatz zu wohnungslosen Männern, die sich viel deutlicher in der Öffentlichkeit zeigen, öffentliche Räume wie Bahnhöfe oder Plätze besetzen, eher im Verborgenen leben.« (Lutz/Sartorius/Simon 2021, 191)

Wohnungslosigkeit von Frauen verstößt auch gegen tradierte Geschlechterbilder. Die phänomenologisch-existenzielle *Nacktheit*, alle Lebensbedürfnisse ungeschützt vor den Augen anderer befriedigen und auf Hygiene weitgehend verzichten zu müssen, trifft Frauen weitaus härter. Ständige *Anmache*, Übergriffigkeiten, Gewaltzusammenhänge bis hin zu sexuellen Nötigungshandlungen, machen das Leben im Freien für sie unerträglich. Dennoch hat der Anteil von Frauen, die dieses Leben aufgrund von Ressourcenarmut und zunehmenden Unterdrückungs- und Gewaltverhältnissen führen müssen, zugenommen, und er wird nunmehr zwischen 15 % und 35 % der Gesamtwohnungslosigkeit liegend angenommen (ebd., 190).

Unter Obdachlosen gibt es neben dem schlechten physischen Gesundheitszustand auch gegenüber der Normalbevölkerung deutlich höhere Prävalenzraten psychischer Erkrankungen nach den Klassifikationssystemen *ICD* und *DSM.* Diese sind häufig Lebensprävalenzraten und beruhen auf Komorbidität mit psychiatrischen Doppel- bzw. Mehrfachdiagnosen. Trotz methodischer Schwierigkeiten bei der Datenerhebung gibt es eine Reihe internationaler, nicht mehr ganz aktueller, und Deutschland in einem Forschungsprojekt in München von M.-M. Fichter u. a., sog. »Seewolf« oder »Fichter-Studie« von 1996 (Eikelmann/Reker/Zacharias 2002, 48), repräsentierenden Studien. Diese ergeben ein relativ einheitliches Bild psychiatrischer Auffälligkeiten mit etwa 70 bis 95 % Vorliegen einer psychiatrischen Diagnose, mit Alkoholmissbrauch von 44 bis 90 %, mit depressiven Störungen von 20 bis 27 % und schizophrenen Störungen zwischen 4 bis 14 % (ebd., 47). Eine Sekundärdatenanalyse des »Berliner Gesundheitszentrums für Obdachlose« enthält hierzu aktuellere Daten aus 2022.

7.3.4 Die normanalytische Mannigfaltigkeit

Die normative Mannigfaltigkeit ist sowohl eine außerrechtliche wie eine rechtliche. In der nicht hierarchisch oder abwertend zu verstehenden Subkultur (▶ Kap. 2.2.3) der im Freien zusammenlebenden Obdachlosen existiert die Orientierung an den Wertvorstellungen der Gesamtgesellschaft wie parallel an subkulturellen Normen- und Wertesystemen. So wird etwa erwartet, dass sich im begrenzten physischen und sozialen Raum den Regeln bei der Auswahl des Schlafplatzes angepasst wird.

Das Menschenrecht auf Wohnen wird vom *UN-Ausschuss für wirtschaftliche, soziale und kulturelle Rechte (CESCR)*, der die Umsetzung des UN-Sozialpaktes überwacht, vom *Office of the High Commissioner for Human Rights* (*OHCHR/UN-Habitat*, The Right to Adequate Housing, Geneva-New York 2009) und in einer seit dem Jahr 2000 existierenden UN-Sonderberichterstattung anerkannt und angemahnt. Weder in der Europäischen Grundrechtscharta noch im Grundgesetz, in der deutschen Verfassung, gibt es hierzu über Art. 1 und 2 GG hinaus ein eigenes Verfassungs- bzw. Grundrecht auf Wohnen.

In einigen Landesverfassungen (Art. 40 I, II SächsVerf, Art 47 I BbgVerf, Art. 14 I BremVerf, Art. 106 I BayVerf) ist ein Landesverfassungsrecht auf angemessenen Wohnraum aufgenommen. Dieses ergibt sich auch aus Bürgerrechten wie die Rechte auf soziale Teilhabe.

> »Selbstverständlich sind wohnungslose Menschen Bürger dieser Gesellschaft. Sie sind Bürger ohne Wohnung, entkommunalisiert und von der sozialen Teilhabe oft sehr weitgehend ausgeschlossen. Es ist auch Auftrag der Wohnungslosenhilfe, diese soziale Ausgrenzung auf allen Ebenen zu überwinden.« (Gillich/Keicher 2012, 12)

Dies geschieht auf der Basis des sozialen Leistungsrechts, und hier insbesondere als Grundsicherung für Arbeitslose (§§ 7–13 SGB II), *Hilfe zum Lebensunterhalt (§§ 27–29 SGB XII)*, *Hilfen zur Gesundheit* (§§ 47–52 SGB XII) und Hilfe zur Überwindung besonderer Sozialer Schwierigkeiten (§§ 67–69 SGB XII) sowie als *Grundsicherung im Alter und bei Erwerbsminderung* (§§ 41–43 SGB XII).

Eine pauschale Kürzung der Regelsätze gem. § 27a SGB XII bei der Hilfe zum Lebensunterhalt durch die Sozialhilfeträger wegen geringeren Bedarfs von Wohnungslosen ist mit dem Argument, dass diese aufgrund ihrer Lebensführung auch erhöhte Aufwendungen haben, nicht hinzunehmen. Zusätzliche Bedarfe wie Mehrbedarf (§ 30 SGB XII) und Einmalige Bedarfe (§ 31 SGB XII) sind zu prüfen.

Anders als in der Verordnung zum Vorgängerparagrafen § 72 BSHG wird im auf die §§ 67–69 SGB XII gestützten § 1 der *Verordnung zur Durchführung der Hilfe zur Überwindung besonderer Sozialer Schwierigkeiten* unter *persönlichen Voraus*setzungen Wohnungslosigkeit nicht speziell erwähnt, sondern unter den lebenslagenorientierten Oberbegriff gefasst.

Wohnungslose und Obdachlose sind aber nicht nur Adressaten/Adressatinnen des sozialen Leistungsrechts, sondern auch des hoheitsstaatlichen Eingriffsrecht in Form von *Platzverweisungen* und *Aufenthaltsverboten.* Diese beruhen auf abstrakt-normativen kommunalen Verordnungen und Satzungen wie Polizeiverordnungen zur Aufrechterhaltung der öffentlichen Sicherheit und Ordnung und Sondernutzungssatzungen zu Bettelverboten im öffentlichen Raum. Weiter auf konkret-direkten Allgemein- oder Einzelverfügungen auf der Grundlage der Landespolizeigesetze mit ihren Generalklauseln zur Abwehr von Gefahren für die öffentliche Sicherheit und Ordnung, wie auf Einzelermächtigungen. In ihrem Vollzug werden auch als Gefahrenabwehr Einweisungsbescheide für wohnungslose Personen erlassen, die sich gegen Haus- und Wohnungseigentümer als Nichtstörer im Sinne des Polizeirechts richten und daher aus dem Verhältnismäßigkeitsgrundsatz heraus befristet sind. Verstöße gegen derartige abstrakt-normative Regelungen wie konkret-direkte Verfügungen sind mit Bußgeldbescheiden geahndete Ordnungswidrigkeiten nach dem Ordnungswidrigkeitengesetz (OWiG).

> »Wohnungslose wurden und werden auch immer wieder mit Kriminalität assoziiert. Anders als in den USA, wo eine intensivere Beschäftigung mit dem Thema Delinquenz und Kriminalisierung stattfindet…, finden sich in den Studien zur Wohnungslosigkeit im deutschsprachigen Raum, wenn überhaupt nur am Rande Bemerkungen hierzu.« (Ratzka 2012, 1241)

So etwa zum erhöhten Kriminalisierungspotenzial aus strafbaren Handlungen als Teil der Lebensführung, aus Hausfriedensbruch, Schwarzfahren, kleineren Diebstählen und Unterhaltspflichtverletzungen (ebd., 1242).

Aus den Verfassungsprinzipien des Sozialstaatsgebots (Art. 20 I GG), aus dem sich auch generell ein verfassungsrechtlicher Schutzrahmen für Wohnungslose ergibt, und der Rechtstaatlichkeit (Art. 20 III GG) ist die zentrale Aufgabe des Rechtsschutzes in allen diesen Rechtsbereichen abzuleiten, bei deren Verfolgung Sozialer Arbeit eine zentrale diversitätsorientierte Mitwirkung zukommt. In deren Zentrum wiederum steht primär die Vermeidung von Wohnungslosigkeit und ihrer rechtlichen Folgen.

Kündigung, Räumungsklage, Zwangsvollstreckung, so lautet der unheilvolle Drei(miss)klang, die Reihenfolge, die zum Verlust der eigenen Wohnung führt. Die Kündigung ist entweder eine ordentliche oder eine außerordentliche Kündigung mit jeweils unterschiedlichen Kündigungsvoraussetzungen. Zur ordentlichen Kündigung des Vermieters/der Vermieterin muss ein berechtigtes Interesse an der Beendigung des Mietverhältnisses vorliegen (§ 573 I 1, II BGB). Eine außerordentliche fristlose Kündigung gemäß § 543 I, II BGB verlangt einen wichtigen Grund, der angenommen wird, wenn der Hausfrieden nachhaltig gestört und die Fortsetzung des Mietverhältnisses unzumutbar ist (§ 569 II BGB). Die Störung des Hausfriedens seitens des Mieters/der Mieterin wird immer wieder mal angenommen bei sich auf den Hausfrieden auswirkenden psychischen Problemen, insbesondere bei – mit einem diskriminierenden Ausdruck bezeichnet – *Messieverhalten.* Praktisch besonders bedeutsam ist der wichtige Grund des Verzugs der Mietzahlung für einen Zeitraum von zwei Zahlungsterminen oder des Mietrückstandes in Höhe der Miete für zwei Monate (§ 543 II 3. a) u. b) BGB).

Diese ausgrenzenden Mietrechtsnormen sind aber auch von Rechtsschutznormen flankiert, die rechtliche Möglichkeitsräume (▶ Kap. 4.8) eröffnen, wie die Verhinderung der ordentlichen Kündigung durch die Geltendmachung *vorgetäuschter Eigenbedarfskündigung* (§ 573 II 2. BGB), die Verhinderung der außerordentlichen Kündigung durch *vorherige Befriedigung* des Vermieters/der Vermieterin (§ 543 II, 2 BGB), durch Berufen auf die *Sozialstaatsklausel* bei Härtefällen (§ 574 BGB) und im Vollstreckungsverfahren durch rechtliche Wahrnehmung der *Vollstreckungsschutzklausel* ebenfalls in Härtefällen (§ 765a ZPO).

7.3.5 Der Platz von Sozialer Arbeit im Kontext multipler Reaktionsformen

Diversitätsorientierte sozialproblembezogene Soziale Arbeit wird ihren Platz im folgendem Kontext multipler Reaktionsformen zu suchen und finden haben.

Nur durch über statistische Daten belastbare Fakten kann Handlungsdruck erzeugt werden, den Entwicklungen politisch entgegenzuwirken. Wohnungsnotfälle als Indikatoren grundlegender gesellschaftlicher, politischer und sozialer Probleme haben diese bei der Wohnungsnotfallhilfe mit einzubeziehen. Soziale Arbeit geht hier über ihre personenbezogene Fallarbeit in den jeweiligen Wohnungsnotfällen hinaus auf diese gesellschaftlichen Missstände ein.

Der *Pyramide der Wohnungsnotfälle* (▶ Kap. 7.3.3) entspricht die *Hilfesystempyramide* mit ihren nach Intensität aufgeschichteten Interventionsebenen (Specht 2013, 17).

Die Ebene I *Niedrigschwellige Hilfen* umfasst die Bereitstellung von Übernachtungsmöglichkeiten, die Vermittlung von Zugängen zur gesundheitlichen Versorgung wie im gemeinwesenorientierten *Mainzer Modell* und andere existenziell wichtige Unterstützungsmaßnahmen etwa bzgl. persönlicher Hygiene und Kleiderwaschen sowie die Einrichtung einer postalischen Adresse und eines *Girokontos für Jedermann* nach Sparkassenverordnungen, die diese Möglichkeit vorsehen (müssen).

Auf der Ebene II der *Existenzsicherung und weiterführenden Hilfen* geht es um die Assistenz bei der Geltendmachung sozialrechtlicher und anderer Ansprüche. Wohnraumbeschaffung, insbesondere mittels eines Wohnberechtigungsscheins nach § 5 des Wohnungsbindungsgesetzes i. V. m. § 27 III, V Wohnraumförderungsgesetz, wie Wohnungsverlust zu vermeiden durch Weiterfinanzierung der Wohnung während eines Freiheitsentzuges (§ 69 SGB XII i. V. m. § 4 II DVO zu § 69 SGB XII), und die o. a. Mieterschutzmaßnahmen, stehen hier im Vordergrund.

Auf der Ebene III *Präventive Hilfen* hängt der Erfolg der Prävention von einer gelingenden Netzwerk- und Kooperationsarbeit (▶ Kap. 3.6) zwischen öffentlichen und freien Trägern auf kommunaler Ebene ab.

Um als Soziale Arbeit auf der Ebene IV der Wohnungspolitik und der Ebene V der Sozialplanung/Wohnungsnotfallhilfeplanung noch mitzuwirken, bedarf es der Wahrnehmung ihrer Rolle und Aufgabe als politischer Akteur (▶ Kap. 7.1.5). Bodenpolitik als Grundlage der Wohnungs(bau)politik ist mit eher programmatischen Ausnahmen, wie durch Entzugsmöglichkeit bzgl. des Wertzuwachses von Grundstücken zugunsten der Allgemeinheit (Art. 161 II BayVerf), der politischen Aufmerksamkeit (noch) weitgehend entzogen. Die Wohnungspolitik richtet sich auf das Schaffen von Wohnraum durch staatliche Förderrichtlinien, kommunale Wohnbaugesellschaften oder *Kooperative Baulandmodelle*, wonach Investoren, die kommunalen Boden käuflich erwerben, ab einer bestimmten Anzahl von Wohnungen einen bestimmten Prozentsatz, etwa zwischen 15 % und 30 %, als Sozialwohnungen zu errichten haben.

Bei Verknappung von Wohnraum mit entsprechend nicht mehr bezahlbaren Mieten werden in besonders hiervon betroffenen Regionen über die bundeseinheitliche Begrenzung der Mieterhöhung bis zur ortsüblichen Vergleichsmiete (§§ 558, 558c BGB) hinaus Erweiterungen des politischen Handlungsspektrums durch veränderte Mieterhöhungsregelungen, Mieterhöhungsverbote oder gar die Enteignung großer Wohnungskonzerne erörtert. Während die vom Berliner Senat erlassene Mietpreisdeckelung wegen fehlender Gesetzgebungskompetenz als verfassungswidrig erklärt wurde (2 BvL 4/20, 5/20), wird das seit 2015 bestehende bundeseinheitliche Gesetz zur Mietpreisbremse bei Wiedervermietung nunmehr durch Bundesländer im dort vorgegebenen Verordnungswege umgesetzt.

Sozialplanung/Wohnungsnothilfeplanung erfolgt auf kommunaler Ebene über vernetzte Wohnungslosenhilfe wie in München bzw. stadtübergreifende Konzepte der Wohnungsnotfallhilfe wie in Dresden, abgestimmt mit anderen gemeindlichen Systemen wie die Vorhaltung sog. *Gewährleistungswohnungen* durch das Wohnungsamt. Hohe Priorität hat hierbei die europaweit verfolgte *Housing First*-Strategie.

> »An die Stelle der Unterbringung und schrittweisen ›Befähigung‹ von Wohnungslosen mit komplexen Problemlagen außerhalb des regulären Wohnungsmarktes in Sonderwohnformen, bei der die Versorgung mit Normalwohnraum erst am Ende eines ›Aufstiegsprozesses‹ steht, in dem ›Wohnfähigkeit‹ erworben werden muss, setzt der *Housing-First-Ansatz* auf eine unmittelbare bzw. schnellstmögliche Integration von Wohnungslosen mit komplexen Problemlagen in regulären Individualwohnraum und auf bedarfsgerechte, aufsuchende, wohnbegleitende Hilfen, die auf die individuellen Wünsche und Ziele der ehemals Wohnungslosen abgestimmt werden und deren Annahme freiwillig ist.« (Busch-Geertsema 2013, 503)

Hier trifft die Wohnungspolitikstrategie voll auf die Bedürfnislage der hiervon Betroffenen, wie europaweite Erhebungen zur Forschungsfrage: »when homeless people are allowed to decide by themselves« (Busch-Geertsema) ergaben. Dass für Subgruppen der Obdachlosen wie die sog. *Berber* oder die in den USA herumreisenden *Hobos* immer noch *Freiheit im Freien first* gilt, ist hiervon eine Ausnahme. Und dass von Wohnungsloseninitiativen zu strenge Ausschlusskriterien für die

Aufnahme in das *Housing First*-Programm kritisiert werden, verweist auf seinen anspruchsvollen Umsetzungsprozess.

Persönliche Wertschätzung und soziale Anerkennung sind professionelle Grundhaltungen (► Kap. 5.2), die in besonderer Weise zur symbolischen wie instrumentellen Umsetzung ins Handlungsrepertoire gegenüber wohnungs- und obdachlosen Menschen gehören, die weitgehend unsichtbar leben und deren Identität durch vielfache Stigmatisierungen weiter beschädigt werden.

7.4 Gewalt

7.4.1 Sinn und Erfahrung im Gewaltausüben und Gewalterleiden

Die zerstörerische Kraft von Gewalt, die durch sie verursachten körperlichen und psychischen Verletzungen weisen ihr in der Soziologie Sozialer Probleme, als Gewaltkriminalität in der Kriminologie wie im Rechtsgüterschutz und in den Strafrahmen des Strafrechts eine besondere phänomenologische, analytische und aktionale Aufmerksamkeit zu. Wenn »... Strafrecht das Medium darstellt, das in einem Mitglieder der Gesellschaft von dieser distanziert und gleichzeitig an sie bindet« (Sack/Deichsel 1993, 501), so wird diese doppelte Funktionalität des Strafrechts insbesondere auch im staatlichen Umgang mit Gewaltdelikten deutlich. Soziale Arbeit ist in diesen gleichzeitigen Distanzierungs- wie Bindungsprozess herausfordernd einbezogen, indem bei derartigen Grenzüberschreitungen zwischen Gewaltlosigkeit und Gewaltanwendung auch Grenzen tolerierbarer Diversität (► Kap. 4.6, ► Kap. 5.5.5) überschritten werden.

Gewalt ist zunächst eine interaktionistisch-relationale Kategorie. Sie setzt immer ein gewalttätiges individuelles oder kollektives Subjekt voraus, das Gewalt gegen ein individuelles oder kollektives Subjekt im weiteren Sinne oder eine Sache ausübt, wobei sie sich auch gegen den Handelnden/die Handelnde selbst richten kann.

Wohnungslose Menschen erfahren diese direkte Gewalt aufgrund ihrer schutzlosen Lebenssituation und der gegen sie gerichteten negativen Einstellungen und Ressentiments als viktimisierbare, verletzbare Opfer (► Kap. 5.5.6) häufig durch rechtsextreme Gewalttäterinnen/Gewalttäter, aber auch durch Sicherheits- und Ordnungskräfte (Giffhorn 2018, 278–279).

Gewalt ist aber auch eine strukturelle Kategorie. Wohnungslose Menschen erfahren diese als gesellschaftliche Unterdrückungsmechanismen, welche sie in der Ausübung oder Wahrnehmung ihrer Rechte, insbesondere ihrer Grund- und Menschenrechte, behindern oder einschränken (ebd., 275). Dies kann im öffentlichen Raum durch räumliche Ausgrenzung, etwa mittels nicht mit Gefahrenabwehr begründeten Aufenthaltsverboten, durch Gestaltung öffentlicher Infrastruktur als Stadtmöblierung mit *defensiver Architektur*, als Folge der Privatisierung öffentlicher

Räume und durch die nicht gerechtfertigte anderweitige Vertreibung aus diesen geschehen.

Die Phänomenologie der Erfahrung von Gewalt sieht es als Desiderat an, Sinn und Erfahrung dessen, was Menschen erleben, wenn sie Gewalt zufügen, und das, was Menschen erleiden, die Gewalt erfahren, verstehbar zu machen (Staudigl 2015, 43–59). Die hiermit verbundene Bewusstwerdung und Empathie (▶ Kap. 5.2) sind ein wichtiger Baustein für Umgänge mit Gewalt. Die Annäherungen hieran geschehen wiederum phänomenologisch durch *eidetische Reduktionen*, indem biologistische, psychologistische, soziologistische und kulturalistische Erklärungen in Klammern gesetzt werden, um die *praktische epoche* der Anschaulichkeit und der Erfahrung auftauchen zu lassen (ebd. 43–44; ▶ Kap. 6.3). Die Kategorie des Sinns ist dabei meist eins mit der der Erfahrung. Ob sie auch auseinander zu treten vermögen, könnte die Erfahrung der *Geilheit auf Gewalt* von Fußball Hooligans in der ethnologisch angelegten Studie von Bill Buford nahelegen.

> »Sein Bericht erspart dem Leser nichts: die Aufmachung und die Ausrüstung, die Hackordnung und die Organisation des Mobs, das Ekelhafte, das Widerliche, die Häßlichkeit, die Ströme von Bier und Wodka, die eine dumpfe Aggression schüren, die Massengewalt, die wie eine Droge wirkt, die allmähliche Eskalation, dann der Punkt, an dem die Grenze überschritten wird, von dem an es kein Halten mehr gibt, schließlich die makabre Faszination durch die Gewalt und die Gruppensolidarität, die plötzlich auch den ergreift, der sich nicht zum Mob gezählt hat …« (Buford 1992, Einleitung)

Allerdings ergibt die Rekonstruktion subjektiver Gewalttheorien von Jugendlichen sogar eine mehrfache Sinnkonstitution durch aktive Beteiligung an Massenschlägereien in der sog. d*ritten Halbzeit* von Fußballspielen.

> »Durch die aktive Teilnahme an gewalttätigen Auseinandersetzungen können sie befriedigt werden: 1. Das Bedürfnis nach Spaß, Spannung und Abenteuer im Gegensatz zu einem grauen Arbeits- und Lebensalltag; 2. Das Bedürfnis nach Macht, Geltung, Anerkennung und Aufmerksamkeit in der Interaktion mit Gleichaltrigen und auf gesamtgesellschaftlicher Ebene; 3. Das Bedürfnis nach konfliktfreiem sozialem Kontakt, Zugehörigkeit und Geborgenheit in einer Gruppe.« (Disselkamp-Niewiarra 2000, 509)

Die Andersheit der Gewalt, der »Sinn der Gewalt« als spezifische Modalität des »Werdens einer Vergemeinschaftung« (Alfred Husserl), zerstört als negative Sozialität aber gerade ihren intersubjektiven Konnex (Staudigl 2015, 45) und hinterlässt bei denjenigen, die sie erleiden, lebensbegleitende, lebenszerstörerische Folgen. Diese sind vielwertig, polyvalent und reichen vom Verlust des Vertrauens in Menschen, in Menschlichkeit, durch die Erfahrungen eines Entführungsopfers »Im Keller« (Jan Philipp Reemtsma), zu traumatischen immer wiederkehrenden *Flashbacks* der Erinnerung. »Man kann nicht nicht vertrauen«, aber Vertrauen kann sich zum Misstrauen umorientieren, kann mit der Fragmentierung und Zerstörung des Ichs durch Gewalt irreparablen Schaden erleiden (Reemtsma 2008, 66–76, 134–137).

Die Autorin des *Zeitmagazins* der Wochenzeitung *Die Zeit* Susanne Leinemann beschreibt in ergreifender Weise, wie sie auf der Straße als Raum der Gewalt den gewalttätigen Überfall von drei Jugendlichen, die raubend und prügelnd durch Berlin ziehen, knapp überlebt hat (Leinemann 2010). Nach dem Strafurteil gegen die Täter geht die Leidensgeschichte des Gewaltopfers weiter.

»Und jetzt? Ist es vorbei? Ob mein Erinnerungsverlust von Dauer oder nur vorübergehend sei, hatte der Richter die Gerichtsmedizinerin im Prozess gefragt. Vorübergehend, antwortete die bestimmt. Die Bilder dieser Tatnacht würden zurückkehren. In einigen Jahren, in ein paar Monaten, jederzeit.« (ebd., 22)

7.4.2 Die phänomenologisch vielen Gesichter der Gewalt

Die vielfachen Formen der Gewalt sind mit jeweils sehr differenten Opfererfahrungen und Leidensgeschichten verbunden, die zunächst vor die Augen der Beteiligten und Unbeteiligten zu führen sind, bevor hierzu phänomenologische und analytische Zugänge mit ihren notwendigen strukturellen Ausweitungen der Analyserahmen eröffnet werden. Dies geschieht in einer Soziologie Sozialer Probleme anders als in der Kriminologie, deren Gegenstand der Gewaltkriminalität sich immer mehr durch das sie konstituierende Strafrecht erweitert und transformiert. Da Gewalt zunächst physische Gewalt durch Übergriff auf den Körper eines/einer anderen ist, liegt es nahe, die Phänomenologie körperlicher Gewalt nach ihrer Leiblichkeit, ihrem speziellen Körperbezug her mit folgender Dreiteilung zu (er-) fassen: lozierende Gewalt, indem dem Körper des/der anderen ein anderer Ort zugewiesen wird, raptive (captive) Gewalt, um den Körper nutzend hieran (meist sexuelle) Handlungen zu vollziehen, und die den Körper beschädigende und *zerstörende autotelische Gewalt* (Reemtsma 2008, 106).

Diese sich etwa gegenüber Obdachlosen, Sexarbeitenden, missbrauchten Kindern manifestierenden und überlagernden phänomenologischen Gewaltformen lassen auch schon die Grundparameter von Ort, Zeit, Praktiken der Gewalt, von Tätern/Täterinnen gegenüber Tatopfern innerhalb ihrer zu bestimmenden Rahmung als interdisziplinäres Forschungsprogramm mit seinen disziplinären Zugängen (Gudehus/Christ 2013) erkennen. Die Gewaltrahmung als Makrogewalt (Rebellion, Revolution, Krieg, Genozid) findet in politischen Zusammenhängen statt. Im Bereich Sozialer Arbeit hat sich die Gewaltforschung zur Jugendgewalt mit ihren vielfältigen Subphänomenen wie Straßengewalt, rechtsextreme, linksextreme und islamistische politische Gewalt, Gewalt in sozialen Netzwerken, *Mobbing* bzw. *Bullying* (► Kap. 6.7.2) und von Schulgewalt immer deutlicher auch auf Prozesse von Gewalterfahrungen in familialer und institutionell-pädagogischer Sozialisation ausgerichtet (Silkenbeumer 2013, 316, 320; ► Kap. 8.1.2). Dem phänomenologischen Gesicht der Gewalt, dem sich die wissenschaftliche Gewaltanalyse wie die soziale Praxis aber nach wie vor zunächst zuwendet, ist das der Jugendgewalt, etwa wie Gewalt als Bewältigungsverhalten zum letzten Mittel der Suche nach sozialer Anerkennung und Selbstwirksamkeit wird (Böhnisch 2017, 149–154). Von den hierdurch verursachten Schäden her ist dies, außer bei politisch extremistischer Jugendgewalt mit dem »Syndrom gruppenbezogener Menschenfeindlichkeit« (Wilhelm Heitmeyer), im Vergleich zur *Kriminalität der Mächtigen* (Jasch 2014) kaum nachvollziehbar. Ob diese (k)ein Thema für die Soziale Arbeit ist, werden die *dichten Beschreibungen* von Gewaltverhältnissen bei Kindeswohlgefährdung/Kindesmissbrauch, in der Drogenszene und im Prostitutionsmilieu, in Totalen Institutionen wie der Strafvollzug und die Abschiebehaft zu beantworten haben.

Quantitative Erhebungen zu solch einem diversifizierten und sich immer weiter ausdiversifizierenden Phänomen der Gewalt bedürfen der Anknüpfung an phänomenologische Gewaltformen. Diese liegen im Bereich der Gewaltkriminalität jedenfalls im Hinblick auf strafrechtlich-kriminologische Gewalttypen vor. Nach dem *3. Periodischen Sicherheitsbericht* (Kurzfassung) vom 05.11.2021 (Bundesministerium des Inneren, für Bau und Heimat (BMI)/Bundesministerium für Justiz/Verbraucherschutz (BMJV) 2021, 2) hat der Schwerpunkt Gewaltkriminalität (Tötungsdelikte, Körperverletzungsdelikte, Raub, Vergewaltigung/schwere sexuelle Nötigung) im Fünfzehnjahresvergleich zwischen 2004 und 2019 einen deutlichen Rückgang genommen. Dagegen verzeichnen die verfügbaren Daten zu den drei Deliktsarten *Mobbing* (*Bullying*), *Stalking* und *Grooming* im digitalen Raum eine deutliche Zunahme. Dies ist in noch stärkerem Maße im dritten statistischen Schwerpunktbereich der rechtsorientierten, insbesondere auch antisemitischen, Straftaten einschließlich Rechtsterrorismus der Fall. Es handelt sich hier um Trendaussagen der deskriptiven Statistik zum Hellfeld, die der Erweiterung durch das Dunkelfeld, durch andere Datenquellen (etwa der *Amadeu Antonio Stiftung* zu Todesopfern rechter Gewalt seit 1990) und ihrer genaueren auswertenden Analysen bedürfen. Möglicherweise sind auch die statistischen Erfassungskategorien zu verfeinern. Der Bundesverfassungsschutz und der Bundesnachrichtendienst plädieren für die Aufnahme der statistischen Kategorie *verfassungsschutzrelevante Delegitimierung des Staates.*

7.4.3 Von der Ursachenanalyse zu einer *dichten Beschreibung* der Gewalt

Sprachanalytisch zu bestimmenden Definitionen von Begrifflichkeiten geht die Bestimmung ihrer Anwendungskontexte voraus. »Dreck sagt man, sei Materie am falschen Ort. Das Böse wäre dann Gewalt am falschen Ort, zur falschen Zeit, vom Falschen dem Falschen angetan.« (Reemtsma 2008, 329)

Die vielfältigen Phänomenbereiche der Gewalt erschweren ihre sprachliche Prägnanz, ihre semantische Stringenz. Dies gilt gleichermaßen für die Alltagssprache wie für die Wissenschaftssprache.

Es führt zu alltäglichen Auseinandersetzungen bei der aus der Jugendarbeit bekannten Abgrenzungsproblematik als »Interpunktion in Kommunikationsverläufen« (Paul Watzlawick), wer mit gewaltsamem Handeln begonnen und wer in Notwehr hierauf nur reagiert hat. Bei kollektiver Gewalt in kriegerischen Auseinandersetzungen zwischen Staaten sieht dieses perspektivische ernste Verwirrspiel nicht anders aus.

Der Gewaltbegriff ist jeweils inter- wie auch intradisziplinär ein anderer. Der sozialwissenschaftliche Gewaltbegriff unterscheidet zwischen physischer und psychischer *personaler Gewalt* und *struktureller Gewalt.* Anders als bei Macht und Herrschaft findet sich bei Max Weber keine Definition von Gewalt.

Er versteht sie funktional, indem Gewalt als ein Mittel zur Erlangung von Macht (Weber 1980, 28) und in Gewaltzusammenhängen gedacht wird. »Gewalt gebiert Gewalt«, instrumentalisiert sich in einem Gewaltapparat und einer Gewaltordnung, verwirklicht sich in Gewalten(ver)teilung und Gewaltbegrenzung (ebd., 166, 357, 361, 393).

In der Typologie Johan Galtungs wird der *direkten* die *strukturelle indirekte* Gewalt mit ihrer Einbettung in kulturelle Gewalt gegenüber gestellt. Von ihr sei immer dann zu sprechen, »wenn Menschen so beeinflußt werden, daß ihre aktuelle somatische und geistige Verwirklichung geringer ist als ihre potentielle Verwirklichung«.

Gewalt sei demnach alles, was »für den Unterschied zwischen dem Potentiellen und dem Aktuellen, zwischen dem, was hätte sein können, und dem, was ist«, verantwortlich gemacht werden kann (Galtung 1975, 9).

Da nach diesem konturlosen Verständnis bereits die Vorenthaltung von Sozialleistungen als strukturelle Gewalt angesehen werden könnte, ist sie auf intensivere Formen institutioneller Gewalt zu begrenzen.

Das der Gewalt in Macht- und Herrschaftsbeziehungen zuzuordnende innerstaatliche Gewaltmonopol der Staatsgewalt, als neben Staatsgebiet und Staatsvolk eines der drei Staatselemente, geht nach der im *Leviathan* verfassten Staatstheorie von Thomas Hobbes mit dem Gewaltverbot zwischen den sich als »homo homini lupus est« misstrauenden Privaten einher. Die staatliche Rechtsordnung setzt dieses in verschiedenen Rechtsgebieten mit unterschiedlichem Gewaltverständnis durch, insbesondere über den strafrechtlichen Gewaltbegriff oder den familienrechtlichen Gewaltschutz. Die Psychologisierung des Gewaltbegriffs in der Strafrechtssprechung des Reichsgerichts, nach der der Begriff der Gewalt gänzlich in dem der Zwangswirkung bzw. Nötigung aufzugehen schien, wird in neuerer Rechtsprechung des Bundesgerichtshofs (BGH 3 StR 204/20 – Urteil vom 25. Februar 2021) wieder an physische Gewalt, ohne die psychische Gewalt nicht vorstellbar ist (Reemtsma 2008, 129), rückgebunden.

»Gewalt setzt auf Seiten des Täters eine – wenn auch geringfügige – körperliche Kraftentfaltung und eine unmittelbare körperliche Zwangseinwirkung beim Opfer voraus ...« (BGH 2021, RdNr. 30)

Der Anti-Gewalt-Impetus führt stark zur ätiologischen Ursachenanalyse der Gewalt hin, um hieraus Lehren für Gewaltvermeidung und Gewaltbekämpfung abzuleiten. Dieses paradigmatisch ätiologische Anliegen ist multi- und interdisziplinär angelegt, indem von den einzelnen Wissenschaftsdisziplinen nach Gründen und Ursachen von Gewalt gesucht bzw. geforscht wird. So wird in biologischen und psychologischen Gewalttheorien dem Erwerb, der Auslösung und der Stabilisierung von Aggression (Albert Bandura), etwa nach der *Frustrations-Aggressions-Hypothese* von John S. Dollard, die nicht in produktiv konstruktives Verhalten kanalisiert wird, die entscheidende ursächliche Bedeutung für Gewaltausübung zugeschrieben. Das ebenfalls auf Bandura zurückgehende lerntheoretische Konzept des *Lernens am Modell* ist für die erziehungswissenschaftliche Fragestellung nach der Entwicklung von Gewalthandeln bedeutsam.

> »Ferdinand Sutterlüty hat, gestützt auf materiale Analysen qualitativer Interviews mit wiederholt durch physische Gewalthandlungen auffällig gewordenen jungen Frauen und Männern, Mechanismen herausgearbeitet, wie aus Verlaufskurven des Erleidens familiärer Gewaltzusammenhänge (Ohnmacht und Misshandlungen) Handlungsschemata der Ge-

> waltausübung in der Jugendphase entstehen (vgl. Sutterlüty 2011, 54).« (Silkenbeumer 2013, 316)

Eine stigmatheoretische Herleitung von Gewalt erfolgt aus der explosiven Mischung von Fremdstigmatisierungen und den sich hieraus durch Schuldzuweisungen und Selbstbezichtigungen einstellenden Selbststigmatisierungen, die zu schweren Gewaltdelikten führen kann (Paegelow 2009, 65).

Individualisierung, Pluralisierung und Globalisierung der Moderne (▶ Kap. 2.2.2) haben nach dem Bielefelder Forschungsteam um Wilhelm Heitmeyer zur Delegitimierung von Normen, zu gesellschaftlichen Desintegrations-, Desorganisations-, Desorientierungstendenzen mit Orientierungs- und Kontrollverlusten intermediärer Instanzen wie zum emotionalisierten Aufheizen des politischen Klimas und zur Absenkung der Gewaltschwellen geführt.

> »Um der Frage nachzugehen, inwieweit sich Individualisierungsprozesse mit zunehmender Gewalt innerhalb der Gesellschaft verbinden, ist zunächst ein entwicklungsorientiert-zeitlicher Analyserahmen notwendig, der sich mit dem Individualisierungstheorem in Verbindung bringen läßt. Er kann mit den Begriffen *Integration*, *Desintegration* und *Re-Integration* umrissen werden.« (Heitmeyer 2012, 377)

Die zweckrationale (▶ Kap. 2.3.2) Eroberung von »Gewaltmärkten« (Georg Elwert) in politischen und wirtschaftlichen Auseinandersetzungen um profitable Absatzmärkte und Geschäfte führt zu ökonomischen Gewaltanalysen.

Gegen diese tendenzielle Ausrichtung der (inter)disziplinären Gewaltforschung auf Ursachenanalyse sind gravierende Einwände vorzubringen. In ihrer paradigmatischen Einseitigkeit (▶ Kap. 4.5) verstellt sie den Blick auf die kulturelle Definition von Gewalt in der »Dominanzkultur« (Birgit Rommelspacher), auf diverse, nicht wertend, vielmehr neutral verstandene »Subkulturen der Gewalt« (Marvin E. Wolfgang/Franco Feracutti; ▶ Kap. 2.2.3) wie auf die Definitions-Gewalt.

> »Diese Definitionsgewalt, die die je eigene Gewalt als legitim bzw. als gar nicht vorhanden beschreibt, die Gewalt der anderen dagegen als illegal enttarnt, läuft nicht nur im großen (und immer wieder verdrängten) Maßstab von oben nach unten. ... So konnte *Honig* eindrucksvoll in seiner Analyse ›Häusliche Gewalt‹ demonstrieren, wie der alltägliche konflikthafte Krieg in den interviewten bayerischen Familien nicht von diesen, sondern von den dort arbeitenden Sozialarbeitern als ›Gewalt‹ definiert wurde.« (Quensel 1998, 431)

Gegenüber diesem Einwand der wie auch immer erfolgten Vorkonstruktion von Gewalt gibt es den anderen, das Phänomen *Gewalt* aus sich selbst heraus verstehbar und erklärbar zu machen.

> »Solange die Gewalt selbst eine unbekannte Erscheinung ist, gelangt man zum Verstehen der Gewalt nicht über die ›Korrelation‹ von sozialen, ökonomischen, kulturellen und was sonst noch für ›Bedingungen‹ mit der Gewalt. Der Kern des Verstehens der Gewalt liegt in dem, was die Gewalt selbst zum Ausdruck bringt, ermöglicht und vor allem in Gang setzt.« (von Trotha 1997, 20–21)

Dichte Beschreibungen (Geertz 1987; 8) von Gewalt gehen interdisziplinär-transdisziplinär (▶ Kap. 2.1.3) und in einem doppelten antireduktionistischen Sinne sowohl mikroskopisch in die Mikrowelten sozialer Akteure wie in die Makrowelten von relevanten allgemeinen Zusammenhängen hinein.

> »Eine dichte Beschreibung ist antireduktionistisch in einem zweifachen Sinn.

> Sie ist, erstens, in der Weise antireduktionistisch, daß sie ›mikroskopisch‹ ist und dem Muster der besten unter den ethnographischen Untersuchungen der Mikrowelten sozialer Akteure folgt. ... Die dichte Beschreibung ist antireduktionistisch, zweitens, weil ihre Aufgabe ist, die soziale und kulturelle Logik zu rekonstruieren, die nicht in der Unmittelbarkeit des sozialen Ereignisses und Geschehens aufgeht, sondern das soziale Geschehen bis in seine relevanten allgemeineren Zusammenhänge verfolgt.« (ebd., 21)

Diese Vermittlung von Mikro- und Makroebene sozialer und kultureller Wirklichkeiten kann immer nur asymptotisch an »totale soziale Tatsachen« (Marcel Mauss) gerade auch bei einem so komplexen Phänomen wie das der Gewalt heranreichen.

7.4.4 Die Bedeutungszunahme normativer Diskurse gegenüber Gewalt

Der von Hans Peter Dürr in vier Bänden unter dem Titel *Der Mythos vom Zivilisationsprozeß* u. a. bereits angezweifelte *Prozess der Zivilisation* (Norbert Elias) als Zähmung von Gewalt in einem Antigewaltprojekt der Moderne aktualisiert sich in vielfachen normativen Diskursen (zum Diskursbegriff: ► Kap. 6.5.2) gegenüber Gewalt. Diese gehen von einer Schwächung der Integrationsmedien Utopien, Traditionen, Rituale, Religion, stabile Zugehörigkeiten und gemeinsam geteilte Wert- und Normvorstellungen (Heitmeyer 2012, 377) aus, stellen einen Rückgang der Regelbasiertheit gesellschaftlicher Ordnung und der Regelgeleitetheit gesellschaftlichen Handelns fest, konstatieren die Delegitimierung von Normen hin zu gewaltoffenen Räumen und verbinden wie Heitmeyer, Bohle u. a. das *Anomiekonzept* (griechisch anomia = Gesetzlosigkeit) von Durkheim und Merton mit dem Modernisierungs-, Individualisierungs- und Desorganisationstheorem.

Dieses Soziale Problem der Desintegration und Normenerosion wird vom Strafrecht über sich neu entwickelnde und zunehmende Gewaltkriminalitätsformen insbesondere im politischen und digitalen Raum aufgenommen. Der Schwächung normativer Gewissheiten in der Postmoderne entspricht eine auf ihre normative Stärkung ausgerichtete Gegenbewegung. Dies lässt sich auch im internationalen Bereich feststellen, in dem der militärische Angriff Russlands auf die Ukraine die Überzeugung von der Geltungskraft des Gewaltverbots nach Art. 2 Nr. 4 der UN-Charta in der Staatengemeinschaft eher gestärkt hat.

Im digitalen Bereich begleiten fortlaufende Diskussionen die beiden *Netzwerkdurchsetzungsgesetze* vom Oktober 2017 und Februar 2022, die zunächst die Handlungspflicht der Anbieter sozialer Netzwerke auf Beschwerden wegen Hasskriminalität im Netz und dann ihre Meldepflicht gegenüber dem Bundeskriminalamt (BKA) regeln. Die in der jüngeren Strafrechtsgeschichte zu konstatierende erhebliche Zunahme von Strafrechtsnormen (König 2021; ► Kap. 4.3.2) ist im Wesentlichen auf Abwehrnormen gegen Gewalt zurückzuführen. Als solche ist das *Gesetz zur Bekämpfung der Hasskriminalität und der Bekämpfung des Rechtsextremismus* vom 30.03.2021 einzuordnen, mit der Erweiterung des Bedrohungstatbestandes des § 241 StGB über Verbrechen hinaus nun auch auf Vergehen, durch den Schutz im politischen Leben stehender Personen (§ 188 I 2 StGB) und Hilfeleistender ärztlicher Notdienste (§ 115 III StGB) und mittels der Einführung antisemitischer Beweggründe und Ziele als Strafzumessungsgrund (§ 46 II StGB). In dem am 01.07.2021 in Kraft getretenen Gesetz zur Bekämpfung sexualisierter Gewalt gegen Kinder erfolgt eine Heraufstufung des Missbrauchs von Kindern zum Verbrechen (§ 176 StGB) und eine Erweiterung der Ermittlungsbefugnisse der Strafverfolgungsbehörden gegenüber kinderpornographischen Schriften.

7.4.5 Gewaltprävention, Gewalteskalation, Gewaltintervention

Prävention und Intervention in ihrer Verzahnung und mit ihren unterschiedlichen zeitlichen Dimensionen (▶ Kap. 4.9) sind im sozialarbeiterischen Umgang mit Gewalt in verschiedenster Weise herausgefordert.

Seine Reichweite umfasst auch Gewalt als gesellschaftliches und kulturelles Soziales Problem, vermittelt über Repräsentationen der Gewalt im Internet, in Massenmedien, Filmen, digitalen Spielen (Gudehus/Christ 2013, 263–306) und die Gewaltformen im familiären und im *peergroup* Zusammenhang (Stickelmann 2014, 37–47) sowie in Schulen (Melzer/Schubarth/Ehninger, 2004; Baier/Pfeiffer/Simonson/Rabold 2008). Die Gewaltphänomene bestimmen die Interventionsformen, für die sich drei Interventionsebenen bei Jugendgewalt (Stickelmann 2014, 84–93), aber auch in anderen sozialarbeiterischen Praxis- und Tätigkeitsbereichen mit Gewaltbezügen unterscheiden lassen. Zunächst sind sie in ihren Entstehungsbedingungen und besonderen Ausformungen verstehbar und erklärbar zu machen.

Auf der ersten Ebene des Intervenierens entscheiden die institutionellen Bedingungen, die institutionell-organisatorische Kultur einer Einrichtung darüber, wie sie mit Gewalt umgeht und ob sie hierfür institutionell vorbereitet ist und über die notwendigen Ressourcen verfügt. Bei institutioneller struktureller Gewalt ist Gewaltabwehr nur dann möglich, wenn in die institutionelle Gewaltarchitektonik eingegriffen wird bzw. werden kann.

Auf der zweiten Interventionsebene werden die eigenen Handlungsmöglichkeiten und Grenzen in der Auseinandersetzung mit der Gewaltsituation reflektiert, ob offensiv oder vorsichtig, ob kommunikativ oder ideenreich interveniert wird oder eher Handlungsunfähigkeit besteht (ebd., 86–87). Grenzen im Umgang mit Gewalt erkennen und Grenzen erweitern, gehört aus der Verantwortung gegenüber Gewaltbetroffenen untrennbar zusammen. Soziale Arbeit kann hier gegenüber direkter und indirekter Gewalt nicht ohne Bündnispartner in starken Zusammenarbeits- und Unterstützungsnetzwerken (▶ Kap. 3.6) agieren. Bei hoher eingriffsintensiver Gewalt wird Soziale Arbeit nicht ohne Beistand des staatlichen Gewaltmonopols auskommen und dieses in Anspruch nehmen müssen. Inwieweit es nun tatsächlich herbeigerufen wird, hängt vom methodischem Vorgehen ab, bei dem die *prima ratio* der eigenen Reaktionsmöglichkeiten und -kräfte der *ultima ratio* des *Fremdeinsatzes* vorgeht, wobei aber schon aus haftungsrechtlichen Gründen der Übergang auch rechtzeitig zu erfolgen hat.

Auf der dritten Ebene des Intervenierens liegen die Grundlagen des professionellen Handelns im Methodischen, im Diversitätspotenzial Sozialer Arbeit als Handlungswissenschaft, so wie es sich aus den *Morphologischen Kästen* I–III

(▶ Kap. 5) ergibt. Hierbei ist ihr methodisches Potenzial zunächst auf *desistance* als Ablassen und Abstandnehmen (▶ Kap. 5.5.5) von Gewalt zu richten. Dabei hat es an der zeitlichen Gewaltanalyse anzusetzen. »Dazu gehört vor allem, daß die Gewalt typischerweise ein Prozeß und manchmal ein hochdynamisches Geschehen ist, ... Gewaltanalyse ist auf die Vorgänge der Gewaltentwicklung gerichtet, in denen sich spezifische Gewaltformen einrichten.« (von Trotha 1997, 21) Deeskalationsstrategien haben sich nach dem Eskalationstypus hierauf einzustellen (Schwabe 2014, 95–130).

Auch Radikalisierungen hin zu Gewalt geschehen im Zeitablauf und bedürfen zu geeigneten Deradikalisierungsstrategien gegenüber politisch und religiös begründeter Radikalisierung, wie im »Berliner Landesprogramm Radikalisierungsprävention« und in der »Koordinierungs- und Beratungsstelle Radikalisierungsprävention (KORA)« im »Demokratie-Zentrum Sachsen« verfolgt, der Analyse der Radikalisierungsdynamik.

Zu der polarisierenden Diskussion in der Sozialen Arbeit zur direkten und normativen *Konfrontativen Pädagogik* (▶ Kap. 5.5.3) gehören auch die umstrittenen Thesen von der *Abwesenheit der Väter* bei der Erziehung ihrer Söhne und von der *Feminisierung der Pädagogik*, die Auswirkungen auf die Gewaltentstehung und die Konfrontationsmethoden haben sollen (Ruttert 2013, 357).

In dem Handlungs- bzw. Interventionskorridor zwischen Autonomie und Fremdbestimmung (▶ Kap. 5.5.3) kann angesichts der Eingriffsschwere von Gewalt Zwang *ultima ratio* sein. Die Frage »Wie kann ich Ihnen helfen, mich wieder los zu werden?« (Conen/Cecchin 2022) könnte dann auch so beantwortet werden: »Sie können dann mein Tätigwerden beenden helfen, wenn Sie von Gewalt ablassen!«

Viktimologische Opferhilfe richtet sich in den vier Viktimisierungsphasen (▶ Kap. 5.5.6) vordringlich an Gewaltopfer und ihre Ausgestaltung hängt von der Art der Gewalt ab. In den TOA-Standards (7. überarbeitete Auflage; Kap. 1.2, Kap. 1.4) des *Servicebüros für Täter-Opfer-Ausgleich* in Köln werden Gewaltdelikte vom Mediationsverfahren nicht prinzipiell durch Eignungskriterien ausgeschlossen, sofern dies nicht wie bei Sexualdelikten den vorrangigen Zielen, insbesondere der Gewährleistung von Autonomie und der Reduzierung von Konfliktfolgen und Folgekonflikten, widerspricht.

Zusammenfassung

Armut, prekäres Arbeiten und Wohnen wie auch Gewalt liegen als Soziale Probleme wiederum anderen – und hiermit auch Kriminalität/Kriminalisierung – zugrunde. Diversitätsorientierte Handlungsansätze und -methoden werden jeweils entwickelt aus der Abfolge phänomenologisches Erleben, empirisches Erforschen, analytische Durchdringung, normative Bezüge und aktionale Ableitungen.

Übungsaufgaben

1. Armut als umfassendes Konzept Sozialer Probleme steht in den verschiedensten Bedingungs- und Wirkungsgefügen mit anderen Sozialen Problemen wie Ungleichheit, Gesundheit, Arbeit, Wohnen, Gewalt. Erstellen Sie hierzu ein Mindmap.
2. Wie lassen sich sowohl Wohnungsnotfälle wie auch das hierauf gerichtete Hilfesystem geometrisch-visuell als Pyramide darstellen?
3. Gewalt ist ein sowohl inter- wie transdisziplinäres Konzept (▶ Kap. 2.1.3). Stellen Sie beide in ihrer Differenz gegenüber.

Zur Vertiefung

Kessl, F. & Plößer, M. (Hrsg.) (2010): Differenzierung, Normalisierung, Andersheit. Soziale Arbeit als Arbeit mit den Anderen. Lehrbuch. Wiesbaden: Springer VS.

Butterwegge, C. (2020): Die zerrissene Republik. Wirtschaftliche, soziale und politische Ungleichheit in Deutschland. Weinheim/Basel: Beltz Juventa.

Bröckling, U., Krasmann, S. & Lemke, T. (Hrsg.) (2019): Gouvernementalität der Gegenwart. Studien zur Ökonomisierung des Sozialen (8. Auflage). Frankfurt a. M.: Suhrkamp.

8 Bottom-Up: Induktive-praxeologische Zugänge zu Phänomenen/Gegenständen im Überschneidungsbereich von Sozialen Problemen, Kriminologie und Strafrecht

Die inhaltlich-methodischen Zugänge im Spannungsfeld von Sozialen Problemen, Kriminologie und Strafrecht haben sich in exemplarischen Praxisbereichen anders zu orientieren und – wegen der Diversität der kontingenten Themen – zu reduzieren und zu verdichten. Anders als bei wissenschaftlich orientierter Praxis geht es nun um die Generierung von wissenschaftlichen Erkenntnisinteressen aus Zonen hoher Verletzlichkeit in gefährdeter Praxis, die wegen ihrer Bedeutung für das jeweilige Praxisfeld, aber auch aus persönlichen und professionellen Grundhaltungen (► Kap. 5.2) heraus ausgewählt wurden.

Anders als im Kap. 7 mit dem Fünfschritt aus Erfassen der Erfahrung, Erforschen des Empirischen, analytischer Durchdringung, normativen Bezügen und aktionalen Ableitungen wird hier einem dreigliedrigen Ordnungsprinzip gefolgt.

Auch hier wird sich anfangs der Erlebniswelt der Betroffenen, ihren – ethnomethodologisch gesprochen – eigenen *accounts*, in denen Ereignisse und Situationen gleichzeitig bewusst wie verständlich gemacht und ausgedrückt werden, zu nähern versucht. Es wird sich dann in zweifacher antireduktionistischer Weise (► Kap. 7.4.3) um möglichst *Dichte Beschreibungen* von »fremden verwirrenden Kulturen« (Clifford Geertz) mit einem kulturwissenschaftlich akzentuierten Blick bemüht, um dann hieraus wiederum Folgerungen für diversitätsorientierte Soziale Arbeit für die Betroffenen abzuleiten.

Das, was Praxis ist, scheint im Alltagswissen und als »Es gibt nichts Praktischeres als eine gute Theorie« (Immanuel Kant; Kurt Lewin) oder »Gute Theorie ist nichts anderes als verdichtete Praxis« im Wissenschaftswissen verankert. Dennoch oder gerade wegen einer hieraus möglicherweise folgenden Unhinterfragtheit ist das Praxisverständnis vorweg erörterungsbedürftig. Der generelle anthropologische Praxisbegriff, auch als *Praxis im weiteren Sinne* bezeichnet, umfasst alle menschlichen Tätigkeiten und ist von speziellen Praxisbegriffen wie dem hier verwandten zu unterscheiden (Birgmeier 2014, 78). Sie dienen dazu »…, eben die Spezifität menschlicher Tätigkeiten hervorzuheben und Praxis etwa nach ihren normativen, moralisch-praktischen, empathischen, korrektiven und professionsbezogenen bzw. institutionellen Besonderheiten zu konkretisieren« (ebd., 78–79).

Die Logik der Praxis ist eine andere als die der Theorie.

> »Der Praxis muss demzufolge eine Logik zugeschrieben werden, die keine der Logik ist, um damit zu vermeiden, ihr mehr Logik abzuverlangen, als sie zu geben in der Lage ist, und sie auf diese Weise dazu zu verurteilen, entweder Inkohärenzen in ihr aufdecken oder ihr eine Kohärenz aufzwingen zu wollen.« (Bourdieu 1979, 248)

Die Eigenschaften der praktischen Logik (ebd., 248–255) führen in Bourdieus Ansatz körperlicher Praktiken und materialer Kontexte, die er als *praxeologisch* bezeichnet. Dieser *practise* oder *practical turn* führt auch zu Grundfragen einer *Praxeologie* Sozialer Arbeit.

> »Der Begriff der Praxeologie (griech.) wird im hier zu behandelnden Verwendungszusammenhang als ›*Wissenschaft von den Bedingungen der Leistungsfähigkeit der Handlungen*‹ (vgl. Kotarbinski 1966) bezeichnet. Das Kompositum ›Praxeologie‹ verweist nach Petzold (vgl. 2003, 28) auf das Simplex ›Praxis‹, welches ein konkretes Tun bezeichnet und das Simplex ›Logos‹, das in diesem Kontext ein ›vernunftbestimmtes Wissen‹ bezeichnet. Praxeologie kann damit auch als angewandte Logik des Handelns verstanden werden« (Preis 2009, 157),

die in den folgenden fünf *Dichten Praxisbeschreibungen* eine aufzudeckende Logik von Gefährdungs- und Gefahrenabwehrhandlungen ist. Die zentrale Leistungsfähigkeit sozialarbeiterischen Handelns, insbesondere auch in ihrer diversitätsorientierten Ausrichtung, hängt dann von den beiden wichtigen Voraussetzungen ab, ob und inwieweit sich aus den vorhandenen Wissensbeständen ein brauchbares Anwendungswissen abstrahieren lässt und ob und inwieweit sich eine wechselseitige Anschlussfähigkeit von im Vordergrund stehendem Praxiswissen und wissenschaftlichem Wissen ergibt (ebd., 163, 167).

Die zweifache antireduktionistische *Dichte Beschreibung*, als ethnographische Untersuchung der Mikrowelten in sozialen Räumen wie als Verfolgung in ihre relevanten allgemeinen Zusammenhänge hinein (▸ Kap. 7.4.3), eignet sich für die Aufdeckung hierin sich vollziehender wie hierauf gerichteter sozialarbeiterischer Praktiken.

Anknüpfend an Gilbert Ryles Ausführungen zur *Dichten Beschreibung* am Beispiel zweier Knaben, die blitzschnell das Lid des rechten Auges bewegen und damit entweder zucken oder zwinkern (Geertz 1987, 10), demonstriert Geertz »... drei Merkmale der ethnographischen Beschreibung: sie ist deutend; das, was sie deutet, ist der Ablauf des sozialen Diskurses; und das Deuten besteht darin, das ›Gesagte‹ eines solchen Diskurses dem vergänglichen Augenblick zu entreißen« (ebd., 30). Das vierte Kennzeichen derartiger Beschreibungen, ihr mikroskopischer Charakter, steht dabei Ausweitungen der Untersuchungen auf größere Zusammenhänge auch im *praxeologischen Oszillieren* zwischen Handlung und Struktur nicht entgegen (ebd.).

> »Auch wenn man jeden Versuch einer dichten Beschreibung, der sich nicht auf das Offensichtliche und Überflüssige richtet, in einem Zustand allgemeiner Verwirrung darüber beginnt, was zum Teufel da vorgeht, und sich erst zurechtfinden muß, geht man an die Sache doch nicht ohne irgendwelche intellektuellen Vorkenntnisse heran (jedenfalls sollte man es nicht). Theoretische Ideen entstehen nicht in einer jeden Studie völlig neu. Wie ich bereits sagte, werden sie von anderen, verwandten Untersuchungen übernommen und – fortschreitend verbessert – auf neue Interpretationsprobleme angewendet.« (ebd., 38)

Das methodische Vorgehen bei *Dichter Beschreibung* exemplifiziert Clifford Geertz u. a. am balinesischen Hahnenkampf, aus dem Erkenntnisse zum balinesischen kulturellen System sowohl gewonnen wie an den auch kulturtheoretische Überlegungen etwa zum Formenrepertoire einer Kultur angelegt werden (ebd., 202–260).

Die für fremde Kulturen entwickelte Forschungsmethodik einer interpretativen Ethnologie eignet sich auch im übertragenen Sinne für diverse Beschreibungen verfremdeter eigener Kultur bei Annahme eines weiten Kulturbegriffs.

> »Der Kulturbegriff, den ich vertrete und dessen Nützlichkeit ich in den folgenden Aufsätzen zeigen möchte, ist wesentlich ein semiotischer.
> Ich meine mit Max Weber, daß der Mensch ein Wesen ist, das in selbstgesponnene Bedeutungsgewebe verstrickt ist, wobei ich Kultur als dieses Gewebe ansehe. Ihre Untersuchung ist daher keine experimentelle Wissenschaft, die nach Gesetzen sucht, sondern eine interpretierende, die nach Bedeutungen sucht.« (ebd., 9)

Praxeologische Interessen und Anforderungen, wie sie mit den folgenden fünf *Dichten Beschreibungen* verfolgt werden, sind mit dieser und anderen von Clifford Geertz vorgestellten ethnologischen Studien nicht verbunden, wohl aber der gemeinsame ethnographische wie praxeographische Blick als epistemisches, d. h. erkennendes und wissendes Werkzeug. Sofern *Dichte Beschreibungen* gerade aber in sozialarbeiterischen Studien auch auf Handlungsfolgerungen aus dem Deutungsgeschehen abzielen, wird davon ausgegangen, dass sich zunehmende *Dichte der Beschreibungen*, der *»Lesbarkeit der Welt«* (Hans Blumenberg), als diversitätsorientiertes Handlungspotenzial auswirkt. Dieses Anliegen ist umso dringlicher, als es sich bei den folgenden fünf *Dichten Beschreibungen* um Soziale Probleme mit der Herausbildung von Zonen hoher Verletzlichkeit, um komplexe kriminologische Erklärungsbedürftigkeit im strafrechtlich eher dynamischen Umfeld wie um Soziale Arbeit besonders herausfordernde Handlungsanforderungen handelt.

8.1 *Dichte Beschreibung 1:* Sexueller Kindesmissbrauch

8.1.1 Betroffenen eine Stimme geben

Die Schweigespirale zum Tabuthema *Sexueller Kindesmissbrauch* wird spätestens seit 2010 immer wieder durchbrochen, insbesondere an dem zwischen 23.04.2010 und 30.11.2011 tagenden *Runden Tisch Sexueller Kindesmissbrauch in Abhängigkeits- und Machtverhältnissen in privaten und öffentlichen Einrichtungen und im familiären Bereich*, durch Untersuchungskommissionen in den christlichen Kirchen und durch die seit 2010 bestehende *Unabhängige Kommission zur Aufarbeitung sexuellen Kindesmissbrauchs*. Diese führt seit 2016 vertrauliche Anhörungen mit Betroffenen sexuellen Missbrauchs durch und erhält von diesen schriftliche Berichte. Unter dem Titel »Geschichten, die zählen« lassen sich diese auf dem Onlineportal der Unabhängigen Kommission nachlesen. »Ich fühlte nur Leere und dachte an einen Engel, der mir bestimmt helfen würde.« »Hauptsächlich war nicht klar, dass Unrecht passiert und an wen man sich wenden soll.« »Ich habe von niemandem jemals gehört, dass so etwas geschieht.« Je weiter sich auf die Leidensgeschichten der Betroffenen eingelassen wird, umso vielfältiger werden die Elemente und damit die Dichte der Beschreibungen dessen, was sexueller Kindesmissbrauch ist, wie er wirkt und was er bewirkt.

8.1.2 Beschreibungselemente – theoretisch Elementares

Aus den verschiedenen Perspektiven der 30 Autorinnen und Autoren der »Geschichten, die zählen« (Unabhängige Kommission zur Aufarbeitung sexuellen Kindesmissbrauchs 2019, Band I und II) lassen sich sehr diverse Erzählstränge zu ihren sexuellen Missbrauchserfahrungen zusammenführen. Diese betreffen vor allem die Tatkontexte, die missbrauchenden Personen, ihre Sexual- und Gewaltpraktiken, die Leidenssituationen der missbrauchten Personen, die Reaktionen der Umwelt und die (Spät)Folgen. Diese und weitere erhobene Geschichten wurden meist erst zwanzig Jahre nach den Vorfällen in persönlichen Gesprächen, schriftlichen Berichten und öffentlichen Anhörungen gegenüber der *Unabhängigen Kommission zur Aufarbeitung sexuellen Missbrauchs* mitgeteilt.

Im familiären Kontext finden die meisten sexuellen Missbrauchserfahrungen statt, begangen durch Väter, Onkel, Verwandte, Geschwister, Freunde und Nachbarn. Schulen, Heime, Kirchgemeinden/Pfarrhäuser, auch in ihrer lokalen Verschränkung, sind ebenfalls häufig gefährdende Orte, an denen Zuneigungen und Abhängigkeiten von Lehrern/Lehrerinnen, Erziehern/Erzieherinnen und kirchlichen Mitarbeitern/Mitarbeiterinnen in sexuelle Grenzüberschreitungen erweitert werden.

Private Freizeitbeschäftigungen und hier insbesondere Musik- und Sportunterricht, aber auch Arztpraxen und Kliniken werden immer wieder als Missbrauchssituationen angeführt. Gelegentlich ist auch von der organisierten Überführung in pädosexuelle Netzwerke die Rede.

Die Praktiken reichen von sexuellen Berührungen aller Art über gezielte Manipulationen der Geschlechtsorgane, Oral-, Vaginal- und Analverkehr bis zur Vergewaltigung und zum Einsatz von unterschiedlichsten Gewaltformen zur sexuellen Befriedigung.

Versprechungen, Geschenke, Belohnungen, Einfordern von Gegenleistungen, Einschüchterungen u. a. sind Lock- und Drohmittel im graduellen Fortschreiten grenzüberschreitender Annäherungen. Die physischen und psychischen Leidenssituationen in der Hilflosigkeit, im Ausgeliefertsein, im Vertrauensverlust, in Ekel, Scham und Schuld lassen sich nicht noch stärker in Beschreibungsform verdichten, sondern sind in den ursprünglichen Leidensgeschichten nachzulesen. Ein übereinstimmender Geschichtenkern lässt sich hinsichtlich der Reaktionen der Umwelt, ein anderer in Bezug auf die (Spät)Folgen erkennen. »Keiner hat was gesehen« und »keiner hat was gemacht«, dies sind die beiden Chiffren für den Umgang der Umwelt nach dem Motto: *dass nicht sein kann, was nicht sein darf*, insbesondere auch von Müttern und öffentlichen Institutionen. »Mir geht nicht in den Sinn, warum ausgerechnet sexuelle Gewalt derart tiefe Wunden schlägt, die kaum überwindbar scheinen und sich in vielen Dingen des Alltags bemerkbar machen.«

In keiner der Geschichten hat das sexuelle Missbrauchserlebnis keine Spuren wie *Flashbacks*, Re-Traumatisierungen und Panikattacken, Schuldgefühle, Suizidversuche, psychische und körperliche Beschwerden, Verlust von Vertrauen und Sicherheitsgefühl, Suchtproblematik, Beziehungsstörungen, Orientierungslosigkeit u.a. im weiteren Leben hinterlassen. Unterschiedlich ist, ob die Missbrauchserfahrungen einen weiteren eigenen erfüllten Lebensweg verstellt haben oder aber ob dieser durch spätere persönliche Auseinandersetzungen wie über das von der *Unabhängigen Kommission zur Aufarbeitung sexueller Kindesmisshandlung* eröffnete Forum, in Therapien und anderen *Coping-Prozessen* dennoch gefunden werden konnte.

Sexueller Missbrauch oder sexuelle Gewalt bzw. sexualisierte Gewalt ereignen sich in intra- und extrafamiliären Begehungskontexten. Intrafamiliär sind auch alle diejenigen Missbrauchshandlungen anzusehen, die im elterlichen Personensorgebereich geschehen. Beim extrafamiliären Bereich geht es vor allem um institutionellen Kindesmissbrauch in Heimen, Kliniken und Internaten, der auch den zwischen Gleichaltrigen umfasst. In den Typologien der Täter und Täterinnen (Fegert/Rassenhofer/Schneider/Seitz/Spröber 2013) wird vor allem zwischen Pädosexuellen, sexuell auf Kinder Fixierte, und Männern unterschieden, »... die eine sexuelle Orientierung auf Erwachsene haben und die sexuellen Handlungen mit Kindern als Ersatzhandlungen durchführen« (ebd., 41). In Familien und Institutionen sind es besondere Strukturen, die sexuellen Missbrauch von Kindern begünstigen, wie starre Hierarchien und ein starkes Machtgefälle, sowie auf dem anderen Extrem ein *Leitungsvakuum* (ebd., 46).

So wenig, wie es eine allgemein anerkannte Definition von sexuellem Missbrauch gibt, so vielfältig sind seine Auswirkungen, die von den angewandten Praktiken und von den Verarbeitungsstrategien abhängen, insbesondere der persönlichen Resilienz der betroffenen Kinder.

> »Enge Definitionen umfassen nur Handlungen, die mit einem direkten, eindeutig als sexuell identifizierbaren Körperkontakt zwischen TäterIn und Opfer verbunden sind, vom unmittelbaren Hautkontakt mit der Brust oder dem Genital eines Kindes bis zur vaginalen, analen oder oralen Vergewaltigung.« (Unterstaller 2006 a, 2)

Eine weite Definition umfasst auch sexuelle Handlungen, die ohne direkten körperlichen Kontakt stattfinden, wie Exhibitionismus und – insbesondere über onlinebasierte Anbahnung in zunehmendem Maße erfolgende – Kinderpornographie, die im reformierten § 176a StGB seit 2021 unter Strafe gestellt wurde. Sie sind mit sexuellen Handlungen im engeren Sinne in einigen der o.a. Erinnerungsgeschichten verbunden und haben ebenfalls negative Auswirkungen auf kindliche Entwicklungsverläufe (ebd.).

> »Ein einheitliches ›postsexual abuse syndrome‹ gibt es nicht ... Kendall-Tackett et al. konnten in eine Überblicksarbeit zu den Folgen sexueller Gewalt etwa 50 Studien, die mit Kindern durchgeführt wurden, einbeziehen. Auf dieser Grundlage wurde eine Übersicht der prozentualen Häufigkeit verschiedener Symptome erstellt. Als Folgen werden u.a. genannt: – Internalisierung wie Angst, Furcht, Depression, geringer Selbstwert mit einem Anteil von 30% der untersuchten, von sexuellem Missbrauch betroffenen Kindern, – Externalisierung wie aggressives, delinquentes, antisoziales Verhalten, Hyperaktivität mit einem Anteil von 23% aller ProbandInnen.« (Unterstaller 2006 b, 1–2)

Unangebrachtes Sexualverhalten (28 %), selbstverletzendes Verhalten (15 %), neurotische Erkrankungen (30 %), somatische Beschwerden (14 %) und posttraumatische Belastungsstörung (53 %), sind weitere Ergebnisse aus dieser Sekundäranalyse der großen Anzahl von Studien (ebd., 2).

Diese Vielfalt an krankheitsfördernden wie entwicklungshemmenden Folgen sexuellen Missbrauchs, die über intervenierende Variablen wie Länge und Eingriffschwere des Missbrauchs, Nähe und Beziehung zum/zur Täter/in, alleiniger oder unterstützter Bewältigungsversuch u. a. weiter beeinflusst werden, verlangt nach spezifischen Therapieansätzen wie traumafokussierte Verhaltenstherapie. Von Betroffenen berichtete Behandlungsarten waren medizinisch (4 %), psychiatrisch (6 %), psychotherapeutisch (35 %), medizinisch und psychiatrisch (3 %), medizinisch und psychotherapeutisch (15 %), psychotherapeutisch und psychiatrisch (16 %) sowie medizinisch und psychotherapeutisch wie psychiatrisch (21 %) (Fegert/Rassenhofer/Schneider/Seitz/Spröber 2013, 138). Nach Ansicht von Jörg M. Fegert, Leiter der *Klinik für Kinder- und Jugendpsychiatrie der Universität Ulm*, seien aber viele Therapien mit Opfern sexuellen Missbrauchs nicht evidenzbasiert und auch nicht zielführend.

8.1.3 Familienorientierter, institutioneller, netzwerkorientierter, strafrechtlicher Kinderschutz

Nach einem tripolaren Kinderschutzkonzept zielt Kinderschutz gleichermaßen auf die Sicherung des Kindeswohls, des Eltern- und Familienwohls und des Gemeinwohls. Allgemeine wie bereichsspezifische diversitätsorientierte Handlungsprinzipien wie Konfliktschlichtung, Opferhilfe, *desistance* sind in familienorientierte, institutionelle, netzwerkorientierte und strafrechtliche Kinderschutzansätze eingelassen.

Diese sind dem zweispurigen Interventionssystem von psychosozialen Interventionen mit dem Leitprinzip des Kindeswohls und der Strafverfolgung mit den Leitprinzipien der Wahrheitsfindung und der Gerechtigkeit zuzuordnen.

Neben die mannigfaltigen Beratungsstellen für Kinder und Jugendliche, Eltern und Familien, die Eltern und Fachkräfte dabei unterstützen, sexuellen Missbrauch und Täterstrategien zu erkennen, die Geheimhaltung zu durchbrechen und damit die Kinder zu schützen (Sabas 2022, VIII-IX), sind nun im durch das *Kinder- und Jugendstärkungsgesetz* vom 15.06.2021 neu eingeführten § 9a SGB VIII die Bundesländer aufgefordert, *Ombudsstellen* für junge Menschen und ihre Familien zu schaffen. Ihr Kinderschutzpotenzial wird allerdings durch erste Versuche entkräftet, kommunale Finanzierungszusagen an die Bedingung des Abschlusses einer Sicherstellungsvereinbarung nach § 8a IV, 1 SGB VIII zu knüpfen. Ihr Ombudscharakter verträgt sich nicht mit ihrem Tätigwerden als verlängerter Arm des staatlichen Wächteramtes und verhindert eigene Kinderschutzoptionen. Dadurch gelangen Normen mit ihrem Element 1 als Möglichkeit nicht zu ihrem Element 2 ihrer Affirmation bzw. Realisierung (Möllers 2015, 131–154, 155–171).

Diese sind aber erfolgt bei der Umsetzung des durch das *Kinder- und Jugendhilfeweiterentwicklungsgesetz* vom 08.09.2005 eingeführten sog. Kinderschutzparagrafen § 8a SGB VIII im ambulanten Bereich, auch als Vorlage für Berufsgruppen außerhalb der Jugendhilfe in § 4 KKG und durch den im *Kinder- und Jugendstärkungsgesetz* neu aufgenommenen § 45 II, 2, Nr. 4 SGB VIII für den stationären Bereich.

Die aus problematischen Kinderschutzverläufen hervorgegangene fachliche Fehleranalyse bzw. institutionelle Fehlerkultur (Fegert/Ziegenhain/Fangerau 2010, 123–176) haben zu diesen Kinderschutzreformen auch mit strafrechtlichen Haftungsfolgen aus neu geschaffener Verantwortlichkeit für Fachkräfte (Heghmanns 2018) geführt.

Sexueller Kindesmissbrauch bedarf als besonders beeinträchtigende Form der Kindes- bzw. Jugendwohlgefährdung des § 8a I, 1 SGB VIII besonderer Expertise der Fachkräfte und der Kinderschutzfachkräfte (§ 8a IV, 1, Nr. 2 SGB VIII), insbesondere zur Einschätzung der Gefährdungslage als Verdachtsabklärung, aber auch für die weiteren Schritte des Kinderschutzverfahrens. Sowohl in intrafamiliären wie in extrafamiliären institutionellen Begehungskontexten zieht sich der Geheimniskokon bei sexuellem Kindesmissbrauch noch stärker zu.

»Sexuelle Gewalt wird nicht nur von den Jugendlichen und den Fachkräften nicht thematisiert, auch die Eltern scheinen die sexuelle Gewalt, die an dem Internat stattgefunden hat, teilweise zu verdrängen …« (Domann 2017, 144). Daher

> »… sollte es ein zentraler Auftrag institutioneller Schutzkonzepte sein, Kinder und Jugendliche über sexualisierte Gewalt in Institutionen aufzuklären und Betreuungspersonen für das intergenerationelle Machtgefälle innerhalb professioneller bzw. helfender Beziehungen zu sensibilisieren« (Kampert 2017, 205).

Dies folgt aus der »Organisationsethik als Perspektive für die Entwicklung und Ausgestaltung von Schutzkonzepten gegen sexualisierte Gewalt in pädagogischen Einrichtungen« (Christmann/Wazlawik).

Für multi- und interprofessionelle Kooperationen und Vernetzung als Königsweg gerade auch im Kinderschutz (zu Forschungsergebnissen in deutschsprachigen Ländern: Dawid/Elz/Haller 2010) wurde mit dem Kinderschutzgesetz vom 22.12. 2011 über § 3 KKG der Rechtsrahmen für kommunale und landesübergreifende Netzwerkstrukturen, in Baden-Württemberg 2022 sogar mit einer Landeskoordinierungsstelle für Kinderschutz, geschaffen. Diese wurden für die Bereiche der *Frühen Hilfen* und des Kinderschutzes bundesweit im Bereich der Jugendhilfe umgesetzt, wobei hier wichtige in § 3 II KKG genannte Akteure wie Schulen, Polizei- und Ordnungsbehörden sowie Familiengerichte noch zu wenig einbezogen werden.

Die vielfältigen Ambivalenzen im Kinderschutz steigern sich auf der justiziellen Ebene der Familiengerichte und der Strafgerichte, die das Postulat des Schutzes von Kindern vor allen Formen sexueller Ausbeutung und sexuellen Missbrauchs (Art. 34 UN-*Kinderrechtskonvention*, *Lanzerote-Konvention* des Europarates vom 25.10.2007) wirkungsmächtig umzusetzen haben, in dilemmatische Entscheidungs- und Handlungssituationen hinein. An ihnen ist diversitätsorientierte Soziale Arbeit durch ihr kooperatives Mitwirken beteiligt. Sexueller Missbrauch an Kindern verwirklicht die Gefährdung des körperlichen, geistigen und seelischen Wohls des Kindes (§ 1666 I BGB), sodass die teilweise oder vollständige Entziehung der Personensorge (1666 III, Nr. 6. BGB) auch im Wege der Einstweiligen Anordnung (§ 49 FamFG) naheliegen könnte, sofern nicht nach dem Verhältnismäßigkeitsprinzip weniger eingreifende familiengerichtliche Maßnahmen nach § 1666 II BGB ausreichen. Hier stellt sich für Familienrichterinnen/-richter die unangenehme folgenschwere Entscheidungswahl zwischen der Herausnahme des Kindes aus der Familie und seinem Belassen in einer teilweise auch schwer einsehbaren Gefährdungssituation.

Auch wenn Strafverfolgung bei der Eingriffsschwere sexuellen Kindesmissbrauchs nach den durch das *Gesetz zur Bekämpfung sexualisierter Gewalt gegen Kinder* vom 16.06.2021 verschärften §§ 176–176d StGB erforderlich zu sein scheint, so hat die Durchführung eines Strafverfahrens destabilisierende Wirkung nicht nur intendiert für das Durchbrechen des Schweigens, sondern häufig auch nichtintendiert für das familiäre Gesamtgefüge selbst. Besondere Befürchtungen vor dem Strafverfahren lassen Betroffene von einer Strafanzeige Abstand nehmen und steigern damit die schon hohe Dunkelziffer.

> »Gegenüber der Kommission nennen Betroffene unterschiedliche Gründe, im Erwachsenenalter nicht anzuzeigen. Hierzu gehören insbesondere die eingetretene Verfolgungsverjährung, die Angst, soziale und familiäre Beziehungen zu gefährden, sowie die fehlende Kraft für eine intensive Auseinandersetzung mit den Taten. Auffallend ist, dass einige Betroffene davon ausgingen, dass ihnen im Ermittlungs- bzw. Strafverfahren unsensibel begegnet und dass ihnen nicht geglaubt würde.« (Unabhängige Kommission zur Aufarbeitung sexuellen Kindesmissbrauchs 2019, Band I, 216)

Soziale Arbeit, die bei Durchführung des Kinderschutzverfahrens das Familiengericht mit festgestellter Kindeswohlgefährdung befasst und als Jugendamt über seine gutachtlichen Stellungnahmen vor dem Familiengericht (§ 50 I, 2, Nr. 1 SGB VIII) auf dessen Entscheidung einwirkt wie als viktimologische Opferhilfe zur Einlegung oder Nichteinlegung einer Strafanzeige (► Kap. 5.5.6) berät und als sachverständige/r Zeuge/Zeugin im Strafgerichtsverfahren auftritt, erfährt diese dilemmatischen Situationen in ihrem doppelten Mandat als gegenüber ihrem Unterstützungsauftrag entgegengesetzte Handlungsanforderungen.

8.2 *Dichte Beschreibung 2:* »Deep play« with drugs

8.2.1 Lass mich die Nacht überleben!

»Benthams Konzept des ›deep play‹ findet sich in seiner Theorie der Gesetzgebung. Damit meint er Spiele mit so hohem Einsatz, dass eine Beteiligung daran von einem utilitaristischen Standpunkt unvernünftig erscheinen müsste«. (Geertz 1987, 231) Die Standpunkte im Hinblick auf Nutzen und Schaden des Drogengebrauchs sind aber bekanntlich sehr verschieden (► Kap. 6.5.1). Die Nächte mit starken Drogen verlaufen anders *on the street* als *in the suite* von Journalisten, Schriftstellern, Musikern, Musikredakteuren und Schauspielern, die ihr polytoxisches Martyrium als

Hyperaktivitäten mit Herzrhythmusstörungen bei Kokainintoxikation in »Panikherz« (Benjamin von Stuckrad Barre), ihr permanentes Wachsein nach Einnahme von Chrystal Meth in »9 Tage wach« (Eric Stehfest) und die Entzugsqualen nach Injektionen von Heroin (Jörg Böckem: »Lass mich die Nacht überleben«) literarisch dicht beschreiben. Flehrufe werden jeweils zum Ende der Leidensgeschichten hin zu Hilferufen nach Notfallbehandlung und Therapien.

Doing Social Problems bzw. Soziale-Probleme-Arbeit mit Menschen, die Suchtmittel der verschiedensten Drogenarten und nach sehr unterschiedlichen Konsumarten zu sich nehmen, findet im Subkulturmilieu statt, das von der Party- und Eventkultur in Club- und Festivallocations und der elektronischen Technoszene (Schmolke/Harrach/Sterneck/Eigenstetter/Tietz/Bahri 2020) bis zu sozial benachteiligten wie nach außen abgekapselten privaten und öffentlichen Sozialräumen reicht. Drogengebrauchsmuster hängen insbesondere auch von ihren situativen, räumlichen, sozialen Gegebenheiten ab: etwa legale Drogen wie Alkoholkonsum in sozial benachteiligten Sozialräumen der stärker durch Härte und Maskulinität geprägten Unterschicht, illegale Drogen von Haschisch, Marihuana, psychoaktive Substanzen in Jugendkulturen und -szenen, Kokain, Heroin, Chrystal Meth, Crack in spezifischen harten Drogenmilieus und bei fortgeschrittenen Drogenkarrieren. Diese Gebrauchsmuster bestimmen die »Nutzungsstrategien als komplexes situatives Handeln« (Streck 2016, 26), nach denen Drogennutzerinnen und -nutzer bzw. Drogenabhängige auch diversitätsorientierte Soziale Arbeit in Anspruch nehmen.

8.2.2 Drogennotfälle

Eine analytische Annäherung an Drogennotfälle bei harten Drogen bedarf zunächst der Unterscheidung zwischen allgemeinen Aspekten des Drogennotfalls und seiner Voraussetzungen und Auswirkungen bei spezifischen Substanzen.

> »Eine Notfallsituation im engeren Sinn schließt immer die tatsächliche vorhandene oder mögliche *Bedrohung der Vitalparameter* eines Patienten ein. Sie bedeutet eine aktuelle Bedrohung des Lebens und ist gerade bei Drogenkonsumenten eine immer gegenwärtige Gefahr.« (Ammann/Ummenhofer 2010, 6)

Drogennotfälle haben sehr unterschiedliche Entstehungshintergründe wie Probiersituationen, Sucht und Abhängigkeit, Transport-*Unfälle*, bei denen eine Alarmmeldung bei der Einsatzzentrale anhand der Intoxikationssyndrome, genauer nach den vier Toxidromgruppen: erregt, deprimiert, unklar, normal zu erfolgen hat, Entzugssyndrome wie typische somatische Begleiterscheinungen festgestellt werden, um ein Notfallmanagement nach strukturierter Notfalldiagnostik durchzuführen (ebd., 7–49). Das mono- und polyvalente Wirkungsspektrum der Substanzen Alkohol, Opioide (Heroin), Cannabinoide (Haschisch, Marihuana), Sedativa und Hypnotika (Schlafmittel), Stimulanzien (Kokain, Speed, Crack als mit Backpulver und Wasser verbackenes Kokain), und Halluzinogene (LSD, Ecstasy), grenzt an jeweils sehr spezifische Drogennotfälle durch Vergiftungen, Überdosierungen, als letzte Heroinspritze, makaber auch als *goldener Schuss* bezeichnet, und je spezifische Mortalitätsrisiken (Soyka 2010, 153–190).

Drogennotfälle entstehen immer mehr auch durch *neue psychoaktive Substanzen (NPS)* wie *Legal Highs, Herbal Highs, Research Chemicals* oder *Badesalzdrogen*, als in Laboren hergestellte synthetische Drogen wie Ecstasy, LSD, Methamphetamin und viele andere mehr, die diese Drogenküchen mit immer wieder veränderter pharmakologischer Zusammensetzung bzw. anderem Wirkstoffdesign verlassen.

Da das Betäubungsmittelgesetz sie nicht erfasst, wurde vom Gesetzgeber 2016, um die *legal highs* als *illegal highs* sanktionieren zu können, das *Neue-psychoaktive-Stoffe-Gesetz (NpSG)* erlassen, dessen Strafvorschriften sich in §§ 3, 4 auf Rechtsverordnungen stützen, die als Anlage eine Liste von Stoffgruppen mit chemische Verbindungen ausweisenden Strukturelementen enthalten. Dennoch geht das Katz-und-Maus-Spiel zwischen Drogen- und Gesetzdesignern weiter.

Drogennotfälle können zu unmittelbarer und mittelbarer Gefährdung der Gesundheit wie vor allem durch Infektionskrankheiten wie Hepatitis C oder HIV, psychotische Anfälle, Wahnvorstellungen, Angst- und Panikattacken, Kreislaufzusammenbrüche, Muskelkrämpfe u. a. oder sogar zum Drogentod führen. Hierzu sind die drei Fragen nach: der Anzahl der Drogentoten, hinsichtlich des Sterbegrunds bei Drogenkonsumenten/-konsumentinnen und bzgl. der gefährlichsten Drogen zentral.

»2020 starben deutschlandweit 1581 Menschen an den Folgen ihres Drogenkonsums. Damit liegt die Zahl laut dem BKA rund 13 % über dem Niveau des Vorjahres. Wird die Belastungszahl mit Drogentodesfällen betrachtet, sind die Stadtstaaten Berlin und Hamburg sowie das Saarland besonders stark betroffen.« (Statista Research Department 2022 a)

Ein gutes Drittel hiervon lässt sich auf Vergiftungen mit Opiaten und Opioiden zurückführen, signifikante Anstiege gab es aufgrund von Todesfällen durch monovalente Vergiftungen im Zusammenhang mit Kokain und Crack und polyvalente Vergiftungen mit Methamphetamin. Heroin oder Morphin waren im Erhebungszeitraum nach wie vor die gefährlichsten Drogen (ebd.).

Ob es sich um *Partydrogen* wie Ecstasy, Speed, LSD, Cannabis, Kokain, Pilze und Lachgas (Bernhard van Treeck), um psychoaktive Substanzen oder die besonders gefährlichen Heroine, Morphine, Opioide, und Mischkonsume handelt, Soziale Arbeit ist den verschiedenartigsten settings in Prävention und Reaktion bzgl. gesundheitlicher Vulnerabilität ihrer Klientel anwesend und herausgefordert.

8.2.3 *Safer Nightlife:* Diversität in akzeptierender Drogenarbeit

Damit diversitätsorientierte Drogenarbeit mit der Vielfalt ihrer sich in den letzten Jahrzehnten ausdifferenzierenden Handlungsansätze zum Zuge kommen kann, bedarf es dreier wesentlicher Voraussetzungen.

Divers lässt sie sich nur auf dem Hintergrund des Akzeptanzparadigmas gestalten, während Drogenarbeit unter Geltung des *Abstinenzparadigmas* eindimensional restriktiv bleibt.

Das Betäubungsmittelgesetz von 1971, das das Opiumgesetz von 1929 – wie dieses flankiert von internationalen Abkommen und öffentlichem Druck – ablöste, orientierte sich zunächst an den aus den Trinkerheilanstalten und Abstinenzbewegungen kommenden Vorstellungen einer Totalabstinenz (Groenemeyer 2012 b, 447–449). Dies gilt auch für das 1982 eingeführte Prinzip *Therapie statt Strafe* mit therapeutischen Ketten und der Rückstellung der Strafvollstreckung durch die Staatsanwaltschaft (§§ 35–37 BtMB) (Groenemeyer 2012b, 451–452). *Akzeptierende Drogenarbeit* ist der Gegenentwurf zur traditionellen *abstinenzorientierten Drogenhilfe.*

> »In der professionellen Drogenarbeit sowie in der Selbsthilfe sind seit Mitte der 80er Jahre konzeptionelle und/oder praktische Umorientierungen festzustellen. Diese Umorientierung wurde in Begriffe gefasst wie ›nicht-bevormundende‹, ›suchtbegleitende‹, ›offensive‹, ›klientenorientierte‹, ›risikomindernde‹, ›akzeptierende‹ oder ›niedrigschwellige‹ Drogenarbeit mit ›schwellenlosen Angeboten‹ … Zudem deuten diese Begriffe neue Akzente und Inhalte an, die in der traditionellen Drogenarbeit offenbar nicht oder nur ungenügend berücksichtigt wurden, wie etwa Angebote einzurichten, die darauf abzielen, gesundheitliche und soziale Risiken des kriminalisierten Drogenumfangs zu reduzieren.« (Stöver 1991, 14)

Das zentrale Ziel diversitätsorientierter Drogenarbeit, Risiken beim Drogengebrauch zu mindern, auch als *harm reduction* bezeichnet, lässt sich als zweite Voraussetzung aber nur im Zusammenwirken von Drogenpraxis, Drogenrecht und Drogenpolitik (Böllinger/Stöver 2002) realisieren, indem Drogenprohibition mit Strafverfolgung durch kontrolliert legalisierte Abgabe von Drogen abgelöst wird und damit auch sozialarbeiterische Handlungsansätze durch eine an Gesundheits- und Sozialpolitik ausgerichtete Grundorientierung als normativer Möglichkeitsraum (► Kap. 4.8) eröffnet wird.

Anstatt strafrechtlich-prohibitiver wie moral- und angstbesetzter Drogenpolitik mit ihren Folgen der Beschaffungskriminalität und der organisierten Kriminalität, von Menschenrechtsverletzungen, Korruption und der Ausbreitung von HIV/AIDS werden Wege des kontrollierten Ermöglichens gegenüber undifferenzierten Verbietens verfolgt, so auch im Koalitionsvertrag *Mehr Fortschritt wagen. Bündnis für Freiheit, Gerechtigkeit und Nachhaltigkeit zwischen SPD, Bündnis 90/Die Grünen und FDP aus 2021.*

> »Wir führen die kontrollierte Abgabe von Cannabis an Erwachsene zu Genusszwecken in lizenzierten Geschäften ein. Dadurch wird die Qualität kontrolliert, die Weitergabe verunreinigter Substanzen verhindert und der Jugendschutz gewährleistet … Modelle zum Drugchecking und Maßnahmen der Schadensminderung ermöglichen und bauen wir aus.« (RdNr. 2899–2903)

»Eine Legalisierung, wie sie die deutsche Regierung plant, wäre im Kontext des internationalen und europäischen Rechts nicht weniger als ein Quantensprung.« (Hofmann 2022, 200)

Die dritte Voraussetzung diversitätsorientierter Drogenarbeit ist die Orientierung an den Nutzungsstrategien von Drogenkonsumenten/-konsumentinnen.

> »Dolic und Schaarschuh (2005: 99) verstehen unter Nutzungsstrategien Handlungsabfolgen, die es den Nutzern ermöglichen, aus den grundsätzlich widersprüchlich strukturierten, komplexen Dienstleistungsangeboten diejenigen Aspekte in Anspruch zu nehmen, die für sie bedeutsam sind und dabei die für sie unerwünschten oder nicht relevanten Anteile eines konkreten Angebots auszublenden bzw. zu unterlaufen, Kalküle und Balancen zu etablieren oder sich mit diesen zu arrangieren, um die gewünschten Nutzungsmöglichkeiten zu erlangen.« (Streck 2016, 26–27)

Suchtprävention und Suchthilfe haben mit ihren Angebotsstrukturen auf Veränderungen von Drogenkonsummustern, auf die verschiedenen Elemente einer Theorie der Nutzung als situatives Ereignis (ebd., 408–414) zu reagieren.

Safer nightlife, von Partydrogen-(Selbst)Organisationen oder Party-Projekten entwickelt, und als 22 Safer-Nightlife-Projekte in Deutschland seit 2016 im »Sonics – Safer Nightlife Bundesverband« zusammengeschlossen (Schmolke/Harrach/Sterneck/Eigenstetter/Tietz/Bahri 2020, 61–62), kann als Kürzel auch für andere Nutzergruppen gelten, wenn auch nicht nach dem *24/7-Modell* und auf die Sicherheit bei Nacht begrenzt.

Dichte Beschreibungen bedürfen der Ordnungen, worauf sie sich beziehen (siehe Geertz 1987: Ordnungen zur Personenbestimmung auf Bali, 143–171). Von den Ordnungen zu Drogen, von Drogenszenen und Drogennutzergruppen, hängt die Taxonomie von risikomindernder, an *harm reduction* orientierter Drogenarbeit ab.

Das in *Doing Social problems*, der *Soziale-Probleme-Arbeit* unterschiedlicher Professionen, immer schon angelegte Kooperations- und Vernetzungsgebot (► Kap. 3.6), bei *safer nightlife* auch mit Kommunen, Ländern und dem Bund (Schmolke/Harrach, Sterneck/Eigenstetter/Tietz/Bahri 2020), gilt besonders auch bei harten und synthetischen Drogen aufgrund der erforderlichen komplexen pharmakologischen und medizinischen Diagnostik und Therapie. Unerlässlich ist medizinisches Personal bei der Behandlung spezieller Gruppen (Soyka 2010, Teil III) und bei der Vielfalt von Notfallmanagement (ebd., Teil IV), beim Umgang mit einzelnen Drogen wie *Chrystal Meth* nach der deutschen *S3-Leitlinie Methamphetamin-bezogene Störungen*, bei Injektionen in sog. *Drogenkonsumräumen*, und – intravenös, intramuskulär oder subkutan gespritzt – bei der pharmakologischen Überlebenshilfe im Falle akuter Heroinüberdosis mit dem verschreibungspflichtigen Opiatantagonisten *Naloxon* (auch durch geschultes nichtmedizinisches Personal verabreichbar).

Risikominderung beim Drogengebrauch ist divers und richtet sich zunächst auf *Safer-Use Präventionsmaßnahmen* bei Konsumformen, Vermeiden von *drugsharing und needle sharing*, hygienische Spritzen und Nadeln, Alternativen zum Spritzen, Recycling benutzter Utensilien und Spritzentausch mit sterilen Einmalspritzen, der seit 1992 nicht mehr als *Verschaffen von Gelegenheiten* zum Drogengebrauch (§ 29 I, 2 BtMG) strafbar ist (Heudtlass 2000, 98–147).

Harm reduction erfolgt weiter über Substitution bei Opiatabhängigkeit in besonders indizierten Fällen gesundheitlicher Gefährdung nach dem *ultima ratio*-Gebot. Die Indikation für Substitutionsmittel wie *Methadon*, *Codein*, *Buprenorphin (Subutex)*, *Morphin (Substitiol)* erfolgt auf der rechtlichen Grundlage der *Richtlinie zu Untersuchungs- und Behandlungsmethoden der vertragsärztlichen Versorgung (RMvV)*, die 2006 die *Richtlinie zur Bewertung medizinischer Untersuchungs- und Behandlungsmethoden (kurz: BUB-Richtlinie)* abgelöst hat und die sich an der Betäubungsmittel-Verschreibungs-Verordnung (BtMVV) wie an den Richtlinien der Bundesärztekammer orientiert (Poehlke/Heinz/Stöver 2016, 126, 135–143). Substitutionsprogramme sind eine wichtige Aufgabe der Kommunen wie der Strafvollzugsanstalten, in denen die *Deutsche Aidshilfe* besondere Förderung leistet, insbesondere durch die hierzu publizierten Informationsbroschüren zu den Rechten Inhaftierter auf Substitution in Haft wie mit praktischen Leitfäden.

Mit dem *3. BtMG-ÄndG* vom 1. April 2000 trat § 10a BtMG als Rechtsgrundlage für die Errichtung von Drogenkonsumräumen in Deutschland in Kraft. Die einzelnen Landesregierungen haben aber recht uneinheitlich vom Verordnungsrecht im bundeseinheitlichen § 10a II BtMG Gebrauch gemacht, sodass es etwa in Berlin Konsumräume wie *Fixpunkt* mit auf vertraglicher Basis gewährter Konsumraumnutzung gibt, in Sachsen diese Möglichkeit aber (noch) nicht eröffnet ist.

Das rechtliche *Checking von Drugchecking* ergibt, dass die Durchführung einer quantitativen Substanzanalyse durch die Methode der Chromatographie mit unterschiedlichen Techniken und Instrumenten noch Apotheken und Landesbehörden gem. §§ 3, 4 BtMG vorbehalten bleibt und Einrichtungen des Drugchecking noch eine Erlaubnis des *Bundesinstituts für Arzneimittel und Medizinprodukte* (*BfArM*) benötigen (§ 3, 5 BtMG) (Nestler 2019, 88–94). Dem Missbrauch und den gesundheitlichen Gefahren durch auf dem illegalen Markt erworbene Betäubungsmittel in den Event- und Musikszenen durch mobile, bereits in verschiedenen deutschen Städten wie Berlin (Eve & Rave e. V.) und Leipzig (*Drug scouts*) tätige Projekte entgegenzuwirken, harrt also zur Vermeidung der Strafbarkeit (§ 29 I, Nr. 3, 10, 11; § 10a IV BtMG) noch der Umsetzung der diesbezüglichen Vereinbarungen im Koalitionsvertrag von 2021 (s. o.). Auch ob und wann offizielle Drogencheck-Stellen, wie von der Berliner Senatsverwaltung für Gesundheit seit 2019 geplant, umgesetzt werden, befindet sich noch in Warteposition.

8.3 *Dichte Beschreibung 3:* Zwangsprostitution im Prostitutionsmilieu

8.3.1 Vom Einstieg bis zum Ausstieg

Die mehrfache Verbindung von Drogen und Prostitution, ihre intersektionale Kopplung bei drogengebrauchenden Sexarbeiterinnen/Sexarbeitern, verweisen auf Zwänge, die durch Zwangsprostitution um eine Vielfaches potenziert »Warenstruktur und zerstörte Zwischenmenschlichkeit« (Dieter Duhm), Prostitution als »capitalisme en nature« (Thomas Fischer) gleichermaßen erkennen lassen. Kundenkontakte funktionieren häufig nur unter Drogenbetäubung, *Safer Sex* geht mit *Safer Drug Use* einher und die besonders deklassierte wie durch Gewalt von Freiern und Zuhältern gefährdete Drogenprostitution wird als Beschaffungsprostitution ausgeübt, wenn nicht sogar die Drogen in der Zwangsprostitution gewaltsam zugeführt werden.

Auch trotz des strikten Schweigekordons bei Zwangsprostitution, den zu durchbrechen Lebensgefahr bedeutet, gelangen immer wieder Leidensberichte von betroffenen Frauen anonymisiert bzw. pseudonymisiert oder auch nicht an die Öffentlichkeit. In einem rumänischen Dorf an der Grenze zur Republik Moldau warteten Mädchen auf den Mann, der sie aus dem grauen Alltag erlösen würde.

> »Marian hieß der Mann, der schließlich mit seinem großen BMW am Dorfbrunnen vorfuhr. Sina verliebte sich auf den ersten Blick. Er sprach von Arbeit in Deutschland, ihre Eltern unterzeichneten das Formular, das sie als Minderjährige für die Ausreise benötigte. Auf der Reise nach Schifferstadt in Rheinland-Pfalz gab er ihr Alkohol und schlief mit ihr.
>
> Marian lieferte sie im ›No Limit‹ ab, einem Flatrate-Bordell. Sina war erst 16 Jahre alt, sie soll bis zu 30 Kunden am Tag bedient haben. Ab und zu erhielt sie ein paar hundert Euro.« (Meyer/Neumann/Schmid/Truckendanner/Winter 2013, 59)

Andere Frauen, die in das Gewaltsystem von Menschenhandel und Zwangsprostitution geraten sind, zeichnen in dichten Schreckensbildern als Phasen dieses Prozesses: Verführbarkeit und Anwerbung durch sog. *Loverboys*, subjektive Erlebnisse während des Transports und der Prostitutionsaufnahme, das Leben als (Er)Leiden in der Zwangsprostitution, die äußerst schwierigen Ausstiegsbemühungen mit den Perspektiven für eine Leben danach (Gahleitner/Heiler/Gerlich/Schneider/Hinterwallner 2021, 122–128).

Sandra Novak beschreibt in der Fernsehdokumentation der ARD »Echtes Leben – Vom Bordell ins Jurastudium« vom 08.03.2022 ihren Leidensweg gleichermaßen in diesem Vierphasenmodell. Nachdem ein sog. Loverboy ihr von seinen Schulden erzählte, verkaufte sie sich für ihn, erhielt dann ein Tattoo als Ausweis seines Eigentums über sie und schaffte den Ausstieg aus dem Rotlichtmilieu erst nach Jahren. Ihr späterer Versuch als Juristin, eine Verurteilung ihres Zuhälters durch das Strafgericht zu erreichen, scheiterte weitgehend an Beweisschwierigkeiten.

Zwangsprostitution unterscheidet sich wesentlich vom »Arbeitsplatz Prostitution« (Emilija Mitrovic). Was in den vielfältigen Ausübungsformen von *Sexarbeit im Bordell*, als *Straßenprostitution (Strich)*, in sogenannten *Modellwohnungen*, über *Begleitagenturen*, in *Strip- und Swingerclubs*, als *Telefon- und Internetsex* geschieht, steht in einer nicht vergleichbaren Differenz zur Zwangsprostitution. Freiwilligkeit der Sexarbeit mit den hieraus abgeleiteten Forderungen ihrer Interessenvertretungen wie im *Bündnis der Fachberatungsstellen für Sexarbeiterinnen und Sexarbeiter e. V. (bufas)* scheint Zwangsprostitution nur am Rande zu berücksichtigen. So ist in Gewaltverhältnissen Freiwilligkeit als Basis für Einwilligung ohnehin zweifelhaft, insbesondere auch bei ausländischen Frauen, wenn bei diesen von *auslandsspezifischer Hilflosigkeit* auszugehen ist. Es gibt auch keine trennscharfen Grenzen zwischen untereinander ebenfalls wechselnder Freiwilligkeit und Unfreiwilligkeit, die eine eindeutige Zuordnung möglich machten (Kähler 2015, 195).

Trotz eines großen Anteils ausstiegsmotivierter Frauen, die der Prostitution nachgehen, bleibt aus verschiedenen Gründen, auf die sich Ausstiegshilfen und Ausstiegsprogramme auszurichten haben, ein erfolgreicher Prostitutionsausstieg immer schon eine recht komplexe Angelegenheit. Bei Zwangsprostitution ist er lebensgefährlich, mit Freikauf, notwendigem Schutz der Angehörigen auch in den Herkunftsländern und Sicherheit für die Frauen selbst als Opferzeuginnen, insbesondere durch sog. Zeugenschutzprogramme, verbunden.

In der Zusammenfassung und in den Schlussfolgerungen der speziellen Evaluierung zum Ausstieg aus der Prostitution, als Vertiefung der allgemeinen Evaluierung »Auswirkungen des Prostitutionsgesetzes« durch das *Sozialwissenschaftliche FrauenForschungsInstitut (SoFFI K.)* in Freiburg für die Bundesregierung (Bundesministerium für Familie, Senioren, Frauen und Jugend) (SoFFI K. 2007, 43) wird nur eine Verbesserung der Ausstiegsmöglichkeiten aus Prostitution durch einen leichteren Zugang zu Fachberatungsstellen konstatiert. Axel Dreher, Professor am Lehrstuhl für Internationale Wirtschafts- und Entwicklungspolitik an der Universität Heidelberg, folgerte aus untersuchten Statistiken in 150 Ländern, dass der Trend festzustellen sei: Wo Prostitution legal ist, gibt es mehr Menschenhandel als anderswo (Meyer/Neumann/Schmid/Truckendanner/Winter 2013, 61).

8.3.2 Rechtsschutz gegenüber Verdinglichungs- und Entrechtungsprozessen

Globale Migration in ihrer Ausformung als Feminisierung der Migration lässt die Grenzen zwischen freiwilliger Arbeitsmigration und Frauenhandel verschwimmen und im Bereich der Zwangsmigration und Zwangsprostitution in negativen Karrieren enden, die durch typische Strukturelemente und Weichenstellungen gekennzeichnet sind (Robert/Stange/Kühne 2004, 80–83). Diese sind aus empirischer Forschung im Rahmen von *KOBRA-net*, eines dreijährigen Bundesmodellprojekts von Fachberatungsstellen für Opfer von Menschenhandel, und *KARO*, zielgruppenspezifische grenzüberschreitende Sozialarbeit in Prostitutions- und Drogenszenen, herausgearbeitet worden. Sie betreffen Frauen aus mittel- und osteuropäischen (MOE) Ländern, sowie den Kinderhandel und die Kinderprostitution im Grenzraum von Sachsen und Tschechien.

> »Als SozialarbeiterInnen von KARO 1996 in der tschechischen Grenzregion begannen, die kommerzielle sexuelle Ausbeutung von Kindern zu beobachten, waren überall deutliche Hinweise zu sehen. An vielen Orten prostituierten sich Kinder, und ZuhälterInnen boten Kinder an. Männer in Autos mit deutschen Kennzeichen feilschten um die Preise.« (Schauer 2003, 30–31)

Auch hier führen die dichten empirischen Beschreibungen der unfassbaren Gewalt, des frauen- und kinderverachtenden Verdinglichungs- und Entrechtungsprozesses, zunächst zu normativen Fragen des Rechtsschutzes und dann zu sozialarbeiterischen Handlungsoptionen.

Verschiedene internationale Konventionen wie das *Palermoprotokoll* der Vereinten Nationen zur Verhütung, Bekämpfung und Bestrafung des Menschenhandels, insbesondere des Frauen- und Kinderhandels (2006), die *Warschau-Konvention* als Weiterentwicklung des Palermo-Protokolls (2008), die *Istanbul-Konvention* des Europarats zur Verhütung und Bekämpfung von Gewalt gegen Frauen und häuslicher Gewalt (2011), die *EU-Grundrechtscharta* (Art. 5 Abs. 3) wie die *UN-Kinderrechtskonvention* (1989), die Lanzerote-Konvention des Europarats zum Schutz von Kindern vor sexueller Ausbeutung und sexuellem Missbrauch (2007) und das *Übereinkommen* des Europarats zur Bekämpfung von Menschenhandel aus 2012 (ETS Nr. 197), enthalten die international verbindlichen Definitionen von Menschenhandel und die den Staaten auferlegten legislativen wie exekutiven Maßnahmenverpflichtungen hiergegen (Haverkamp/Vogeler 2021, 31–34).

Nach dem *Palermo-Protokoll* (Art. 3) wird Menschenhandel als in vielerlei Handlungsformen begehbar angesehen, wobei der Menschenhandel zum Zweck sexueller Ausbeutung nur eine Erscheinungsform des Menschenhandels ist (ebd.,

32–33). »Soziale Arbeit als Menschenrechtsprofession auch im Feld der Prostitution« (Jasmin Mühlberger 2019; ▶ Kap. 5.4.6) hat sich auch auf diese internationalen Menschenrechtskonventionen zu stützen, um den Professionalisierungsgrad zu erhöhen.

Um Menschenhandel in Deutschland zu bekämpfen und die hierdurch entrechteten Frauen zu schützen, ist seitens des Gesetzgebers durch das Prostitutionsrecht, das Strafrecht, das Aufenthaltsrecht und durch den Opferschutz hierauf reagiert worden. Das *Bundeslagebild Menschenhandel und Ausbeutung* 2020 des Bundeskriminalamtes (BKA) vom 28. September 2021 verzeichnete insgesamt 465 Ermittlungsverfahren wegen Menschenhandel und Ausbeutung (+ 22,7 % gegenüber dem Vorjahr), davon sexuelle Ausbeutung 291 Verfahren (+ 1,4 %), Arbeitsausbeutung 22 Verfahren (+ 57,1 %) und Ausbeutung von Minderjährigen 193 Verfahren (+ 58,2 %).

Die Gesamtzahl der Verfahren wegen Menschenhandel und Ausbeutung ist deutlich angestiegen, wobei darüber hinaus von einem hohen Dunkelfeld in diesem Kriminalitätsbereich ausgegangen wird.

Während das Prostitutionsgesetz Menschenhandel eher fördert (▶ Kap. 8.3.1) – wozu für das Prostitutionsschutzgesetz 2022 die Evaluationsergebnisse des KFN in Kürze zu erwarten sind –, entfaltet diese Prostitutionsgesetzgebung auch kaum Wirkung für ausländische Frauen, die mit Touristenvisum eingereist oder, illegal eingeschleust, keine Aufenthaltserlaubnis und folglich auch keine Arbeitserlaubnis besitzen.

Die Straftatbestände § 180a (Ausbeutung von Prostituierten) und § 181a StGB (Zuhälterei) auf dem Gebiet der sexuellen Ausbeutung sind durch § 232 StGB zum Menschenhandel mit dem Schutz persönlicher Freiheit und § 232a StGB zur Zwangsprostitution mit dem schützenswerten Rechtsgut der sexuellen Selbstbestimmung erweitert worden.

»Infolge der Reform im Oktober 2016 zur Umsetzung der Richtlinie (2011/36EU) wurde das Begriffsverständnis angepasst. Seither umfasst § 232 StGB alle Ausprägungen des Menschenhandels und § 232a StGB die Zwangsprostitution« (Haverkamp/Vogeler 2021, 35), von der Aufnahme bis zur erzwungenen Fortsetzung (§ 232a III StGB).

Aufenthaltsrechtlich ist zu unterscheiden zwischen einer vorübergehenden Aufenthaltserlaubnis während des Strafverfahrens wegen einer Straftat nach den §§ 232–233a StGB für deren Opfer bei ihrer Mitwirkung an der Tataufklärung als Opferzeugin/-zeuge (§ 25 IV a, 1, AufenthG) von einem Abschiebehindernis (§ 60 VII AufenthG) mit anschließender Erteilung einer Aufenthaltserlaubnis aus humanitärem Grund (§ 25 III AufenthG).

Opferschutz ist doppelfunktional angelegt, indem durch verschiedene Opferrechtsreformgesetze (▶ Kap. 5.5.6) die Stellung des/der Verletzten im Strafverfahren und die Opferentschädigung gestärkt wurden und hierdurch als Folge ein wichtiger Schritt in den noch ausstehenden wirksamen Schutz der Opferzeuginnen/-zeugen gegangen wurde, um deren geringe Anzeige- und Aussagebereitschaft zu erhöhen. Als ein zentrales Ergebnis einer Evaluierung der Strafvorschriften zur Bekämpfung des Menschenhandels (§§ 232 bis 233 a StGB) wird festgehalten: »In der vorliegenden Studie ist offenbar geworden, dass eine Verurteilung wegen Menschenhandels letztlich auch weiterhin nur zu erreichen ist, wenn das Opfer gegen den*die Täter*in (konsistent) aussagt« (KFN 2021, 153). Auch das im Juli 2016 eingeführte begrenzte Sexkaufverbot durch die Freierstrafbarkeit bei Zwangsprostitution (§ 232a VI StGB) hat nach den Ergebnissen der KFN-Studie noch keine nachweislichen Erfolge beim Rückgang ihrer Inanspruchnahme und hinsichtlich der Mitwirkung von Prostitutionskunden bei der Aufdeckung von Menschenhandel erzielt (ebd.).

Das Scheitern der Juristin Sandra Novak (▶ Kap. 8.3.1), eine Verurteilung durch die Strafjustiz wegen ihres eigenen Erleidens von Zwangsprostitution zu erreichen, verdeutlicht anschaulich, dass der Rechtsschutz gegen Zwangsprostitution über Strafverfahren zu geschehen hat, bei denen die strafprozessualen Beweismöglichkeiten gestärkt werden, Zeugenschutzprogramme ihren Namen verdienen, Verfahren nicht wie bisher weitgehend nach § 170 II StPO eingestellt werden und indem die Verurteiltenrate ansteigt.

8.3.3 Handlungsoptionen oder Handlungsgrenzen Sozialer Arbeit gegenüber Kriminalität der Mächtigen?

Wenn die Kriminalität der Mächtigen ein Thema für Soziale Arbeit ist und sein soll (Jasch 2014), so kann dies nur im Bündnis mit einer starken Strafjustiz und einer Polizei angegangen werden, die für Zwangsprostitution sensibilisiert und speziell ausgebildet wie in der Polizeikooperation nicht mit Korruptionsvorwürfen belastet ist.

Die anhand von Fallbeispielen aus der Beratungspraxis dargestellten Handlungsambivalenzen etwa zwischen Zuneigung und Abgrenzung in der komplexen Sozialen Arbeit mit Betroffenen von Menschenhandel (Kähler 2015, 222) wirken präventiv wie interventiv bei der *hard to reach*-Klientel, deren für Beziehungsarbeit notwendiges Vertrauen wegen des aus vielfältigen Kontakten entstandenen (totalen) Vertrauensverlusts schwer zu gewinnen ist. Hierzu haben auch die Erfahrungen mit der Polizei in den Herkunftsländern, immer wieder auch im Zielland, beträchtlich beigetragen.

Aus adressatinnenorientierter Forschung sind die klandestinenTatstrukturen, die gewaltbelasteten Verstrickungen, die langfristigen Täter/innen-Opfer-Dynamiken, die gewaltbedingten traumatischen Belastungen bis hin zu psychischen Fragmentierungs- und Desintegrationsprozessen bekannt (Gahleitner/Heiler/Gerlich/Schneider/Hinterwallner 2021, 122–123), die das milieuspezifische Wissen umfassen sollte.

Dies gilt auch für das durch verschiedenste Studien erlangte detaillierte Hintergrundwissen zum modus operandi, zu den Täter/innen-Strategien, das in sozialarbeiterische Konzepte umsetzbar ist, etwa zur Resilienzentwicklung gegenüber sog. *Loverboys* als Köder für die Zwangsprostitution.

Das Wissen zu den Strukturen im Prostitutionsmilieu, die Notwendigkeit der persönlichen Abgrenzung zur Arbeit in einer Fachberatungsstelle gegen Menschenhandel, die politische Unabhängigkeit wie die Vernetzung mit anderen Fachberatungsstellen auf regionaler Ebene etwa im Berliner »Netzwerk gegen Menschenhandel« oder im 1999 gegründeten »Bundesweiten Koordinierungskreis gegen Menschenhandel e. V. (KOK)« sind zentrale Haltungen und Handlungsansätze in der Menschenrechts- und Opferschutzarbeit gegenüber Zwangsprostitution. Die im »KOK« zusammengeschlossenen nichtstaatlichen Fachberatungsstellen haben sich

> »... auf vier Leitmotive verständigt, die das Selbstverständnis der FBS und damit ihre Arbeit prägen: Klare Positionierung (Eintreten und Impulse setzen für gesellschaftliche und politische Änderungen), Parteilichkeit für die Betroffenen, fachliche Kompetenz und ein antirassistischer sowie antisexistischer Ansatz ...« (Tanis/Richter 2015, 177).

Die diversen Handlungsansätze sind in einem übergreifenden Modell von Prävention und Intervention zu integrieren, wofür sich die Dreiteilung von primärer, sekundärer und tertiärer Prävention (▶ Kap. 4.9) eignet (Völschow/Gahleitner 2021, 8–13). Auf allen Präventions- und Interventionsebenen sind kooperative Netzwerkbeziehungen gerade auch zu staatlichen Akteuren aufgrund der Gefährdungssituationen und der Grenzen der Beziehungsarbeit für Soziale Arbeit und ihre Klientel unerlässlich.

8.4 *Dichte Beschreibung 4: Krimmigration* – Abschiebung als Ineinandergreifen von strafrechtlicher und migrationsrechtlicher Kontrolle

8.4.1 Heterogene Erfahrungshorizonte – Differenz- und Diversitätssensibilität

Die Abschiebung ist eine andere negative Migrationskarriere. Die Begrifflichkeiten *Abschiebungshaft* oder auch *Abschiebehaft*, österreichisch *Schubhaft*, schweizerisch *Ausschaffungshaft*, verweisen hierauf.

Abschiebungen sind von 10 884 im Jahr 2014 auf 20 888 im Jahr 2015 angestiegen und dann wieder auf 10 800 im Jahr 2020 gefallen (Statista Research Department 2022 b). Sie bedürfen nach der von der US-amerikanischen Juraprofessorin Juliet Stumpf (2006) so benannten *Crimmigration* (*Krimmigration*) einer differenzsensiblen Analyse der Verwobenheit strafrechtlicher und migrationsrechtlicher Kontrolle mit einer »verstärkten Verbindung der Themenbereiche Kriminalität, Sicherheit, Migration und Integration« (Graebsch 2019, 77). Auch hier hat der analytischen Durchdringung des Phänomens ein phänomenologisches Verständnis, die Phänomenologie als *Xenologie* (Fremdheitsforschung), die mit der Basisdistinktion *das Andere* und *das Fremde* an konstruktivistische Diskussionen in der Sozialen Arbeit (▶ Kap. 5.4.2) anknüpfen kann (Lamp 2007, 169), vorauszugehen.

> »Husserl geht in seiner Analyse der phänomenologischen Erfahrung nicht von einer gemeinsamen Erfahrung aus und auch nicht von einer Erfahrung des Gemeinsamen, sondern

von der Erfahrung des Fremden als Fremden. Nicht die Menschheit in jeder Person, auch nicht die Fremdheit in meiner Person steht am Anfang, sondern die Menschheit im Anderen: ›Der Andere ist der erste Mensch, nicht Ich‹ (Hua, Bd. XIV, S.418). Mit Levinas könnte man von einem Humanismus des anderen Menschen sprechen.« (Waldenfels 2016, 89)

Gegenüber dieser anthropologischen Bedeutung von Fremdsein wie im Sinne von Levinas als »Alterität«, und von Rudolf Stichweh in der Differenzierung und Pluralisierung des nur in der Vielzahl seiner Erscheinungsformen vorstellbaren Fremden ist sein kulturelles, soziales Erleben mit dem Status von Migranten/Migrantinnen untrennbar verbunden, wenn auch in graduell sehr unterschiedlichem Ausmaße. Kaum empirisch bekannt ist, wie sie Ausweisung, Abschiebung und Abschiebehaft selbst erleben, auch wenn sich die »Blackbox Abschiebung« (Oulios 2016) etwas geöffnet hat. Klagen und Beschwerden häufen sich, dass die Abschiebung als Überraschungscoup während der Nacht erfolgt, wenn Kinder in Kindertageseinrichtungen abgeholt werden oder auch der Kontakt zu Rechtsbeiständen vereitelt wird oder als Reaktion auf bestimmte Abschiebeaktionen. So im Zusammenhang mit einer Abschiebeaktion gegenüber 69 Männern nach Afghanistan anlässlich des 69. Geburtstags des damaligen Innenministers Horst Seehofer, die bundesweit für Schlagzeilen sorgte und in der Reaktion hierauf erhebliche Meinungsverschiedenheiten in der Bevölkerung hervor rief.

»Einige Wochen lang verging kein Tag ohne Protest gegen den Flug der 69. Pfarrer hielten Gottesdienste. Arbeitgeber schrieben Briefe. Freunde gaben Interviews. Frauen wollten Abgeschobene adoptieren oder heiraten. Helfer versammelten sich zu Mahnwachen. Es gingen auch Tausende auf die Straße, in Chemnitz, in Köthen, und demonstrierten für mehr Abschiebungen und weniger Flüchtlinge in Deutschland. Auf einem Plakat stand: ›Wir sind bunt, bis das Blut spritzt‹.« (Bauer/Coen/Henk/Lobenstein/Middelhoff/Müller/Stark/Stuff/Sussebach/Zimmermann 2018, 18)

Der an die »Entzäunungsaktionen« am Abschiebegefängnis Worms 1994 erinnernde Protest richtete sich gegen die Abschiebung von in Deutschland bereits integrierten Mitbürgern/Mitbürgerinnen, wie er auch anderswo aus diesem Anlass stattfand. Proteste gegen Abschiebungen gab es aber auch 2005 durch eine Revolte von Abschiebehäftlingen in Berlin wie durch Solidaritätsaktionen von anderen, etwa in Landesaufnahmeinrichtungen lebenden Heimbewohnern in Ellwangen im Mai 2016.

Abschiebehaft wird trotz des geforderten Trennungsprinzips zwischen Strafhaft und Abschiebehaft (Art. 16 I RL 2008/115/EG; § 62a I AufenthG) von den Abschiebehäftlingen durchgängig als gefängnisartig erlebt.

»Die Strafgefangenen sitzen in einer Zelle, und wir sitzen auch in einer Zelle ... wenn ich meinen Rechtsanwalt anrufen will, muss ich einen Antrag stellen. Ich muss einen Antrag stellen, wenn ich duschen will. Was hat das mit der Abschiebung zu tun? Das ist für mich so, als ob ich ein Strafgefangener bin.« (Oulios 2016, 287).

Gründe für eine drohende Aufenthaltsbeendigung sind: Erlöschen eines Aufenthaltstitels, Unerlaubte (Wieder)Einreise (§ 59 II, 1, Nr. 1 AufenthG), Ablehnung des Asylantrags, Ausweisung, Verlust des Freizügigkeitsrechts (Graebsch/von Borstel 2021, 34–54). Abschiebungen nach den §§ 58–61 AufenthG mit ihrer möglichen Vollziehung durch Abschiebehaft (§§ 62–62c AufenthG) beruhen dabei zur Sicherung der nicht freiwillig vollzogenen Ausreisepflicht (§§ 50, 51 AufenthG) sehr wesentlich auch auf der Begehung von Straftaten mit der Folge des das Bleibeinteresse (§ 55 AufenthG) überwiegenden staatlichen Ausweisungsinteresses (§ 54 I, II AufenthG), insbesondere auch gegenüber *Gefährdern* (§ 54 I, Nr. 5 AufenthG). Durch dieses Konstrukt erfolgt eine ausländerrechtliche/strafrechtliche Vorverlagerung.

»Eine besonders starke Verflechtung der Rechtsgebiete findet in Verbindung mit dem Umbau zu einem Pre-Crime-Recht für ›Gefährder‹ statt. Dies vertieft sich noch einmal mehr, wenn das Aufenthaltsrecht selbst verstärkt bislang strafrechtlich gerahmte Instrumentarien erhält, wie z. B. die Abschiebungshaft als ›Gefährdetenhaft‹ (im Justizvollzug).« (Graebsch 2019, 77)

Der polizeifachliche Arbeitsbegriff *des Gefährders/der Gefährderin*, so wie er verstärkt seit dem terroristischen Anschlag am 19. Dezember 2016 auf dem Berliner Weihnachtsmarkt am Breitscheidplatz Eingang in diverse Sicherheitsgesetze gefunden hat, gefährdet selbst wegen fehlender Legaldefinition trotz gesetzlicher Umschreibungsversuche (zur Definition: BT-Drs. 18/7151) verfassungsrechtliche Prinzipien wie die Grundsätze der Gewaltenteilung, der Bestimmtheit und der Verhältnismäßigkeit (Hoyer 2021).

8.4.2 Abschiebung als radikaler Exklusionsprozess

Abschiebungen, nicht zu verwechseln mit der Zurückweisung an der Grenze (§ 15 AufenthG) oder der Zurückschiebung bei unerlaubter Einreise (§ 57 AufenthG), als radikale Ausschließung treffen illegalisierte Migranten/Migrantinnen, die aufgrund von Ethnie bzw. Ethnisierung wie sozialen Lebenslagen bereits verschiedenste Situationen Sozialer Ausschließung (▶ Kap. 4.5) durch Armut, Kriminalisierung, Wohnungslosigkeit, prekäre Arbeitsverhältnisse u. a. (Anhorn/Bettinger/Stehr 2008) erleiden mussten.

Staatsziele sind dabei im Sinne von Josef Isensee, das »Grundrecht auf Sicherheit« zu schützen und im Anschluss an die Rechts- und Staatsphilosophie von Thomas Hobbes »Staatslegitimation durch Sicherheit« zu erlangen. Die Zielverfolgung auf der Grundlage eines erweiterten Sicherheitsbegriffs, der auch auf die Gefahren im Vorfelde der Gefährdungslagen gerichtet ist, steht durch Vorverlagerung der Sicherheitspolitik und polizeilicher wie geheimdienstlicher Risikovorbeugung und -begrenzung in der Gefahr, verfassungsrechtlich geschützte Freiheitsrechte zu sehr einzuschränken. In seiner Analytik und Verbindung der »Soziologie des Fremden mit Inklusion/Exklusion« (Stichweh 2016, 179–188) geht Stichweh auf der Exklusionsseite von der »Nichtbezeichnung von Personen oder von der Auflösung von einstmals vorhandenen Erwartungen« aus.

»Exklusion meint unter diesen Voraussetzungen eigentlich immer das folgende Phänomen: eine Kumulation oder eine sequentielle Vernetzung von Ausschlüssen, die sich auf mehrere Teilsysteme der modernen Gesellschaft beziehen und die als einzelne Fälle des Vorkommens von Nichtzugehörigkeit zunächst noch unproblematisch sind, die aber für die von ihnen Betroffenen zum Problem werden, wenn es zu einer Kumulation und sequentiellen Vernetzung dieser Ausschlüsse kommt.« (ebd., 181–182)

Dass Betroffene sich selbst aus der Gesellschaft ausschließen (können), erweitert diese Anhäufung verschiedenster exkludierender Mechanismen im Abschiebungskontext. Erhebliche Bedrohungen und Gefährdungen, die aus Sozialen Problemlagen wie eine ausgleichende Politik der Differenz sprengenden *Parallelgesellschaften* (Schiffauer 2008), aus Clankriminalität und politisch islamistischer Radikalisierung das »Grundrecht auf Sicherheit« von Mitbürgern/Mitbürgerinnen in Frage stellen, sind derartige Selbstexklusionshandlungen, die als letztes Mittel Abschiebungen rechtfertigen.

Mit dem *ultima ratio*-Prinzip ist der Verhältnismäßigkeits- als Rechtsstaatsgrundsatz gemeint, wie er in der EU-Rückführungsrichtlinie (2008/115/EG vom 16. Dezember 2008) leitend ist und wie er auch Rückkehrförderprogrammen wie *REAG* (*Reintegration and Emigration Programme for Asylum-Seekers in Germany*) und *GARP* (*Government Assisted Repatriation Programme*) zugrunde liegt.

> »Machen die Mitgliedsstaaten – als letztes Mittel – von Zwangsmaßnahmen zur Durchführung der Abschiebung von Widerstand leistenden Drittstaatsangehörigen Gebrauch, so müssen diese Maßnahmen verhältnismäßig sein und dürfen nicht über die Grenzen des Vertretbaren hinausgehen.« (Art. 8, IV, 1 EU-Rückführungsrichtlinie)

Inwieweit diese Grenzen in den Verschärfungen bei den Abschiebungsvoraussetzungen, im Abschiebungsprozess und bei der Abschiebungshaft durch die verschiedenen Migrationsgesetze eingehalten sind, bedürfte einer eigenen europa- und verfassungsrechtlichen Analyse.

Diese hat sich auf das Aufenthaltsgesetz (Ausweisungsgrund »Gefährder«: § 53 3a, 3b; Abschiebungsanordnung der obersten Landes- oder Bundesbehörde: § 58a; Gefährderabschiebungshaft: § 62 III, 4; Ausreisegewahrsam: 62b; (Ergänzende) Vorbereitungshaft: §§ 62 II, 62c), auf das Asylgesetz (Verlängerung des Aufenthalts in Aufnahmeeinrichtungen: § 47 Abs. (1a), (1b)) und auf andere im *Ersten Gesetz zur besseren Durchsetzung der Ausreisepflicht* von 2017 oder im *Zweiten Gesetz zur besseren Durchsetzung der Ausreisepflicht* (Geordnete-Rückkehrgesetz) von 2019 zu richten.

8.4.3 Soziale Arbeit im Abschiebeprozess – in der Abschiebungshaft

Die Diversitätsorientierung vielfältiger Konzepte und Projekte in der Flüchtlings- und Migrationsarbeit erstreckt sich weniger explizit auf die dritte Gruppe der nach der Differenzlogik unterschiedenen »wirklichen« Flüchtlinge, den zu Duldenden und den Abzuschiebenden (Scherr 2015).

Andererseits richtet sich Migrationssozialarbeit als Integrationsarbeit (▶ Kap. 3.2) immer auch auf die Aussetzung der Abschiebung durch Duldungen (§§ 60a-d AufenthG; »Chancen-Aufenthaltsrecht« seit 01.01.2023 in Kraft) sowie auf die Verfestigung von Aufenthaltstiteln, auf die Erteilung von Aufenthaltserlaubnissen aus humanitären Gründen und damit gegen Ausweisung und Abschiebung. Die undurchsichtige, sich gegenseitig hemmende Diversität von Rechtsnormen und hierauf gestützter Rechtspraxis des Ausländerrechts, die tiefenstrukturelle *Krimmigrations*-Verflechtung von Migrations-, Straf-, und Sicherheitsrecht, das Zusammenwirken der Polizei, der Ausländerbehörden und Geheimdienste im Übergang vom Zuwanderungsdiskurs zum massenmedial vermittelten Sicherheitsdiskurs führen zu unsicheren Fahrten im Rechtsnebel. Durch diesen navigieren zu können, setzt engmaschige Kooperationen mit Menschenrechts- bzw. Ausländerorganisationen wie dem Flüchtlingsrat und Pro Asyl sowie den seit 2015 eingeführten spezialisierten Fachanwälten/Fachanwältinnen für Migrationsrecht voraus (zu den gegen Abschiebung gerichteten differenzierten Rechtsschutzmöglichkeiten: Graebsch/von Borstel 2021, 93–108, Grotkopp 2020, 141–148).

Flüchtlingssozialarbeit hat während des Ausweisungs- und Abschiebungsprozesses diverse Anforderungen zu bewältigen, die zu Einschränkungen, wenn nicht gar Rücknahmen von Handlungsansätzen wie Empowerment, Lebensweltorientierung und Lebensbefähigung führen können, andere wie Menschen- und Gerechtigkeitsprofessionalität und (Selbst)Reflexivität aber besonders herausfordern. Diese sind sowohl normativer wie praktisch-empirischer Art, sich in die Verwaltungsentscheidungen und Gerichtsbeschlüsse, die Abschiebbarkeit herstellen und begründen, wie in die faktischen Abläufe der Logistik der Abschiebung (Oulios 2016, 261–269) als streng reglementierter bürokratischer Vorgang einzumischen.

»Mit den dargestellten Argumentationen wird Abschiebbarkeit als ein rechtlich zulässiger Akt für diejenigen dargestellt, die nicht als ›wirkliche Flüchtlinge‹ gelten, sondern denen unterstellt wird, dass sie in unzulässiger Weise versuchen, den Flüchtlingsschutz zu beanspruchen. Analog zur Kategorie *undeserving poor*, die Sozialhilfemißbrauch betreiben, wird so die Kategorie der ›bogey refugees‹, der Scheinasylanten geschaffen.« (Scherr 2015, 167)

Den Abschiebungen gehen für die Betroffenen leidvolle Erfahrungen voraus. Einmal im Asylverfahren selbst, in dem ihrer Herkunft, Sprache und Kultur häufig nicht ausreichend Rechnung getragen wird und dessen Anhörungssituation früher erlittene Verhörspeinigungen in Erinnerung ruft. Dann die Androhung der Abschiebung mit Fristsetzung in der Regel zwischen sieben und 30 Tagen (§ 59 I AufenthG) und schließlich die nach Ablauf der Frist nicht angekündigte Abschiebung (§ 59 I, 8 AufenthG).

> »Bei den meisten handelt es sich um ehemalige Asylbewerber, bei denen rechtlich kein Schutzbedürfnis festgestellt wurde. Dennoch ist vielen von ihnen eine Rückkehr in ihr Herkunftsland unmöglich und unzumutbar. Ursachen dafür sind Probleme des Asylverfahrens und die engen juristischen Leitlinien für die Schutzgewährung. Dabei spielt die Dominanz deutscher Kultur eine wichtige Rolle. Flüchtlinge sind auf engagierte Unterstützung in den aufenthaltsrechtlichen Verfahren angewiesen.« (Eßer 2011, 297)

Zwar wurden in einem Anfang 2022 erlassenen sächsischen Leitfaden für Abschiebungen die umstrittenen Nachtabschiebungen (§ 58 VII AufenthG) beibehalten, um der Vereitelung von Abschiebungen zuvorzukommen. Es wurde allerdings nach politischem Widerstand, etwa in Fraktionen des Sächsischen Landtages und im Jugendhilfeausschuss der Stadt Dresden, erreicht, dass sich polizeifremde Personen um die Belange der Kinder kümmern und Familientrennungen möglichst vermieden werden.

Auch wenn Abschiebungshaft (§ 62 AufenthG) aufgrund von Peripherisierung, Marginalisierung, Separierung und Schließung Merkmale *Totaler Institutionen* (▶ Kap. 8.5) aufweist, so wird dies doch auch durch die begrenzte Zeit der Aufenthalte hierin (Vorbereitungshaft: sechs Wochen – § 62 II, 2 AufenthG; Sicherungshaft: bis zu sechs Monaten – § 62 IV, 1 AufenthG) und vor allem aufgrund der wegen Länderzuständigkeit sehr unterschiedlichen Typen von Abschiebungshaft (Überblick hierzu durch Untersuchung in 13 Hafteinrichtungen: Pelzer/Sextro 2013), von *Ausreiseeinrichtungen* bis hin zu den seit 2018 in einigen Bundesländern bestehenden sog. *Zentren für Ankunft, Entscheidung, Rückführung* (*Ankerzentrum*), auch wieder fraglich.

Abschiebehaftanstalten haben keinen resozialisierenden oder strafenden Charakter wie Strafanstalten. Dies gilt für alle die verschiedenen Haftarten, die unter dem Begriff der Abschiebehaft zusammengefasst werden, wie *Sicherungshaft* (§ 62 AufenthG), *Zurückweisungshaft* (§ 15 V AufenthG), *Überstellungshaft* nach der Dublin-III-Verordnung, *Vorbereitungshaft* (§ 62 II AufenthG), *Mitwirkungshaft* (§ 62 VI AufenthG), *Behördlicher Gewahrsam* (§ 62 V AufenthG) (Graebsch/von Borstel 2021, 133–157).

Die in ihrer unterschiedlichen Ausgestaltung wenig erforschten Sozialen Dienste wie »einschlägig tätigen Hilfs- und Unterstützungsorganisationen« (§ 62a IV AufenthG) haben den wichtigen Auftrag, »der Situation schutzbedürftiger Personen … besondere Aufmerksamkeit zu widmen« (§ 62a III, 2 AufenthG). Phänomenologisch und aktional hat sich diese Aufmerksamkeit an den Voraussetzungen und Folgen der Abschiebungshaft auszurichten.

> »Unabhängig davon, wie und wo sie stattfindet, mache jede Form der Abschiebehaft die Menschen krank, berichtet der Jesuiten-Flüchtlingsdienst, der kürzlich eine europaweite Studie dazu durchgeführt hat. ›In den ersten vier Wochen kämpfen sie‹, beschreibt ein Seelsorger seine Beobachtungen. ›Danach kann man die ersten Anzeichen von Stress wie Depressionen beobachten. Nach zwei Monaten werden die Dinge noch schlimmer‹.« (Oulios 2016, 296)

Diesen »alltäglichen Lebensführungen in der organisierten Desintegration« der »Totalen Institution Asyl« (Täubig 2009) werden Soziale Betreuung, Beratung und Rechtsberatung nicht gerecht, wenn diese aus anderen Anstalten quasi nebenbei erledigt werden und Rechtsberatung nur in wenigen Hafteinrichtungen vorhanden ist (Pelzer/Sextro 2013, 21–23). Migrationssozialarbeit ist gekennzeichnet durch verschiedene Ambivalenzen, etwa die zwischen Zuwendung und Abgrenzung, die in ethische Dilemmata übergehen, wie Integration gleichzeitig zu fördern und zu verhindern (*Integrationsdilemma*), die Haftbedingungen in Abschiebehaft zu verbessern und sie gleichzeitig abschaffen zu wollen (*Reform-Dilemma*), die Verbindung von Migration und Kriminalität anzuprangern und gleichzeitig zu verfestigen (*Krimmigrations-Dilemma*) und für die Rechte von Personen eintreten zu wollen, die gleichzeitig als Gefährder/innen kategorisiert werden (Graebsch/von Borstel 2021, 182–186).

Zuletzt noch ein triangulärer Brückenschlag zur Ausländerkriminalität/Ausländerkriminalisierung, die in ihrer Vorurteilsbehaftetheit (»Schon wieder war's ein Ausländer« – Kinzig 2020, 35), mit ihren Mythen und Legenden, auch besonders den Boden für Ausweisung und Abschiebung mit bereitet.

> »Die Tabuisierung des Themas, das ›Runterreden‹ der Ausländerkriminalität zu einem rein kriminalstatistischen Problem … hat dazu geführt, daß diese Chancen vielfach versäumt worden sind: Es fehlt an ausländergruppenspezifischen kriminalpräventiven Konzepten

und Maßnahmen (und allemal an kooperativen, ressort- und institutionenübergreifenden). Das gilt für die zweite und dritte Generation der jungen ›Inländer mit ausländischem Paß‹ genauso wie für die jungen Asylbewerber und Kriegsflüchtlinge.« (Steffen 2001, 283)

8.5 *Dichte Beschreibung 5:* Beziehungsverluste bei Aufenthalten in *Totalen Institutionen*

8.5.1 *Totale Institution* und Diversität – ein Widerspruch?

Selbst der Strafvollzug als *Totale Institution* mit ihren hierarchisierenden, uniformierenden, regulierenden und planerisch strukturierenden Merkmalen ist nicht diversitätsresistent.

»Das zentrale Merkmal totaler Institutionen besteht darin, ... 1. Alle Angelegenheiten des Lebens finden an ein und derselben Stelle, unter ein und derselben Autorität statt. 2. Die Mitglieder der Institution führen alle Phasen ihrer täglichen Arbeit in unmittelbarer Gesellschaft einer großen Gruppe von Schicksalsgenossen aus, wobei allen die gleiche Behandlung zuteil wird und alle die gleiche Tätigkeit gemeinsam verrichten müssen. 3. Alle Phasen des Arbeitstages sind exakt geplant ... durch ein System expliziter formaler Regeln und durch einen Stab von Funktionären vorgeschrieben. 4. Die verschiedenen erzwungenen Tätigkeiten werden in einem einzigen rationalen Plan vereinigt, der angeblich dazu dient, die offiziellen Ziele der Institution zu erreichen.« (Goffman 1973, 17)

Die institutionelle Diversität ergibt sich aus der Vielfalt des Gefängnisalltags, den unterschiedlichen Persönlichkeitsstrukturen der Strafgefangenen, aus ihren Leidensgeschichten vor Antritt der Strafe und im Strafvollzug wie etwa Autonomiekrisen, Identitätsverluste und »Schmerzen des Freiheitsentzugs« (Gresham Sykes). Aber auch sehr unterschiedliche Pro- und Contra-Perspektiven (► Kap. 6.5.1) zum Sinn und Unsinn von Haftstrafen (Hoven/Galli 2021), mit den zugrundeliegenden konträren Auffassungen Adornos: »Es gibt kein richtiges Leben im falschen« und Blochs »Prinzip Hoffnung« wie die Verlagerung der Bundeskompetenz für den Strafvollzug auf die Bundesländer in der Föderalismusreform I im Jahre 2006, tragen hierzu bei. Ausdruck von Tendenzen diversitätsorientierter Umgestaltung des Strafvollzugs sind alternative Strafvollzugsmodelle, drogenfreie Stationen und familienorientierter Strafvollzug. Dieser hat eine doppelte Bedeutung einmal für die Häftlinge selbst und dann für ihre Familienangehörigen.

Sowohl die Phänomenologie der Erfahrungen von Häftlingen, wiedergegeben in Gefangenenliteratur, wie die wissenschaftliche Strafvollzugsforschung verweisen auf diese zweifachen miteinander verbundenen Verlustdimensionen. Der Durchhalteeffekt während der Zeit der Inhaftierung und die resozialisierende Kraft für den Neuanfang eines Lebens in sozialer Verantwortung danach dürften vor allem darauf zurückzuführen sein, »... dass ich meinen Hasen habe. Sie war und ist stets mein Licht am Ende des Tunnels« (Kleinert/Hartwig 2021, 81). Gemeint ist sicherlich nicht eine weitere Anekdote zur Rubrik »Ich bitte, mir ein Legehuhn halten zu dürfen, Herr Anstaltsleiter« (Peter Höflich/Michael Matzke), sondern die unersetzliche Partnerschaftsbeziehung. »Mehr möchte und brauche ich nicht für meine Zukunft: Das Wichtigste im Leben ist nicht das Geld, sondern Familie und Liebe. Denn das ist unbezahlbar« (ebd., 168). Familie in diesem Sinne umfasst nach einem weiten soziologischen Begriffsverständnis Liebes-, Nähe-, Partnerschaftsbeziehungen und – gegenwärtig im familienpolitischen Raum diskutierte – Verantwortungsgemeinschaften. Sie ist die aussichtsreichste Stütze »zurück ins Leben«, wie es sich aus einer Vielzahl von Lebensgeschichten früherer und gegenwärtiger Strafgefangener und aus Fallstudien der angewandten Kriminologie ergibt.

Resozialisierung als oberstes Strafvollzugsziel schon im Strafvollzugsgesetz des Bundes und seit 2006 in den Strafvollzugsgesetzen der Länder verankert, liegt ein bedeutend diverseres Verständnis als der kleinste gemeinsame Nenner einer eng verstandenen Straffälligenhilfe, »Der Gefangene solle lernen, sich straffrei zu verhalten« (Cornel 2018 a, 33), zugrunde. Dies führt in die Inhalte der Resozialisierungskonzeptionen hinein (ebd., 51–53), deren zentraler Bezug die Ermöglichung sozialer Kontakte, Bindungsfähigkeit, Verantwortungsübernahme u. a. (ebd., 52), also Sozialität im Sinne von George Herbert Meads »Philosophie der Sozialität« (Mead 1969) ist. Diese zeichnet sich durch soziales Handeln und Lebenserhaltung steuernde Aneignungs- und Anpassungsprozesse in prosozialen Bindungen im hier und jetzt aus. »Wir leben immer in einer Gegenwart, deren Vergangenheit und Zukunft eine Erweiterung des Feldes darstellen, in welchem die Tätigkeiten der Gegenwart ausgeführt werden können.« (ebd., 323) Familiäre Beziehungen sind als gegenwärtige und zukünftige Kern- und Keimzelle des Erwerbs und der Aufrechterhaltung von Sozialität anzusehen. Diese zwischen den Inhaftierten und ihren Angehörigen weiter ausreichend zu ermöglichen, ist für die Verfolgung des Resozialisierungsziels wie für das Leben des Inhaftierten nach Haftentlassung doppelfunktional (Thiele 2016, 40) und dient drittens gleichzeitig der Sozialität von Ehe, Partnerschaft und Familie selbst.

8.5.2 Auswirkungen der Inhaftierung auf familiäre Beziehungen der Strafgefangenen und auf ihre Familienangehörigen

Neben den dominanten Diskurssträngen zu Resozialisierung, die sich auf normative Fragen, etwa bzgl. des Verhältnisses zum zweiten zentralen Strafvollzugsziel des Schutzes der Allgemeinheit vor weiteren Straftaten, oder begriffsanalytische Abgrenzungen zu verwandten Konzepten wie *Besserung*, *Erziehung*, *Sozialisation*, *Behandlung*, *(Soziale) Integration* und *Rehabilitation* (Cornel 2018 a, 39–49) richten, wird ihre Wirksamkeitsforschung in den letzten Jahrzehnten immer stärker auf *Evidence Based Crime Prevention* gestützt (ebd., 50). Das Lebenslaufkonzept mit seinen Entwicklungen und Übergängen mit seinen Kontinuitäten der *Persistenz* und Diskontinuitäten der *Desistance* eignet sich hierbei besonders als Forschungsperspektive, da es sowohl familiäre Beziehungsverläufe wie kriminelle Episoden, Intensivtäterschaft und kriminelle Karrieren, umfassend integriert.

> »Der Ansatz der Lebenslaufperspektive ist insofern von Relevanz, als in diesem von einer Offenheit des Lebensverlaufs, von einer prinzipiellen Möglichkeit der Veränderungen und Weiterentwicklungen ausgegangen wird. Im Mittelpunkt steht nicht die Entstehung einmaliger auffälliger Verhaltensweisen, sondern der biographische Verlauf, der Prozesscharakter des Geschehens, die Entwicklungsdynamiken.« (Matt 2014, 76)

Die empirische Lebenslaufforschung trifft auf verfassungsrechtliche und internationale menschenrechtliche Vorgaben, insbesondere das Recht des Kindes auf regelmäßige persönliche Beziehung und unmittelbaren Kontakt zu beiden Elternteilen (Art. 9 UN-Kinderrechtskonvention), zum Schutz von Ehe und Familie in der Vollzugsgestaltung (Thiele 2016, 5–51). Diese haben die obergerichtliche Rechtsprechung zum Schutz von Ehe und Familie im Rahmen des seit 1977 bestehenden Bundesstrafvollzugsgesetzes (StVollzG), insbesondere des § 23 StVollzG, der dem/der Gefangenen das Recht einräumt, mit Personen außerhalb der Anstalt zu verkehren, und des *Gegensteuerungsgrundsatzes* (§ 3 II StVollzG: »Schädlichen Folgen des Freiheitsentzuges ist entgegenzuwirken«) geprägt. Auch der nach diesem Grundsatz zu fordernde kontrollierte Zugriff der Gefangenen auf das Internet kann durch digitale Maßnahmen wie Videotelefonie die familiären Kontaktmöglichkeiten erweitern und stärken. Zum Übersichtsvergleich, wie diese »Verfassungsgarantie von Ehe und Familie« den Weg in die einzelnen seit 2006 erlassenen Landesstrafvollzugsgesetze gefunden hat, sei auf die entsprechenden Kommentierungsabschnitte im Kommentar zu den einzelnen Landesstrafvollzugsgesetzen auf der Grundlage des hierzu ergangenen Musterentwurfs verwiesen (Feest/Lesting/Lindemann 2022).

Aus den evidenzbasiert hierzu festgestellten Defiziten bei der sowohl rechtlichen *de lege lata* Situation (Thiele 2016, 95–229) wie auch bei der strafvollzugspraktischen Ausgestaltung des Ehe- und Familienschutzes im bundesländerübergreifenden Vergleich (ebd., 230–294) sind Folgerungen für Vorschläge zu einer Familienorientierung de *lege ferenda* unter Bezugnahme auf die Praxiserkenntnisse abgeleitet worden (ebd., 295–315).

Eines der zentralen Ergebnisse der Lebenslaufforschung, kriminologisch gewendet als »... Rückfall- und Behandlungsforschung ist, dass prosozialen Bindungen und intakten Partnerschaften/Ehe- oder eheähnlichen Verhältnissen wesentliche positive Bedeutung im Prozess der Wiedereingliederung von Strafgefangenen (*Desistance*) zukommt« (Dünkel 2021, 545).

Diese Forschungsergebnisse werden auf zwei Ansätze gestützt. Zum einen psychologisch basiert auf Diagnose und Risikoanalyse (*Risk Principle*) wie die Minimierung von Gefährdungslagen durch gezielte Behandlungsmaßnahmen (»targeting criminological needs«: *Responsivity Principle*) (ebd., 546). Zum anderen soziologisch fundiert in den Erkenntnissen aus der sog. Desistance Forschung, »... die darauf hinweisen, dass kriminelle Karrieren unter bestimmten Bedingungen (kognitive Umorientierungen), ggf. verknüpft mit prägenden Lebensereignissen (sog. *turning points* wie z. B. das Eingehen einer stützenden Partnerschaft (›*good marriage*‹)), beendet werden« (ebd.).

Die Lebenslaufperspektive wie die menschen- und verfassungsrechtliche Fundierung des Schutzes von Ehe und Familie betreffen die Strafgefangenen selbst wie ihre in diesem Zusammenhang bisher jedenfalls vernachlässigten Angehörigen. Im zentralen Fokus stehen dabei die Kinder der Inhaftierten, deren Lebenslauf sich noch in der besonders vulnerablen Startposition befindet.

> »Auch die kriminologische Forschung hat sich lange Zeit wenig um Familienangehörige von Inhaftierten, vor allem auch deren Kinder und die Auswirkungen der Haft einer Erziehungsperson auf diese, gekümmert.
>
> So betonte Heberling noch vor wenigen Jahren: ›Die Gruppe der Angehörigen Inhaftierter wird sowohl im Strafvollzug als auch in wissenschaftlichen Forschungen bis heute marginalisiert und als ernst zu nehmende Zielgruppe kaum zur Kenntnis genommen. Dabei tragen Angehörige die Konsequenzen der Inhaftierung mit.‹ Es sind vor allem auch Kinder und Jugendliche von einer Inhaftierung eines Elternteils, in den meisten Fällen handelt es sich um den Vater, betroffen.« (Kury 2021, 581)

Dies kann Risiken im späteren Lebenslauf der Kinder hervorrufen bzw. steigern durch emotionale Labilität, Verlust der zentralen Identifikationsfigur, Verhaltensstörungen, Schulprobleme und die Gefahr, selbst straffällig zu werden.

> »Die vorliegende empirisch-kriminologische Forschung hat in den letzten Jahrzehnten mehr und mehr zeigen können, wie sehr straffälliges Verhalten der Eltern, vor allem auch eine Inhaftierung eines Elternteils, sich kriminalitätsfördernd auf die nächste Generation auswirken kann. Es kommt in solchen Fällen vermehrt zu einer ›Intergenerational Transmission of Criminal Behavior‹, wie Besemer u. a. in ihrem systematischen Überblick im Rahmen einer umfangreichen Metaanalyse deutlich zeigen.« (ebd.)

Die Inhaftierung der Mütter hat als »detrimental effects of mothers' incarceration on children« dabei nach vorliegenden Forschungsergebnissen noch erheblich negativere Effekte auf die eigenen Kinder als bei Inhaftierung der Väter (ebd., 584–585).

Die bisherige kriminalpolitische Orientierung, die sich weniger an wissenschaftlichen Erkenntnissen, sondern an dem auszurichten scheint, was in der ebenfalls wenig informierten Öffentlichkeit ankommt (ebd., 596), hat bei Kriminalsanktionen allgemein und insbesondere beim Strafvollzug ihre familienbezogenen Auswirkungen immer mitzubedenken. Dies betrifft die Inhaftierten selbst, ihre Kinder, die in ihrer Anzahl statistisch noch nicht erfasst sind, sowie die Lebenspartnerinnen und -partner, die mit den drei Kernbereichen der Trennung – ökonomische Deprivation, Fehlen eines sozialisierenden Elternteils und Verlust sozialer Anerkennung durch Stigmatisierung (ebd., 583) – zurechtkommen müssen. Den Folgen der Inhaftierung für die Lebenssituation der Partner/Partnerinnen, der Kinder und der Eltern haben Hilfen für diese Angehörigen wie Beratung und Betreuung, Ehe- und Familienseminare sowie Eltern-Kind-Gruppen entgegenzuwirken (Kawamura-Reindl 2018, 503–513). Eine stärkere Einbindung Angehöriger in einem »Family Mainstreaming«-Konzept hat zur Bewältigung der Haftsituation wie für die Zeit nach der Haftentlassung protektive und integrative Resozialisierungsfunktion (ebd., 511).

8.5.3 Ein besserer familienorientierter Strafvollzug – oder etwas Besseres für Inhaftierte und ihre Familienangehörigen als Strafvollzug?

Wissensfundierte und wirkungsorientierte *Evidence Based Crime Prevention* in Bezug auf die Beziehungen zwischen Inhaftierten und ihren Familien im weiteren Begriffsverständnis führt zunächst zu einer unabweisbaren Plausibilität der rechts- und kriminalpolitischen Einsicht Gustav Radbruchs: »Nicht Verbesserung des Strafrechts, sondern Ersatz des Strafrechts durch Besseres« sei nötig. Diese Forderung zielt auf ein in zwei Traditionslinien stehendes abolitionistisches Programm ab, einmal das Anfang der 1960er Jahre aus Skandinavien und den Niederlanden stammende gesellschaftskritische und dann das sozialphilosophische.

»Radbruch ging von einer sozialphilosophischen (und nicht gesellschaftskritischen) Tradition aus und strebte statt eines ›besseren Strafrechts‹ ein ›Besserungs- und Bewahrungsrecht‹ an.« (Lamnek 2008, 289) Dies sind die beiden abolitionistischen Pole, zwischen denen sich die Forderung nach Abschaffung des Strafvollzugs, insbesondere als Ersatzfreiheitsstrafe, die Entwicklung von alternativen Strafvollzugsmodellen und die ehe- und familienfreundliche Gestaltung des Strafvollzugs bewegen.

Die Absicherung der Geldstrafe durch den Freiheitsentzug der Ersatzfreiheitsstrafe (§ 43 StGB) trifft auf Angehörige sozialrandständiger, persönlich isolierter Gruppen (Neubacher/Bögelein 2021, 120) und gewährt nicht die Hilfen, die diese Personen mit ihren massiven Problemen aufgrund psychischer Beeinträchtigungen, Drogenkonsum aller Art, längere Obdachlosigkeit benötigen würden (Kinzig 2020, 57–58).

Dieser einhellige Befund mit der aus gesellschaftskritischer abolitionistischer Perspektive abgeleiteten Forderung nach ersatzloser Streichung der Ersatzfreiheitsstrafe wird noch weiter gestützt durch die Einbeziehung ihrer Auswirkungen auf Inhaftierte und ihre Angehörigen.

Die Uneinbringlichkeit der Geldstrafe, wie es im Gesetzesdeutsch heißt, kann sich aus dem Armutsrisiko infolge mehrerer Kinder ergeben. Jedenfalls trifft angeordnete Ersatzfreiheitsstrafe mit Freiheitsentzug trotz seiner kürzeren Dauer die Gesamtfamilie mit der Wucht ihrer schädigenden Auswirkungen wie Stigmatisierung, deaktivierende Trennung, und Ausgesetztsein in der Anstaltssubkultur. Um diese Folgen für den/die »Ersatzstrafler/in« und ihre Familien zu vermeiden, ist – solange die Ersatzfreiheitsstrafe als »Rückgrat« der Geldstrafe (Herbert Tröndle) beibehalten wird – ein Antragsverfahren auf Abwendung der Vollstreckung der Ersatzfreiheitsstrafe durch Erbringung von Arbeitsleistungen nach Art. 293 Einführungsgesetz zum Strafgesetzbuch (EStGB) i. V. m. der entsprechenden Landesverordnung einzuleiten.

Alternative Strafvollzugmodelle in freien Formen knüpfen mehr oder weniger an Grundsätzen der Offenheit und der Dezentralität an, die zum einen den Merkmalen *Totaler Institutionen* widersprechen, zum anderen aber über bereits bestehende Straf- und Vollzugsformen hinausgehen. Als solche werden bereits praktiziert: verbesserte telefonische und elektronische Kontaktmöglichkeiten, durch Verlängerung der

Besuchszeiten und die Ermöglichung ungestörten intimen Zusammenseins privilegierte Besuche von Angehörigen, Offener Vollzug und Vollzugslockerungen zum Familienbesuch, die unter strengen Voraussetzungen gerichtlich angeordnete *Elektronische Aufenthaltsüberwachung* (*EAÜ*), umgangssprachlich als *Elektronische Fußfessel* bezeichnet. Diese ist nach Modellprogrammen, insbesondere in Hessen, nun als Weisung bei der Führungsaufsicht (§ 68b I, Nr. 12 StGB), (noch) nicht aber bei der Bewährungsstrafe gesetzlich verankert.

Nachdem Jugendstrafvollzug in freier Form bereits seit 2003 im »Seehaus Leonberg« (Baden-Württemberg) und seit 2011 auch im »Seehaus Störmthal« bei Leipzig (Sachsen) sowie ebenfalls seit 2003 im »Projekt Chance Creglingen-Frauental« (Baden-Württemberg) vollzogen wird, hat sich das Bundesland Sachsen in seinem Koalitionsvertrag 2019–2024 (107–110) auch für freie Formen des Strafvollzugs für Erwachsene geöffnet.

Im Projekt »Pier 36« (Vollzug in freien Formen für erwachsene inhaftierte Männer) des »Vereins für soziale Rechtspflege Dresden e. V.« (VSR Dresden e. V.) (Ludwig/Eisenhardt/Schaarschmidt 2022) ist dies seit August 2021 bereits für vier Inhaftierte in den letzten Monaten vor der Entlassung umgesetzt worden. Beim »SET-Free e. V. – Netzwerk für Gefangene«, *e*benfalls in Dresden, liegt ein Konzept für Strafvollzug in freien Formen für Männer in Sachsen auf der rechtlichen Grundlage von § 15 I SächsStVollzG nach dem brasilianischen »APAC«-Reintegrationsmodell vor (Holzhey/Lang 2022). Diese Projekte gehen von einer starken Familienorientierung aus, nach dem »APAC«-Modell durch vielfältige Kontakt- und Besuchsmöglichkeiten und Langzeitbesuche wie mittels gemeinsamer Unterbringung von Rehabilitierenden mit dem/der Lebenspartner/in und/oder der Familie (ebd., 83).

Nach einem von vier Kriminologen und einer Kriminologin (Cornel/Dünkel/Pruin/Sonnen/Weber, 2018) 2015 vorgelegten Diskussionsentwurf für ein Landesresozialisierungsgesetz ist dies im Saarland und in Hamburg bereits umgesetzt worden, in anderen Bundesländern noch in der Erörterung mit Aufnahme in Koalitionsvereinbarungen, Entwürfen, aber auch kritischen Einwänden ausgesetzt. Es geht hierbei vor allem um Entlassungsvorbereitung und Nachgehende Betreuung (§ 13 Saarländisches Gesetz zur ambulanten Resozialisierung und Opferhilfe (AROG)), um Übergangsmanagement mit individuellem Eingliederungsplan (§ 1 II, 2 I, Nr. 2, 8 Hamburger Resozialisierungs- und Opferhilfegesetz und zur Änderung vollzugsrechtlicher Vorschriften), wobei die familiäre Situation hierin miteinbezogen wird (§ 9 IV, 2. Hamburger Resozialisierungsgesetz).

Inwieweit hierdurch ein neues Resozialisierungsverständnis und ein weiterer Handlungsrahmen jenseits engerer Auffassungen von Straffälligenhilfe realisiert und Dreifachstrukturen neben dem Strafvollzugsgesetz und dem System der Straffälligenhilfe vermieden werden, dürfte über die Sinnhaftigkeit und den Erfolg derartiger Resozialisierungsgesetzgebung entscheiden.

Die »Drittfolgen« des Strafvollzugs auf »mitbestrafte« Angehörige zu minimieren, wurde durch Initiativen des Europarats und der Vereinten Nationen für die Gesetzgebung in Deutschland vorgegeben, wie familiennahe Unterbringung, Verlängerung der Besuchszeiten bis hin zu – auch Sexualkontakte ermöglichenden – Langzeitbesuchen, kindgerechte Ausgestaltung der Besuchs- und Warteräume, spezielle Aus- und Fortbildung der Vollzugsbediensteten für familienfreundliche Vollzugsgestaltung (Dünkel 2021, 550–553).

Die durch die Föderalismusreform 2006 erzeugte Vielfalt und Zersplitterung der den Gleichheitsgrundsatz des Art 3 GG in Frage stellenden Strafvollzugslandschaft zeigt sich gerade auch im Hinblick auf die familienfreundliche Vollzugsgestaltung und dies in normativer, Möglichkeitsräume eröffnender wie empirischer, Möglichkeitsräume nutzender Hinsicht. Ein »Koordinator für Familienorientierung« wie in Sachsen oder eine seit 2016 in Schleswig-Holstein bestehende Landesarbeitsgruppe »Familienorientierung« (ebd., 557) können einen entscheidenden Beitrag dazu leisten, Theorie und Praxis familienfreundlicher Strafvollzugsgestaltung näher aneinander zu rücken.

Soziale Arbeit findet auch im Strafvollzug ein diversifiziertes Betätigungsfeld, orientiert an ihren sich hier stellenden Handlungsanforderungen, »Normalisierungsangebote« zur Verfügung zu stellen, die »Inklusionsfähigkeit der Insassen« (Bommes/Scherr 2012, 244–245) innerhalb und außerhalb der Haft zu fördern und insgesamt Prisionierungsschäden verhindern oder zumindest reduzieren zu helfen. Dabei ist sie geleitet von Haltungs- und Handlungszielen, die

> »… dem risikoorientierten, auf Defizite orientierten Behandlungsansatz das sog. Good-lives-Modell gegenüberstellt, das an positiven Eigenschaften und Stärken des Täters anknüpfen und die Motivation zu einem selbst definierten positiven Leben stärken will« (Dünkel 2021, 546).

Dieses Ziel ist ohne *Familienorientierten Strafvollzug* kaum zu erreichen, der sich auch an die Angehörigen, insbesondere die Kinder richtet, wie dies auch in verschiedenen Projekten, wie »Familienorientierter Vollzug in Sachsen« oder »Projekt aufGefangen« der »Freien Hilfe Berlin e. V.« bereits geschieht.

Zusammenfassung

Fünf Zonen hoher Verletzlichkeit und gefährdeter Praxis – Sexueller Kindesmißbrauch, Drogennotfälle, Zwangsprostitution, Abschiebung und familiäre Beziehungsverluste im Strafvollzug – werden als *Dichte Beschreibungen* im Überschneidungsbereich von Sozialen Problemen, Kriminologie und Strafrecht erarbeitet. Dies geschieht, an der Erfahrungswelt der Betroffenen orientiert, sozialethnologisch-praxeologisch, mikroskopisch wie durch theoretische Einbettung (»theoretical embeddedness«) mit dem Ziel eines hieraus ableitbaren reichhaltigen diversitätsorientierten Handlungspotenzials.

Übungsaufgaben

1. Entwickeln Sie eine *Dichte*, möglichst genaue *Beschreibung* im Sinne der obigen Zusammenfassung unter besonderer Berücksichtigung diversitätsorientierter sozialproblembezogener-kriminologischer Handlungsansätze.

2. Erörtern Sie die Frage, ob *Kriminalität der Mächtigen* (k)ein Thema für Soziale Arbeit ist. Nutzen Sie hierzu das diskursive Modell der Pro- und Contra-Auseinandersetzungen (► Kap. 6.5.1).

Zur Vertiefung

Preis, W. (2009): Perspektiven einer Praxeologie Sozialer Arbeit. In: B. Birgmeier & E. Mührel (Hrsg.), Die Sozialarbeitswissenschaft und ihre Theorie(n). Positionen, Kontroversen, Perspektiven (157–169). Wiesbaden: Springer VS.

Geertz, C. (1987): Dichte Beschreibung. Beiträge zum Verstehen kultureller Systeme. Frankfurt a. M.: Suhrkamp.

Jasch, M. (2014): Kriminalität der Mächtigen. (K)ein Thema für die Soziale Arbeit? In: AK HochschullehrerInnen Kriminologie/Straffälligenhilfe (Hrsg.), Kriminologie und Soziale Arbeit. Ein Lehrbuch (316–329). Weinheim/Basel: Beltz Juventa.

9 Diversitätsebenen – konzeptuelle Kategorien

Das emergentistische Konzept von Diversität verträgt sich schwerlich mit dem reduktionistischen Anliegen des Zusammenfassens von Texten, warum dieses hier abschließend in tabellarischer Form geschieht, auch wenn hierdurch keine essenzielle, sondern nur eine simplifizierende Komplexitätsreduktion vorgenommen wird.

Die an den Kapiteln orientierten Ebenen von Diversität werden noch einmal zu den abschnittsweise und im Analogverfahren entwickelten konzeptuellen Kategorien zueinander in Beziehung gesetzt.

Die Vorstellung, »... dass das Auffinden von Analogien jeden Augenblick unseres Denkens durchdringt, also das Herz des Denkens bildet« (Hofstadter/Sander 2014, 35) und *Kategorisierung als Analogiebildung* verstanden wird, ist gleichsam das analytische Ordnungsprinzip zum messbaren Ausschreiten der Unermesslichkeit auseinanderstrebender Diversität. Dies gilt für die Zusammenfassung der Ergebnisse theoretisch angelegten wissenschaftlichen Arbeitens wie für die Datenanalyse bei empirischer Sozialforschung.

Kategorien, die auch synonym für Begriffe verwendet werden, sind »... das Ergebnis einer langen Reihe spontaner Analogien ...« (ebd., 62), wobei »... Kategorisierung der Elemente in einer konkreten Situation ausschließlich aufgrund von Analogien stattfindet ...« (ebd.).

Auch die komparative Analyse in der Qualitativen Sozialforschung zielt durch *Offenes Kodieren* der erhobenen Daten zunächst auf die Identifizierung von Kategorien (Strauss/Corbin 1996, 43–55), die dann im zweiten Schritt durch *axiales Kodieren* (ebd., 75–93) in Beziehung zueinander gesetzt oder durch *selektives Kodieren* auf Kernkategorien (ebd., 94–117) fokussiert werden.

Sie sind theoriebildend »...; denn für die Generierung von Theorie (in der qualitativen Sozialforschung, W. D.) ... stützen wir uns nicht auf die *Tatsache*, sondern auf die *konzeptuelle Kategorie* oder eine *konzeptionelle Eigenschaft* der Kategorie, die aus ihr gewonnen wurde« (Glaser/Strauss 2010, 33). »Eine Kategorie steht von allein für ein konzeptuelles Theorieelement. Eine Eigenschaft hingegen ist ein konzeptueller Aspekt oder ein Element einer Kategorie.« (ebd., 45)

Die Kategorienbildung in Tab. 5 ist taxonomisch angelegt, auch indem sie hierarchisch, begriffsanalytisch abduktiv (▶ Kap. 6.9), in Hauptkategorien, Kategorien und Subkategorien klassifiziert und damit auch Hauptkategorien als Kernkategorien (»core categories«) selektiv fokussiert. Als Kategorien und Subkategorien, die aufgrund ihres Konkretionsgrades der Analogiebildung gegenstandsnäher zugänglich sind, werden nur besonders diversitätsrelevante aufgeführt.

Tab. 5: Diversitätsebenen – konzeptuelle Kategorien, eigene Darstellung

Ebene 1: Diversität	**Ebene 2: Diversitätsorientierte Soziale Arbeit**	**Ebene 3: Trianguläres Spannungsfeld**	**Ebene 4: Methodisches Handlungspotenzial**	**Ebene 5: Trianguläre Top-Down Themen**	**Ebene 6: Trianguläre Bottom-Up Themen**
Kategorienbereich: Bedeutungskontinuum u. Bedeutungsraum von Diversität – Diversität in Wissenschaftsdisziplinen	Kategorienbereich: Zentrale Parameter der Sozialarbeitswissenschaft im Bedeutungsraum von Diversität	Kategorienbereich: Überschneidungsbereiche von Sozialen Problemen, Kriminologie und Strafrecht	Kategorienbereich: Handlungstheorien – Handlungsansätze – Handlungsmethoden – praxisfeldübergreifend/praxisfeldspezifisch	Kategorienbereich: Armut – Arbeit – Wohnen – Gewalt	Kategorienbereich: Sexueller Kindesmissbrauch – Drogen/Sucht – Zwangsprostitution – Abschiebung – Strafvollzug
Hauptkategorien: Differenz u. Diversität als transversale, alles durchdringende Kategorien	Hauptkategorien: Straffälligenhilfe – sozialproblembezogene-kriminologische Soziale Arbeit – Paradigmaorientierung	Hauptkategorien: objektivistisches und ätiologisches – rekonstruktionistisches und Kontrollparadigma	Hauptkategorien: Handlungsbegriff – Handlungskompetenz als Diversitätskompetenz – präventiv – interventiv	Hauptkategorien: Gerechtigkeit – prekäre Arbeits- u. Wohnverhältnisse – Viktimisierung	Hauptkategorien: Kinderschutz – Drogennotfall – Menschenhandel – Fremder als Anderer – Beziehungsabbruch
Kategorien: Diversifizierung – Entdiversifizierung – empirisch/normativ – subjektiv/intersektional	Kategorien: Integration-Inklusion – Partizipation – Netzwerk – Vernetzung – Menschen- u. Verfassungsrechte	Kategorien: Verstehen – Erklären normorientiert – normativ – normal/normalisieren	Kategorien: Autonomie/Handlungsbefähigung – Zwang – Menschenrechtsarbeit – Punitivierung	Kategorien: ungerechte Verteilung – Arbeitslosigkeit – Wohnungsnotfall – Gewaltopfer	Kategorien: Rechtsschutz – Totale Institutionen – Resozialisierung/familienorientierter Strafvollzug
Subkategorien: Modernisierung – Individualisierung – Pluralisierung – Globalisierung – multi-/interkulturell	Subkategorien: personenzentriert, gruppenbezogen, organisatorisch/institutionell, sozialräumlich, Gemeinwesen	Subkategorien: Nachhaltigkeit – Krise – Konflikt – Kontrolle – Ausgrenzung/Exklusion – Karriere – viktimologisch	Subkategorien: reflexiv – (de)konstruktivistisch – lebensweltlich – doppeltes Mandat – kontrollieren – konfrontativ	Subkategorien: Armutskriminalisierung – flexible/innovative Arbeit – Housing First – Deeskalation	Subkategorien: familiäre/institutionelle Schutzkonzepte – akzeptierende Drogenarbeit – Ausstiegshilfen

Die Heraushebung weiterer bzw. anderer Kategorien aus dem Pool potenzieller Kategorien, das *axionale Kodieren* hinsichtlich der Beziehungen der Kategorien zueinander, etwa der Kategorie *biases* (Vorurteile) zu *prekären Lebenslagen*, und ihrer Eigenschaftsbestimmungen, etwa *undeserving poor* für arme Menschen und *bogey refugees* für Flüchtlinge, bleiben dem »Herzen des Denkens« vorbehalten.

10 Bilanzierungen, Folgerungen, Herausforderungen

Auf die jeweiligen mehrebenenanalytischen wie multikategorialen Zusammenhänge richten sich Bilanzierungen, Folgerungen und Herausforderungen, die auch hier nur abschließend skizziert werden können.

Bilanzierungen haben zunächst im Hinblick auf die hypothetischen Suchbewegungen zur Straffälligenhilfe zu geschehen. Damit Straffälligenhilfe nicht bloß ein *Beipackzettel* zum Strafrecht, ein Annex zur strafrechtsgeprägten Kriminologie ist bzw. bleibt, hat sie sich bereichsspezifisch wie kategorial zur diversitätsorientierten sozialproblembezogenen-kriminologischen Sozialen Arbeit hin zu öffnen. Straffälligenhilfe ist mit ihren verschiedenen Arbeitsfeldern bereits diversifiziert angelegt. Um auch diversitätsorientiert(er) in ihrer Aufgabenerfüllung zu sein, hat sie eine starke Stellung im triangulären Spannungsfeld von Sozialen Problemen, Kriminologie und Strafrecht einzunehmen. Wenn und wann *Sich Unterscheiden*, wenn und wann Differenzen in den alltäglichen, professionellen, institutionellen und politischen Herstellungsprozessen zu Sozialen Problemen, Normalität, Abweichung und Kriminalität werden, steht im herausfordernden Vordergrund, anstatt sich an vorgegebenen, *reifizierenden*, d. h. verdinglichenden *Vorfestlegungen* bzw. *Feststellungen* auszurichten und abzuarbeiten.

Soziale Probleme, Kriminologie und Strafrecht sind in ihren jeweiligen Ursachen und Gründen, Voraussetzungen und Zusammenhängen wie Referenzen aufs Engste miteinander verbunden. Sie auseinanderzureißen, widerspricht diesem engen Zusammenhang, der Entwicklung von diversitärem Handlungspotenzial, auch wenn dies aus Kompetenz- wie Kapazitäts- und Ressourcengründen nachvollziehbar ist. Die Aufgabe dieses Anliegens kann hier dennoch nicht die *Schlussfolgerung* sein, sondern weiterhin das Verfolgen dieser wichtigen Aufgabe.

Wissenschaft, Praxis und Lehre haben bei diversitätsorientierter sozialproblembezogener-kriminologischer Sozialer Arbeit zusammenzuwirken. Aus Praxisproblemen entwickelte und in der Hochschullehre unterstützte studentische Praxisprojekte wie Forschungsprojekte zu *Dichten Beschreibungen* von herausfordernden Handlungsanforderungen in Zonen hoher Verletzlichkeit und gefährdeter Praxis seien hierfür nicht nur stellvertretend, sondern auch prioritär genannt.

Zusammenfassend folgernd kann als Quintessenz festgehalten werden, dass es nicht um die Profilschärfung Sozialer Arbeit mit Straffälligen, also von Straffälligenhilfe, geht bzw. gehen kann, sondern um ein *ganz anderes* (»aliter«) diversitätsorientiertes sozialproblembezogenes-kriminologisches Handlungsprofil. Strafrecht als einer der drei Spannungspole im triangulären Spannungsfeld hat notwendigerweise weiterhin ein Handlungsrahmen für die von Straffälligenhilfe zu erledigenden Aufgaben zu bleiben, allerdings herausgefordert, relativiert und ausgefüllt durch ihre Analogien und Antagonismen im Dreieck der Gegenkräfte von Sozialen Problemen und Kriminologie. Diese sind durch Diversitäten aller Art geformt, anschlussfähig und anschlussbedürftig an die allumgreifenden Auseinandersetzungen um Diversität, einschließlich der Einbeziehung der *Fragilität von Diversität.*

Orientierung auf Diversität würde ihrem eigenen, sich wandelnden Vielfalts- und Divergenzverständnis nicht gerecht, würde sie nur auf Soziale Arbeit ausgerichtet, obgleich deren eigene diversitäre Weite schon immens ist.

Ihre Handlungstheorien, Handlungsansätze und Handlungsmethoden sind spezifisch für das Handlungsfeld von Sozialen Problemen, Kriminologie und Strafrecht zu entwickeln und gleichzeitig rückzubinden an die ihnen zugrundeliegenden wie vor(an)gehenden praxisfeldübergreifenden Handlungsmaxime. Damit wird ein weiteres Spannungsfeld eröffnet.

Das deduktive Fünf-Schritte-Modell mit den Entwicklungsstufen Erfassen der Erfahrungen, empirisches Erforschen, analytisches Durchdringen, normatives Kontextualisieren und Reaktionsfolgerungen unterscheidet sich grundsätzlich vom induktiven Vorgehen anhand von Dichten Beschreibungen. Beide konvergieren in der Ausrichtung auf und in der Gewinnung von diversitätsorientiertem Handlungspotenzial.

Diese Herausforderungen schaffen Ungewissheiten und Unsicherheiten, denen durch dialogisch-diskursive und lehrdidaktische wie hochschulcurriculare Zugänge zu begegnen ist.

Abbildungs-/Tabellenverzeichnis

Literaturverzeichnis

Adorno, T. W. (1997): Negative Dialektik. Jargon der Eigentlichkeit. Gesammelte Schriften, Band 6., hrsg. v. R. Tiedemann. Frankfurt a. M.: Suhrkamp.

Albrecht, G. & Brusten, M. (Hrsg.) (1982): Soziale Probleme und Soziale Kontrolle. Opladen: Westdeutscher Verlag.

Albrecht, G. (1990): Theorie sozialer Probleme im Widerstreit zwischen »objektivistischen« und »rekonstruktivistischen« Ansätzen. Soziale Probleme 1 (1), 5–20.

Albrecht, G. & Groenemeyer, A. (Hrsg.) (2012 a): Handbuch soziale Probleme, Band 1 (2., überarbeitete Auflage). Wiesbaden: Springer.

Albrecht, G. & Groenemeyer, A. (Hrsg.) (2012 b): Handbuch soziale Probleme, Band 2 (2., überarbeitete Auflage). Wiesbaden: Springer.

Albrecht, G. (2012): Probleme der Erforschung sozialer Probleme. In: G. Albrecht & A. Groenemeyer (Hrsg.), Handbuch Soziale Probleme, Band 2 (1385–1520). Wiesbaden: Springer.

Albrecht, S. (2010): Netzwerke und Kommunikation. Zum Verhältnis zweier sozialwissenschaftlicher Paradigmen. In: C. Stegbauer (Hrsg.), Netzwerkanalyse und Netzwerktheorie (2. überarbeitete Auflage) (165–178). Wiesbaden: Springer VS.

Aldred, J. (2020): Der korrumpierte Mensch. Die ethischen Folgen wirtschaftlichen Denkens. Stuttgart: Klett-Cotta.

Amann, A. (2000): Sozialpolitik und Lebenslagen älterer Menschen. In: G. M. Backes & W. Clemens (Hrsg.), Lebenslagen im Alter (53–74). Opladen: Leske + Budrich.

Ammann, A. & Ummenhofer, W. (2010): Allgemeine Aspekte des Drogennotfalls. In: M. Soyka (Hrsg.), Drogennotfälle. Diagnostik, klinisches Erscheinungsbild, Therapie (6–50). Stuttgart: Schattauer.

Anhorn, R. & Bettinger, F. (Hrsg.) (2002): Kritische Kriminologie und Soziale Arbeit. Impulse für professionelles Selbstverständnis und kritisch-reflexive Handlungskompetenz. Weinheim/München: Juventa.

Anhorn, R., Bettinger, F. & Stehr, J. (Hrsg.) (2008): Sozialer Ausschluss und Soziale Arbeit. Positionsbestimmungen einer kritischen Theorie und Praxis Sozialer Arbeit (2., überarbeitete und erweiterte Auflage). Wiesbaden: Springer VS.

Anhorn, R. (2008): Zur Einleitung: Warum sozialer Ausschluss für Theorie und Praxis Sozialer Arbeit zum Thema werden muss. In: R. Anhorn, F. Bettinger & J. Stehr (Hrsg.), Sozialer Ausschluss und Soziale Arbeit. Positionsbestimmungen einer kritischen Theorie und Praxis Sozialer Arbeit (2., überarbeitete und erweiterte Auflage) (3–48). Wiesbaden: Springer VS.

Apel, K. O. (1998): Auseinandersetzungen in Erprobung des transzendentalpragmatischen Ansatzes. Frankfurt a. M.: Suhrkamp.

Aschenbrenner-Wellmann, B. & Geldner, L. (2021): Diversität in der Sozialen Arbeit. Theorien, Konzepte, Praxismodelle. Stuttgart: Kohlhammer.

Ayaß, W. (2013): »Vagabunden, Wanderer, Obdachlose und Nichtsesshafte«: eine kleine Begriffsgeschichte der Hilfe für Wohnungslose. Archiv für Wissenschaft und Praxis der sozialen Arbeit 44 (1), 90–102.

Baier, D., Pfeiffer, C., Simonson, J. & Rabold, S. (2008): Jugendliche in Deutschland als Opfer und Täter von Gewalt. Erkenntnisse einer deutschlandweiten Repräsentativbefragung. Zeitschrift für Jugendkriminalrecht und Jugendhilfe 19 (3),112–119.

Barton, S. & Kölbel, R. (Hrsg.) (2012): Ambivalenzen der Opferzuwendung des Strafrechts. Zwischenbilanz nach einem Vierteljahrhundert opferorientierter Strafrechtspolitik in Deutschland. Baden-Baden: Nomos.
Barz, H. (2000): Lukrative Mythen: Pädagogen als Dramatisierungsgewinner? In: H. Barz (Hrsg.), Pädagogische Dramatisierungsgewinne. Jugendgewalt. Analphabetismus. Sektengefahr (5–21). Frankfurt a. M.: Johann Wolfgang Goethe-Universität.
Bauer, W., Coen, A., Henk, M., Lobenstein, C., Middelhoff, P., Müller, D., Stark, H., Stuff, B., Sussebach, H. & Zimmermann, F. (2018): Seehofers 69. Am 69. Geburtstag des Innenministers Horst Seehofer wurden 69 Flüchtlinge nach Afghanistan abgeschoben. Wer waren diese Menschen? Und was ist aus ihnen geworden? Die Zeit, N° 38, 13. September 2018, 15–18.
Bauman, Z. (1999): Unbehagen in der Postmoderne. Hamburg: Hamburger Edition.
Bauman, Z. (2005): Moderne und Ambivalenz. Das Ende der Eindeutigkeit. Hamburg: Hamburger Edition.
Beaney, M. (2017): Analytic Philosophy. A Very Short Introduction. Oxford: Univ. Press.
Beck, U. (2022): Was ist Globalisierung? Irrtümer des Globalismus – Antworten auf Globalisierung (4. Auflage). Berlin: Suhrkamp.
Beck, U. & Beck-Gernsheim, E. (Hrsg.) (2020): Riskante Freiheiten (10. Auflage). Berlin: Suhrkamp.
Beck, U. & Bonß, W. (1989): Verwissenschaftlichung ohne Aufklärung? In: U. Beck & W. Bonß (Hrsg.), Weder Sozialtechnologie noch Aufklärung? (7–45). Frankfurt a. M.: Suhrkamp.
Becker, H. S. (1973): Außenseiter. Zur Soziologie abweichenden Verhaltens. Frankfurt a. M.: Fischer.
Berger, A. (2017): Vielfalt und Verwaltung. Diversität als neue Rechtskategorie im Öffentlichen Recht. Verwaltungsarchiv, Band 108 (1), 71–89.
Bernstein, J. & Inowlocki, L. (2015): Soziale Ungleichheit, Stereotype, Vorurteile, Diskriminierung. In: B. Bretländer, M. Köttig & T. Kunz (Hrsg.), Vielfalt und Differenz in der Sozialen Arbeit. Perspektiven auf Inklusion (15–26). Stuttgart: Kohlhammer.
Bewährungshilfe. Soziales – Strafrecht – Kriminalpolitik (2005): Der Bolognaprozess und die Straffälligenhilfe, 52 (4).
Bieri, P. (2013): Eine Art zu leben. Über die Vielfalt menschlicher Würde. München: Hanser.
Birgmeier, B. (2014): Handlungswissenschaft Soziale Arbeit. Eine Begriffsanalyse. Wiesbaden: Springer VS.
Bock, M. (2007): Kriminologie für Studium und Praxis. München: Vahlen.
Böhnisch, L. (2016): Lebensbewältigung. Ein Konzept für die Soziale Arbeit. Weinheim/Basel: Beltz Juventa.
Böhnisch, L. (2017): Abweichendes Verhalten. Eine pädagogisch-soziologische Einführung (5., überarbeitete Auflage). Weinheim/Basel: Beltz Juventa.
Böhnisch, L. (2020): Sozialpädagogik der Nachhaltigkeit. Eine Einführung. Weinheim/Basel: Beltz Juventa.
Böhnisch, L. & Lösch, H. (1998): Das Handlungsverständnis des Sozialarbeiters und seine institutionelle Determination. In: W. Thole, M. Galuske & H. Gängler (Hrsg.), KlassikerInnen der Sozialen Arbeit. Sozialpädagogische Texte aus zwei Jahrhunderten – ein Lesebuch (367–379). Neuwied: Luchterhand.
Böhnisch, L. & Schröer, W. (2012): Sozialpolitik und Soziale Arbeit. Weinheim/Basel: Beltz Juventa.
Böllinger, L. & Stöver, H. (Hrsg.) (2002): Drogenpraxis, Drogenrecht, Drogenpolitik. Handbuch für Drogenbenutzer, Eltern, Drogenberater, Ärzte und Juristen (5., vollständig überarbeitete Auflage). Frankfurt a. M.: Fachhochschulverlag.
Bogner, A. (2021): Die Epistemisierung des Politischen. Wie die Macht des Wissens die Demokratie gefährdet. Stuttgart: Reclam.
Bohle, H. H. (2012): Angewandte Sozialforschung und soziale Indikatoren. In: G. Albrecht & A. Groenemeyer (Hrsg.), Handbuch Soziale Probleme, Band 2 (2., überarbeitete Auflage) (1349–1520). Wiesbaden: Springer VS.
Bommes, M. & Scherr, A. (1996): Soziale Arbeit als Exklusionsvermeidung, Inklusionsvermittlung und Exklusionsverwaltung. neue praxis 26 (2),107–122.

Bommes, M. & Scherr, A. (2012): Soziologie der Sozialen Arbeit. Eine Einführung in Formen und Funktionen organisierter Hilfe (2.überarbeitete Auflage). Weinheim/Basel: Beltz Juventa.
Bourdieu, P. (1979): Entwurf einer Theorie der Praxis. Frankfurt a. M.: Suhrkamp.
Bourdieu, P. (1994): Die feinen Unterschiede. Kritik der gesellschaftlichen Urteilskraft (7. Auflage). Frankfurt a. M.: Suhrkamp.
Breithaupt, F. (2009): Kulturen der Empathie. Frankfurt a. M.: Suhrkamp.
Bretländer, B., Köttig, M. & Kunz, T. (Hrsg.) (2015): Vielfalt und Differenz in der Sozialen Arbeit. Perspektiven auf Inklusion. Stuttgart: Kohlhammer.
Brühl, A. (2005): Grundlagen des gesamten Strafrechts. In: A. Brühl, W. Deichsel & G. Nothacker, Strafrecht und Soziale Praxis (1–14). Stuttgart: Kohlhammer.
Brühl, A., Deichsel, W. & Nothacker, G. (2005): Strafrecht und Soziale Praxis. Stuttgart: Kohlhammer.
Bühl, W. L. (1972): Einleitung: Die alte und die neue Verstehende Soziologie. In: W. L. Bühl (Hrsg.), Verstehende Soziologie. Grundzüge und Entwicklungstendenzen (7–76). München: Nymphenburger.
Bühl, W. L. (1976): Theorien Sozialer Konflikte. Darmstadt: Wissenschaftliche Buchgesellschaft.
Buford, B. (1992): Geil auf Gewalt. Unter Hooligans. München/Wien: Carl Hanser.
Bukowski, A. & Nickolai, W. (2018): Soziale Arbeit in der Straffälligenhilfe. Stuttgart: Kohlhammer.
Bundesministerium für Arbeit und Soziales (Hrsg.) (2017, 2021): Lebenslagen in Deutschland. Der Fünfte Armuts- und Reichtumsbericht, der Sechste Armuts- und Reichtumsbericht der Bundesregierung, Kurzfassungen. Bonn. Online verfügbar unter: https://www.armuts-und-reichtumsbericht.de/DE/Bericht/Archiv/Der-fuenfte-Bericht/Der-Bericht/der-bericht.html, Zugriff am 07.05.2023. Online verfügbar unter: https://www.armuts-und-reichtumsbericht.de/DE/Bericht/Der-sechste-Bericht/Der-Bericht/der-bericht.html, Zugriff am 07.05.2023.
Bundesministerium für Inneres, Bau und Heimat (BMI) & Bundesministerium für Justiz und Verbraucherschutz (BMJV) (2021): Dritter Periodischer Sicherheitsbericht, Kurzfassung, vom 05.11.2021. Berlin. Online verfügbar unter: http://bmi.bund.de/SharedDocs/pressemitteilungen/DE/2021/11/periodischer-sicherheitsbericht.html, Zugriff am 03.02.2022.
Burghardt, D. (2018): Vulnerabilität. In: G. Gödde & J. Zirfas (Hrsg.), Kritische Lebenskunst. Analysen – Orientierungen – Strategien (105–110). Heidelberg: Metzler.
Busch-Geertsema, V. (2013): Housing First Europe. Ein europäisches Pilotprojekt zur Behebung von Wohnungslosigkeit bei Personen in komplexen Problemlagen. Nachrichtendienst des Deutschen Vereins, 93 (11), 503–509.
Butterwegge, C. (2020): Die zerrissene Republik. Wirtschaftliche, soziale und politische Ungleichheit in Deutschland. Weinheim/Basel: Beltz Juventa.
Castel, R. & Dörre, K. (Hrsg.) (2009): Prekarität, Abstieg, Ausgrenzung. Die soziale Frage am Beginn des 21. Jahrhunderts. Frankfurt a. M./New York: Campus.
Chasse, K. A. & von Wensierski, H. J. (Hrsg.) (2008): Praxisfelder der Sozialen Arbeit. Eine Einführung (4. aktualisierte und erweiterte Auflage). Weinheim: Juventa.
Clark, A. L. & Gibbs, J. P. (1982): Soziale Kontrolle: Eine Neuformulierung. In: K. Lüderssen & F. Sack (Hrsg.), Seminar: Abweichendes Verhalten I. Die selektiven Normen der Gesellschaft (2. Auflage) (153–185). Frankfurt a. M.: Suhrkamp.
Clearingstelle Jugendhilfe/Polizei (Hrsg.) (2010): Durchsichten. Gesammelte und aktualisierte Infoblätter von 1998–2009. Berlin: Stiftung Sozialpädagogisches Institut.
Conen, M.-L. & Cecchin, G. (2022): Wie kann ich Ihnen helfen, mich wieder loszuwerden? Therapie und Beratung mit unmotivierten Klienten und in Zwangskontexten (8. Auflage). Heidelberg: Carl Auer.
Cornel, H. (2018 a): Zum Begriff der Resozialisierung. In: H. Cornel, G. Kawamura-Reindl & B.-R. Sonnen (Hrsg.), Resozialisierung. Handbuch (4., vollständig überarbeitete und aktualisierte Auflage) (31–62). Baden-Baden: Nomos.
Cornel, H. (2018 b): Rechtsgebiete der Resozialisierung. In: H. Cornel, G. Kawamura-Reindl & B.-R. Sonnen (Hrsg.), Resozialisierung. Handbuch (4., vollständig überarbeitete und aktualisierte Auflage) (63–74). Baden-Baden: Nomos.

Cornel, H., Dünkel, F., Pruin, I., Sonnen, B.-R. & Weber, J. (2018): Kriminalpolitik für ein Resozialisierungsgesetz. In: H. Cornel, G. Kawamura-Reindl & B.-R. Sonnen (Hrsg.), Resozialisierung. Handbuch (4., vollständig überarbeitete und aktualisierte Auflage) (613–620). Baden-Baden: Nomos.

Cornel, H. & Trenczek, T. (2019): Strafrecht und Soziale Arbeit. Lehrbuch. Baden-Baden: Nomos.

Cremer-Schäfer, H. (2002): Formen sozialer Ausschließung. Über den Zusammenhang von »Armut« und »Kriminalisierung«. In: R. Anhorn & F. Bettinger (Hrsg.), Kritische Kriminologie und Soziale Arbeit. Impulse für professionelles Selbstverständnis und kritisch-reflexive Handlungskompetenz (125–146). Weinheim/München: Juventa.

Czollek, L. C., Perko, G. & Weinbach, H. (2012): Praxishandbuch Social Justice und Diversity. Theorien, Training, Methoden, Übungen. Weinheim/Basel: Beltz Juventa.

Dangelmaier, T. (2021): »Den richtigen Riecher haben« – Die Bedeutung von Narrativen im Kontext proaktiver Polizeiarbeit. Kriminologie – Das Online-Journal, 1 (4), 359–382.

Davidson, M. N. (2011): The end of diversity as we know it. Oakland: Berrett-Koehler Publishers.

Dawid, E., Elz, J. & Haller, B. (Hrsg.) (2010): Länderspezifische Forschungsergebnisse. Kooperation von öffentlicher Jugendhilfe und Strafjustiz bei Sexualdelikten gegen Kinder. Entwicklung eines Modellkonzepts zur Umsetzung der Kinderrechte in Strafverfahren (37–303). Kriminologie und Praxis (KUP), Schriftenreihe der Kriminologischen Zentralstelle e. V. (KrimZ), Band 60. Wiesbaden: Kriminologische Zentralstelle.

Dawid, E. & Haller, B. (2010): Basismodell interdisziplinärer Zusammenarbeit in Fällen von (sexueller) Gewalt gegen Kinder. In: E. Dawid, J. Elz & B. Haller (Hrsg.), Kooperation von öffentlicher Jugendhilfe und Strafjustiz bei Sexualdelikten gegen Kinder. Entwicklung eines Modellkonzepts zur Umsetzung der Kinderrechte in Strafverfahren (317–336). Kriminologie und Praxis (KUP), Schriftenreihe der Kriminologischen Zentralstelle e. V. (KrimZ), Band 60. Wiesbaden: Kriminologische Zentralstelle.

Deichsel, W. (1991): Lenkt Jugendliche ab vom Kriminaljustizsystem, aber lenkt die Aufmerksamkeit nicht ab von den hiermit verbundenen Implikationen, Risiken und Gefahren! Überlegungen anlässlich des Hamburger Diversionsmodells. Monatsschrift für Kriminologie und Strafrechtsreform, 74 (4), 224–235.

Deichsel, W. (1993 a): Kriminologische Ausbildung. In: G. Kaiser, H.-J. Kerner, F. Sack & H. Schellhoss (Hrsg.) Kleines Kriminologisches Wörterbuch (3., völlig neubearbeitete und erweiterte Auflage) (316–324). Heidelberg: C. F. Müller.

Deichsel, W. (1993 b): Nichtintendierte, nicht so intendierte, nicht so unintendierte Folgen von Diversion. Diversion als Botschaft, dass Strafe sein muss. In: H. Peters (Hrsg.), Muss Strafe sein? Zur Analyse und Kritik strafrechtlicher Praxis (171–183). Opladen: Westdeutscher Verlag.

Deichsel, W. (1997): Strafverteidigung als »case lawyering« und »cause lawyering«: Konstruktion und Dekonstruktion von Strafrecht? Schritte auf dem Wege zu einem (de)konstruktivistischen Verständnis von Strafverteidigung. In: D. Frehsee, G. Löschper & G. Smaus (Hrsg.), Konstruktion der Wirklichkeit durch Kriminalität und Strafe (283–301). Baden-Baden: Nomos.

Deichsel, W. (2002): Sozialarbeiter als Sozialverteidiger im Jugendstrafverfahren? Das vergessene Prozessorgan bzw. die nicht ausgeschöpfte Sozialanwaltschaft gem. § 69 JGG. In: M. K.-H. Lehmann (Hrsg.), Recht sozial. Rechtsfragen der Sozialen Arbeit (2., erweiterte Auflage) (56–88). Hannover: Blumhardt.

Deichsel, W. (2004 a): Was Jugendrichter/innen beim Richten ausrichten und anrichten! Eine kritische Auseinandersetzung mit dem Begriff der »Schädlichen Neigungen«. Zeitschrift für Jugendkriminalrecht und Jugendhilfe, 15 (4), 266–274.

Deichsel, W. (2004 b): Das Soziale in der anwaltlichen Tätigkeit. neue praxis, 34 (2), 170–186.

Deichsel, W. (2005): Curriculum »Kriminologie und Straffälligenhilfe« als Modul eines Bachelor-Studiengangs. Bewährungshilfe. Soziales – Strafrecht – Kriminalpolitik, 52 (4), 328–345.

Deichsel, W. (2009): Innovative didaktische Praxis in der Rechtslehre. neue praxis, 39 (2), 164–177.

Deichsel, W. (2014): Sozialadvokatorische Kriminologie – Sozialanwaltskriminologie für soziale Berufe. In: AK HochschullehrerInnen Kriminologie/Straffälligenhilfe in der Sozialen Arbeit (Hrsg.), Kriminologie und Soziale Arbeit. Ein Lehrbuch (160–175). Weinheim/Basel: Beltz Juventa.

Deichsel, W. (2015): Rechtsfeldwerkstatt als social-legal Community Service Learning. neue praxis, 45 (2), 178–197.

Deichsel, W. (2022): Diversitätsorientierte Rechtsanwendungskompetenz Sozialer Arbeit. Exemplarisch im triangulären Spannungsfeld von Sozialen Problemen, Kriminologie und Strafrecht – eine rechtsmethodische Skizze. In: A. v. Boetticher, U. Kötter und I. Palsherm (Hrsg.), Soziale Arbeit und Recht – Vermittlung zwischen den Welten? Feschrift des BAGHR e. V. zu Ehren von Renate Oxenknecht-Witzsch (180–190). Frankfurt a. M.: Fachhochschulverlag.

Dettling, D. & Gerometta, J. (Hrsg.) (2007): Vorteil Vielfalt. Herausforderungen und Perspektiven einer offenen Gesellschaft. Wiesbaden: Springer VS.

Dewe, B. & H.-U. Otto (1996): Zugänge zur Sozialpädagogik. Reflexive Wissenschaftstheorie und kognitive Identität. Weinheim/München: Juventa.

Diercke-Westermann (2022): Pro und Kontra. Einführung. Online verfügbar unter: https://diercke.westermann.de/pro_und_kontra_einfuehrung, Zugriff am 25.01.2022.

Die Zeit, Nr. 6, 30. Januar 2020 (S. 10): Freier oder unfreier? Deutschland ist zum Bordell Europas geworden, sagt die SPD-Politikerin Leni Breymaier. Sie will künftig jeden Sexkäufer bestrafen. Das wäre für die Frauen keine Hilfe, entgegnet die Prostituierte Kristina Marlen. Es wäre verheerend.

Disselkamp-Niewiarra, S. (2000): Rekonstruktion subjektiver Gewaltheorien von Jugendlichen. In: K. Kraimer (Hrsg.), Die Fallrekonstruktion. Sinnversehen in der sozialwissenschaftlichen Forschung (495–512). Frankfurt a. M.: Suhrkamp.

Dollinger, B. (2008): Reflexive Sozialpädagogik. Struktur und Wandel sozialpädagogischen Wissens. Wiesbaden: Springer VS.

Domann, S. (2017): Gewalt. In: M. Wolff, W. Schröer, J. M. Fegert (Hrsg.), Schutzkonzepte in Theorie und Praxis. Ein beteiligungsorientiertes Werkbuch (138–150). Weinheim/Basel: Beltz Juventa.

Dören, M. (2007): Gender, Diversity und Intersektionalität als Herausforderung für die Medizin. In: G. Krell, B. Riedmüller, B. Sieben & D. Vinz (Hrsg.), Diversity Studies. Grundlagen und disziplinäre Ansätze (109–122). Frankfurt a. M./New York: Campus.

Dreas, S. A. (2019): Diversity Management in Organisationen der Sozialwirtschaft. Eine Einführung. Wiesbaden: Springer VS.

Duden (2020): Das Herkunftswörterbuch. Eine Etymologie der deutschen Sprache. Band 7 (6. Auflage). Mannheim/Wien/Zürich: Dudenverlag.

Dünkel, F. (2021): Ehe- und familienfreundliche Gestaltung des Strafvollzugs. Rechtliche und rechtstatsächliche Entwicklungen in Deutschland. In: A. Ruch & T. Singelnstein (Hrsg.), Auf neuen Wegen. Kriminologie, Kriminalpolitik und Polizeiwissenschaft aus interdisziplinärer Perspektive. Festschrift für Thomas Feltes zum 70. Geburtstag (545–559). Berlin: Duncker & Humblot.

Durkheim, E. (1974): Kriminalität als normales Phänomen. In: F. Sack & R. König (Hrsg.), Kriminalsoziologie (2. Auflage) (3–8). Frankfurt a. M.: Akademische Verlagsgesellschaft.

Eberhard, K. (1999): Einführung in die Erkenntnis- und Wissenschaftstheorie. Geschichte und Praxis der konkurrierenden Erkenntniswege (2. überarbeitete und erweiterte Auflage). Stuttgart: Kohlhammer.

Eberlei, W., Neuhoff, K. & Riekenbrauk, K. (2018): Menschenrechte – Kompass für die Soziale Arbeit. Stuttgart: Kohlhammer.

Effinger, H. (2021): Soziale Arbeit im Ungewissen. Mit Selbstkompetenz aus Eindeutigkeitsfallen. Professionell erkennen, verantwortlich entscheiden und handeln. Weinheim/Basel: Beltz Juventa.

Ehret, R. (2011): Diversity – Modebegriff oder eine Chance für den strukturellen Wandel? In: E. v. Keuk, C. Ghaderi, L. Joksimovic & D. M. David (Hrsg.), Diversity. Transkulturelle Kompetenz in klinischen und sozialen Arbeitsfeldern (43–53). Stuttgart: Kohlhammer.

Eibl-Eibesfeldt, I. (1990): Zur Problematik der multiethnischen Immigrationsgesellschaft: Anmerkungen zu Christoph Antweilers Kommentar. Zeitschrift für Ethnologie, Band 115, 261–267.
Eikelmann, B., Reker, T. & Zacharias, B. (2002): Wohnungslose psychisch Kranke – Zahlen und Fakten. In: K. Nouvertne, T. Wessel & C. Zechert (Hrsg.), Obdachlos und psychisch krank (42–56). Bonn: Psychiatrie Verlag.
Eilenberger, W. (2018): Zeit der Zauberer. Das große Jahrzehnt der Philosophie 1919–1929 (8. Auflage). Stuttgart: Klett-Cotta.
Eisenlohr, K. & Reich, W. (2004): Der Stuttgarter Kinderschutzbogen. Ein Diagnoseinstrument. In: M. Heiner (Hrsg.), Diagnostik und Diagnose in der Sozialen Arbeit. Ein Handbuch (285–289). Berlin: Verlag Soziale Theorie.
Eßer, B. (2011): Wenn es brennt... – Unterstützung von Flüchtlingen bei Abschiebeandrohungen. In: E. van Keuk, C. Ghaderi, L. Joksimovic & D. M. David (Hrsg.), Diversity. Transkulturelle Kompetenz in klinischen und sozialen Arbeitsfeldern (297–302). Stuttgart: Kohlhammer.
Feest, J., Lesting, W. & Lindemann, M. (2022): Strafvollzugsgesetze. Kommentar (8. Auflage). München: Luchterhand.
Fegert, J. M., Ziegenhain, U. & Fangerau, H. (2010): Problematische Kinderschutzverläufe. Mediale Skandalisierung, fachliche Fehleranalyse und Strategien zur Verbesserung des Kinderschutzes. Weinheim/München: Juventa.
Fegert, J. M., Rassenhofer, M., Schneider, T., Seitz, A. & Spröber, N. (2013): Sexueller Kindesmissbrauch – Zeugnisse, Botschaften, Konsequenzen. Ergebnisse der Begleitforschung für die Anlaufstelle der Unabhängigen Beauftragten der Bundesregierung zur Aufarbeitung des sexuellen Missbrauchs, Frau Dr. Christine Bergmann. Weinheim/Basel: Beltz Juventa.
Fegter, S., Geipel, K. & Horstbrink, J. (2010): Dekonstruktion als Haltung in sozialpädagogischen Handlungszusammenhängen. In: F. Kessl & M. Plößer (Hrsg.), Differenzierung, Normalisierung, Andersheit. Soziale Arbeit als Arbeit mit den Anderen (233–248). Wiesbaden: Springer VS.
Feltes, T. & Fischer, T. A. (2014): Gegenstand und Methoden kriminologischer Forschung. In: AK HochschullehrerInnen Kriminologie/Straffälligenhilfe in der Sozialen Arbeit (Hrsg.), Kriminologie und Soziale Arbeit. Ein Lehrbuch (160–175). Weinheim/Basel: Beltz Juventa.
Fischer, J. (2010): Die Objektivierung sozialer Probleme durch Indikatoren? Ein Steuerungsansatz Sozialer Arbeit zwischen Fachlichkeit und Politik. neue Praxis 40 (3), 308–319.
Foucault, M (1969): Archäologie des Wissens. Frankfurt a. M.: Suhrkamp.
Foucault, M. (1976): Überwachen und Strafen. Die Geburt des Gefängnisses. Frankfurt a. M.: Suhrkamp.
Foucault, M. (1992): Was ist Kritik? Berlin: Merve Verlag.
Fraser, N. (2014): Das Aufkommen des Diversitätsbegriffs im Zusammenhang mit sozialen Bewegungen. In: M. Salzbrunn (Hrsg.), Vielfalt/Diversität (28–35). Bielefeld: transkript.
Frehsee, D. (2010): Korrumpierung der Jugendarbeit durch Kriminalprävention? In: B. Dollinger & H. Schmidt-Semisch (Hrsg.), Handbuch Jugendkriminalität. Kriminologie und Sozialpädagogik im Dialog (351–364). Wiesbaden: Springer VS.
Frey, H.-P. & Haußer, K. (1987): Entwicklungslinien sozialwissenschaftlicher Identitätsforschung. In: H.-P. Frey & K. Haußer (Hrsg.), Identität (3–26). Stuttgart: Enke.
Friedman, M. (2020): Kapitalismus und Freiheit (12. Auflage). München/Berlin/Zürich: Piper.
Friedrich Ebert Stiftung (Hrsg.) (2006): Prekäre Arbeit. Ursachen, Ausmaß, soziale Folgen und subjektive Verarbeitungsformen ungesicherter Beschäftigungsverhältnisse. Bonn: Abteilung Arbeit und Sozialpolitik.
Friedrichs, J. (Hrsg.) (1973): Teilnehmende Beobachtung abweichenden Verhaltens. Stuttgart: Enke.
Fuchs, M. (2007): Diversity und Differenz – Konzeptionelle Überlegungen. In: G. Krell, B. Riedmüller, B. Sieben & D. Vinz (Hrsg.), Diversity Studies. Grundlagen und disziplinäre Ansätze (17–34). Frankfurt a. M.: Campus.
Fuller, R. C. & Myers, R. R. (1989): The Stages of a Social Problem. In: E. Rubington & M. S. Weinberg (Eds.), The Study of Social Problems. Six perspectives (fourth edition) (101–111). Oxford: Univ. Press.

Gahleitner, S. B., Heiler, R., Gerlich, K., Schneider, M. & Hinterwallner, H. (2021): Betroffene von Menschenhandel – Einblicke in die Situation anhand ausgewählter Fallbeispiele. In: Y. Völschow & S. B. Gahleitner (Hrsg.), Menschenhandel und Zwangsprostitution. Interdisziplinäre Perspektiven auf Prävention und Intervention (122–131). Weinheim/Basel: Beltz Juventa.

Galtung, J. (1975): Gewalt, Frieden und Friedensforschung. In: J. Galtung, Strukturelle Gewalt. Beiträge zur Friedens- und Konfliktforschung (1–12). Reinbek: Rowohlt.

Galuske, M. (2013): Methoden der Sozialen Arbeit. Eine Einführung (10. Auflage). Weinheim/Basel: Beltz Juventa.

Gastiger, S. (2002): Aristoteles und die Soziale Arbeit. In: M. K.-H. Lehmann (Hrsg.), Recht sozial. Rechtsfragen der Sozialen Arbeit (2., erweiterte Auflage) (131–144). Hannover: Blumhardt.

Geertz, C. (1987): Dichte Beschreibung. Beiträge zum Verstehen kultureller Systeme. Frankfurt a. M.: Suhrkamp.

Giesen, R. & Kersten, J. (2018): Arbeit 4.0. Arbeitsbeziehungen und Arbeitsrecht in der digitalen Welt. München: Beck.

Giffhorn, B. (2018): Gewalt gegen wohnungslose Menschen. In: T. Specht, W. Rosenke, R. Jordan & B. Giffhorn, Handbuch der Hilfen in Wohnungsnotfällen. Entwicklung lokaler Hilfesysteme und lebenslagenbezogener Hilfeansätze (2., unveränderte Auflage) (275–286). Berlin/Düsseldorf: Bundesarbeitsgemeinschaft Wohnungslosenhilfe e. V.

Gigerenzer, G. (2014): Risiko. Wie man die richtigen Entscheidungen trifft (5. Auflage). München: btb.

Gillich, S. & Keicher, R. (2012): Bürger oder Bettler. Soziale Rechte von Menschen in Wohnungsnot. Eine Einführung. In: S. Gillich & R. Keicher (Hrsg.), Bürger oder Bettler. Soziale Rechte von Menschen in Wohnungsnot im Europäischen Jahr gegen Armut und soziale Ausgrenzung (11–17). Wiesbaden: Springer VS.

Girtler, R. (1980): Vagabunden in der Großstadt. Teilnehmende Beobachtung in der Lebenswelt der »Sandler« Wiens. Stuttgart: Enke.

Glaser, B. G. & Strauss, A. L. (2010): Grounded Theory: Strategien qualitativer Forschung (3. Auflage). Hogrefe: Göttingen.

Goffman, E. (1962): Stigma. Über Techniken der Bewältigung beschädigter Identität. Frankfurt a. M.: Suhrkamp.

Goffman, E. (1973): Asyle. Über die soziale Situation psychiatrischer Patienten und anderer Insassen. Frankfurt a. M.: Suhrkamp.

Goffman, E. (1977): Rahmen-Analyse. Ein Versuch über die Organisation von Alltagserfahrungen. Frankfurt a. M.: Suhrkamp.

Graebsch, C. M. (2019): Krimmigration: die Verwobenheit strafrechtlicher mit migrationsrechtlicher Kontrolle unter besonderer Berücksichtigung des Pre-Crime-Rechts für »Gefährder«. Kriminologie – Das Online-Journal, 1 (1), 75–103.

Graebsch, C. M. & von Borstel, M. (2021): Drohende Abschiebung. Handlungsmöglichkeiten und Rechtsschutz. Göttingen: Vandenhoeck & Ruprecht.

Groenemeyer, A. (2010): Doing Social Problems. Mikroanalysen der Konstruktion sozialer Probleme und sozialer Kontrolle in institutionellen Kontexten, Vorwort. In: A. Groenemeyer (Hrsg.), Doing Social Problems (7–8). Wiesbaden: Springer VS.

Groenemeyer, A. (2012 a): Soziologie sozialer Probleme – Fragestellungen, Konzepte und theoretische Perspektiven. In: G. Albrecht & A. Groenemeyer (Hrsg.), Handbuch Soziale Probleme, Band 1 (2., überarbeitete Auflage) (17–116). Wiesbaden: Springer VS.

Groenemeyer, A. (2012 b): Drogen, Drogenkonsum und Drogenabhängigkeit. In: G. Albrecht & A. Groenemeyer (Hrsg.), Handbuch Soziale Probleme, Band 1 (2., überarbeitete Auflage) (433–493). Wiesbaden: Springer VS.

Groenemeyer, A. (2015): Soziale Konstruktionen von Ordnungsstörungen. In: B. Dollinger, A. Groenemeyer & D. Rzepka (Hrsg.), Devianz als Risiko. Neue Perspektiven des Umgangs mit abweichendem Verhalten, Delinquenz und sozialer Auffälligkeit (9–43). Weinheim/Basel: Beltz Juventa.

Groenemeyer, A. & Ratzka, M. (2012): Armut, Deprivation und Exklusion als soziales Problem. In: G. Albrecht & A. Groenemeyer (Hrsg.), Handbuch Soziale Probleme, Band 2 (2., überarbeitete Auflage) (367–432). Wiesbaden: Springer VS.

Groenemeyer, A. (2017): Spector, M./Kitsuse, J. I. (1977): Constructing Social Problems. Menlo Park, CA: Cummings. In: C. Schlepper & J. Wehrheim (Hrsg.), Schlüsselwerke der Kritischen Kriminologie (53–66). Weinheim/Basel: Beltz Juventa.

Gross, P (1994): Die Multioptionsgesellschaft. Frankfurt a. M.: Suhrkamp.

Grotkopp, J. (2020): Abschiebungshaft. Voraussetzungen – Verfahren – Rechtsschutz. München: Beck.

Grünberger, M, Mangold, A. K., Markard, N., Payandeh, M. & Towfigh, E. V. (2021): Diversität in Rechtswissenschaft und Rechtspraxis. Neue Juristische Wochenschrift (NJW), 74 (25), 1799–1804.

Gudehus, C. & Christ, M. (Hrsg.) (2013): Gewalt. Ein interdisziplinäres Handbuch. Stuttgart/Weimar: Metzler.

Gültekin, N. (2003): Interkulturelle Kompetenz als Standard in der Sozialen Arbeit. neue praxis, 33 (1), 89–98.

Gumpinger, M. (2001): »Zwangsbeglückung« oder Wie viel Freiwilligkeit braucht Soziale Arbeit. In: M. Gumpinger (Hrsg.), Soziale Arbeit mit unfreiwilligen KlientInnen (11–24). Linz: edition pro mente.

Haas, U. I. (2014): Das Kriminalitätsopfer. In: AK HochschullehrerInnen Kriminologie/Straffälligenhilfe in der Sozialen Arbeit (Hrsg.), Kriminologie und Soziale Arbeit. Ein Lehrbuch (242–262). Weinheim/Basel: Beltz Juventa.

Habermas, J. (1988 a): Theorie des kommunikativen Handelns. Erster Band. Frankfurt a. M.: Suhrkamp.

Habermas, J. (1988 b): Theorie des kommunikativen Handelns. Zweiter Band. Frankfurt a. M.: Suhrkamp.

Habermas, J. (1992): Faktizität und Geltung. Beiträge zur Diskurstheorie des Rechts und des demokratischen Rechtsstaats (2. Auflage). Frankfurt a. M.: Suhrkamp.

Habermas, J. (1994): Die Moderne – ein unvollendetes Projekt. Philosophisch-politische Aufsätze (3. Auflage). Leipzig: Reclam.

Haferkamp, H. (1972): Kriminalität ist normal. Zur gesellschaftlichen Produktion abweichenden Handelns. Stuttgart: Enke.

Hamann, H. (2014): Evidenzbasierte Jurisprudenz. Methoden empirischer Forschung und ihr Erkenntniswert für das Recht am Beispiel des Gesellschaftsrechts. Tübingen: Mohr Siebeck.

Han, B.-C. (2021): Undinge. Umbrüche der Lebenswelt. Berlin: Ullstein.

Hanak, G. (1987): Ethnographie der Konfliktverarbeitung. Kriminalsoziologische Bibliographie, 14 (56–57), 9–34.

Hanak, G., Stehr, J. & Steinert, H. (1989): Ärgernisse und Lebenskatastrophen. Über den alltäglichen Umgang mit Kriminalität. Bielefeld: AJZ.

Hartmann, J. (2010): Qualifizierte Unterstützung von Menschen, die Opfer von Straf- bzw. Gewalttaten wurden. Opferhilfe als professionalisiertes Handlungsfeld Sozialer Arbeit. In: J. Hartmann & ado e. V. (Hrsg.), Perspektiven professioneller Opferhilfe. Theorie und Praxis eines interdisziplinären Handlungsfelds (9–38). Wiesbaden: Springer VS.

Hasse, J. (2009): Unbedachtes Wohnen. Lebensformen an verdeckten Rändern der Gesellschaft. Bielefeld: transcript.

Häußermann, H. (2006): Die Krise der »sozialen Stadt«. Warum der sozialräumliche Wandel der Städte eine eigenständige Ursache für Ausgrenzung ist. In: H. Bude & A. Willisch (Hrsg.), Das Problem der Exklusion. Ausgegrenzte, Entbehrliche, Überflüssige (294–313). Hamburg: Hamburger Edition.

Haverkamp, R. & Vogeler, L. (2021): Menschenhandel und Zwangsprostitution – Rechtliche Entwicklung im (inter)nationalen Kontext und Rechtslage in Deutschland. In: Y. Völschow & S. B. Gahleitner (Hrsg.), Menschenhandel und Zwangsprostitution. Interdisziplinäre Perspektiven auf Prävention und Intervention (30–44). Weinheim/Basel: Beltz Juventa.

Heckhausen, H. (1987): Perspektiven einer Psychologie des Wollens. In: H. Heckhausen, P.-M. Gollwitzer & F. E. Weinert (Hrsg.), Jenseits des Rubikon: Der Wille in den Humanwissenschaften (121–142). Berlin/Heidelberg: Springer.

Heghmanns, M. (2018): Zur strafrechtlichen Verantwortung im Kinderschutz. Jugendamt. Zeitschrift für Jugendhilfe und Familienrecht, 91 (6), 230–235.
Heidenreich, F. (2011): Theorien der Gerechtigkeit. Eine Einführung. Opladen: Barbara Budrich.
Heisig, K. (2010): Das Ende der Geduld. Konsequent gegen jugendliche Gewalttäter (2. Auflage). Freiburg/Basel/Wien: Herder.
Heite, C. (2010): Anerkennung von Differenz in der Sozialen Arbeit. Zur professionellen Konstruktion des Anderen. In: F. Kessl & M. Plößer (Hrsg.), Differenzierung, Normalisierung, Andersheit. Soziale Arbeit als Arbeit mit den Anderen. Lehrbuch (187–200). Wiesbaden: Springer VS.
Heitmeyer, W. (Hrsg.) (1997 a): Was treibt die Gesellschaft auseinander? Bundesrepublik Deutschland: Auf dem Weg von der Konsens- zur Konfliktgesellschaft, Band 1, Frankfurt a. M.: Suhrkamp.
Heitmeyer, W. (1997 b): Einleitung: Auf dem Weg in eine desintegrierte Gesellschaft. In: W. Heitmeyer (Hrsg.), Was treibt die Gesellschaft auseinander? Bundesrepublik Deutschland. Auf dem Weg von der Konsens- zur Konfliktgesellschaft, Band 1 (9–26). Frankfurt a. M.: Suhrkamp.
Heitmeyer, W. (2012): Entsicherungen. Desintegrationsprozesse und Gewalt. In: U. Beck & E. Beck-Gernsheim (Hrsg.), Riskante Freiheiten. Individualisierung in modernen Gesellschaften (376–400). Frankfurt a. M.: Suhrkamp.
Hemel, U. (2020): Kritik der digitalen Vernunft. Warum Humanität der Maßstab sein muss. Freiburg i. B./Basel/Wien: Herder.
Herriger, N. (2014): Empowerment in der Sozialen Arbeit. Eine Einführung (5., erweiterte und aktualisierte Auflage). Stuttgart: Kohlhammer.
Heudtlass, J.-H. (2000): Safer Use – Gesundheitstipps für Drogengebraucher. In: J.-H. Heudtlass & H. Stöver (Hrsg.), Risiko mindern beim Drogengebrauch. Gesundheitsförderung – Verbrauchertipps – Beratungswissen – Praxishilfen (98–147). Frankfurt a. M.: Fachhochschulverlag.
Hinte, W. (2017): Gemeinwesenarbeit. In: Deutscher Verein für öffentliche und private Fürsorge e. V. (Hrsg.), Fachlexikon der Sozialen Arbeit. 8. Auflage (339–340). Baden-Baden: Nomos.
Hinte, W. (2020): Original oder Karaoke – was kennzeichnet das Fachkonzept Sozialraumorientierung. In: R. Fürst & W. Hinte (Hrsg.), Sozialraumorientierung 4.0. Das Fachkonzept: Prinzipien, Prozesse & Perspektiven (11–26). Wien: Facultas.
Hochschild, A. R. (2017): Fremd in ihrem Land. Eine Reise ins Herz der amerikanischen Rechten. Frankfurt a. M./New York: Campus.
Hofinger, V. (2013): »Distance from Crime« – neue Konzepte in der Rückfallforschung. Neue Kriminalpolitik, 25 (4), 317–325.
Hofmann, R. (2022): Deutschlands Cannabis-Dilemma. Zeitschrift für Internationale Strafrechtswissenschaft 1 (2), 191–200.
Hofstadter, D. & Sander. E. (2014): Die Analogie. Das Herz des Denkens (2. Auflage). Stuttgart: Klett-Cotta.
Hofstede, Geert (2006): Lokales Denken, globales Handeln. Interkulturelle Zusammenarbeit und globales Management (3. Auflage). München: dtv.
Holzer. B. (2010): Netzwerke und Systeme. Zum Verhältnis von Vernetzung und Differenzierung. In: C. Stegbauer (Hrsg.), Netzwerke und Systeme (2. Auflage) (155–164). Wiesbaden: Springer VS.
Holzhey, P. & Lang, A. (2022): Konzept für Strafvollzug in freien Formen in Sachsen nach dem APAC-Modell. In: Seehaus e. V. (Hrsg.), Alternative Strafvollzugsmodelle. 10 Jahre Strafvollzug in freien Formen in Sachsen. Rückblick und Ausblick (75–86). Köln: DBH-Fachverband für Soziale Arbeit, Strafrecht und Kriminalpolitik e. V. (DBH-Materialien Nr. 80).
Honneth, A. (1992): Kampf um Anerkennung. Zur moralischen Grammatik sozialer Konflikte. Frankfurt a. M.: Suhrkamp.
Horkheimer, M. & Adorno, T. W. (2003): Dialektik der Aufklärung. Frankfurt a. M.: Fischer.
Horstmeier, G. (2009): Prekäre Beschäftigungsverhältnisse. Systematische Darstellung sämtlicher Beschäftigungsformen. Berlin: de Gruyter.

Hoven, E. & Galli, T. (2021): Sinn und Unsinn von Haftstrafen. Zwei Perspektiven. Aus Politik und Zeitgeschichte. Gefängnis, 71 (42–43), 9–17.

Hoyer, H. R. (2021): Der Begriff des »Gefährders«. Dogmatische Einordnung, rechtliche Problemstellungen sowie Analyse gesetzlicher Umschreibungen. Frankfurt a. M.: Verlag für Polizeiwissenschaft.

Huber, S. & Schierz, S. (2013): Punitivierung der Sozialen Arbeit? Anmerkungen zur gegenwärtigen Debatte. In: P. Rieker, S. Huber, A. Schnitzer & S. Brauchli (Hrsg.), Hilfe! Strafe! Reflexionen zu einem Spannungsverhältnis professionellen Handelns (102–118). Weinheim/Basel: Beltz Juventa.

Hünersdorf, B. & Hartmann, J. (Hrsg.) (2013): Was ist und wozu betreiben wir Kritik in der Sozialen Arbeit? Disziplinäre und interdisziplinäre Diskurse. Wiesbaden: Springer VS.

Jäger, S. (2015): Kritische Diskursanalyse. Eine Einführung (7., vollständig überarbeitete Auflage). Münster: Edition des Duisburger Instituts für Sprach- und Sozialforschung im UNRAST-Verlag.

Jahn, M. & Ziemann, S. (2014): Die Frankfurter Schule des Strafrechts: Versuch einer Zwischenbilanz. JuristenZeitung (JZ), 69 (19), 943–947.

Jahoda, M., Lazarsfeld, P. F. & Zeisel, H. (1975): Die Arbeitslosen von Marienthal. Ein soziographischer Versuch. Frankfurt a. M.: Suhrkamp.

James, W. (1950): The Principles of Psychology (Volume 2). New York: Dover Publications.

Jasch, M. (2014): Kriminalität der Mächtigen: (K)ein Thema für die Soziale Arbeit? In: AK HochschullehrerInnen Kriminologie/Straffälligenhilfe (Hrsg.), Kriminologie und Soziale Arbeit. Ein Lehrbuch (316–329). Weinheim/Basel: Beltz Juventa.

Jukschat, N., Leimbach, K. & Neubert, C. (Hrsg.) (2022): Qualitative Kriminologie, quo vadis? Stand, Herausforderungen und Perspektiven qualitativer Forschung in der Kriminologie. Weinheim/Basel: Beltz Juventa.

Kähler, H. (2005): Soziale Arbeit in Zwangskontexten. Wie unerwünschte Hilfe erfolgreich sein kann. München/Basel: Reinhardt.

Kähler, K. (2015): (Zwangs-)Prostitution – Zwischen Freiwilligkeit und Fremdbestimmung. Einblicke aus der Sicht der praktischen Sozialarbeit in einer Fachberatungsstelle gegen Menschenhandel. In: M Albert & J. Wege (Hrsg.), Soziale Arbeit und Prostitution. Professionelle Handlungsansätze in Theorie und Praxis (195–224). Wiesbaden: Springer VS.

Kahnemann, D. & Tversky A. (2012 a): Appendix A: Judgment under Uncertainty: Heuristics and Biases. In: D. Kahneman, Thinking Fast and Slow (419–432). London: Penguin.

Kahnemann, D. & Tversky, A. (2012 b): Appendix B: Choices, Values, and Frames. In: D. Kahnemann, Thinking Fast and Slow (433–448). London: Penguin.

Kaiser, G., Kerner, H.-J., Sack, F. & Schellhoss, H. (Hrsg.) (1993): Kleines Kriminologisches Wörterbuch (3., völlig neubearbeitete und erweiterte Auflage). Heidelberg: Müller.

Kampert, M. (2017): Schutz und Sicherheit. In: M. Wolff, W. Schröer & J. M. Fegert (Hrsg.), Schutzkonzepte in Theorie und Praxis. Ein beteiligungsorientiertes Werkbuch (172–210). Weinheim/Basel: Beltz Juventa.

Kaufmann, F.-X. (2012): Konzept und Formen sozialer Intervention. In: G. Albrecht & A. Groenemeyer (Hrsg.), Handbuch soziale Probleme, Band 2, (2., überarbeitete Auflage) (1285–1305). Wiesbaden: Springer VS.

Kawamura-Reindl, G. (2018): Hilfen für Angehörige Inhaftierter. In: H. Cornel, G. Kawamura-Reindl & B. R. Sonnen (Hrsg.), Resozialisierung. Handbuch (4., vollständig überarbeitete und aktualisierte Auflage) (503–513). Baden-Baden: Nomos.

Kawamura-Reindl, G. & Schneider, S. (2015): Lehrbuch Soziale Arbeit mit Straffälligen. Weinheim/Basel: Beltz Juventa.

Keckeisen, W. (1974): Die gesellschaftliche Definition abweichenden Verhaltens. Perspektiven und Grenzen des labeling approach. München: Juventa.

Kessl, F. (2020): Der Gebrauch der eigenen Kräfte. Eine Gouvernementalität Sozialer Arbeit (2. Auflage). Weinheim/Basel: Beltz Juventa.

Kessl, F. & Maurer, S. (2010): Praktiken der Differenzierung als Praktiken der Grenzbearbeitung. Überlegungen zur Bestimmung Sozialer Arbeit als Grenzbearbeiterin. In: F. Kessl & M. Plößer (Hrsg.), Differenzierung, Normalisierung, Andersheit. Soziale Arbeit als Arbeit mit den Anderen. Lehrbuch (154–169). Wiesbaden: Springer VS.

Kessl, F. & Otto. H.-U. (2012): Soziale Arbeit. In: G. Albrecht & A. Groenemeyer (Hrsg.), Handbuch soziale Probleme, Band 2, (2., überarbeitete Auflage) (1306–1331). Wiesbaden: Springer VS.

Kessl, F., Polutta, A., van Ackeren, I., Dobischat, R. & Thole, W. (Hrsg.) (2014): Prekarisierung der Pädagogik – Pädagogische Prekarisierung? Erziehungswissenschaftliche Vergewisserungen. Weinheim/Basel: Beltz Juventa.

Keupp, H., Ahbe, T., Gmür, W., Höfer, R., Mitzscherlich, B., Kraus, W. & Straus, F. (2008): Identitätskonstruktionen. Das Patchwork der Identitäten in der Spätmoderne (4. Auflage). Hamburg: Rowohlt.

Keynes, J. M. (2020): Das Ende des Laissez-faire. Mit einem Essay von Nikolaus Piper. Stuttgart: Reclam.

Kiefl, W. & Lamnek, S. (1986): Soziologie des Opfers. München: Fink.

King, C. (2020): Schule der Rebellen. Wie ein Kreis verwegener Anthropologen Race, Sex und Gender erfand. Bonn: Bundeszentrale für politische Bildung.

Kinzig, J. (2020): Noch im Namen des Volkes? Über Verbrechen und Strafe (2. Auflage). Zürich: Orell füssli.

Kittrie, N. N. (1971): The Right to be Different. Deviance and Enforced Therapy. New York: Penguin Books.

Kleinert, U. & Hartwig, L. (2021): Ein deutsches Gefängnis im 21. Jahrhundert. Redakteure der unzensierten Dresdner Gefangenenzeitung »Der Riegel« berichten. Radebeul: NOTschriften Verlag.

Kleve, H. (2003): Sozialarbeitswissenschaft, Systemtheorie und Postmoderne. Grundlegungen und Anwendungen eines Theorie- und Methodenprogramms. Freiburg i. B.: Lambertus.

Klug, W. & Zobrist, P. (2013): Motivierte Klienten trotz Zwangskontext. Tools für die Soziale Arbeit. München/Basel: Ernst Reinhardt.

König, R. (1982): Das Recht im Zusammenhang der sozialen Normensysteme. In: K. Lüderssen & F. Sack (Hrsg.), Seminar: Abweichendes Verhalten I. Die selektiven Normen der Gesellschaft (2. Auflage) (186–206). Frankfurt a. M.: Suhrkamp.

König, S. (2021): Zahlreiche Reformen im Straf- und Strafverfahrensrecht. Newsletter 12.08. 2021. München: Beck.

Köttig, M (2015): Mehrdimensionalität sozialer Ungleichheit – Intersektionalität als theoretische Rahmung und zur Analyse biografischer Erfahrung. In: B. Brettländer, M. Köttig & T. Kunz (Hrsg.), Vielfalt und Differenz in der Sozialen Arbeit. Perspektiven auf Inklusion (123–133). Stuttgart: Kohlhammer.

Kraimer, K. (2000): Die Fallrekonstruktion – Bezüge, Konzepte, Perspektiven. In: K. Kraimer (Hrsg.), Die Fallrekonstruktion. Sinnverstehen in der sozialwissenschaftlichen Forschung (23–57). Frankfurt a. M.: Suhrkamp.

Krell, G., Riedmüller, B., Sieben, B. & Vinz, D. (Hrsg.) (2007): Diversity Studies. Grundlagen und disziplinäre Ansätze. Einleitung (7–15). Frankfurt a. M./New York: Campus.

Krennerich, M. (2013): Soziale Menschenrechte. Zwischen Recht und Politik. Schwalbach/Ts.: Wochenschau.

Kriminologisches Forschungsinstitut Niedersachsen (KFN) (2021): Evaluierung der Strafvorschriften zur Bekämpfung des Menschenhandels (§§ 232 bis 233a StGB). Forschungsbericht. Hannover: KFN.

Kronauer, M. (2002): Exklusion. Die Gefährdung des Sozialen im hoch entwickelten Kapitalismus. Frankfurt a. M./New York: Campus.

Kruse, J. (2004): Arbeit und Ambivalenz. Die Professionalisierung Sozialer und Informatisierter Arbeit. Bielefeld: transcript.

Kuhn, T. S. (1993): Die Struktur wissenschaftlicher Revolutionen (12. Auflage). Frankfurt a. M.: Suhrkamp.

Kuhn-Fleuchaus, C. & Bambach, M. (2008): Diversity Management – Unsichtbare Potenziale fördern (2. Auflage). Stuttgart/Berlin: Steinbeis Edition.

Kunz, T. (2015): Interkulturelle soziale Arbeit und interkulturelle Öffnung. In: B. Bretländer, M. Köttig & T. Kunz (Hrsg.), Vielfalt und Differenz in der Sozialen Arbeit. Perspektiven auf Inklusion (147–159). Stuttgart: Kohlhammer.

Kury, H. (2021): Zu den Folgeschäden von Freiheitsstrafen. Auswirkungen einer Inhaftierung auf die eigene Familie. In: A. Ruch & T. Singelnstein (Hrsg.), Auf neuen Wegen. Kriminologie, Kriminalpolitik und Polizeiwissenschaft aus interdisziplinärer Perspektive. Festschrift für Thomas Feltes zum 70. Geburtstag (575–596). Berlin: Duncker & Humblot.

Kury, H. & Obergfell-Fuchs, J. (2012): Evaluationsforschung. In: G. Albrecht & A. Groenemeyer (Hrsg.), Handbuch soziale Probleme, Band 2 (2., überarbeitete Auflage) (1521–1555). Wiesbaden: Springer VS.

Laing, R. D. (1969): Phänomenologie der Erfahrung. Frankfurt a. M.: Suhrkamp.

Lamnek, S. (1999): Erklären und Verstehen – ein Plädoyer gegen jede apodiktische Einseitigkeit. Zeitschrift für Humanistische Sozialwissenschaft, 4 (1–2),115–135.

Lamnek, S. (2007): Theorien abweichenden Verhaltens I. »Klassische« Ansätze. Eine Einführung für Soziologen, Psychologen, Juristen, Journalisten und Sozialarbeiter (8., überarbeitete Auflage). München: Wilhelm Fink.

Lamnek, S. (2008): Theorien abweichenden Verhaltens II. »Moderne« Ansätze. Eine Einführung für Soziologen, Psychologen, Juristen, Journalisten und Sozialarbeiter (3., überarbeitete und erweiterte Auflage). München: Wilhelm Fink.

Lamp, F. (2007): Soziale Arbeit zwischen Umverteilung und Anerkennung. Der Umgang mit Differenz in der sozialpädagogischen Theorie und Praxis. Bielefeld: transcript.

Lash, S. (1996): Reflexivität und ihre Doppelungen: Struktur, Ästhetik und Gemeinschaft. In: U. Beck, A. Giddens & S. Lash, Reflexive Modernisierung. Eine Kontroverse (195–286). Frankfurt a. M.: Suhrkamp.

Leimbach, K., Neubert, C. & Jukschat, N. (2022): Kriminologie: Ein Konzeptionsversuch. In: N. Jukschat, K. Leimbach & C. Neubert (Hrsg.), Qualitative Kriminologie, quo vadis? Stand, Herausforderungen und Perspektiven qualitativer Forschung in der Kriminologie (9–24). Weinheim/Basel: Beltz Juventa.

Leinemann, S. (2010): Der Überfall. Drei Jugendliche ziehen raubend und prügelnd durch die Großstadt. Unsere Autorin hat den Ausbruch der Gewalt knapp überlebt. Zeitmagazin Nr. 49 (15–22).

Leiprecht, R. (2011): Einleitung. In: R. Leiprecht (Hrsg.), Diversitätsbewusste Soziale Arbeit (7–11). Schwalbach/Ts.: Wochenschau Verlag.

Lemke, T., Krasmann, S. & Bröckling, U. (2019): Gouvernementalität, Neoliberalismus und Selbsttechnologien. Eine Einleitung. In: U. Bröckling, S. Krasmann & T. Lemke (Hrsg.), Gouvernementalität der Gegenwart. Studien zur Ökonomisierung des Sozialen (8. Auflage) (7–40). Frankfurt a. M.: Suhrkamp.

Leven, I. & Utzmann. H. (2020): Die Vielfalt der Digital Natives. In: M. Albert, K. Hurrelmann, G. Quenzel & P. Kantar (Hrsg.), Jugend 2019–18. Shell Jugendstudie (247–312). Weinheim/Basel: Beltz.

Lewis, O. (1971): La Vida. Eine puertoricanische Familie in der Kultur der Armut: San Juan & New York. Düsseldorf/Wien: Econ.

Lichtblau, K. (1997): Georg Simmel. Frankfurt a. M./New York: Campus.

Lindenberg, M. & Lutz, T. (2014): Soziale Arbeit in Zwangskontexten. In: AK HochschullehrerInnen Kriminologie/Straffälligenhilfe (Hrsg.), Kriminologie und Soziale Arbeit. Ein Lehrbuch (114–126). Weinheim/Basel: Beltz Juventa.

Link, J. (1998): Versuch über den Normalismus. Wie Normalität produziert wird (2., aktualisierte und erweiterte Auflage). Opladen/Wiesbaden: Westdeutscher Verlag.

Loidolt, S. (2010): Einführung in die Rechtsphänomenologie. Tübingen: Mohr-Siebeck.

Love, E. G. (1959): Subways are for sleeping. New York: Signet Book.

Ludwig, H. (2014): Diagnose und Prognose in der Sozialen Arbeit mit straffällig gewordenen Menschen. In: AK HochschullehrerInnen Kriminologie/Straffälligenhilfe in der Sozialen Arbeit (Hrsg.), Kriminologie und Soziale Arbeit. Ein Lehrbuch (176–192). Weinheim/Basel: Beltz Juventa.

Ludwig, C., Eisenhardt, T. & Schaarschmidt, T. (2022): PIER 36 – Ein Wohnprojekt im Rahmen des Vollzugs in freien Formen. In: Seehaus e. V. (Hrsg.), Alternative Strafvollzugsmodelle. 10 Jahre Strafvollzug in freien Formen in Sachsen. Rückblick und Ausblick (63–73). Köln: DBH-Fachverband für Soziale Arbeit, Strafrecht und Kriminalpolitik (DBH-Materialien Nr. 80).

Luhmann, N. (1983): Rechtssoziologie (2., erweiterte Auflage). Opladen: Westdeutscher Verlag.

Luhmann, N. (1999): Ausdifferenzierung des Rechts. Beiträge zur Rechtssoziologie und Rechtstheorie. Frankfurt a. M.: Suhrkamp.

Luhmann, N. (2018): Soziale Systeme. Grundriss einer allgemeinen Theorie (17. Auflage). Frankfurt a. M.: Suhrkamp.

Lüssi, P. (2001): Grundsätze der eingreifenden sozialarbeiterischen Intervention. In: M. Gumpinger (Hrsg.), Soziale Arbeit mit Unfreiwilligen Klienten (42–80). Linz: edition pro mente.

Lutz, R., Sartorius, W. & Simon, T. (2021): Lehrbuch der Wohnungslosenhilfe. Eine Einführung in Praxis, Positionen und Perspektiven (4. Auflage). Weinheim/Basel: Beltz Juventa.

Lyotard, J.-F. (1994): Das postmoderne Wissen, hrsg. von P. Engelmann. Wien: Edition Passagen.

Maaser, W. (2003): Normative Diskurse der neuen Wohlfahrtspolitik. In: H.-J. Dahme, H. U. Otto, A. Trube & N. Wohlfahrt (Hrsg.), Soziale Arbeit für den aktivierenden Staat (13–36). Wiesbaden: Springer VS.

Maelicke, H. (2008): Straffälligenhilfe für Jugendliche, Heranwachsende und Erwachsene. In: K. A. Chasse & H.-J. von Wensierski (Hrsg.), Praxisfelder der Sozialen Arbeit. Eine Einführung (398–413). Weinheim/München: Juventa.

Malyssek, J. & Störch, K. (2009): Wohnungslose Menschen. Ausgrenzung und Stigmatisierung. Freiburg i. B.: Lambertus.

Matt, E. (2014): Straffälligkeit und Lebenslauf. Herbolzheim: Centaurus Verlag & Media.

Maurer, S. (2020): Gender und Diversität. In: P.-U. Wendt (Hrsg.), Soziale Arbeit in Schlüsselbegriffen (43–49). Weinheim/Basel: Beltz Juventa.

May, M. (2005): Wie in der Sozialen Arbeit etwas zum Problem wird. Versuch einer pädagogisch gehaltvollen Theorie sozialer Probleme. Münster: LIT Verlag.

Mead, G. H. (1969): Philosophie der Sozialität. Aufsätze zur Erkenntnisanthropologie. Frankfurt a. M.: Suhrkamp.

Mecheril, P. & Melter, C. (2010): Differenz und Soziale Arbeit. Historische Schlaglichter und systematische Zusammenhänge. In: F. Kessl & M. Plößer (Hrsg.), Differenzierung, Normalisierung, Andersheit. Soziale Arbeit als Arbeit mit den Anderen (117–131). Wiesbaden: Springer VS.

Medienpädagogischer Forschungsverbund Südwest (2019): JIM-Studie – Jugend, Information, Medien. Basisuntersuchung zum Medienumgang 12- bis 19-Jähriger. Stuttgart: Landesanstalt für Kommunikation.

Meinhold, M. (2001): Einzelfallhilfe/Case Management. In: H. U. Otto & H. Thiersch (Hrsg.), Handbuch Sozialarbeit Sozialpädagogik (2. völlig überarbeitete Auflage) (361–367). Neuwied: Luchterhand.

Melzer, W., Schubarth, W. & Ehninger, F. (2004): Gewaltprävention und Schulentwicklung. Analysen und Handlungskonzepte. Bad Heilbrunn: Julius Klinkhardt.

Merchel, J. (2019): Anforderungen und Belastungen der Fachkräfte im ASD. In: J. Merchel (Hrsg.), Handbuch Allgemeiner Sozialer Dienst (ASD) (3. Auflage) (386–396). München: Ernst-Reinhardt.

Merleau-Ponty, M. (1966): Phänomenologie der Wahrnehmung. In: C. F. Graumann & J. Linschoten (Hrsg.), Phänomenologisch-Psychologische Forschungen. Band 7 (6. Auflage). Berlin: Walter de Gruyter & Co.

Meyer, C., Neumann, C., Schmid, F., Truckendanner, P. & Winter, S. (2013): Ungeschützt. Prostitution soll in Deutschland ein anerkannter Beruf wie jeder andere sein. Die Politiker feiern sich als liberal, doch die Lage vieler Frauen ist fatal: Sie werden von Zuhältern und Menschenhändlern ausgebeutet. In: Der Spiegel Nr. 22/27.05.2013, Bordell Deutschland. Wie der Staat Frauenhandel und Prostitution fördert (56–65).

Miller, W. R. & Rollnick, S. (2015): Motivierende Gesprächsführung (3. Auflage). Freiburg i. B.: Lambertus.

Misik, R. (2020): Die falschen Freunde der einfachen Leute. Bonn: Bundeszentrale für politische Bildung.

Mittelstraß, J. (2003): Transdisziplinarität – wissenschaftliche Zukunft und institutionelle Wirklichkeit. Konstanzer Universitätsreden, Band 214. Konstanz: Universitätsverlag.
Mollenhauer, K. (1981): Bewertung und Kontrolle abweichenden Verhaltens – Aporien bürgerlich-liberaler Pädagogik. In: H. Giesecke (Hrsg.), Offensive Sozialpädagogik (2., unveränderte Auflage) (7–23). Göttingen: Vandenhoeck & Ruprecht.
Möller, K. (2010): Soziale Arbeit und Polizei. Sozialarbeitswissenschaftlich-pädagogische Eckpunkte einer Zweckbeziehung. In: K. Möller (Hrsg.), Dasselbe in grün? Aktuelle Perspektiven auf das Verhältnis von Polizei und Sozialer Arbeit (14–27). Weinheim/München: Juventa.
Möllers, C. (2015): Die Möglichkeit der Normen. Über eine Praxis jenseits von Moralität und Kausalität. Frankfurt a. M.: Suhrkamp.
Mühlberger, J. (2019): Soziale Arbeit als Menschenrechtsprofession auch im Feld der Prostitution? Hrsg. von der Initiative zur Förderung der Beratungsstelle Frauennotruf München e. V. (IFFRA e. V.). Berlin: LIT Verlag.
Mührel, E. (2009): Die Begründung der Sozialarbeitswissenschaft in den Sozialwissenschaften. Eine theoretische Reflexion. In: B. Birgmeier & E. Mührel (Hrsg.), Die Sozialarbeitswissenschaft und ihre Theorie(n). Positionen, Kontroversen, Perspektiven (257–267). Wiesbaden: Springer VS.
Müller, S. & Otto, H.-U. (1986): Sozialarbeit im Souterrain der Justiz. Plädoyer zur Aufkündigung einer verhängnisvollen Allianz. In: S. Müller & H.-U. Otto (Hrsg.), Damit Erziehung nicht zur Strafe wird (VII-XVII). Bielefeld: KT-Verlag.
Nachtwey, O. (2016): Die Abstiegsgesellschaft. Über das Aufbegehren in der regressiven Moderne. Berlin: Suhrkamp.
Naplava, T. (2010): Jugendliche Intensiv- und Mehrfachtäter. In: B. Dollinger & H. Schmidt-Semisch (Hrsg.), Handbuch Jugendkriminalität. Kriminologie und Sozialpädagogik im Dialog (293–306). Wiesbaden: Springer VS.
Nassehi, A. (2019): Muster: Theorie der digitalen Gesellschaft (3. Auflage). München: Beck.
Nelken, D. (1987): The Use of »Contracts« as a Social Work Technique. Currrent Legal Problems, 40 (1), 207–232.
Nestler, C. (2019): Zulässigkeit und rechtliche Rahmenbedingungen von Drug-Checking unter dem Betäubungsmittelgesetz. In: K. Tögel-Lins, B. Werse & H. Stöver (Hrsg.), Checking Drug-Checking. Potentiale für Prävention, Beratung, Harm Reduction und Monitoring (69–94). Frankfurt a. M.: Fachhochschulverlag.
Neubacher, F. & Bögelein, N. (2021): Kriminalität der Armen – Kriminalisierung von Armut? Monatsschrift für Kriminologie und Strafrechtsreform, 104 (2), 107–123.
Nikles, B. W. (2008): Institutionen und Organisationen der Sozialen Arbeit. München: Reinhardt.
Nussbaum, M. C. (1999): Gerechtigkeit oder Das gute Leben. Gender Studies, hrsg. v. H. Pauer-Studer. Frankfurt a. M.: Suhrkamp.
Nussbaum, M. C. (2001): The Fragility of Goodness. Luck and ethics in Greek tragedy and philosophy (revised 2nd ed.). Cambridge: Univ. Press.
Oberlies, D. (2013): Strafrecht und Kriminologie für die Soziale Arbeit. Eine Einführung. Stuttgart: Kohlhammer.
Oberwittler, D. (2012): Kriminalität und Delinquenz als soziales Problem. In: G. Albrecht & A. Groenemeyer (Hrsg.), Handbuch Soziale Probleme, Band 1 (2., überarbeitete Auflage) (772–860). Wiesbaden: Springer VS.
Orth, E. W. (1994): Phänomenologie. In: H. Seiffert & G. Radnitzky (Hrsg.), Handlexikon zur Wissenschaftstheorie (2. Auflage) (242–255). München: dtv.
Otto, H.-U. & Ziegler, H. (2010): Der Capabilities-Ansatz als neue Orientierung in der Erziehungswissenschaft. In: H.-U. Otto & H. Ziegler (Hrsg.), Capabilities – Handlungsbefähigung und Verwirklichungschancen in der Erziehungswissenschaft (2. Auflage) (9–13). Wiesbaden: Springer VS.
Otto, H.-U. & Ziegler, H. (2012): Gesetzt aber nicht Begründet – Das Normativitätsproblem der Sozialen Arbeit. In: H.-U. Otto & H. Ziegler (Hrsg.), Das Normativitätsproblem der Sozialen Arbeit. Zur Begründung des eigenen und gesellschaftlichen Handelns (3–10). neue Praxis – Sonderheft 11: Lahnstein.

Oulios, M. (2016): Blackbox Abschiebung. Geschichte, Theorie und Praxis der deutschen Migrationspolitik. Frankfurt a. M.: Suhrkamp.

Paegelow, C. (2009): Handbuch Wohnungsnot und Obdachlosigkeit. Einführung zur Wohnungslosen- und Obdachlosenhilfe. Bremen: Paegelow.

Panier, K. (2006): Die dritte Haut. Geschichten von Wohnungslosigkeit in Deutschland. Berlin: Schwarzkopf & Schwarzkopf.

Pelluchon, C. (2019): Ethik der Wertschätzung. Tugenden für eine ungewisse Welt. Darmstadt: wbg.

Pelzer, M. & Sextro, U. (2013): Schutzlos hinter Gittern. Abschiebehaft in Deutschland, hrsg. v. Pro Asyl e. V. & Diakonisches Werk in Hessen und Nassau e. V. Frankfurt a. M.

Peters, H. (Hrsg.) (1993): Muss Strafe sein? Zur Analyse und Kritik strafrechtlicher Praxis. Opladen: Westdeutscher Verlag.

Peters, H. (2013): Politiken und Konjunkturen des Strafens. In: P. Rieker, S. Huber, A. Schnitzer & S. Brauchli (Hrsg.), Hilfe! Strafe! Reflexionen zu einem Spannungsverhältnis professionellen Handelns (42–59). Weinheim/Basel: Beltz Juventa.

Peters, H. & Cremer-Schäfer, H. (1975): Die sanften Kontrolleure. Wie Sozialarbeiter mit Devianten umgehen. Stuttgart: Enke.

Peters, F. (1997): Kriminalitätstheorien und ihre jeweiligen impliziten Handlungsempfehlungen. In: H. Janssen & F. Peters (Hrsg.), Kriminologie für Soziale Arbeit (40–74). Münster: Votum.

Plessner, H. (2018): Grenzen der Gemeinschaft. Eine Kritik des sozialen Radikalismus (7. Auflage). Frankfurt a. M.: Suhrkamp.

Plewig., H.-J. (2010): »Konfrontative Pädagogik«. In: B. Dollinger & H. Schmidt-Semisch (Hrsg.), Handbuch Jugendkriminalität. Kriminologie und Sozialpädagogik im Dialog (427–439). Wiesbaden: Springer VS.

Plößer, M. (2010): Differenz performativ gedacht. Dekonstruktive Perspektiven auf und für den Umgang mit Differenzen. In: F. Kessl & M. Plößer (Hrsg.), Differenzierung, Normalisierung, Andersheit. Soziale Arbeit als Arbeit mit den Anderen. Lehrbuch (218–232). Wiesbaden: Springer VS.

Poehlke, T., Heinz, W. & Stöver, H. (2016): Drogenabhängigkeit und Substitution. Ein Glossar von A-Z (4. Auflage). Heidelberg: Springer.

Pörksen, B. (2018): Die große Gereiztheit. Wege aus der kollektiven Erregung. München: Carl Hanser.

Popper, K. (2003): Die offene Gesellschaft und ihre Feinde. Band II. Falsche Propheten: Hegel, Marx und die Folgen. Tübingen: J. C. B. Mohr.

Preis, W. (2009): Perspektiven einer Praxeologie Sozialer Arbeit. In: B. Birgmeier & E. Mührel (Hrsg.), Die Sozialarbeitswissenschaft und ihre Theorie(n). Positionen, Kontroversen, Perspektiven (157–169). Wiesbaden: Springer VS.

Prengel, A. (2006): Pädagogik der Vielfalt. Verschiedenheit und Gleichberechtigung in interkultureller, feministischer und integrativer Pädagogik (3. Auflage). Wiesbaden: VS.

Prengel, A. (2007): Diversity Education – Grundlagen und Probleme der Pädagogik der Vielfalt. In: G. Krell, B. Riedmüller, B. Sieben & D. Vinz (Hrsg.), Diversity Studies. Grundlagen und disziplinäre Ansätze (49–67). Frankfurt a. M./New York: Campus.

Puch, H. J. (1988): Inszenierte Gemeinschaften. Gesellschaftlicher Wandel und lebensweltliche Handlungsstrategien in der sozialen Arbeit. Frankfurt a. M./Berlin: Lang Verlag.

Quensel, S. (1970): Wie wird man kriminell. Verlaufsmodell einer fehlgeschlagenen Interaktion zwischen Delinquenten und Sanktionsinstanz. Kritische Justiz, 3 (4), 375–382.

Quensel, S. (1998): Zur kulturellen Konstruktion der Gewalt. Acht vorläufige Thesen. Monatsschrift für Kriminologie und Strafrechtsreform, 81 (6), 426–432.

Ratzka, M. (2012): Wohnungslosigkeit. In: G. Albrecht & A. Groenemeyer (Hrsg.), Handbuch Soziale Probleme, Band 2 (2., überarbeitete Auflage) (1218–1252). Heidelberg: Springer VS.

Rawls, J. (1996): Eine Theorie der Gerechtigkeit (9. Auflage). Frankfurt a. M.: Suhrkamp.

Reckwitz, A. (2000): Die Transformation der Kulturtheorien. Zur Entwicklung eines Theorieprogramms. Weilerswist: Velbrück Wissenschaft.

Reckwitz, A. (2020): Das hybride Subjekt. Eine Theorie der Subjektkulturen von der bürgerlichen Moderne zur Postmoderne (überarbeitete Neuauflage). Berlin: Suhrkamp.

Reckwitz, A. (2021): Die Gesellschaft der Singularitäten. Zum Strukturwandel der Moderne (4. Auflage). Berlin: Suhrkamp.
Reemtsma, J. P. (2008): Vertrauen und Gewalt. Versuch über eine besondere Konstellation der Moderne. Hamburg: Hamburger Edition.
Rehberg, K.-S. (2004): Vorwort zur 6. Auflage. In: A. Gehlen. Moral und Hypermoral. Eine pluralistische Ethik (VII-XVII). Frankfurt a. M.: Klostermann.
Riekenbrauk, K. (2017): Strafrecht und Soziale Arbeit. Eine Einführung für Studium und Praxis (5., überarbeitete Auflage). Köln: Luchterhand.
Ritsert, J. (2016): Differenzen und Identitäten – am Beispiel Hegel und Adorno. In: S. Müller & J. Mende (Hrsg.), Differenz und Identität. Konstellationen der Kritik (64–78). Weinheim/Basel: Beltz Juventa.
Robert, G., Stange, D. & Kühne, S. (2004): Migration als negative Karriere. Wege mittel- und osteuropäischer Frauen in wohlstandsstaatliche Sexindustrien. In: U. Liedke & G. Robert (Hrsg.). Neue Lust am Strafen? Umbrüche gesellschaftlicher und pädagogischer Konzepte im Umgang mit abweichendem Verhalten (77–93). Aachen: Shaker.
Robertson, R. (1995): Glocalization: Time-Space and Homogeneity-Heterogeneity. In: M. Featherstone, S. Lash & R. Robertson (Eds.), Global Modernities (25–44). London: Sage.
Rorty, R. (1992): Kontingenz, Ironie und Solidarität. Frankfurt a. M.: Suhrkamp.
Rosa, H. (2016): Resonanz. Eine Soziologie der Weltbeziehung. Frankfurt a. M.: Suhrkamp.
Russel Hochschild, A. (2018): Fremd in ihrem Land. Eine Reise ins Herz der amerikanischen Rechten. Bonn: Bundeszentrale für politische Bildung.
Ruttert, T. (2013): Konfrontative Pädagogik. neue praxis 43 (4), 353–367.
Sabas, N. (2022): Geheimhaltung – Sexueller Missbrauch. Wie Eltern und Fachkräfte die Strategien des Täters durchbrechen können. Wiesbaden: Springer.
Sack, F. (1974): Neue Perspektiven in der Kriminologie. In: F. Sack & R. König (Hrsg.), Kriminalsoziologie (2. Auflage) (431–475). Frankfurt a. M.: Akademische Verlagsgesellschaft.
Sack, F. (Hrsg.) (1991): Entkriminalisierung Jugendlicher durch innere Reform des Jugendgerichtssystems. Forschungsprojekt im Auftrag des Hamburger Senats. Univ. Hamburg.
Sack, F. (2004): Kritische Kriminologie und Soziale Arbeit. In: U. Liedke & G. Robert (Hrsg.), Neue Lust am Strafen? Umbrüche gesellschaftlicher und pädagogischer Konzepte im Umgang mit abweichendem Verhalten (17–50). Aachen: Shaker.
Sack, F. & Deichsel, W. (1993): Strafrechtssoziologie. In: G. Kaiser, H.-J. Kerner, F. Sack & H. Schellhoss (Hrsg.), Kleines Kriminologisches Wörterbuch (3., völlig neubearbeitete und erweiterte Auflage) (500–507). Heidelberg: C. F. Müller.
Salzbrunn, M. (2014): Vielfalt/Diversität. Bielefeld: transkript.
Sammet, K. (2016): Weltsichten von Arbeitslosen: biographische Erfahrungen und kollektive Orientierungen. In: K. Sammet, F. Bauer, & F. Erhard (Hrsg.), Lebenslagen am Rande der Erwerbsgesellschaft (24–45). Weinheim/Basel: Beltz Juventa.
Schauer, C. (2003): Kinder auf dem Strich. Bericht von der deutsch-tschechischen Grenze. Honnef: Horlemann.
Scherr, A. (2015): Wer soll deportiert werden? Wie die folgenreiche Unterscheidung zwischen den »wirklichen« Flüchtlingen, den zu Duldenden und den Abzuschiebenden hergestellt wird. Zeitschrift für Soziale Probleme und Soziale Kontrolle 26 (2), 151–169.
Schetsche, M. (1996): Die Karriere sozialer Probleme. Soziologische Einführung. München/Wien: R. Oldenbourg.
Schetsche, M. (2000): Wissenssoziologie Sozialer Probleme. Grundlegung einer relativistischen Problemtheorie. Wiesbaden: Springer VS.
Schetsche, M. (2008): Empirische Analyse sozialer Probleme. Das wissenssoziologische Programm. Wiesbaden: Springer VS.
Schiffauer, W. (2008): Parallelgesellschaften. Wie viel Wertekonsens braucht unsere Gesellschaft? Für eine kluge Politik der Differenz. Bielefeld: transcript.
Schilling, E. (2020): Authentizität. Karriere einer Sehnsucht. München: Beck.
Schlepper, C. & Wehrheim, J. (Hrsg.) (2017): Schlüsselwerke der Kritischen Kriminologie. Weinheim/Basel: Beltz Juventa.

Schmolke, R., Harrach, T., Sterneck, W., Eigenstetter, P., Tietz, K. & Bahri, S. (2020): Safer Nightlife: Eine Aufgabe für Bund, Länder und Kommunen. In: akzept, Bundesverband für akzeptierende Drogenarbeit und humane Drogenpolitik; Deutsche Aidshilfe (Hrsg.), (7. Alternativer Drogen- und Suchtbericht) (59–67). Lengerich: Pabst Science Publishers.
Schüler-Springorum, H. (1997): Wider den Sachzwang. München: R. Oldenbourg.
Schütz, A. (1974): Der sinnhafte Aufbau der sozialen Welt. Eine Einleitung in die verstehende Soziologie. Frankfurt a. M.: Suhrkamp.
Schütz, A. & Luckmann, T. (2003): Strukturen der Lebenswelt. Konstanz: UVK.
Schütze, F. (1992): Sozialarbeit als »bescheidene« Profession. In: B. Dewe, W. Ferchhoff & F.-O. Radtke (Hrsg.), Erziehen als Profession. Zur Logik professionellen Handelns in pädagogischen Feldern (132–170). Opladen: Leske + Budrich.
Schwabe, M. (2014): Eskalation und De-Eskalation in Einrichtungen der Jugendhilfe. Konstruktiver Umgang mit Aggression und Gewalt in Arbeitsfeldern der Jugendhilfe (6. Auflage). Frankfurt a. M.: IGfH-Eigenverlag.
Schwabe, M., Stallmann, M. & Vust, D. (2013): Freiraum mit Risiko. Niederschwellige Erziehungshilfen für sogenannte Systemsprenger/innen. Ibbenbüren: Münstermann.
Seelmeyer, U. (2008): Das Ende der Normalisierung? Soziale Arbeit zwischen Normativität und Normalität. Weinheim/München: Juventa.
Sellin, T. (1968): Die Bedeutung von Kriminalitätsstatistiken. In: F. Sack & R. König (Hrsg.), Kriminalsoziologie (41–59). Frankfurt a. M.: Akademische Verlagsgesellschaft.
Sen, A. (2010): Die Idee der Gerechtigkeit. München: Beck.
Sidler, N. (1999): Problemsoziologie. Eine Einführung. Freiburg. i. B.: Lambertus.
Silkenbeumer, M. (2013): Erziehungswissenschaft. In: C. Gudehus & M. Christ (Hrsg.), Gewalt. Ein interdisziplinäres Handbuch (315–323). Stuttgart: Metzler.
Singelnstein, T. & Kunz, K.-L. (2021): Kriminologie. Eine Grundlegung (8., vollständig überarbeitete und erweiterte Auflage). Bern: Haupt.
Soyka, M. (Hrsg.) (2010): Drogennotfälle, Diagnostik, klinisches Erscheinungsbild, Therapie. Stuttgart: Schattauer.
Sozialwissenschaftliches Frauenforschungsinstitut (SoFFI K.) (2007): Ausstieg aus der Prostitution. Wissenschaftliche Begleitung des Modellprojekts »Unterstützung des Ausstiegs aus der Prostitution« im Auftrag des Bundesministeriums für Familien, Senioren, Frauen und Jugend. Freiburg i. B.: SoFFI K.
Spatscheck, C. (2008): Theorie, Lehre, Praxis. Drei Theoriekonzepte Sozialer Arbeit und ihre Bedeutung für das methodisch-praktische Handeln in der Fallarbeit. Sozialmagazin, 5 (33),19–29.
Specht, T. (2013): Von der Wohnungslosenhilfe zu Hilfen zur sozialen Inklusion für Wohnungsnotfälle. Archiv für Wissenschaft und Praxis der sozialen Arbeit 44 (1), 4–21.
Specht, T. (2017): Gefährdetenhilfe. In: Deutscher Verein für öffentliche und private Fürsorge e. V. (Hrsg.), Fachlexikon der Sozialen Arbeit (8. Auflage) (333–334). Baden-Baden: Nomos.
Spector, M. & Kitsuse, J. I. (1987): Constructing Social Problems. New York: Aldine de Gruyter.
Statista Research Department (2022 a): Todesfälle durch den Konsum illegaler Drogen. Online verfügbar unter: http://de.statista.com/statistik/daten/studie/403/umfrage/todesfaelle-durch-denkonsum-illegaler-drogen/, Zugriff am 27.04.2022
Statista Research Department (2022 b): Anzahl der Abschiebungen aus Deutschland von 2000–2021. Online verfügbar unter: http://de.statista.com/statistik/daten/studie/451861/umfrage/abschiebungen-aus-deutschland, Zugriff am 17.05.2022.
Statistisches Bundesamt (2019): 2018 erstmals seit 2002 wieder mehr als 70 % der Erwerbstätigen in Normalarbeitsverhältnissen. Pressemitteilung Nr. N004 vom 9. Oktober 2019.
Staub-Bernasconi, S. (1994): Soziale Probleme – Soziale Berufe – Soziale Praxis. In: M. Heiner, M. Meinhold, H. v. Spiegel & S. Staub-Bernasconi, Methodisches Handeln in der Sozialen Arbeit (11–101). Freiburg i. B.: Lambertus.
Staub-Bernasconi, S. (2018): Soziale Arbeit als Handlungswissenschaft. Soziale Arbeit auf dem Weg zu kritischer Professionalität (2., vollständig überarbeitete u. aktualisierte Auflage). Opladen/Toronto: Barbara Budrich.
Staudigl, M. (2015): Phänomenologie der Gewalt. Heidelberg: Springer.

Steffen, W. (2001): Ausländerkriminalität zwischen Mythos und Realität. In: G. Albrecht, O. Backes & W. Kühnel (Hrsg.), Gewaltkriminalität zwischen Mythos und Realität (282–300). Frankfurt a. M.: Suhrkamp.
Stichweh, R. (2016): Inklusion und Exklusion. Studien zur Gesellschaftstheorie (2., erweiterte Auflage). Bielefeld: transcript.
Stickelmann, B. (2014): Provokation Jugendgewalt. Sozialpädagogisches Handeln in Krisen und Konflikten. Stuttgart: Kohlhammer.
Stimmer, F. (2006): Grundlagen des Methodischen Handelns in der Sozialen Arbeit (2., überarbeitete und erweiterte Auflage). Stuttgart: Kohlhammer.
Stöver, H. (1991): Akzeptierende Drogenarbeit – Entwicklungen, Bedingungen und Perspektiven. In: K. Schuller & H. Stöver (Hrsg.), Akzeptierende Drogenarbeit. Ein Gegenentwurf zur traditionellen Drogenhilfe (14–30) (2., aktualisierte Auflage). Freiburg i. B.: Lambertus.
Strauss, A. & Corbin, J. (1996): Grounded Theory: Grundlagen Qualitativer Sozialforschung. Weinheim: Beltz Psychologie Verlags Union.
Streck, R. (2016): Nutzung als situatives Ereignis. Eine ethnografische Studie zu Nutzungsstrategien und Aneignung offener Drogenarbeit. Weinheim/Basel: Beltz Juventa.
Stüwe, G. & Ermel, N. (2019): Lehrbuch Soziale Arbeit und Digitalisierung. Weinheim/Basel: Beltz Juventa.
Sutherland, E. H., Cressey, D. R. & Luckenbill, D. F. (1992): Principles of Criminology (Eleventh revised edition). New York: General Hall.
Tanis, N. & Richter, T. (2015): Soziale Arbeit mit Betroffenen von Menschenhandel zur sexuellen Ausbeutung in Deutschland. In: M. Albert & J. Wege (Hrsg.), Soziale Arbeit und Prostitution. Professionelle Handlungsansätze in Theorie und Praxis (173–194). Wiesbaden: Springer VS.
Täubig, V. (2009): Totale Institution Asyl. Empirische Befunde zu alltäglichen Lebensführungen in der organisierten Desintegration. Weinheim: Juventa.
Thaler, R. H. & Sunstein, C. R (2017): Nudge. Wie man kluge Entscheidungen anstößt (9. Auflage). Berlin: Ullstein.
Thiele, C. W. (2016): Ehe- und Familienschutz im Strafvollzug. Strafvollzugsrechtliche und -praktische Maßnahmen und Rahmenbedingungen zur Aufrechterhaltung familiärer Beziehungen von Strafgefangenen. Bad Godesberg: Forum.
Thiersch, H. (2020): Lebensweltorientierte Soziale Arbeit – revisited. Weinheim/Basel: Beltz Juventa.
Tönnies, F. (1991): Gemeinschaft und Gesellschaft. Grundbegriffe der reinen Soziologie (3. Auflage). Darmstadt: Wissenschaftliche Buchgesellschaft.
Trenczek, T. (2014): Restorative Justice – (strafrechtliche) Konflikte und ihre Regelung. In: AK HochschullehrerInnen Kriminologie/Straffälligenhilfe in der Sozialen Arbeit (Hrsg.) (193–210). Weinheim/Basel: Beltz Juventa.
Trenczek, T. & Goldberg, B. (2016): Jugendkriminalität, Jugendhilfe und Strafjustiz. Mitwirkung der Jugendhilfe im strafrechtlichen Verfahren. München: Boorberg.
Trotter, C. (2001): Soziale Arbeit mit unfreiwilligen KlientInnen. Ein Handbuch für die Praxis. In: M. Gumpinger (Hrsg.), Soziale Arbeit mit Unfreiwilligen KlientInnen (99–304). Linz: edition pro mente.
Twenge, J. M. (2018): Me, My Selfie and I. Was Jugendliche heute wirklich bewegt. München: Mosaik.
Unabhängige Kommission zur Aufarbeitung sexuellen Kindesmissbrauchs (2019 a): Geschichten, die zählen. Bilanzbericht 2019, Band I. Berlin.
Unabhängige Kommission zur Aufarbeitung sexuellen Kindesmissbrauchs (2019 b): Meine Geschichte. Bilanzbericht 2019, Band II. Berlin.
Unterkofler, U. (2010): Wandel der Vorstellung von Hilfe in der Sozialen Arbeit. Auswirkungen auf die Problemarbeit im Feld der Drogenhilfe. In: A. Groenemeyer (Hrsg.), Doing Social Problems (124–151). Wiesbaden: Springer VS.
Unterstaller, A. (2006 a): Was ist unter sexuellem Missbrauch zu verstehen? In: H. Kindler, S. Lillig, H. Blüml, T. Meysen & A. Werner (Hrsg.), Handbuch Kindeswohlgefährdung (6–1 + 6–5). München: Deutsches Jugendinstitut.

Unterstaller, A. (2006 b): Wie wirkt sich sexueller Missbrauch auf Kinder aus? In: H. Kindler, S. Lillig, H. Blüml, T. Meysen & A. Werner (Hrsg.), Handbuch Kindeswohlgefährdung (27–1 + 27–5). München: Deutsches Jugendinstitut.
Völschow, Y. & Gahleitner, S. B. (2021): Prävention und Intervention von Menschenhandel zum Zweck der sexuellen Ausbeutung – Einführung in einen multidisziplinären Beitrag. In: Y. Völschow & S. B. Gahleitner (Hrsg.), Menschenhandel und Zwangsprostitution. Interdisziplinäre Perspektiven auf Prävention und Intervention (7–19). Weinheim/Basel: Beltz Juventa.
von Glasersfeld, E. (1998): Radikaler Konstruktivismus. Ideen, Ergebnisse, Probleme. Frankfurt a. M.: Suhrkamp.
von Spiegel, H. (2021): Methodisches Handeln in der Sozialen Arbeit. Grundlagen und Arbeitshilfen für die Soziale Praxis (7. durchgesehene Auflage). München: Ernst Reinhardt.
von Trotha, T. (1993): Kultur, Subkultur, Kulturkonflikt. In: G. Kaiser, H.-J. Kerner, F. Sack & H. Schellhoss (Hrsg.), Kleines Kriminologisches Wörterbuch (3. völlig neubearbeitete und erweiterte Auflage) (338–345). Heidelberg: C. F. Müller.
von Trotha, T. (1997): Zur Soziologie der Gewalt. In: T. v. Trotha (Hrsg.), Soziologie der Gewalt (9–56). Opladen/Wiesbaden: Westdeutscher Verlag.
von Wright, G. H. (1984): Erklären und Verstehen. Königstein/Ts.: Athenäum.
Wacquant, L. (2013): Bestrafen der Armen. Zur neoliberalen Regierung der Sozialen Unsicherheit (2. Auflage). Opladen: Budrich.
Waldenfels, B. (1987): Ordnung im Zwielicht. Frankfurt a. M.: Suhrkamp.
Waldenfels, B. (2004): Phänomenologie der Aufmerksamkeit. Frankfurt a. M.: Suhrkamp.
Waldenfels, B. (2016): Topographie des Fremden. Studien zur Phänomenologie des Fremden (7. Auflage). Frankfurt a. M.: Suhrkamp.
Wampfler, P. (2014): Generation »Social Media«. Wie digitale Kommunikation Leben, Beziehungen und Lernen Jugendlicher verändert. Göttingen: Vandenhoeck & Ruprecht.
Weber, M. (1980): Wirtschaft und Gesellschaft. Grundriss der verstehenden Soziologie (5. Auflage). Tübingen: Mohr.
Weis, K. (1982): Die Vergewaltigung und ihre Opfer. Eine viktimologische Untersuchung zur gesellschaftlichen Bewertung und individuellen Betroffenheit. Stuttgart: Enke.
Wellmer, A. (1985): Zur Dialektik von Moderne und Postmoderne. Vernunftkritik nach Adorno. Frankfurt a. M.: Suhrkamp.
Welsch, W. (2002): Unsere postmoderne Moderne (6. Auflage). Berlin: Akademie Verlag.
Wirth, U. (2002): Der Performanzbegriff im Spannungsfeld von Illokution, Iteration und Indexikalität. In: U. Wirth (Hrsg.), Performanz: zwischen Sprachphilosophie und Kulturwissenschaften (9–60). Frankfurt a. M.: Suhrkamp.
Wirth, J. V. (2015): »Soziale Probleme« oder »Probleme der Lebensführung«? neue Praxis, 45 (6), 605–612.
Woolgar, S. & Pawluch, D. (1985): »Ontological gerrymandering«. Social Problems, 32 (3), 214–227.
Ziegler, R. (2010): Ambiguität und Ambivalenz in der Psychologie. Zeitschrift für Literaturwissenschaft und Linguistik, 40 (2), 125–171.
Yamamura, K. & Streeck, W. (Eds.) (2003): The End of Diversity? Prospects for German and Japanese Capitalism. Ithaca/London: Cornell Univ. Press.

Abkürzungsverzeichnis

a. F.	alte Fassung
AGG	Allgemeines Gleichbehandlungsgesetz
ARB	Armuts- und Reichtumsbericht der Bundesregierung
AsylbLG	Asylbewerberleistungsgesetz
AÜG	Arbeitsüberlassungsgesetz
AufenthG	Gesetz über den Aufenthalt, die Erwerbstätigkeit und die Integration von Ausländern im Bundesgebiet
BAG-S	Bundesarbeitsgemeinschaft für Straffälligenhilfe
BAG-W	Bundesarbeitsgemeinschaft Wohnungslosenhilfe
BayStVollzG	Bayerisches Strafvollzugsgesetz
BayVerf	Verfassung des Freistaates Bayern
BbgVerf	Verfassung des Landes Brandenburg
BGB	Bürgerliches Gesetzbuch
BfArM	Bundesinstitut für Arzneimittel und Medizinprodukte
BGH	Bundesgerichtshof
BKA	Bundeskriminalamt
BMI	Bundesministerium des Inneren und für Heimat
BMJV	Bundesministerium der Justiz und für Verbraucherschutz
BremVerf	Landesverfassung der Freien Hansestadt Bremen
BSHG	Bundessozialhilfegesetz
BtMG	Betäubungsmittelgesetz
BtMVV	Verordnung über das Verschreiben, die Abgabe und den Nachweis des Verbleibs von Betäubungsmitteln (Betäubungsmittel-Verschreibungsverordnung)
BUB-Richtlinien	Richtlinien zur Bewertung medizinischer Untersuchungs- und Behandlungsmethoden
BVerfG	Bundesverfassungsgericht
BvL	Aktenzeichen für sog. konkretes Normenkontrollverfahren des BVerfG
BvR	Aktenzeichen einer Verfassungsbeschwerde zum BVerfG
CESCR	UN-Ausschuss für wirtschaftliche, soziale und kulturelle Rechte
de lege ferenda	vom Standpunkt des zukünftigen Rechts aus
de lege lata	vom Standpunkt des geltenden Rechts aus
DiM	Diversitätsmanagement
DSM	Diagnostic and Statistical Manual of Mental Disorder (von der American Psychiatric Association herausgegebenes Klassifikationssystem)

DVJJ	Deutsche Vereinigung für Jugendgerichte und Jugendgerichtshilfen e. V.
EAÜ	Elektronische Aufenthaltsüberwachung
ed.	Edition
Eds.	Editors
EG	Europäische Gemeinschaft
EGStGB	Einführungsgesetz zum Strafgesetzbuch
EGV	Europäischer Gemeinschaftsvertrag
FamFG	Gesetz über das Verfahren in Familiensachen und in den Angelegenheiten der freiwilligen Gerichtsbarkeit
GG	Grundgesetz
GiwK	Gesellschaft für Interdisziplinäre Wissenschaftliche Kriminologie
ICD	International statistical Classification of Disease and Related Health Problems (von der Weltgesundheitsorganisation herausgegebenes Diagnoseklassifikationssystem der Medizin)
InsO	Insolvenzordnung
JGG	Jugendgerichtsgesetz
JGGÄndG	Jugendgerichtsänderungsgesetz
KFN	Kriminologisches Forschungsinstitut Niedersachsen
KIS	Konstanzer Inventar Sanktionsforschung
KKG	Gesetz zur Kooperation und Information im Kinderschutz
KOK	Bundesweiter Koordinierungskreis gegen Menschenhandel e. V.
KP	Konfrontative Pädagogik
KrimG	Kriminologische Gesellschaft
KrimZ	Kriminologische Zentralstelle
MD	Managing Diversity
MI	Motivational Interviewing
MOE	Mittelosteuropa
NPS	Neue psychoaktive Substanzen
NpSG	Neue-psychoaktive-Stoffe-Gesetz
ORRG	Opferrechtsreformgesetz
OwiG	Gesetz über Ordnungswidrigkeiten
ProstG	Gesetz zur Regelung der Rechtsverhältnisse der Prostituierten
ProstSchG	Gesetz zum Schutz von in der Prostitution tätigen Personen
PStG	Personenstandsgesetz
RdNr.	Randnummer
RJ	Restorative Justice
RL	Richtlinie
RMvV	Richtlinie zu Untersuchungs- und Behandlungsmethoden der vertragsärztlichen Versorgung
Sächs StrafvollzG	Sächsisches Strafvollzugsgesetz
SächsVerf	Sächsische Verfassung
SGB	Sozialgesetzbuch (in der Regel folgt dann eine römische Ziffer zur Bezeichnung des konkreten Gesetzes)
StGB	Strafgesetzbuch

StPO	Strafprozessordnung
TOA	Täter-Opfer-Ausgleich
TzBfG	Gesetz über Teilzeitarbeit und befristete Arbeitsverträge
Univ.	Universität - University